2012年

統與立法委員選舉

遷與延續

軍 ◎主編

、王宏忠、包正豪、周應龍
、盛杏湲、陳映男、黃　紀
、劉嘉薇、蕭怡靖 ◎合著

台北市　基隆市
桃園縣
新北市
新竹市
新竹縣
宜蘭縣
苗栗縣
台中市
彰化縣
南投縣
雲林縣
花蓮縣
澎湖縣
嘉義市　嘉義縣
台南市
高雄市　台東縣
屏東縣

編者序

　　2012 年總統與立法委員選舉，是我國首次將中央層級的行政首長與民意代表選舉合併舉行。雖然，在地方層級的選舉中，行政首長與民意代表合併選舉的情況並非首見，但在中央層級的選舉中，首次將總統與立法委員兩個選舉合併舉行，倒是第一次，選舉的過程以及結果自然引人矚目，此一併選的影響，也應予系統地分析。

　　我國自 1996 年總統由人民直接選舉以來，2012 年是第 5 次舉行總統選舉，不過，針對總統選舉出版的學術研究專書並不多。政治大學選舉研究中心自 2008 年開始，即針對總統選舉出版了《2008 年總統選舉：論二次政黨輪替之關鍵選舉》一書。該書始於選舉研究中心的黃紀教授、游清鑫教授與編者三人，在 2008 年 8 月下旬參加美國政治學年會之後，於 Boston 機場候機時的規劃。編者認為：我國的選舉研究成果卓著，但是針對全國選舉的學術研究專書並不多見。有感於自己在美國求學時，每次總統選舉之後總有許多關於該次選舉的系列著作問世，也因此希望能夠延續「Boston 機場三人組」的優良傳統，期望在每次總統大選後出版一本學術專書，深入討論我國選民在總統選舉的政治參與及投票行為，並為每次大選留下歷史紀錄。因此，選研中心的團隊在 2012 年選舉之前，即針對本次選舉再次進行規劃，本書特別以提名競選過程、政黨選民基礎、經濟表現與兩岸關係以及投票抉擇等主題，並利用此次總統與立法委員選舉併選的絕佳機會，另外增加併選政治效應的議題，擬定 10 個篇章，邀集國內選舉研究的重要學者共襄盛舉。當「台灣選舉與民主化調查」(TEDS)2012 年總統與立法委員選舉面訪案 (TEDS2012) 之資料完成並釋出後，即展開

寫作工作。也為了讓各位參與者可以順利完成論文，我們也鼓勵他們透過參加 2012 年的 TEDS 國際學術研討會或是其他各種學術研討會的方式，先完成論文初稿。

感謝各位撰稿作者的大力協助，讓本書的各章節依照既定的時程順利完成。我們也要特別感謝 TEDS 研究團隊所秉持的「過程公開，成果共享」的原則，讓學界於歷次大型面訪完成之後，即可使用釋出的資料，也讓本書的章節得以順利撰寫。除了 TEDS 研究團隊之外，本文也要特別感謝 TEDS 計畫總召集人黃紀教授以及 TEDS2012 計畫主持人朱雲漢教授，因為他們的無私與奉獻，才讓學術界的公共財得以發揮其最大效用。此外，本書得以順利出版，也要感謝選研中心鄧素貞秘書、黃永政技士、陳俞燕、陳惠鈴小姐以及所有助理的行政協助。當然，五南圖書出版公司發行人楊榮川先生、專書編輯劉靜芬小姐以及蔡惠芝與游雅淳小姐，對於本書的出版以及編輯的協助，都是讓這一本專書得以跟讀者見面的重要功臣。

陳陸輝

識於　國立政治大學選舉研究中心

民國 102 年 5 月 10 日

作者群簡介

◎**陳陸輝**

現職：國立政治大學選舉研究中心特聘研究員

學歷：美國密西根州立大學政治學系博士

◎**王宏忠**

現職：國立政治大學選舉研究中心博士後研究員

學歷：美國紐奧良大學政治學系博士

◎**包正豪**

現職：淡江大學全球政治經濟學系副教授

學歷：英國赫爾大學政治與國際研究學系博士

◎**周應龍**

現職：國立政治大學選舉研究中心博士後研究員

學歷：國立政治大學政治學系博士

◦林長志

現職：國立政治大學政治學系兼任助理教授

學歷：國立政治大學政治學系博士

◦盛杏湲

現職：國立政治大學政治學系教授

學歷：美國密西根大學政治學系博士

◦陳映男

現職：國立政治大學政治學系博士候選人

◦黃紀

現職：國立政治大學講座教授、政治學系教授暨
　　　選舉研究中心合聘研究員

學歷：美國印第安那大學政治學系博士

◦劉義周

現職：國立政治大學政治學系教授

學歷：美國密西根大學政治學系博士

◎劉嘉薇

現職：國立臺北大學公共行政暨政策學系助理教授

學歷：國立政治大學政治學系博士

◎蕭怡靖

現職：淡江大學公共行政學系助理教授

學歷：國立政治大學政治學系博士

　　本書使用的資料部分係採自：「2002 年至 2004 年『選舉與民主化調查』三年期研究規劃 (IV)：民國九十三年立法委員選舉大型面訪案 」(TEDS2004L)(NSC93-2420-H-004-005-SSS)；「2005 年至 2008 年『選舉與民主化調查』四年期研究規劃 (III)：2008 年立法委員選舉面訪案」(TEDS2008L)(NSC96-2420-H-002-025)；「2005 年至 2008 年『選舉與民主化調查』四年期研究規劃 (IV)：2008 年總統選舉面訪案 」(TEDS2008P)(NSC96-2420-H-004-017)；「2009 年至 2012 年『選舉與民主化調查』三年期研究規劃 (III)：2012 年總統與立法委員選舉面訪案」(TEDS2012)(NSC100-2420-H-002-030)。

　　「台灣選舉與民主化調查」(TEDS) 多年期計畫總召集人為國立政治大學黃紀教授，TEDS2004L 為針對 2004 年立法委員選舉執行之年度計畫，計畫主持人為劉義周教授；TEDS2008L 為針對 2008 年立法委員選舉執行之年度計畫，計畫主持人為朱雲漢教授；TEDS2008P 為針對 2008 年總統選舉執行之年度計畫，計畫主持人為游清鑫教授；TEDS2012 為針對 2012 年總統與立法委員合併選舉執行之年度計畫，計畫主持人為朱雲漢教授；詳細資料請參閱 TEDS 網頁：http://www.tedsnet.org。作者感謝上述機構及人員提供資料協助，惟本文之內容概由作者自行負責。

目　錄

1

2012年總統與立法委員選舉：選舉過程的回顧

劉義周、陳陸輝、黃紀

目次

　　2012 年我國首次將總統與立法委員選舉訂在同日舉行。選舉之前，國民黨提名現任總統馬英九參選，民進黨則提名當時黨主席蔡英文女士參選，加上親民黨主席宋楚瑜的獨立參選，讓這一場選舉備受矚目。另外，我國立法委員選舉制度自 2008 年開始改為單一選區與全國不分區比例代表的兩票制之後，除了兩大政黨之外，其他小黨要在立委選舉中生存相對困難度升高。在 2008 年立委選舉中除了國民黨與民進黨兩大政黨外，沒有其他政黨可以跨過分配全國不分區政黨席次的 3% 門檻。在 2012 年的立委選舉，各政黨的勢力分布是否出現變化？小黨可否突圍？與總統合併選舉或分別選舉各會有什麼政治效果？這些都是選前各界關注的焦點。本章將扼要說明此次總統與立委二合一選舉的併選過程、選戰議題以及選舉結果。

壹、總統與立委選舉合併舉行的決策經過

　　總統選舉與立委選舉合併的主張在 2007 年就被討論並且規劃過，2008 年的立法委員選舉之所以訂在 1 月 12 日，而非更早的 2007 年年底，本就有與總統選舉同日舉行的準備，但終因各政黨共識的缺乏作罷。2012 年總統與立委選舉合併舉行的決定，可以從行政院的政策方向、社會各界領袖的期待以及民意反應等三個方面說明。

一、2010年行政院提出簡併選舉的施政重點

　　我國在解嚴後的十年期內，幾乎年年辦選舉，因此社會出現「浪費資源」、「造成社會分裂」這類的批評。其中最顯著的，莫過於前衛生署長楊志良在 2010 年 3 月 9 日發表的公開聲明，說「頻繁選舉，禍國殃民」，獲得廣大的支持回應。簡併選舉，勢在必行。事實上在這之前，行政院提出的 2010 年施政重點中，關於選舉的相關項目，可以歸納為以下兩項：

（一）簡併選舉

除了回應社會早已存在的簡併選舉呼聲之外，內政部已經在地方制度法中把地方民選公職人員任期統一為4年，多項選舉放在同一天舉行已經成為趨勢。中央選舉委員會（以下簡稱中選會）也在2010年的地方選舉中，把直轄市長、市議員、里長的選舉訂在同日辦理。因此，民眾對於合併選舉並不陌生。至於中央層級選舉的簡併，並未被具體規劃，這與下一項政策方向有關。

（二）提升民眾投票的便利性

此項主要的考量是不在籍投票制度的研議。不在籍投票制度的建立可以讓原本可能有投票困難的選民，獲得在戶籍地以外投票所行使投票權的機會，當是我國民主政治往前進步必走的方向。不過，當總統與立法委員選舉合併舉行時，因為立法委員的選區眾多，選票種類多達76種，印製與準備的技術繁複以及投票作業的執行，必然受到影響，因而害及選舉的品質。在尚未有其他技術及法規制度的配合時，合併選舉與不在籍投票僅能擇一先行。

二、中選會舉辦公聽會瞭解專家學者與社會賢達對併選的看法

中選會在2011年1月4日第410次委員會中，就是否同日投票的問題，決議辦理公聽會蒐集社會各界意見，供委員會作併選或分選的決策參考（中央選舉委員會 2011, 17）。因此，中選會於同年3月間在台北市與新北市、台中市、高雄市、花蓮縣等地舉辦五場公聽會，分別邀請立法委員、各政黨中央或地方幹部、地方民意代表、工商界人士、中小學校長、社團負責人、選務人員等參與發表意見。反對合併選舉的意見大致可以歸

類為以下八項，分別是：當選總統等待期太長恐出現憲政空窗期、若出現與現任總統不同政黨候選人當選總統將出現政爭、併選將使立委選舉淪為配角、兩種選舉規範有差異併選會有適用的困難、應先修憲再併選且須在一定期間前公布、總統選舉提前減少首投族人數剝奪其參政權、併選對國民黨總統候選人有利以及併選不合國人習慣等。贊成合併舉行者有以下幾點理由：併選節省社會的選舉成本、節省選舉費用、併選可減少對產業造成的影響、併選在地方選舉常見中央選舉也應可行、減少負面選舉對學生影響（中央選舉委員會 2011, 63-65）。這些社會賢達與政治精英的意見，後來都提供中選會委員參考。

三、社會大眾對與併選的看法

除了上述公聽會外，中選會也委託全國公信力民調公司在 2011 年 4 月上旬作了一次民意調查，該民調以電話訪問 1,657 位具有投票權的民眾，訪問的結果大致可以歸納為以下三個重點（全國公信力民意調查股份有限公司 2011）：

1. 有關合併選舉的問題為：「立法委員就職日是在二月一日，總統就職日是在五月二十日，請問下一屆立法委員選舉和總統選舉，您贊成合併選舉或贊成分開選舉？」在全部受訪者中，有 52.3% 的人贊成合併選舉，28.8% 的人支持分開選舉，其他的 18.9% 則無明確的意見。為了測試贊成合併者的意見強度，調查中續問了兩個狀況，分別用以下兩題隨機出現的方式訪問（先出現的題目以「但是」開頭，次句則以「另外」開頭）。

2. 「（但是）有人說立委和總統合併選舉，如果總統沒連任，新的總統等待就職時間過長，可能會造成政府運作問題，請問您還是贊成合併選舉嗎？」結果在原來贊成合併選舉的 867 人中，74.1% 的人還是贊成合併選舉，轉為反對的是 867 人中的 17.7%。整體而言，支持合併選舉的強度不低。

3. 「（另外）有人說立委和總統選舉合併辦理，會因為二種選舉法規相關規定不同，造成選民及選務人員的困擾，請問，您還是贊成合併選舉嗎？」原來贊成合併選舉的 867 人中，81.2% 的人還是贊成併選，轉為反對的是 12.5%，對選舉法規可能的適用差異問題，並沒有造成民眾太大的關注。

就社會菁英與一般民眾意見的反應看來，合併選舉這個議題確實是有不同的見解。但合併選舉的意見仍然佔多數。中選會於 2011 年 4 月 19 日的第 414 次委員會議中，在考量各種不同意見、衡量各種得失之後決定把第 13 任總統選舉與第 8 屆立法委員選舉訂在同一天投票（中央選舉委員會 2011, 67）。決定後，社會各界，主要是各政黨，並沒有出現明顯的反對聲音。

貳、總統與立委選舉重要議題[1]

在本次總統與立法委選舉期間，總統選舉因為重要性與關注程度遠勝於立法委員選舉，因此成為媒體以及民眾主要關注的焦點。除了前述有關併選的討論之外，以下從此次選舉中的其他幾個重要事件，說明此次選舉的過程。

一、總統候選人的確定[2]

國民黨主席馬英九先生也是時任的總統，在整個被提名的過程並沒有遇到黨內其他勢力的挑戰。國民黨在 2011 年 3 月 30 日中常會通過總統副

1　關於本節開始的以下內容，係依據本書附錄的大事紀撰寫而成，為節省篇幅，文中對於報導的報章雜誌並不加註，有興趣的讀者可以從大事紀中找到該事件的前後經過與報導出處。

2　關於國內主要政黨提名制度的變化，讀者可以參考本書第二章的說明。

總統提名作業時程後，馬英九總統在 4 月 23 日完成黨內總統初選登記，國民黨中常會於 4 月 27 日正式核備馬英九總統競選連任，馬英九總統於 6 月 19 日確定由行政院長吳敦義擔任副總統候選人。

民進黨則在 2011 年 1 月 23 日的臨全會通過將總統、區域立委及縣市長以上的公職黨內提名採民調方式產生，也就是排除黨員投票的初選制度。民進黨主席蔡英文、前行政院長蘇貞昌以及前黨主席許信良登記參加黨內總統候選人初選。經過了四場政見發表會，在民進黨舉辦的民調中，民進黨主席蔡英文以 42.5% 的支持度，略勝對手蘇貞昌黨僅 1.35%，代表民進黨參選總統。

親民黨主席宋楚瑜則以連署的方式，希望成為被提名人。依照《總統副總統選舉罷免辦法》第 23 條規定，透過連署方式被提名需要最近一次立法委員選舉選舉人總數 1.5%（257,695 人）連署，方能取得候選人資格。宋楚瑜趕在獨立總統候選人連署登記的最後一天（2011 年 9 月 20 日），宣布與前台大公共衛生學院教授林瑞雄搭檔參選。經過為期 45 天的連署，宋楚瑜陣營送出 463,259 份連署書，經過中選會查核之後合於規定共計 445,864 份，超過法定連署人數，成為候選人。這是繼 2000 年以來，再一次由超過兩位候選人角逐總統大位，讓選舉結果更具不確定性。

二、區域立委政黨候選人提名

民進黨區域立委的提名方式，在 2011 年 1 月臨全會通過的公職黨內提名辦法，採取全民調的方式，排除黨員投票的初選制度。對於黨內初選登記的參選爆炸情況，蔡英文主席在 2011 年 3 月初表示黨內有協調機制，如果協調不成也希望在和諧的情況下初選。3 月 12 日區域立委登記截止，出現了北市、宜蘭、嘉縣與屏東等地的四個選區各有四人參選的情況。民進黨自 4 月 13 日開始陸續公布提名名單，也在 5 月下旬針對 14 個艱困選區進行徵召的工作。在 11 月 25 日完成的選舉登記中，民進黨在區域及原住民立委選舉共提名 70 人參選。

國民黨區域立委的提名作業，自 2011 年 3 月 11 日開始領表，3 月 16

日開始登記。在 3 月 18 日登記截止後，有 9 個選區無人登記，因此，黨中央表示將採用徵召方式提名。國民黨黨內初選的方式同時採取「對比式」（佔 85%）與「互比式」（佔 15%）民調決定候選人。在 11 月 25 日完成的選舉登記中，國民黨在區域立委及原住民立委選舉共提名 75 人參選。

此外，親民黨、新黨與無黨團結聯盟，也分別提名 12 人、1 人與 3 人參加區域與原住民立委選舉。

三、政黨全國不分區立委候選人的產生

民進黨不分區立委產生方式在 2011 年 1 月 19 日確定，邀請社會賢達組成「提名委員會」遴選合適人選，再交由中執會三分之二多數通過，取消原需入黨一年等資格限制，使得非民進黨人士也可能被提名。民進黨的不分區名單在六月底底定，三位前行政院長蘇貞昌、謝長廷和游錫堃中，僅游錫堃列名 16 為「安全名單」之內。不過，也因為黨主席蔡英文要讓「公媽派」淡出，所以與各派系妥協的意味濃厚，名單中可以見到各派系角力的結果。

國民黨部分，則在第 18 屆中央委員會第三次全體會議通過不分區立委提名名單。名單中前二十名除了立法院長王金平等少數現任立委外，以弱勢團體代表與學者專家為主。

此外，其他主要政黨如台聯、親民黨與新黨也都相繼提出不分區的名單。由於政黨分配不分區席次的門檻，是在全國不分區的得票必須超過 5%，跨越此一門檻並不容易，國、民兩大政黨以外的其他小黨生存空間確實有限。

四、選舉過程中的重要議題與事件

在此次選舉中，大家對總統選舉的關注度遠超過立法委員選舉，因此，相關的焦點，還是集中在總統與副總統候選人身上。

在選戰初期，民進黨副總統被提名人蘇嘉全遭國民黨立委邱毅爆料，在屏東老家興建兩棟豪華別墅，是「假農舍，真豪宅」。整起事件雖在蘇嘉全宣布將建物和土地捐給屏東縣長治鄉作為公益使用而暫告落幕，但是，對於民進黨總統選情的衝擊不小。此外，總統參選人蔡英文於卸任行政院副院長後轉任宇昌生技董事長一事，則是另外一個焦點。蔡英文雖召開記者會說明她是在副院長卸任後數月後，受推動宇昌生技的科學家之邀擔任公司負責人，在沒有違反旋轉門條款或利益迴避的法令規定下才接任。不過，藍營則持續針對此一議題提出攻擊。

在國民黨部分，馬英九總統是否收過富邦集團 1,500 萬政治獻金？是否密會賭盤組頭陳盈助？以及建國百年國慶晚會的「夢想家」音樂劇耗資超過兩億元的經費，其招標過程是否允當？這些是民進黨或是媒體提出的選舉議題。這幾個議題，經過國民黨的說明、提告以及文建會主委盛治仁請辭而降溫，至於對於國民黨選情的影響，從選舉結果來看應該是有限的。

除了上述問題的攻防外，此次選舉中，民進黨於 2011 年 11 月推出「嘸採工水果日曆」文宣，諷刺馬政府讓農民辛苦一年卻因水果價格低落而做賠本生意。不過因為誤植甜柿照片為水柿，以及此舉是否造成柿子價格慘跌而引發爭議，使得民進黨主席蔡英文不得不出面召開記者會說明。

另外一個競選議題，是民進黨舉辦台一線台南晚會時，有三胞胎小朋友捐出撲滿給總統參選人蔡英文。監察院依據政治獻金法第 7 條規定，提醒民進黨：「未具選舉權人」不得捐贈政治獻金，且依照該法第 15 條規定，違者應在一個月內返還。民進黨發言人林俊憲表示，已經把撲滿送還小朋友，不過，三胞胎的爺爺當場又捐出三萬元給蔡英文。民進黨隨後發起「三隻小豬運動」，透過各地競選總部發出 10 萬個小豬撲滿，號召支持者以小額捐款方式，將存滿錢的小豬撲滿送回總部。

五、「九二共識」與「臺灣共識」的交鋒

此次選戰的主要議題焦點，則是國民黨再次強調「九二共識」的重要以及民進黨提出的「臺灣共識」。在首場總統候選人的辯論會當中，馬英九回答媒體提問時強調：「九二共識是擱置爭議、共創雙贏的最好辦法」，他表示「一中各表」符合憲法，政府在這項基礎上和中國大陸恢復協商，並簽訂了16項協議。蔡英文則反駁認為九二年有會談，但並沒有九二共識。她也主張先以民主程序，在台灣內部形成對於海峽兩岸關係的共識，再以此作為中華民國與中華人民共和國之間的談判基礎。其用意在於以此「臺灣共識」取代「九二共識」。

選舉的後期多位企業界的主持人相繼表態支持「九二共識」，甚至在選前一天，宏達電董事長王雪紅表示：她支持「兩岸和平發展」、「企業創造就業」及「清廉政府、安定環境」等三大訴求，並表示，她不能理解「有人相信沒了九二共識，一切都還會照舊而不會改變」，讓「九二共識」成為此次選舉中，最受矚目的焦點。企業界人士的表態，被認為對選舉有相當大的影響。

參、總統與立委選舉結果

經過了激烈的選戰過程，第13屆總統副總統選舉在2012年1月14日投票與開票，選舉結果可以參見表1.1。此次選舉的投票率是74.38%，這是我國自1996年由人民直接選舉總統以來最低的投票率。投票率超過七成五的縣市依序為：台北市(76.78%)、新竹縣(76.07%)、高雄市(75.91%)、新北市(75.90%)、台中市(75.76%)與新竹市(75.68%)。選舉結果，由國民黨提名的馬英九與吳敦義獲得51.6%的得票率，打敗民進黨提名的蔡英文與蘇嘉全(45.6%)以及親民黨的宋楚瑜與林瑞雄(2.8%)，當選連任。馬英九除在金馬地區有超過八成六的得票率外，花東地區也有超過三分之二的得票率，桃竹苗地區則皆有超過57%以上的

表 1.1　2012 年總統與立委選舉投票率與主要政黨得票結果表

地區	總統選舉			區域立法委員選舉			不分區立法委員選舉				
	投票率	國民黨 %	民進黨 %	投票率	國民黨 %	民進黨 %	投票率	國民黨 %	民進黨 %	台聯 %	親民黨 %	新黨 %
全國	74.38	51.60	45.63	74.72	48.12	44.45	74.33	44.55	34.62	8.96	5.49	1.49
臺北市	76.78	57.87	39.54	76.93	55.93	33.96	76.67	47.79	29.38	8.51	5.68	3.80
新北市	75.90	53.73	43.46	76.15	49.58	42.64	75.84	45.77	33.48	8.03	5.84	2.04
宜蘭縣	72.54	44.89	52.53	72.71	48.31	51.69	72.51	39.05	43.42	7.34	4.68	0.73
桃園縣	74.69	57.20	39.85	75.13	53.87	35.46	74.62	49.42	31.54	6.53	5.92	1.64
新竹縣	76.07	65.76	30.93	76.52	61.70	37.05	76.04	57.90	24.44	6.56	6.56	1.34
苗栗縣	74.63	63.85	33.18	74.84	64.71	33.10	74.61	53.64	24.85	4.70	11.10	0.90
臺中市	75.76	52.16	44.68	75.97	43.25	44.99	75.72	45.17	33.47	8.88	6.02	1.03
彰化縣	73.46	50.58	46.49	73.54	49.06	43.50	73.44	44.50	35.57	8.76	5.22	0.57
南投縣	71.13	54.63	42.37	71.49	57.12	42.32	71.09	47.86	31.87	7.55	5.75	0.89
雲林縣	68.92	41.67	55.81	69.04	43.44	55.56	68.89	36.89	43.43	9.56	4.08	0.49
嘉義縣	72.48	39.04	58.58	72.63	47.45	52.55	72.45	34.90	43.26	12.05	4.01	0.44
臺南市	74.18	39.80	57.72	74.28	37.33	59.42	74.16	35.01	44.61	11.20	4.05	0.61
高雄市	75.91	44.19	53.42	76.12	44.06	51.02	75.88	39.00	38.58	12.92	4.33	0.81

資料來源：總統暨立法委員選舉

表 1.1 2012 年總統與立委選舉投票率與主要政黨得票結果表（續）

地區	總統選舉			區域立法委員選舉			不分區立法委員選舉					
	投票率	國民黨%	民進黨%	投票率	國民黨%	民進黨%	投票率	國民黨%	民進黨%	台聯%	親民黨%	新黨%
屏東縣	72.67	42.93	55.13	73.01	39.41	57.48	72.66	38.88	42.74	10.47	3.29	0.49
臺東縣	61.79	66.47	30.50	65.22	29.61	41.60	61.76	59.60	23.97	4.83	5.51	0.92
花蓮縣	64.64	70.30	25.94	66.76	44.71	25.89	64.62	61.62	20.56	4.23	7.83	1.25
澎湖縣	59.01	49.76	45.65	59.22	0.00	53.44	58.99	44.46	37.28	6.12	6.92	0.79
基隆市	72.09	59.29	36.77	72.37	52.39	40.17	72.04	50.26	27.44	7.24	8.02	1.97
新竹市	75.68	57.43	39.49	75.86	53.27	41.85	75.61	49.07	29.90	7.57	6.46	1.73
嘉義市	73.53	46.27	51.04	73.65	48.53	48.82	73.48	40.35	34.77	14.24	5.39	0.79
金門縣	46.67	89.24	8.22	47.39	32.96	0.00	46.66	77.43	6.03	1.17	6.35	5.10
連江縣	65.79	86.61	8.03	66.34	46.69	0.00	65.80	68.82	5.62	0.93	15.43	4.25

資料來源：中央選舉委員會 2012 年總統選舉與立委選舉結果公告，政治大學選舉研究中心黃永政先生整理。

得票率，北北基地區也超過五成三，此外，在中彰投地區也有超過五成的得票。蔡英文得票率較多的縣市，以雲嘉南地區最高，其中嘉義縣將近六成，高屏地區也超過五成三，宜蘭縣也有超過五成二的得票。簡言之，此次選舉結果大致反映藍綠陣營原有的政治版圖。

　　在立法委員部分，在區域立委的得票率上，國民黨獲得 48.12% 的得票率、民進黨則為 44.45%。國民黨得票過半的縣市包括：桃竹苗地區、南投縣、台北市與基隆市。民進黨則在雲嘉南地區（不含嘉義市）、高屏澎以及宜蘭縣獲得超過半數的得票。另外在不分區部分，國民黨獲得 44.55% 的得票率、民進黨為 34.62%、台聯為 8.96%、親民黨為 5.49%、新黨僅 1.49%。國民黨只在金馬地區、花東地區以及新竹縣、苗栗縣與基隆市獲得過半的選票。民進黨因為台聯的瓜分選票，竟沒有在任何縣市獲得過半的政黨票。台聯則在嘉南與高屏地區獲得超過一成的政黨票。親民黨在連江縣與苗栗縣表現較佳，得到超過一成的選票。新黨則只在金門獲得超過 5% 的政黨票。至於席次方面：國民黨在區域立委獲得 44 席，原住民 4 席，不分區 16 席，共計 64 席，讓國民黨繼續掌握立法院過半數的席次。民進黨在區域立委獲得 27 席、不分區 13 席，共計 40 席。親民黨在原住民獲得 1 席，不分區 2 席，合計 3 席，得以在立法院組成黨團。台聯則在不分區中獲得 3 席，同樣可以組成黨團。無黨團結聯盟則在區域立委獲得 1 席，原住民獲得 1 席，合計 2 席。此外，另有無黨籍區域立委在連江縣獲得 1 席。

　　綜觀此次總統與立法委員「二合一」選舉，因為立委選舉被總統選舉的光芒掩蓋而相形失色，不過，民進黨候選人蔡英文憑著選舉期間的支持人氣，也同時帶動了民進黨立法委員候選人的選舉氣勢。國民黨總統候選人馬英九雖然在執政期間的滿意度並不突出，卻因為競選過程的策略操作得宜，得以連任。我們也在以下各章分別說明政黨的提名制度、併選對於選民參與以及一致投票與分裂投票的影響、兩個主要政黨（陣營）社會基礎、影響選民投票的三大因素：政黨認同、候選人形象以及議題對於此次總統大選的影響。此外，前述的「中國因素」以及「施政表現」對於選舉結果的影響，也將一併介紹。

●●● **參考文獻** ●●●

中央選舉委員會，2011，《中央選舉委員會會議議事錄》，第 24 輯，台北：中央選舉委員會編印。

全國公信力民意調查股份有限公司，2011，《第 8 屆立法委員選舉與第 13 任總統副總統選舉是否合併辦理》，台北：中央選舉委員會委託民意調查報告。

2

2012年總統與立委選舉之政黨提名、競爭與選舉結果

林長志

壹、前言

2012 年 1 月 14 日舉行的臺灣總統與立法委員選舉，對臺灣政治學研究而言，不論是在選舉理論層次或者政治競爭實務上，都有其高度重要性。就選舉理論的發展而言，此次大選是臺灣中央行政權（總統）與立法權（立法院）兩大權力核心代表的首次同時選舉，選後行政權與立法權的黨派歸屬是否一致，即具有探討一致政府 (unified government) 與分立政府 (divided government) 的理論意涵，同時選民一致與分裂投票 (straight and split-ticket voting) 行為則是構成這兩種不同政府型態的個體層次基礎。再者，總統選舉與立法委員選舉的合併舉行 (concurrent election)，對於選民是否出席投票的政治參與影響，同樣能夠在本次大選中獲得進一步的檢證。[1]換言之，本次大選相較於過去歷屆總統與立委選舉乃分別舉行，更具有重要選舉理論發展的關鍵意涵。而在政治競爭實務上，2008 年的總統與立委大選皆由國民黨贏得壓倒性的勝利，然而全面掌握行政與立法兩權的國民黨政府，四年執政似乎並未獲得民眾足夠的肯定，因此在本次大選中面臨在野黨的強力挑戰，民進黨總統參選人蔡英文在選前的各種民調與競選活動中，皆呈現足以威脅馬英九總統連任的氣勢。在立法委員選舉部分，不僅國、民兩大政黨競爭激烈，在野的親民黨因為有黨主席宋楚瑜的參選總統，在立委選舉也沒有缺席，投入若干單一選區及不分區席次的競爭；台聯則是與民進黨發展合作關係，力拼能在不分區立委上能斬獲若干席次。換言之，相較於 2008 年大選前看似就已底定的選舉結果，本次選舉具有更強的政黨競爭性，而進一步便可探究如經濟因素、兩岸議題、候選人形象、以及總統滿意度等因素對選民黨派投票的影響。因此，本次大選的重要性不言可喻。

然而，在具體分析選舉結果的各項因素之前，政黨競爭的更上游過程——政黨提名 (nomination)，同樣有不容忽視的重要性。一方面政黨提名

---

[1] 關於本次大選中合併選舉對選民投票參與的影響，在本書的後續章節中將有專章進行更詳細的說明與分析。

人選的良莠是能否贏得選民支持的關鍵，另一方面，各主要政黨在本次大選的黨內提名制度，與上屆選舉並不全然相同，例如民進黨在立委候選人提名部分，便捨棄了上屆選舉引起頗大爭議的「過濾式民調」（又稱「排藍民調」）方式，而提名方式的差異是否與選舉結果之間有著因果關係，同樣值得討論。因此本章的主要重點，是提供一個瞭解當時選舉競爭脈絡的整體概括性論述，說明 2012 總統與立委選舉中，國內兩大政黨國民黨與民進黨的提名制度、提名經過以及最終提名結果，並與上屆 2008 年大選時的提名制度及結果作一比較論述。此外，也針對本次大選各主要政黨在總統與立委選舉的競爭過程及選舉結果進行說明。

貳、政黨提名的理論與政治意涵

　　政黨在現代民主政治中，扮演著極為重要的角色，更可說是現今代議民主政治的基礎，政黨政府 (party government) 的運作機制即為此一基礎的重要體現 (Sundquist 1988)。而政黨在民主國家中具備諸多功能，例如匯集並反映民意、政治人才甄補、組織政府、做為聯繫政府與人民的媒介、議題設定、動員及教育選民等 (Aldrich 1995; Key 1964; Ranney 2001; Schattschneider 1942; Scott and Hrebenar 1984; Sorauf 1984)，其中「挑選候選人」(candidate selection) 參與選舉進而組織政府，被政治學者視為是民主國家中政黨最重要的活動 (Ranney 1981; Schattschneider 1942, 64)。[2]政黨的提名在選舉中亦猶如扮演守門員的角色，為選民預先進行候選人的「篩選」，或者在乏人問津的選區徵召優秀人才參選，提供選民做選擇

---

[2]　本文後續的論述，並不為「提名」與「挑選候選人」兩個名詞做嚴格的區分，同樣指涉政黨選拔候選人代表該黨參選的政治過程。學理上，這兩個名詞有著理論意涵上的差別：「提名」是指選務機關確認某些人具有公職候選人的資格，並將其姓名印在正式選票上的法律程序；而「挑選候選人」指涉的乃是一項著重在超越法律層面的程序，經由此程序政黨決定何者代表該黨競選，成為該黨所推薦或支持的候選人（Epstein 1967, 201-203; Ranney 1981, 75; 王業立 2011, 124）。

（施正鋒 2006, 170）。此外，政黨是否能夠提名「適當」（包含質與量）的候選人參與選舉，不僅影響到政黨是否能贏得勝選，更決定著一個政府之民選公職人員的水準、政治菁英的甄補、國家政策方向與政治的運作等 (Czudnowski 1975, 219; Hazan and Rahat 2006; Ranney 2001, 209)，因此政黨提名候選人的重要性不言可喻，其對國家的政黨政治與民主政治發展，都將造成深遠的影響。

　　經過 2004 年 8 月立法院通過修憲提案、並由 2005 年 6 月修憲「任務型國大代表」複決通過憲法修正案後，我國立法委員選舉制度由實施數十年之久且較具比例性的「複數選區單記非讓渡投票制」（single non-transferable vote with multi-member-district system, 簡稱 SNTV-MMD 或 SNTV），從第七屆起正式改為「單一選區兩票並立制」(mixed-member majoritarian system, MMM)，且席次由原本 225 席減半為 113 席。學理上 MMM 選制的得票與席次比例性將不及舊有 SNTV 制度（吳親恩 2006, 279；盛治仁 2006），且單一選區贏者全拿、大黨具有優勢的制度特性，使得未能獲得政黨提名的獨立候選人想要在單一選區中勝選，其難度將更甚於在 SNTV 下的複數選區，由此更凸顯了政黨在提名過程中的關鍵角色。誠如 Maurice Duverger (1951, 353) 所言：一個在選舉中勝選的候選人必須贏得雙重認可，亦即分別來自於政黨與選民的認可。而這兩者各自的重要性，會隨著國家和政黨的不同而有所差異，大體而言先獲得政黨的認可是贏得大選的前提條件，換言之，政黨認可的重要性往往超過選民認可的重要性（吳重禮 1998, 131）。更進一步而言，在民主國家的選舉中，選民的投票選項其實是有限的，往往僅能從政黨提名的有限人選中做出選擇 (Epstein 1967, 77)，此亦可說明何以政治菁英參與選舉，多半需要爭取政黨的提名與奧援，導致在大選進行之前有意參選的同黨同志就必須先廝殺一番。學者曾明確指出在 SNTV 制度下，往往造成競選過程中的黨內競爭 (intraparty competition) 可能比黨際競爭 (interparty competition) 更為激烈（Cox and Rosenbluth 1993, 579; Cox and Thies 1998; 王業立 2011, 104），此一論述在單一選區兩票制之下亦可適用，只是黨內同志激烈廝殺的場域提前從大選轉移到黨內的初選。

　　更進一步分析，現任立委能否順利連任，也與是否獲得政黨推薦息息相關，與林佳旻（2007）運用事件史分析法探究 SNTV 選制下，區域立委競選連任時影響其勝選與否的因素，其研究發現競選連任者的「政黨背景」是影響其連任成功與否的主要原因，亦即現任立委競選連任時若未能獲得政黨奧援，將使得連任機率大為降低。總結來說，不論是過去的複數選區 SNTV 制或修憲後的單一選區兩票並立制，能否獲得政黨提名都是政治人物是否足以贏得大選的重要因素，尤其在新制下的單一選區競爭中，政黨背景更是至為關鍵的因素。此外，政黨提名在國會議員的選舉至關重要，在攸關國家行政大權誰屬的總統選舉之重要性更是不言可喻。在現代民主國家中，不論是典型總統制的代表國家美國、或半總統制的代表國家法國、抑或者自 1996 年首次舉行總統直選的台灣，皆不曾有過由未經政黨提名的無黨籍人士贏得總統大選，政黨提名與否在總統大選中的重要性由此可見一斑，此亦凸顯著現代「民主政治」幾乎與「政黨政治」劃上等號的理論意涵 (Schattschneider 1942)。

　　從比較政治的觀點來看，不同國家的政黨之間，或是一個國家中不同的政黨，甚至某一政黨在不同時期，提名制度可能都有很大的差異（吳重禮 1998, 131）。而政黨提名候選人的方式則是評估該政黨「黨內民主」程度與處理黨內衝突態度的一項重要指標 (Gallagher 1988a, 1-2; Hazan and Rahat 2010)。所謂的黨內民主，意指地方選區黨員或地方黨部是否擁有決定候選人的權力，亦即政黨提名過程中權力的「集中化」(centralization) 情形，擁有較高分權化提名模式的政黨，即被認為是有較高程度黨內民主的政黨，學者多以此一指標做為政黨決定提名方式的分類依據。Ranney (1981, 82; 2001, 171-172) 將政黨提名制度分為七大類，[3]以政黨成員的參與

---

[3]　由最集權化形式到最分權化形式，依序分別是：一、由政黨全國性機構掌理提名候選人的工作，偶爾採納地方性機構的建議；二、雖由全國性機構掌理提名候選人的工作，但須謹慎考量地方性機構的建議；三、由地方性機構掌理提名權力，但須受全國性機構的監督；四、由地方性機構掌握提名權力，且不受政黨全國性機構的監督；五、由地方選區選民挑選候選人，但須受全國性機構的監督；六、由地方選區選民決定人選，但須受地方性機構的監督；七、由地方選區選民挑選候選人，且不受全國性或地方性機構的監督 (Ranney 1981, 82)。

程度來進行區分，最極端封閉式（最集權化形式）的提名制度乃是全由黨務菁英自行決定，一般的基層黨員對於候選人選擇沒有影響的機會；而最極端開放式（最分權化形式）的提名制度，則是政黨將提名候選人的權力交給地方選區的所有選民，由選民以投票方式來決定候選人的甄選，其餘類別則是介於此兩種極端之間。

　　Gallagher (1988b, 236-245) 運用同樣類似的分類方法，以提名權力的集中化程度進行其跨國性之比較研究，主要將民主國家政黨的候選人提名制度區分為七大類，[4]多數國家政黨的提名制度都介於絕對集權化與分權化兩極之間。該研究的跨國比較發現，民主國家政黨以「選區政黨幹部」主導提名過程的方式最為常見，「政黨中央機構決定」與「黨內初選」兩類型則次之。至於 Crotty 與 Jackson III (1985, 216-220) 則是將提名制度簡化為兩大基本類型：菁英主導模型與大眾參與模型。菁英主導模型強調提名過程中菁英的決定性角色，一般黨員或民眾僅擁有非常有限的參與權力；反之，大眾參與模型則著重廣泛的公民參與和政治動員，以人民的偏好與意見做為政黨提名候選人的依歸。

　　然而，上述以權力集中化程度進行提名制度的分類，並非意味著有較高程度黨內民主的類型（分權化形式），就必然優於較低程度黨內民主的類型（集權化形式），實際上兩者皆各有所長，亦各有其不足之處。就如同不存在一個「完美的」選舉制度一樣，也沒有絕對完美及兼具公平與效率的提名制度。林水波（2006）引用 Dunn (2004) 所提出的六大評估標準：效能、效率、充分、衡平、回應及妥當，來診斷 2006 年國、民兩黨在北高兩市市長的黨內提名制度，其發現現行初選制最大的問題便在於往往勝選機會與黨內民主之間存在著衝突，使得提名制度未能達成其制度的「績效」。因此，多數政黨都在兩極的提名制度間試圖找出平衡點，希

4　Gallagher (1988b, 236-245) 依權力的集中化程度，從最分權化到最集權化依序分為七大類：一、政黨選民 (party voters)；二、黨內初選 (party primaries)；三、選區政黨幹部投票 (subset of constituency party members)；四、政黨中央機構 (national executive)；五、利益團體 (interest groups)；六、全國性派系領袖 (national faction leaders)；七、政黨領袖決定 (party leader)。

望能同時兼顧制度之公平性 (fair)、效率 (efficiency)、及選舉結果的有效性 (effectiveness) 等指標（Norris and Lovenduski 1995, 3; 王業立與楊瑞芬 2001, 4），尋求黨內菁英、黨員與支持群眾都能接受，且最有利於政黨團結與勝選的提名方式，因此政黨的提名乃是深受政治環境、制度結構、菁英計算與民意趨向等因素交互影響的複雜課題。

參、2012年大選兩大政黨提名制度、過程與結果

不論政黨提名制度屬於集權或分權形式，學理上該制度設計會受到大選制度的結構類型不同而有所差異，也會因為政黨菁英間的互動與策略思考而產生改變，反映在政治實務上即可發現，各政黨因應不同型態選舉、不同時期的選舉、不同的政治環境下，其黨內的提名制度皆可能有所差異。針對臺灣過去長期採用之 SNTV 選制對政黨提名的影響，王業立（2011, 134-145）已有相當詳細且清楚的解析，關於臺灣在此種選制下的各黨提名制度亦已有若干文獻予以討論（王業立 1996；2011, 145-181；吳重禮 1998；2002；郝玉梅 1981；陳陸輝 1995；廖益興 1994），因此本文的重心將聚焦於 2012 年的總統與立委大選，國內兩大政黨的提名制度設計，且由於這僅是立法委員選舉改採 MMM 選制後的第二次實施，本文亦將 2008 年第七屆選舉時的兩黨提名制度並陳，以達到綜觀兩次選舉提名制度延續與變遷的比較目的。

不論是總統選舉或立委選舉，依據過去相關文獻（王業立 2011, 145-181）以及表2.1、表2.2的整理，國內兩大政黨國民黨與民進黨的公職候選人提名制度，基本上是朝著越趨分權化的模式發展。從早期由黨中央機關幹部掌握較大權力，逐漸分權開放至黨幹部評鑑、黨員意見反應、黨員投票，直到九零年代末期分權化程度最高的「民意調查」形式，由民進黨在 1997 年縣市長選舉引入做為提名依據之一，國民黨亦在 2000 年失去中央執政權後檢討屬於高度集權化的黨內提名制度，乃於 2001 年的縣市長及立委選舉候選人提名中使用民意調查，往後歷次選舉兩黨皆逐漸提高

表 2.1　2008、2012 年總統選舉國民黨與民進黨提名制度與結果

年度	總統選制	國民黨提名制度與結果	民進黨提名制度與結果
2008 第 12 任	單一選區 相對多數決	**提名制度** 總統候選人之提名，由中央委員會，依據「黨員投票」（佔 30%）與「民意調查」（佔 70%）之結果，決定提名名單，報請中央常務委員會核備後，提報全國代表大會通過。 副總統候選人之提名，由總統候選人推薦，報請中央常務委員會核備後，提報全國代表大會通過。但必要時，得推薦非本黨籍人士為副總統候選人。 **提名結果** 黨內僅有前主席馬英九及高師大教授雷橋雲領表登記參選，後僅馬英九達到初選登記的黨員連署門檻，經中常會核備、全國代表大會通過獲得提名。	**提名制度** 先以溝通協調方式產生提名人選，無法達成協議時，由中央黨部辦理提名的「二階段初選」，包含「黨員投票」（佔 30%）與「民意調查」（佔 70%）。 總統初選提名民意調查部分採「低度排藍」之過濾式民調。[a] **提名結果** 第一階段黨員投票，謝長廷得票率 44.7%，蘇貞昌 33.4%，游錫堃 15.8%，呂秀蓮 6.2%。隨後蘇、游、呂三人召開國際記者會，共同宣布不再進行第二階段民意調查，由謝長廷代表民進黨參選。
2012 第 13 任	同上	**提名制度** 同 2008 年提名制度，若僅一人辦理提名登記，則無須進行黨內初選，直接報請中央常務委員會核備後通過提名。 **提名結果** 僅現任總統馬英九一人登記參選，由中常會核備後直接提名。	**提名制度** 以民意調查方式產生（100%「全民調」）。 **提名結果** 蔡英文、蘇貞昌、許信良三人參與黨內初選。最終對比式的民調結果，由蔡英文以 42.5% 險勝蘇貞昌的 41.15%，獲得民進黨提名參選。

資料來源：中央選舉委員會（2012）、中國國民黨（2009）、民主進步黨（2011），並參考王業立（2011, 159-174）、林長志（2008）、徐永明（2007）、陳陸輝與黃紀（2009, 18-22）。

說明：[a] 關於民進黨過濾式（排藍）民調的分類與內容，可參閱徐永明（2007, 153-155）。

表 2.2　2008、2012 年立委選舉國民黨與民進黨提名制度與結果

年度	立委選制	國民黨提名制度與結果	民進黨提名制度與結果
2008 第 7 屆	**單一選區兩票** **並立制** 應選總席次： 113 席 區域立委： 73 席 不分區立委： 34 席 原住民代表： 6 席	**提名制度** **區域立委：** 依據「黨員投票」（佔30%）與「民意調查」（佔70%）之結果，對於現任者，應同時參考其任內表現，並考量地區特性及選情評估等因素，經提名審核程序，提出建議輔選方式及提名名單，報請中央常務委員會核定。 **不分區立委：** 中央提名審核委員會審核通過之建議提名名額、名單及排名順序，提請中央委員會全體會議對被提名人個別行使同意權後，報請主席核定。……與友黨協商提名之名單及其排名順序，經報請主席核定後確定，不再對被提名人個別行使同意權。 **原住民立委：** 由中央委員會依據原住民黨員投票（佔50%）及幹部評鑑（佔50%）之結果，……，提出建議輔選方式及提名名單，報請中央常務委員會核定。 **提名結果** 區域立委：提名69席（70人）[a] 不分區名單：提名34人 原住民立委：提名4人	**提名制度** **區域立委：** 以溝通協調方式產生提名人選，無法達成協議時，則進行二階段提名初選。「黨員投票」佔30%，「民意調查」佔70%。 區域立委初選民意調查部分採「中度排藍」之過濾式民調。 **不分區立委：** 由提名委員會提名總額之三分之一，其餘三分之二接受黨員參選登記，二階段初選包含「黨員投票」佔40%，「民意調查」佔60%。 不分區立委初選民意調查部分採「重度排藍」之過濾式民調。 **原住民立委：** 原住民立法委員候選人由本黨主席推薦，經中央執行委員會同意後提名之。 **提名結果** 區域立委：提名69席[a] 不分區名單：提名33人 原住民立委：提名2人

表 2.2 2008、2012 年立委選舉國民黨與民進黨提名制度與結果（續）

年度	立委選制	國民黨提名制度與結果	民進黨提名制度與結果
2012 第 8 屆	同前	**提名制度** **同第七屆立委提名方式**，且允許經協調產生建議提名人選者，得不辦理黨員投票、幹部評鑑或民意調查。若干選區之初選經協調後便以100%「全民調」之結果做為提名依據，而不舉行黨員投票。 **提名結果** 區域立委：提名 71 席 [b] 不分區名單：提名 34 人 原住民立委：提名 4 人	**提名制度** **區域立委：** 先溝通協調，無法達成協議時，以民意調查方式產生（100%「全民調」）。 於必要時經全國黨員代表大會之決議，得授權中央執行委員會徵召黨員參選。艱困選區由黨主席提名經中執會同意後徵召。 **不分區立委：** 由提名委員會提名產生，名額、名單及排序由提名委員會提出，由中執會出席總數三分之二就全案為通過或不通過之決議。 **原住民立委：** 原住民立法委員由本黨主席推薦，經中執會同意後提名之。 **提名結果** 區域立委：提名 69 席 [b] 不分區名單：提名 33 人 原住民立委：提名 1 人

資料來源：中央選舉委員會（2012）、中國國民黨（2007；2009）、民主進步黨（2011），並參考王業立（2011, 159-174）、林長志（2008）、徐永明（2007）、陳陸輝與黃紀（2009, 18-22）。

說明：[a] 國民黨在 2008 年立委選舉的苗栗縣第二選區，提名了兩位黨籍候選人何智輝與徐耀昌在同一選區參選。另有四個單一選區（台中縣第二選區、台南縣第二選區、屏東縣第一選區、澎湖縣）未提名。民進黨同樣有四個選區未提名，分別為台北縣第九選區、新竹縣、台東縣、以及台中縣第四選區。

[b] 在第八屆選舉的 73 個單一選區，國民黨僅台中市第二選區（原台中縣第二選區）及澎湖縣未提名。民進黨則有台北市第七選區、桃園縣第六選區、金門縣及連江縣共四個選區未提名。

民意調查在提名機制中所佔的比重，至 2012 年的總統與立委大選，民意調查結果更已成為民進黨提名候選人的唯一依據，此種作法在歐美先進民主國家政黨可謂是前所未見的創舉。在二階段初選提名制度中以民意調查取代幹部投票，或降低黨員投票的比例，有兩項主要的考量因素：一是試圖縮短黨意與民意間的落差，期待能提名更具民意基礎的候選人在選戰中獲勝；二是欲藉此消弭黨內初選時賄選買票的惡質選風，以及政治人物培養「人頭黨員」、「口袋黨員」對初選可能造成的扭曲（王業立與楊瑞芬 2001, 3）。[5]因此，國內兩大主要政黨由集權化走向分權化的提名制度演變模式，實與臺灣選舉政治中長期存在的黨內派系競爭與人頭黨員問題有著密切的關係。

　　如表 2.1 所呈現，在 2012 年的總統選舉，國民黨提名方式乃延續 2008 年的制度設計，以「黨員投票」及「民意調查」分佔初選提名之三成與七成的方式產生提名人選。過去的歷屆總統選舉黨內提名，國民黨還未曾有過實際「初選」競爭的例子，在本次選舉除了馬英九總統登記競選連任之外，另一主要的潛在競爭者立法院長王金平最終並未參與黨內初選提名登記，因此在 2011 年 4 月 27 日由中常會正式核備由馬英九總統代表國民黨競選連任。在馬英九確認獲得提名之後，在黨內呼聲最高的「馬王配」並未成局，而是藉由修改黨內「不分區立委連任以一次為限」的提名辦法，增訂「國會議長條款」讓已連任兩屆國民黨不分區立委的王金平得以再次名列不分區立委名單，為再次連任立法院長進行鋪路。此外，馬英

---

[5]　民意調查是否適用於政黨提名制度、達到上述的兩個目標，在學界仍頗多爭議。反對初選民調的理由甚多，大致可歸納為：一、初選民調獲勝的候選人不必然在大選中仍具有競爭能力；二、政黨喪失甄拔政治人才的重要權力；三、黑金介入初選過程使得選風更加惡化；四、初選民調使得現任者或具備高知名度的政治人物佔盡優勢，新人將不易在初選中勝出；五、初選民調提高競選成本、破壞黨內團結。而支持初選民調的學者則認為，初選民調制度相對於少數黨務菁英主導的提名決策模式，強調的是「由下而上」的群眾參與，有利於參選者爭取選民認同，對於國內的民主化發展乃有所助益。此外，民意調查究竟與黨員投票存在互補或互斥效應，端視在政治實務上如何執行運用民意調查。相關探討可參閱：王業立與楊瑞芬（2001）、吳重禮（2002）、初文卿（2003）、洪耀福（2001）、張婉琳（2001）、陶令瑜（2001）、楊泰順（2001；2006）、楊瑞芬（2001）、劉義周（2001）。

九亦未選擇現任的副總統蕭萬長作為競選連任的搭檔，而是挑選時任行政院長的吳敦義做為副手。在立委選舉的部分，國民黨在第八屆立委選舉的提名制度同樣沿用第七屆的規定，由黨員投票與民意調查兩大部分做為提名依據（參見表2.2），然而亦允許同選區有意參選者經協調之後，可以民意調查結果作為唯一提名依據，而不舉行黨員投票。例如在臺北市第三選區，有意角逐國民黨提名的蔣孝嚴與羅淑蕾，便協議以全民調的方式來進行初選競爭，而桃園縣第三選區（陳學聖 vs. 鄭金玲）與彰化縣第三選區（鄭汝芬 vs. 陳文漢）同樣是以全民調方式決定黨提名人選（聯合晚報，2011 年 4 月 24 日，版 A1；聯合報，2011 年 4 月 28 日，版 B2；聯合報，2011 年 5 月 4 日，版 A4）。[6]最終國民黨在 73 席的單一選區中提名了 71 位候選人，僅臺中市第二選區及澎湖縣分別禮讓無黨團結聯盟的顏清標與林炳坤參選而未提名候選人。

　　至於民進黨部分，相較於 2008 年總統大選前黨內四大天王謝長廷、蘇貞昌、游錫堃與呂秀蓮的激烈競爭，在初選提名階段便廝殺得難分難捨，尤其謝長廷與蘇貞昌兩大競爭勢力之間的彼此攻訐，更讓雙方之間嫌隙難彌，即使兩人最終代表民進黨搭配競選正副總統，也不免在競選過程中成為對手分化與攻擊的議題。在 2012 年大選主要形成黨主席蔡英文與前行政院長蘇貞昌的捉對廝殺。而且有鑑於在 2008 年選前引發黨內極大爭論的「過濾式（排藍）民意調查」方式（林長志 2008；徐永明 2007），在本次提名過程中是否維持排藍民調方式、是否保留三成黨員投票的比重，皆引起黨內各派系間的激烈競爭。經過黨內派系勢力的角力、以及黨主席蔡英文的強勢運作之下，民進黨於 2011 年 1 月的第十四屆第五次中執會、以及第十四屆第一次臨時全國黨員代表大會中，確立修正黨內「公職候選人提名條例」，包括總統、區域立委、直轄市長與市議員、縣市長

6　張文馨，2011，〈國民黨初選民調 羅淑蕾贏蔣孝嚴〉，《聯合晚報》，4月24日，版A1。

陳文星、劉明岩，2011，〈立委初選輸 陳文漢疑民調不公〉，《聯合報》，4月28日，版B2。

李明賢、游文寶、劉愛生，2011，〈鄭金玲輸陳學聖 堅持參選〉，《聯合報》，5月4日，版A4。

等公職候選人的提名依據，皆改採全部以民意調查方式產生，廢止了已採用多年的「黨員投票」制度。

　　此種提名制度變革，一方面是為杜絕長期以來黨內廣受詬病的人頭黨員扭曲初選結果的弊病，另一方面也是因應最新修訂的《公職人員選舉罷免法》第101條之規定，公權力將可介入調查並處罰政黨辦理初選過程中的賄選情形，全民調方式將可避免因辦理黨員投票而可能產生的法律問題。最終參與民進黨總統初選登記的有蔡英文、蘇貞昌與前主席許信良三人，在經過四場電視政見發表會的激烈交鋒之後，於四月下旬舉行初選民調，結果由蔡英文以不到1.5%的些微差距擊敗蘇貞昌（中國時報，2011年4月28日，版A2），[7]獲得民進黨提名參選總統。初選過後，或許由於競爭過程中的諸多紛擾與爭議使得蘇貞昌並未答應蔡英文之邀請擔任其副手，而僅出任其競選組織的總主委（自由時報，2011年6月22日，版A4）。[8]儘管尋覓副手的過程中一度傳出蔡英文將搭配國民黨籍的中央銀行總裁彭淮南，不過最終是由時任民進黨秘書長的蘇嘉全出線成為民進黨的副總統候選人。

　　而立委選舉初選制度部分，延續黨內一貫先協調、後民調、輔以徵召的大原則，區域立委如同上述改以100%全民調方式產生，至於全國不分區與僑居代表的立委候選人提名方式，則是由黨主席提名七至九人並經中執會同意組成的提名委員會，負責提名名額及名單順序排定的決定，再經中執會表決通過。[9]最終民進黨共提名了69位區域立委候選人、33位不分

---

[7]　朱真楷、陳文信，2011，〈蔡小勝蘇1.35個百分點〉，《中國時報》，4月28日，版A2。

[8]　李欣芳，2011，〈四巨頭合體 蘇游謝領軍 助蔡拚大選〉，《自由時報》，6月22日，版A4。

[9]　就政黨比例代表名單的產生方式而言，2012年的提名方式乃全交由黨主席提名組成的提名委員會決定，相較於2008年的提名委員會僅決定不分區提名總額的三分之一，另三分之二仍開放黨員登記並舉行二階段初選的方式，形成一種提名權力往黨中央少數黨務菁英集中的集權化提名模式，與區域立委提名全交由民意調查決定的極端分權化型態截然不同。而不分區提名權力往黨中央集中的制度設計，也是後來提名名單出爐後招致批評的導火線與重要原因。

區候選人，以及一位原住民候選人，與 2008 年的提名概況相似。然而，黨中央提名委員會主導下產生的不分區名單出爐之後，因缺乏弱勢族群代表、且多為派系政治人物，也被部分媒體及黨內重量級人士如前副總統呂秀蓮，批評是蔡英文主席以「世代交替」為名安排親近人士且向黨內各派系妥協的結果（聯合晚報，2011 年 6 月 30 日，版 A14；中國時報，2011 年 7 月 2 日，版 A6）。[10]

肆、競選過程與選舉結果

　　本次總統大選與 2008 年大選時國、民兩黨對決型態最大的差異，便是存在一組在選前普遍被認為足以改變選舉結果的第三勢力─藉由公民連署以無黨籍身份參選的親民黨主席宋楚瑜與其副手林瑞雄。在選前的各項民意調查中，宋楚瑜平均而言皆能得到 5%~15% 的選民支持（中國時報，2011 年 12 月 4 日，版 A1；聯合報，2011 年 10 月 17 日，版 A1；聯合報，2011 年 11 月 14 日，版 A1），[11] 這樣的民意調查支持度若真能在大選中轉換成實際選票，的確可能左右兩大政黨對決的結果。因此，直至宋楚瑜於 9 月中旬確定參選總統並向中選會領表開始進行公民連署之前，[12]

10　林修全，2011，〈民進黨不分區立委 公媽派淡出〉，《聯合晚報》，6月30日，版A14。

　　陳文信、管婺媛、黃文博，2011，〈黨內炮聲隆隆 呂：跟主席靠攏就可以當選〉，《中國時報》，7月2日，版A6。

11　旺旺中時民調中心，2011，〈本報民調 辯論表現〉，《中國時報》，12月4日，版A1。

　　聯合報系民意調查中心，2011，〈聯合報每月民調〉，《聯合報》，10月17日，版A1。

　　聯合報系民意調查中心，2011，〈總統大選專題民調 策略性投票〉，《聯合報》，11月14日，版A1

12　除了親民黨主席宋楚瑜與副手林瑞雄領表登記成為總統、副總統選舉被連署人之外，另有五組人選申請登記成為被連署人，分別為李幸長與吳武明、莊孟學與黃國華、高國慶與鄧秀寶、許榮淑與吳嘉珮、林金瑛與石翊靖（中央選舉委員會 2011a）。最終僅有宋林配完成公民連署並跨過參選門檻（中央選舉委員會 2011b）。

國民黨仍尋求與其合作的機會。不過在 2008 年大選中與國民黨幾乎全面性合作的親民黨（支持國民黨總統候選人、區域立委僅提名一席並且未提政黨不分區名單），[13] 在本次的選舉中不僅藉由公民連署凝聚宋楚瑜參選總統的民氣，在立委選舉部分亦在 10 個單一選區、以及兩個原住民選區提名黨籍候選人，並提出不分區立委政黨名單，形同在本次選舉中完全與國民黨劃清界線，也引發另一泛藍政黨新黨的不滿與攻擊（自由時報電子報，2011 年 11 月 10 日；聯合晚報，2011 年 11 月 9 日，版 A2）。[14] 至於泛綠陣營的台聯，在本次選舉則選擇與民進黨保持緊密的合作關係，僅提出不分區政黨名單，在總統選舉以及區域立委選舉部分，則全面支持民進黨候選人，民進黨亦訴求泛綠選民讓台聯能夠跨越 5% 的不分區立委分席門檻，共創泛綠陣營在國會的最大席次（自由時報，2011 年 12 月 26 日，版 A2）。[15]

在這次總統與立委大選過程中，選戰尚未起跑前就已引起朝野政黨間極大爭議的，應屬這兩項選舉是否應該合併舉行的議題。在 2010 年 11 月底五都直轄市長選舉後，國民黨在五都總票數輸給民進黨約四十萬票，此時國民黨內便已開始有希望 2012 年總統與立委選舉合併舉行的呼聲（中國時報，2010 年 11 月 29 日，版 A2），[16] 內政部也有意推動兩項選舉合併舉行。由於合併選舉事涉憲政體制、法律制度及政黨政治競爭，影響層面廣泛，中選會乃自 2011 年 3 月起於全國舉行五場公聽會，匯集各界關於合併選舉的意見，同時亦進行民意調查，最後在 4 月 19 日經過中選會委

---

[13] 親民黨主席宋楚瑜在2008年的總統選舉中，擔任國民黨候選人馬蕭競選總部的榮譽主委，表態力挺，同時亦呼籲親民黨支持者在該年同時舉行的公民投票案中，支持國民黨「拒領公投票」的訴求。

[14] 施曉光、顏若瑾、范正祥，2011，〈國親合殺手？橘點名新黨郁慕明〉，自由時報電子報，11月10日，http://www.libertytimes.com.tw/2011/new/nov/10/today-fo2.htm，檢索日期：2012年12月29日。
蔡佩芳，2011，〈親、新兩黨隔空互批愈戰愈烈〉，《聯合晚報》，11月9日，版A2。

[15] 李欣芳，2011，〈與民進黨守護台灣 小英：盼台聯過5%〉，《自由時報》，12月26日，版A2。

[16] 單厚之、鄭閔聲，2010，〈藍營建議：總統立委選戰二合一〉，《中國時報》，11月29日，版A2。

員會決議通過，2012 年總統與立委選舉將合併舉行，以節省選舉的社會成本及選務經費、也避免頻繁政治動員所造成的社會動盪（中央選舉委員會，2011 年 4 月 19 日），[17] 因為合併選舉，原本內政部規劃將在總統大選實施不在籍投票的政策，也因選務複雜度過高而擱置。然而在野的民進黨與台聯，皆質疑執政黨推動合併選舉，背後有著藉由合併選舉從中得利的選票動機，認為將有利於國民黨在選舉過程中買票與綁樁、剝奪若干首投族參與投票的機會，同時亦質疑兩項選舉合併於 2012 年 1 月 14 日舉行，若選舉結果實現再次政黨輪替，離新總統就職的 5 月 20 日超過四個月，將形成舊政府無法進行任何重大決策，導致憲政運作的空窗期（自由時報電子報，2011 年 5 月 1 日）。[18] 然而在中選會認為合併選舉無礙我國政府運作與公職人員職權行使的情形下，促成了我國選舉史上首次的中央行政權與立法權合併選舉。[19]

　　過去總統大選中，攸關臺灣與大陸關係的「統獨議題」，一直是國、民兩黨藉以動員選民的主要論辯，然而在這次大選中，「九二共識」與「台灣意識」的競爭似乎比統獨議題更為顯著。馬英九總統執政四年期間主張兩岸關係「不統、不獨、不武」，強調以「一個中國各自表述」的「九二共識」，作為與大陸政府彼此擱置爭議、深化雙方經貿交流的最主要前提，並且以兩岸關係獲得比民進黨執政時期更大的進展作為其主要政績。而民進黨則認為九二共識是國民黨自創的名詞，實際上並不存在，也未經過臺灣多數民意的同意，前總統李登輝亦多次出面反駁，在其 1992 年執政時期並未與對岸有所謂的九二共識（自由時報，2011 年 12 月 26 日，版 A2）。[20] 因此，蔡英文在 2011 年 12 月 3 日首場電視辯論會前夕舉

---

17 中央選舉委員會，2011，〈中選會委員會議 通過第8屆立法委員及第13任總統將合併選舉〉，中央選舉委員會新聞稿，4月19日，http://web.cec.gov.tw/files/13-1000-11208-1.php，檢索日期：2012年12月25日。

18 曾韋禎，2011，〈法學學者：併選恐違憲政慣例〉，自由時報電子報，5月1日，http://www.libertytimes.com.tw/2011/new/may/1/today-p9.htm，檢索日期：2012年11月29日。

19 關於本次選舉合併舉行的緣起與爭議，可參閱本書第一章關於選舉過程的回顧，至於併選對選民投票率及投票選擇之影響，則可參閱本書第三章與第四章的實證分析。

20 李欣芳，2011，〈將「九二共識」賴給我 李飆馬：講一次K一次〉，《自由時報》，12月26日，版A2。

行記者會，提出「台灣共識」作為其未來處理兩岸關係的重要主張，而九二共識與台灣共識之爭，也成為國、民兩黨在兩岸議題上的最大論辯（工商時報，2011年12月4日，版A2；中國時報，2012年1月13日，版A3；自由時報，2011年12月31日，版A2）。[21] 而此一「共識之爭」，在選後被認為是左右選舉結果的重要關鍵，因為在選戰後期，國內的許多大企業家如鴻海集團總裁郭台銘、長榮集團總裁張榮發、台塑集團總裁王文淵、宏達電董事長王雪紅、聯電集團榮譽副董事長宣明智等，皆相繼出面表態力挺九二共識（工商時報，2012年1月14日，版A1；中國時報，2012年1月4日，版A2），[22] 擔心若政黨輪替後民進黨揚棄九二共識，將不利於企業的經濟利益與國家整體經濟發展。至於蔡英文則是在選前得到眾多學者如前中研院院長李遠哲等、及台聯精神領袖李登輝前總統的站台力挺。

　　然而，一方面或許由於「台灣共識」的實際內容與作法仍舊過於模糊，另一方面經濟因素仍然是選民投票時的重要考量，因此選舉結果普遍被認為是反映了人民對「九二共識」的肯定、以及對民進黨之「台灣共識」可能影響兩岸經濟發展前景的憂慮（自由時報，2012年1月16日，版A3；聯合報，2012年1月15日，版A2），[23] 導致蔡英文的落敗。至於選舉過程中的其他重要議題，還包括馬英九總統提出未來不排除與大陸政府簽訂「兩岸和平協議」並且規劃交付公民投票、老農津貼加碼爭議、核能發電的存廢、ECFA的效益與延續、以及經濟惡化導致企業實施無薪假

---

[21] 崔慈悌，2011，〈馬批蔡：兩岸政策說不清楚 蔡轟馬：九二共識是國共兩黨協議的產物，沒有民意基礎〉，《工商時報》，12月4日，版A2。
朱真楷，2012，〈對外媒重申九二共識不存在 蕭美琴：台灣共識更穩定、持續〉，《中國時報》，1月13日，版A3。
顏若瑾、蘇永耀、曾鴻儒，2011，〈台灣共識vs.九二共識雙英都要對方別害怕〉，《自由時報》，12月31日，版A2。

[22] 楊曉芳，2012，〈王雪紅挺馬 挺九二共識〉，《工商時報》，1月14日，版A1。
林上祚，2012，〈支持九二共識 企業家相繼挺馬〉，《中國時報》，1月4日，版A2。

[23] 李欣芳、陳慧萍，2012，〈黨內兩岸政策 綠湧檢討聲〉，《自由時報》，1月16日，版A3。
林河名、鄭宏斌，2012，〈台灣共識不敵九二共識〉，《聯合報》，1月15日，版A2。

等，皆引起兩黨候選人及輿論的廣泛討論。而負面選舉同樣充斥於本次大選過程中，例如蔡英文投資並擔任宇昌生技公司董事長的疑似弊端、民進黨副總統候選人蘇嘉全的豪華農舍問題、馬英九疑似收受富邦金控違法政治獻金案、文建會建國百年「夢想家」音樂劇招標弊案等，都是兩黨在選舉過程中彼此攻防的重要事件，甚至經建會主委劉憶如疑似以錯置日期的文件攻擊蔡英文的宇昌案、民進黨以誤植圖片的「兩元柿子」文宣攻擊政府的農業政策等，同樣皆在選戰過程鬧得沸沸揚揚。至於這些選戰過程中的政治事件以及負面選舉究竟對選民的投票選擇有何影響，皆有賴更進一步的分析。

　　表 2.3 的選舉結果顯示，最終國民黨馬吳配以過半的 51.6% 得票率，擊敗民進黨蔡蘇配的 45.63%，不過相較於 2008 年的總統大選，競選連任的馬英九總統得票率下跌了約 7%，民進黨得票則比上屆選舉提升了約 4%，顯示經過國民黨政府四年執政之後，部分選民對於政府政績並不滿意。若進一步以各縣市的得票率來看（參閱附錄一），儘管國民黨的馬吳配在絕大多數中部以北以及東部地區之縣市仍獲得超過五成的得票率，然而相較於 2008 年的得票，全國各縣市呈現全面性的得票滑落，若干在上屆選舉中得票過半的縣市如宜蘭縣、嘉義市、臺南市、高雄市，在本次選舉已呈現選票優勢藍綠逆轉的情形，甚至在傳統國民黨的選票大本營桃竹苗及花東地區，選票下滑的幅度皆高達 7%~8%，而且顯然此現象並非全然因為宋楚瑜的參選所致。至於民進黨在各縣市的得票，與上一屆相較則呈現全面性的成長。而第三勢力宋楚瑜，則在本次大選中完全地被邊緣化，無法避免單一席次競爭下不利於第三黨競爭的制度結構，僅獲得不到 3% 的選票，與選前民調平均能獲得一成左右的支持度有段落差，合理推論應有部分原支持宋楚瑜的選民，在實際大選投票時採取策略性投票有關。另一方面，若比較近兩屆總統選舉的選票分佈，大體上仍維持著「北藍南綠」的政黨支持結構，民進黨儘管在本屆選舉選票有所成長，但並未撼動國民黨在北部、中部、東部以及外島的選票優勢，因此就學理上而言，本文亦呼應陳陸輝與黃紀（2009, 25）之分析，2008 年總統選舉在政

黨重組 (party realignment) 的角色上而言，可定位為一個「關鍵性選舉」(critical election)，[24] 至於 2012 年選舉在政黨版圖競爭上則仍可視為上屆選舉的延續。

表 2.3　2008 與 2012 年總統選舉結果（全國）

提名政黨	2008 第 12 任總統選舉			2012 第 13 任總統選舉		
	候選人	得票數	得票率	候選人	得票數	得票率
國民黨	馬英九 蕭萬長	7,659,014	58.44%	馬英九 吳敦義	6,891,139	51.60%
民進黨	謝長廷 蘇貞昌	5,444,949	41.55%	蔡英文 蘇嘉全	6,093,578	45.63%
無黨籍	---	---	---	宋楚瑜 林瑞雄	369,588	2.76%
投票率	76.33%			74.38%		

資料來源：中央選舉委員會（2012）公告之選舉結果。
說明：虛線 (---) 代表未參選。

　　至於在立委選舉方面，表 2.4 呈現 2008 與 2012 年兩次選舉的結果。相較於 2008 年選舉，國民黨在本屆選舉的得票與總統選舉一樣皆呈現下滑，尤其在席次上更是大幅滑落，總席次減少了 17 席之多，主要來自區域立委從上屆囊括近八成席次的 57 席減少為本屆的 44 席，全國不分區的得票率亦從過半數支持的 51% 下降將近 7%，以 44.5% 的得票率拿到 16 席不分區席次，比上屆選舉少了 4 席。反觀民進黨則是在本屆選舉中大有斬獲，在區域立委的得票率與席次率皆大幅成長，儘管不分區席次比上屆少了 1 席，但在區域立委方面則增加了 14 席，使得總席次成長了 13 席。另一個與上屆選舉較大的差異是，親民黨與台聯兩個小黨在政黨不分區選票中皆跨越了 5% 的分席門檻，尤其台聯以將近 9% 的政黨得票率分得 3

---

[24]　關於「關鍵性選舉」與「政黨重組」的概念意涵介紹，可參閱Key (1955; 1959)。

表 2.4　2008 與 2012 年立委選舉結果

政黨	2008 第七屆 區域立委 得票率	區域立委 席次(%)	全國不分區 得票率	全國不分區 席次(%)	原住民選區 得票率	原住民選區 席次(%)	合計 席次(%)	2012 第八屆 區域立委 得票率	區域立委 席次(%)	全國不分區 得票率	全國不分區 席次(%)	原住民選區 得票率	原住民選區 席次(%)	合計 席次(%)
國民黨 (KMT)	53.48	57 (78.08)	51.23	20 (58.82)	54.89	4 (66.67)	81 (71.68)	48.12	44 (60.27)	44.55	16 (47.06)	51.52	4 (66.67)	64 (56.64)
民進黨 (DPP)	38.65	13 (17.81)	36.91	14 (41.18)	6.76	0 (0.00)	27 (23.89)	44.45	27 (36.99)	34.62	13 (38.24)	4.64	0 (0.00)	40 (35.40)
新黨 a (NP)	---	---	3.95	0 (0.00)	---	---	0 (0.00)	0.08	0 (0.00)	1.49	0 (0.00)	---	---	0 (0.00)
親民黨 b (PFP)	0.02	0 (0.00)	---	---	17.47	1 (16.67)	1 (0.89)	1.12	0 (0.00)	5.49	2 (5.88)	13.74	1 (16.67)	3 (2.65)
台聯 (TSU)	0.96	0 (0.00)	3.53	0 (0.00)	---	---	0 (0.00)	---	---	8.96	3 (8.82)	---	---	3 (2.65)
無黨聯盟 (NPSU)	2.25	2 (2.74)	0.70	0 (0.00)	13.35	1 (16.67)	3 (2.66)	1.08	1 (1.37)	---	0 (0.00)	13.74	1 (16.67)	2 (1.77)
其他 c	4.64	1 (1.37)	3.68	0 (0.00)	7.53	0 (0.00)	1 (0.89)	5.15	1 (1.37)	4.89	0 (0.00)	16.36	0 (0.00)	1 (0.88)
合計	100.00	73 (100.00)	100.00	34 (100.00)	100.00	6 (100.00)	113	100.00	73 (100.00)	100.00	34 (100.00)	100.00	6 (100.00)	113
投票率	58.72%		58.28%		47.36%		---	74.72%		74.33%		61.99%		---

資料來源：中央選舉委員會（2012）公告之選舉結果，並經作者合併整理。

說明：1. 虛線（—）代表未參選。

2. a 新黨於 2008 年選舉未提名區域立委候選人，2012 年則僅於金門縣提名區域立委候選人參選，僅於連江縣提名區域立委候選人參選。

b 親民黨於 2008 年立委選舉中，除了提名全國 10 個單一選區提名候選人參選外，則在全國不分區提名及無黨籍身分參選。另選有兩位原住民立委候選人。

c 「其他」包含了所列出政黨以外的其他政黨及無黨籍身分人士。在 2008 年的一席係金門縣的陳福海以無黨籍身分當選，在 2012 年的一席則為陳雪生在連江縣以無黨籍身分當選。

d 「全國不分區」除表列之主要政黨外，2008 年尚有公民黨、制憲聯盟、第三社會黨、綠黨、台灣農民黨、紅黨、客家黨，共計 12 個政黨，2012 年則另有台灣國民會議、人民最大黨、健保免費連線、綠黨、中華民國臺灣基本法連線、台灣主…黨、客家黨，共計 11 個政黨。

席，取得在立法院組成黨團的資格，此與台聯選擇與民進黨合作應有密切的關係，儘管導致民進黨在不分區得票下滑且比上屆少了 1 席，但整體泛綠陣營的席次卻是有所增長。而親民黨雖然在區域立委部分所提名的 10 位候選人全軍覆沒，然而在政黨票則以 5.49% 之得票率分得 2 席，加上一席原住民席次，也達到組成立法院黨團的門檻。因此整體而言，本次選舉相較於上屆由國民黨一黨囊括超過七成國會席次的情況相較，在野陣營在本屆國會的組成上多了一些制衡政府的力量。另外，若以個別選區的競爭來看（參閱附錄二），同樣呈現「北藍南綠」的政黨版圖概況，雖然民進黨在本次選舉收復了若干屬於傳統綠營票倉、但卻在上屆選舉中失利的南部選區（如高雄縣市），同時亦在藍營票倉的北部少數選區、台中縣、台東縣、及澎湖縣選區有所斬獲，但是從整體政黨勢力版圖的分佈來看，國民黨與民進黨的優勢選票分佈並未與過去有太大顯著的差異。

　　另外值得一提的是，相較於本屆總統選舉的投票率 74.38%，創下民選總統以來的新低，過去歷屆立委選舉投票率最高僅約 68%，且逐屆下滑至 2008 年最低的 58%，在本屆選舉由於與較受民眾及媒體重視的總統選舉合併舉行，74% 的投票率則是創下歷屆立委選舉的新高紀錄，由此亦可看出合併選舉對選民投票參與的重要影響。

伍、結語

　　本章主要重心在於說明 2012 年總統與立委選舉中，國內兩大政黨的提名制度、過程及結果，同時簡述競選過程的重要事件與議題，並說明選舉結果的意義，目的在於提供讀者對於此次大選的選舉脈絡及競爭，能夠有一全面性且兼顧若干重要細節的整體性瞭解。同時，亦強調本次選舉與 2008 年大選的相互比較，用意在於釐清兩次選舉的特色與差異，使得本次選舉的結果及其重要性更能夠有足以參照的對象，且達到本書旨在研究選舉「變遷與延續」之論述主軸的目的。總結來說，兩大政黨在本屆選舉的

候選人提名制度，國民黨基本上延續 2008 年時的制度設計，而民進黨則是廢止了黨員投票的傳統，改以百分之百民意調查作為提名的唯一依據，同時上屆選舉中引起極大爭議的過濾式民調方式也遭到揚棄。在選舉結果方面，儘管競選連任的馬英九總統由於施政成績不佳等因素，在選前受到民進黨主席蔡英文的強力挑戰，同時又有同屬泛藍陣營的親民黨主席宋楚瑜參選之威脅，然而最終仍順利地以過半數的選票獲得連任。在立委選舉方面，與第七屆選舉最大的差異在於，雖然國民黨仍掌握了立法院過半數的席次，然而相較於上屆的國會版圖已大幅縮減，民進黨的國會席次則已超越三分之一，同時台聯與親民黨兩個小黨雙雙在政黨票部分跨越 5% 門檻，並在立法院中組成黨團，換言之，本屆的國會政黨生態將比上一屆更具有競爭性，且國會在野陣營制衡政府的力量也獲得提升，此一現象對於保障社會少數代表利益以及民主政治運作，都是值得肯定的現象。

附錄一、2008與2012年總統選舉結果
（依縣市區分）

縣市別	2008 第 12 任 總統選舉			2012 第 13 任 總統選舉				兩次選舉得票差距 (2012-2008)	
屆別	投票率 %	馬蕭配 (KMT)	謝蘇配 (DPP)	投票率 %	馬吳配 (KMT)	蔡蘇配 (DPP)	宋林配 (N)	國民黨 %	民進黨 %
全國	76.33	58.44	41.55	74.38	51.60	45.63	2.76	-6.84	4.08
臺北市	79.19	63.03	36.96	76.78	57.87	39.54	2.58	-5.16	2.58
高雄市	78.79	51.58	48.41	76.05	45.90	51.81	2.28	-5.68	3.40
臺北縣	78.08	61.06	38.93	75.90	53.72	43.45	2.81	-7.34	4.52
宜蘭縣	73.98	51.42	48.57	72.54	44.88	52.52	2.58	-6.54	3.95
桃園縣	77.58	64.64	35.35	74.69	57.20	39.85	2.94	-7.44	4.50
新竹縣	79.33	74.01	25.98	76.07	65.76	30.93	3.30	-8.25	4.95
苗栗縣	76.83	70.98	29.01	74.63	63.84	33.18	2.97	-7.14	4.17
臺中縣	76.47	58.84	41.15	75.71	50.51	46.39	3.10	-8.33	5.24
彰化縣	75.05	57.58	42.41	73.46	50.58	46.49	2.92	-7.00	4.08
南投縣	72.12	62.03	37.96	71.13	54.62	42.36	3.00	-7.41	4.40
雲林縣	70.06	48.46	51.53	68.92	41.67	55.81	2.51	-6.79	4.28
嘉義縣	72.32	45.55	54.44	72.48	39.04	58.57	2.37	-6.51	4.13
臺南縣	74.54	43.84	56.15	73.66	37.01	60.57	2.42	-6.83	4.42
高雄縣	76.88	48.58	51.41	75.75	42.09	55.39	2.52	-6.49	3.98
屏東縣	73.75	49.74	50.25	72.67	42.92	55.13	1.94	-6.82	4.88
臺東縣	63.18	73.32	26.67	61.79	66.47	30.50	3.02	-6.85	3.83
花蓮縣	68.85	77.47	22.52	64.64	70.29	25.94	3.76	-7.18	3.42
澎湖縣	60.39	57.93	42.06	59.01	49.75	45.65	4.58	-8.18	3.59
基隆市	76.09	67.73	32.26	72.09	59.28	36.76	3.94	-8.45	4.50
新竹市	78.52	64.69	35.30	75.68	57.43	39.48	3.07	-7.26	4.18
臺中市	77.74	61.74	38.25	75.84	54.54	42.21	3.24	-7.20	3.96
嘉義市	76.34	52.38	47.61	73.53	46.26	51.04	2.68	-6.12	3.43
臺南市	76.74	50.70	49.29	74.95	43.80	53.65	2.55	-6.90	4.36

屆別 縣市別	2008 第 12 任 總統選舉			2012 第 13 任 總統選舉				兩次選舉得票差距 (2012-2008)	
	投票率 %	馬蕭配 (KMT)	謝蘇配 (DPP)	投票率 %	馬吳配 (KMT)	蔡蘇配 (DPP)	宋林配 (N)	國民黨 %	民進黨 %
金門縣	53.78	95.12	4.87	46.67	89.23	8.21	2.54	-5.89	3.34
連江縣	58.12	95.16	4.83	65.79	86.60	8.03	5.36	-8.56	3.20

資料來源：中央選舉委員會（2012）公告之選舉結果，並經作者合併整理。

說明：本表縣市別的區分，乃依照臺北縣、臺中縣市、臺南縣市與高雄縣市合併升格前的劃分。

附錄二、2008與2012年區域立委選舉結果
（依選區劃分）

屆別		2008 立委選舉				2012 立委選舉			
選區／政黨得票率		國民黨 %	民進黨 %	其他政黨 %	勝選政黨	國民黨 %	民進黨 %	其他政黨 %	勝選政黨
全國		53.48	38.65	7.87	---	48.12	44.45	7.43	---
臺北市	第 01 選區	59.81	38.79	1.40	KMT	55.65	40.55	3.80	KMT
	第 02 選區	52.39	45.78	1.83	KMT	48.47	50.04	1.49	DPP
	第 03 選區	60.25	38.44	1.31	KMT	56.07	42.30	1.63	KMT
	第 04 選區	62.25	35.44	2.31	KMT	48.22	33.85	17.93	KMT
	第 05 選區	58.24	40.94	0.82	KMT	55.25	42.42	2.33	KMT
	第 06 選區	66.80	32.45	0.75	KMT	60.02	29.94	10.04	KMT
	第 07 選區	65.79	31.85	2.36	KMT	62.96	---	37.04	KMT
	第 08 選區	71.81	26.35	1.84	KMT	63.42	29.00	7.58	KMT
臺北縣（新北市）	第 01 選區	58.38	39.83	1.79	KMT	50.77	42.44	6.79	KMT
	第 02 選區	39.92	43.17	16.91	DPP	39.51	58.72	1.77	DPP
	第 03 選區	48.24	49.51	2.25	DPP	48.73	49.25	2.02	DPP
	第 04 選區	51.73	47.13	1.14	KMT	51.07	46.60	2.33	KMT
	第 05 選區	52.32	46.83	0.85	KMT	52.77	45.68	1.55	KMT
	第 06 選區	56.93	42.66	0.41	KMT	53.39	45.84	0.77	KMT
	第 07 選區	55.82	41.61	2.57	KMT	44.30	42.81	12.89	KMT
	第 08 選區	59.55	39.65	0.80	KMT	48.21	39.78	12.01	KMT
	第 09 選區	69.61	---	30.39	KMT	48.83	27.55	23.62	KMT
	第 10 選區	60.10	39.37	0.53	KMT	47.67	43.38	8.95	KMT
	第 11 選區	69.69	28.76	1.55	KMT	66.56	33.43	---	KMT
	第 12 選區	51.96	38.24	9.80	KMT	42.07	35.91	22.02	KMT
基隆市	單一選區	67.79	28.58	3.63	KMT	52.39	40.17	7.44	KMT

届別		2008 立委選舉				2012 立委選舉			
選區／政黨得票率		國民黨 %	民進黨 %	其他政黨 %	勝選政黨	國民黨 %	民進黨 %	其他政黨 %	勝選政黨
桃園縣	第 01 選區	61.76	36.79	1.45	KMT	55.34	44.65	---	KMT
	第 02 選區	54.57	44.91	0.52	KMT	50.21	49.78	---	KMT
	第 03 選區	63.22	36.32	0.46	KMT	53.85	39.92	6.23	KMT
	第 04 選區	62.42	37.07	0.51	KMT	58.20	40.64	1.16	KMT
	第 05 選區	63.76	30.95	5.29	KMT	45.29	35.13	19.58	KMT
	第 06 選區	65.02	32.40	2.58	KMT	60.34	---	39.66	KMT
新竹市	單一選區	60.61	38.12	1.27	KMT	53.27	41.84	4.89	KMT
新竹縣	單一選區	66.52	---	33.48	KMT	61.69	37.04	1.27	KMT
苗栗縣	第 01 選區	58.01	41.98	---	KMT	56.81	38.50	4.69	KMT
	第 02 選區	83.68	14.90	1.42	KMT	71.65	28.34	---	KMT
臺中市	第 01 選區	61.29	38.70	---	KMT	51.10	46.33	2.57	KMT
	第 02 選區	57.08	36.06	6.86	KMT	57.86	40.91	1.23	KMT
	第 03 選區	54.91	43.21	1.88	KMT	45.48	51.78	2.74	DPP
臺中縣	第 01 選區	53.59	46.40	---	KMT	43.70	54.54	1.76	DPP
	第 02 選區	---	29.55	70.45	NPSU	---	40.20	59.80	NPSU
	第 03 選區	54.95	45.04	---	KMT	46.00	50.30	3.70	DPP
	第 04 選區	64.00	---	36.00	KMT	44.77	39.47	15.76	KMT
	第 05 選區	57.68	42.31	---	KMT	57.52	37.38	5.10	KMT
彰化縣	第 01 選區	44.96	21.07	33.97	KMT	35.21	34.99	29.80	KMT
	第 02 選區	60.02	36.85	3.13	KMT	55.46	44.53	---	KMT
	第 03 選區	45.33	30.84	23.83	KMT	55.89	44.10	---	KMT
	第 04 選區	41.26	37.08	21.66	KMT	49.76	50.23	---	DPP
南投縣	第 01 選區	67.12	32.87	---	KMT	60.26	38.55	1.19	KMT
	第 02 選區	57.93	41.25	0.82	KMT	54.31	45.68	---	KMT
雲林縣	第 01 選區	56.24	42.17	1.59	KMT	50.44	49.55	---	KMT
	第 02 選區	49.11	38.29	12.60	KMT	37.09	60.98	1.93	DPP
嘉義市	單一選區	46.70	40.08	13.22	KMT	48.52	48.82	2.66	DPP
嘉義縣	第 01 選區	57.47	42.52	---	KMT	50.30	49.69	---	KMT
	第 02 選區	42.12	57.05	0.83	DPP	44.80	55.19	---	DPP

屆別		2008 立委選舉				2012 立委選舉			
選區／政黨得票率		國民黨 %	民進黨 %	其他政黨 %	勝選政黨	國民黨 %	民進黨 %	其他政黨 %	勝選政黨
臺南市	第 01 選區	49.72	50.27	---	DPP	37.22	61.66	1.12	DPP
	第 02 選區	48.35	51.64	---	DPP	46.97	53.02	---	DPP
臺南縣	第 01 選區	44.74	54.57	0.69	DPP	24.27	63.08	12.65	DPP
	第 02 選區	---	59.16	40.84	DPP	29.60	68.08	2.32	DPP
	第 03 選區	47.33	52.66	---	DPP	46.25	52.23	1.52	DPP
高雄市	第 01 選區	58.29	41.17	0.54	KMT	48.72	46.09	5.19	KMT
	第 02 選區	48.84	50.53	0.63	DPP	42.94	55.75	1.31	DPP
	第 03 選區	49.13	42.70	8.17	KMT	47.20	52.79	---	DPP
	第 04 選區	51.32	46.61	2.07	KMT	45.25	53.37	1.38	DPP
	第 05 選區	46.01	51.98	2.01	DPP	38.42	32.25	29.33	KMT
高雄縣	第 01 選區	53.55	45.68	0.77	KMT	45.68	54.31	---	DPP
	第 02 選區	55.27	42.60	2.13	KMT	48.38	50.42	1.20	DPP
	第 03 選區	43.00	45.13	11.87	DPP	33.96	64.81	1.23	DPP
	第 04 選區	50.22	48.45	1.33	KMT	44.93	51.96	3.11	DPP
屏東縣	第 01 選區	---	46.90	53.10	DPP	33.96	58.20	7.84	DPP
	第 02 選區	56.82	43.17	---	KMT	51.50	48.49	---	KMT
	第 03 選區	42.99	51.30	5.71	DPP	32.23	66.64	1.13	DPP
宜蘭縣	單一選區	53.12	45.86	1.02	KMT	48.30	51.69	---	DPP
花蓮縣	單一選區	66.39	28.88	4.73	KMT	44.71	25.88	29.41	KMT
臺東縣	單一選區	61.09	---	38.91	KMT	29.60	41.59	28.81	DPP
澎湖縣	單一選區	---	39.76	60.24	NPSU	---	53.43	46.57	DPP
金門縣	單一選區	37.03	1.62	61.35	N	32.95	---	67.05	KMT
連江縣	單一選區	49.72	3.23	47.05	KMT	46.68	---	53.32	N

資料來源：中央選舉委員會（2012）公告之選舉結果，並經作者合併整理。

說明：1. 虛線（---）代表未參選。

2. 本表縣市的區分乃依照臺北縣、臺中縣市、臺南縣市與高雄縣市合併升格前的選區劃分。

3. 政黨名稱英文縮寫如下，KMT：國民黨；DPP：民進黨；NPSU：無黨團結聯盟；N：無黨籍。

●●● **參考文獻** ●●●

I. 中文部分

中央選舉委員會，2011a，〈第 13 任總統副總統選舉被連署人公告〉，中央選舉委員會選舉專區：http://web.cec.gov.tw/files/15-1000-15578,c3469-1.php，檢索日期：2012 年 12 月 20 日。

------，2011b，〈公告第 13 任總統、副總統選舉被連署人之連署結果〉，中央選舉委員會選舉專區：http://web.cec.gov.tw/ezfiles/0/1000/attach/14/pta_11719_7159122_43686.pdf，檢索日期：2012 年 12 月 20 日。

------，2012，〈選舉資料庫〉，中選會選舉資料庫網站：http://db.cec.gov.tw/，檢索日期：2012 年 12 月 20 日。

中國國民黨，2007，〈中國國民黨黨員參加全國不分區及僑居國外國民立法委員選舉提名辦法〉，中國國民黨官方網站黨務規章專區：http://www.kmt.org.tw/page.aspx?id=13&aid=1321，檢索日期：2012 年 12 月 26 日。

------，2009，〈中國國民黨黨員參加公職人員選舉提名辦法〉，中國國民黨官方網站黨務規章專區：http://www.kmt.org.tw/page.aspx?id=13&aid=2235，檢索日期：2012 年 12 月 26 日。

王業立，1996，〈我國政黨提名政策之研究〉，《政治學報》，27: 1-36。

------，2011，《比較選舉制度（第 6 版）》，台北：五南圖書出版公司。

王業立、楊瑞芬，2001，〈民意調查與政黨提名──1998 年民進黨立委提名與選舉結果的個案研究〉，《選舉研究》，8(2): 1-29。

民主進步黨，2011，〈民主進步黨公職候選人提名條例〉，民主進步黨官方網站黨史及相關資料專區：http://www.dpp.org.tw/history.php，檢索日期：2012 年 12 月 26 日。

吳重禮，1998，〈國民黨初選制度效應的再評估〉，《選舉研究》，5(2): 129- 160。

------，2002，〈民意調查應用於提名制度的爭議：以 1998 年第四屆立法委員選舉民主進步黨初選民調為例〉，《選舉研究》，9(1): 81-111。

吳親恩，2006，〈選制改變的影響：從 SNTV 到「並立式單一選區兩票制」〉，載於《憲政改革──背景、運作與影響》，吳重禮、吳玉山主編，台北：五南圖書出版公司。

初文卿，2003，〈黨員投票與民意調查兩階段初選之互補與互斥效應──以 2002

年中國國民黨與民主進步黨高雄市議員提名初選為例〉，《理論與政策》，16(4): 129-151。

林水波，2006，〈邁向績效提名制度〉，《臺灣民主季刊》，3(2): 179-190。

林長志，2008，〈單一選區兩票制下的民進黨立委提名制度〉，2008 年台灣政治學會年會暨學術研討會，11 月 23 日，南投：國立暨南國際大學人文學院。

施正鋒，2006，〈由北高市長候選人的產生看民進黨的提名制度〉，《臺灣民主季刊》，3(2): 169-178。

洪耀福，2001，〈民調成了新權威〉，《新新聞》，754: 70。

徐永明，2007，〈2007 年民進黨總統候選人提名初選評析〉，《臺灣民主季刊》，4(2): 151-171。

郝玉梅，1981，《中國國民黨提名制度之研究》，台北：正中。

張婉琳，2001，〈陳昭南：就算民調輸給陳蒼江，我也要脫黨選到底！〉，《新新聞》，751: 74。

盛治仁，2006，〈單一選區兩票制對未來台灣政黨政治發展之可能影響探討〉，《臺灣民主季刊》，3(2): 63-86。

陶令瑜，2001，〈內鬥內行的黨內初選〉，《新新聞》，740: 12-14。

陳陸輝，1995，〈中國國民黨黃復興黨部輔選效果之研究〉，國立政治大學政治學系碩士學位論文。

陳陸輝、黃紀，2009，〈制度、競爭與選舉結果：2008 年總統選舉兩主要政黨的提名制度、過程與選舉結果〉，載於《2008 年總統選舉：論二次政黨輪替之關鍵選舉》，陳陸輝、游清鑫、黃紀主編，台北：五南圖書出版公司。

黃紀、林佳旻，2007，〈影響區域立委連任成敗之因素：事件史分析〉，《政治學報》，43: 1-41。

楊泰順，2001，〈政黨初選提名制與環境制度的影響〉，《研考雙月刊》，25(6): 62-73。

------，2006，〈政黨預選侵蝕臺灣的民主根基〉，《臺灣民主季刊》，3(2): 159-167。

楊瑞芬，2001，《民進黨立法委員提名制度：民意調查角色的探討》，東海大學政治學系碩士學位論文。

廖益興，1994，〈民進黨的派系政治與提名制度〉，《國家政策雙週刊》，92: 8-9。

劉義周，2001，〈戳破初選民調的民主神話〉，《新新聞》，740: 80-81。

II. 外文部分

Aldrich, John H. 1995. *Why Parties? The Origin and Transformation of Political Parties in America*. Chicago: The University of Chicago Press.

Cox, Gary W., and Frances Rosenbluth. 1993. "The Electoral Fortunes of Legislative Factions in Japan." *American Political Science Review* 87(3): 577-589.

Cox, Gary W., and Michael F. Thies. 1998. "The Cost of Intraparty Competition: The Single Non-Transferable Vote and Money Politics in Japan." *Comparative Political Studies* 31(3): 267-291.

Crotty, William, and John S. Jackson III. 1985. *Presidential Primaries and Nomination*. Washington, D.C.: CQ Press.

Czudnowski, Moshe M. 1975. "Political Recruitment." In *Handbook of Political Science: Volume 2, Micropolitical Theory*, eds. Fred I. Greenstein and Nelson W. Polsby. MA: Addison-Wesley.

Dunn, W. N. 2004. *Public Policy Analysis: An Introduction* (3rd ed). NJ: Prentice Hall.

Duverger, Maurice. 1951. *Political Parties: Their Organization and Activity in the Modern State*. Barbara North and Robert North, Trans (3rd English edition). London: John Wiley & Sons.

Epstein, Leon D. 1967. *Political Parties in Western Democracies*. New York: Praeger.

Gallagher, Michael. 1988a. "Introduction." In *Candidate Selection in Comparative Perspective: The Secret Garden of Politics*, eds. Michael Gallagher and Michael Marsh. London: Sage.

------. 1988b. "Conclusion." In *Candidate Selection in Comparative Perspective: The Secret Garden of Politics*, eds. Michael Gallagher and Michael Marsh. London: Sage.

Hazan, Reuven Y., and Gideon Rahat. 2006. "Candidate Selection: Methods and Consequences." In *Handbook of Party Politics*, eds. Richard S. Katz and William J. Crotty. London: Sage.

------. 2010. *Democracy Within Parties: Candidate Selection Methods and Their Political Consequences*. New York: Oxford University Press.

Key, V. O., Jr. 1955. "A Theory of Critical Elections." *Journal of Politics* 17(1): 3-18.

------. 1959. "Secular Realignment and the Party System." *Journal of Politics* 21(2):

198-210.

------. 1964. *Politics, Parties, and Pressure Groups* (5th ed). New York: Crowell.

Norris, Pippa, and Joni Lovenduski. 1995. *Political Recruitment: Gender, Race and Class in the British Parliament*. Cambridge: Cambridge University Press.

Ranney, Austin. 1981. "Candidate Selection." In *Democracy at the Polls*, eds. David Butler, Howard R. Penniman, and Austin Ranney. Washington, D.C.: American Enterprise Institute.

------. 2001. *Governing: An Introduction to Political Science* (8th ed). New Jersey: Prentice-Hall.

Schattschneider, E. E. 1942. *Party Government*. New York: Holt, Rinehart and Winston.

Scott, Ruth K., and Ronald J. Hrebenar. 1984. *Parties in Crisis: Party Politics in America*. New York: Wiley & Sons, Inc.

Sorauf, Frank J. 1984. *Party Politics in America* (5th ed). Boston: Little, Brown.

Sundquist, James L. 1988. "Needed: A Political Theory for the New Era of Coalition Government in the United States." *Political Science Quarterly* 103(4): 613-635.

3

併選對投票率的影響：
因果效應分析[*]

黃紀、林長志

---

* 本章前身係作者原定在2012年美國政治學會 (APSA) 年會發表的英文會議論文 "Electoral Cycles, Concurrent Elections and Voter Turnout"，惟該年會因颶風侵襲New Orleans而取消。

壹、前言

　　自由、公平與公正的選舉是民主國家必備的條件，選舉不僅是民眾政治參與的最基本形式，也是國家政府行使權力的正當性基礎來源。因此無疑地，民眾在選舉中的投票參與高低，是一個國家統治正當性與民主品質的關鍵因素。影響一個國家選舉投票率高低的因素眾多，目前主流學術文獻的分析，多從選民個體層次 (micro/individual-level) 的因素探討，著重從選民個人的人口學變項、社經地位高低、與政治態度等，來解釋何以有些選民較傾向參與投票，其他選民則否。例如，選民的教育程度、收入、職業、政治興趣與政治知識、公民責任感等因人而異的條件與特質，都是諸多文獻用以解釋投票參與差異的重要因素。而就總體層次 (macro/aggregate-level) 的因素而言，選民參與投票與否除了與其特質和態度有關之外，也將受到制度性因素的左右，例如選舉制度的特性（單一選區或複數選區、多數決或比例代表等）與設計（例如投票註冊制度）、選舉週期的安排，都可能影響選民是否參與投票的思考。此外，諸如選舉本身的重要性、選舉競爭的激烈程度等脈絡因素 (contextual factors)，也是研究選民投票參與不可忽視的重要因素。

　　然而在既有的研究文獻中，選舉週期與時序安排 (electoral cycles and sequences) 與選民投票率之間的關係，仍未受到學界應有的重視。而本文的研究焦點即在於探究這兩者間的關係。在某些國家，如果兩種或兩種以上的選舉因其週期與時序一致而形成規律性舉行的合併選舉 (concurrent elections) 時，則因合併舉行而對選舉投票率產生的效應較易藉由長期趨勢的觀察而得到結論。然而若原本交錯舉行的若干選舉，因為選舉時程或其他政治因素，而在某個年度成為同時舉行的合併選舉時，則此一合併選舉對投票率的效應究竟為何，尤其不同類型選舉（例如行政首長選舉與國會議員選舉）或不同層級間選舉（例如中央立法委員選舉與地方縣市議員選舉）若合併舉行，對投票率的影響為何？誰影響誰？與單獨舉行選舉時有何差異？上述這些問題有其理論與實務上的重要性。尤其，若忽視這種不盡規律的合併選舉，很可能低估投票率在地區或時間上的變異性，甚者誤

將總體制度層次因素對投票率的影響歸因於個體特質差異產生的效果。

　　本文的章節安排如下。首先在文獻檢閱部分，我們簡要地回顧主流研究中關於選民個體層次因素與投票參與間的關係，緊接著便將焦點置於制度性因素對投票率之影響，尤其是選舉制度特性、選舉時程 (electoral timing)、合併選舉等總體層次因素與投票率間的關係。第二部分，則從理性選擇理論最主要的觀點——理性行為的成本效益計算，說明本文對於選民投票參與的理論基礎。第三部分則提出一個準實驗設計，來檢證合併選舉對於立委選舉投票率的影響。第四部分的實證分析則是以臺灣自 1992 年以來的立委選舉投票率，建構以總體資料為基礎的固定效應模型 (fixed effect model)，藉此估計合併選舉對於投票率的因果效應。最後的結論則進一步闡述實證分析結果的理論意涵。

貳、文獻回顧

一、個體因素對投票率之效應

　　不管是民主傳統歷史悠久的西方工業化國家、抑或者第三波民主化浪潮後的新興民主國家，普遍選舉權已是現代民主政體最基本的要素。然而觀諸世界民主國家的選舉投票率變化，卻不難發現選民的投票參與似乎並未隨著選舉權的擴張而有所增長，反之呈現一種逐步下滑的趨勢。究竟是哪些因素左右選民的投票參與？欲回答此一問題大體上可從個體層次與總體層次兩方面的因素分別加以理解。

　　目前多數探討影響選民投票參與的選舉研究文獻，仍以從個體層次出發的因果解釋為主流，Blais (2007, 631) 歸納了以此為基礎的四種系統性解釋。首先是資源模型 (resource model)，此一論述認為選民擁有的資源多寡，包括時間、金錢、技能等，將影響其是否「能夠」參與投票 (Brady, Verba, and Schlozman 1995)；第二是心理涉入模式 (psychological

engagement model)，選民在選舉時選擇參與或缺席，主要與其對於政治的心理涉入感有關，包括對於政治的興趣、公民責任意識等，則是影響其是否「願意」出席投票 (Verba, Schlozman, and Brady 1995)；第三則是動員模型 (mobilization model)，此種論述認為選民的投票參與是被動員的結果，例如常被候選人所接觸、接受朋友或家人的遊說或邀請等，都是提高選民投票意願的因素 (Rosenstone and Hansen 1993)；第四種解釋則是理性選擇途徑 (rational choice approach)，選民是否參與投票是其理性選擇的結果，藉由此一行為的成本效益計算，當選民認為參與投票的成本高過於預期效用 (expected utility)，或認為自己的一票對於選舉結果並無影響，因此不出席投票對他們而言將是一個更有利的理性行為 (Aldrich 1993; Downs 1957)。

因此，以上述前三種投票參與解釋模型所建構的個體層次實證研究，常著重於探討選民的人口學特徵與社經背景（諸如年齡、教育程度、收入與職業等）（Berinsky and Lenz 2011; Bhatti and Hansen 2012; Brockington 2004; Huang and Shields 2000; Miller and Shanks 1996; Shields and Goidel 1997; Wolfinger and Rosenstone 1980; 廖益興 2006）、社會涉入程度 (social involvement) (Knack 1992; Morton 1991; Peterson 1992)、政黨認同 (Abramson 1983; Campbell et al. 1960; Tsai 2001)、政治資訊多寡 (Jusko and Shively 2005)、政治興趣與政治知識高低 (Delli Carpini and Keeter 1996; Lambert et al. 1988; Larcinese 2007; Rosenstone and Hansen 1993; Wattenberg, McAllister, and Salvanto 2000)、對選舉制度的熟稔程度 (Huang, Wang, and Lin 2012; Huang and Yu 2011)，及公民責任感 (Blais 2000; Riker and Ordeshook 1968) 等個人特質與心理態度，對其是否參與選舉投票的影響。大體來說，相關研究認為擁有較高社經地位與資源、對社會活動與組織有較高涉入程度、對特定政黨有較強之依附感、對政治事務感興趣且有較高政治知識、將投票參與視為公民責任的選民，較傾向於在選舉時出席投票。若干以理性選擇途徑為基礎所建構的實證研究，則是從選民的成本效益計算來探究其投票參與，其中選舉制度的特性、該次選舉的重要性（例如屬於中央選舉或地方選舉）、選舉的競爭激烈程度、最偏好或最不喜歡之政黨或候選人的

政策位置與自己立場的差異等，都是可能影響選民理性計算是否出席投票的因素 (Aldrich 1993; Chen 2011; Singh 2011)。

除了從個體層次理解選民的投票參與外，總體層次的投票率作為選民投票行為的集體結果，探究投票率變化與總體制度因素間的關係，亦是學界重視的議題，且此一研究途徑更適合進行跨國的比較研究。已有許多研究指出在不同的選舉制度特性下，的確可能對選民的投票參與產生影響。

二、選舉制度與投票率

學術文獻上，欲區辨不同的選舉制度，主要可從選舉規則 (electoral formula)、選區規模 (district magnitude)、選票結構 (ballot structure) 三個要素作為比較的基礎。探究選舉制度對投票率的影響時，多數研究是從選舉規則的角度進行切入，亦即分析單一選區多數決制 (single-member district with plurality system, SMD) 與比例代表制 (proportional representation, PR) 兩種制度下的投票率差異。一如上述，許多的跨國研究已不約而同地得出相同的結論：採用 PR 制度的國家比採用 SMD 制度的國家有顯著較高的投票率 (Black 1991; Blais and Aarts 2006; Blais and Carty 1990; Blais and Dobrzynska 1998; Kostadinova 2003; Rose 2004)。此種選制特性差異對投票率影響的主要解釋原因有二 (Blais and Aarts 2006, 183-185; Brockington 2004, 470-472)：首先，若一個國家的選舉是採用比例代表制，將傾向產生若干分別代表社會不同利益與意見的政黨，容易形成一多黨競爭的體系。對選民而言，多黨的選舉競爭意味著自己有較多的投票選擇，不僅不會有 SMD 制度下常見選票形同浪費 (wasted vote) 的問題，同時也較容易在眾多政黨中找到與自己政策及意識型態立場較為接近、或能夠維護自身利益的投票對象，因此將提高選民投票參與的誘因；第二，在 PR 制度下，政黨必須盡力凸顯我方與他黨不同之處，讓選民能具體區辨政黨間的差異以爭取支持，因此政黨間的競爭也較為激烈 (Blais and Aarts 2006, 184; Katz 1980)，政黨亦將投入較多的資源來動員選民 (Canon 1999; Cox 1999)，

在競爭激烈的選舉中，選民也較可能認知到自己手中一票的重要性；反之，SMD 的選舉競爭往往不利小黨參與，而且根據中位選民理論 (Median voter theorem)，參與選舉競爭的政黨也將往中間的政策位置靠近，導致政黨間的差異模糊，再加上 SMD 贏者全拿的制度特性將產生較高比例的浪費選票，選民認知自己手中一票決定選舉勝敗的「決定性」(decisiveness) 很低，這些因素都將導致選民參與投票的動機大為降低。

　　不過也有若干研究對於選舉規則與投票率間之關係，提出與上述解釋相左的看法。Jackman (1987) 認為，正因為 PR 制度傾向形成多黨的競爭，因此選後的政府組成往往是聯盟政府 (coalition government) 型態，而此一聯盟政府的形成則必須仰賴選後各政黨間的協商，換言之選舉本身對於後續政府組成的決定性降低，選民的投票行為不見得能夠影響政府的組成；反之，在 SMD 競爭下，選舉的結果與選後的政府組成有非常明確的連結關係（獲得最多選票／席次的政黨組成政府）。從此一角度來看，在 PR 制度下選民應該更缺乏出席投票的動機 (Blais and Dobrzynska 1998)。此外，多黨競爭的選舉，也意味著選民蒐集選舉資訊、區辨各黨差異的成本增加，決定投票選擇的難度提升，亦可能導致選民的投票意願降低。簡言之，目前既有關於選舉制度規則與選民投票率高低間關係的實證研究，對此一問題尚未能建立一個廣被學界接受的共識。

　　除了以選舉規則的角度分析 PR 與 SMD 對投票率之影響，亦有若干的跨國研究從其他選制要素如選區規模、不比例性程度 (degree of disproportionality) 等面向，來探究選制因素對投票率的影響，相關研究的結果可參閱 Blais 與 Aarts (2006, 186-190) 的分析整理。大體而言，多數針對西方民主國家的跨國研究指出，若選區規模越大，則投票率越高，兩者呈現正向關係；不比例性則與投票率呈現負向關係。事實上，PR 與 SMD 的制度差異，往往也與選區規模及不比例性程度等要素有著高度的關連性，針對西方工業化國家的跨國研究已呈現一個明顯的趨勢：PR 搭配上較大選區規模的選舉制度將比 SMD 制度類型更有助於提升投票率。不過此一模式在拉丁美洲國家的研究中並未得到相同的結論 (Fornos, Power, and Garand 2004; Pérez-Liñán 2001)。Blais (2007, 625) 認為，PR 制度相較

於其他選制類型，將有較高的投票率，應是正確的結論，然而此一效應的
程度並不如目前既有研究所主張的那般顯著。而上述文獻的研究發現，
如何運用在同時結合了 SMD 與 PR 兩種制度設計的混合式選制 (mixed-
member system) 上，並能有效且正確地得到混合式選制對投票率之影響效
果，仍是有待更進一步研究的重要主題。

三、選舉重要性與投票率

選舉投票率的高低，除了受到選舉制度特性、投票相關制度性安排
（如註冊制度、強迫投票與不在籍投票等）的影響之外，顯然地也會因選
民所認知的選舉「重要性」而有所差異，一個選舉之重要性則與該選舉公
職的相對權力大小有關 (Blais 2007, 626)，該公職在國家組織中的權力越
大，越容易受到選民與媒體的重視，便會表現在該次選舉有較高的投票
率。例如，在內閣制國家的兩院制國會中，若下議院的立法權力與重要性
比上議院來得大（通常也是如此），則兩院議員分開選舉時，下議院選舉
的投票率將傾向會比上議院選舉來得高。而在憲政體制為總統制的國家
中，若擁有實權的總統（行政首長）與國會議員一樣皆由選民直接投票產
生，且此一實權總統的憲政權力與重要性相對比國會來得高、國會職權
較為弱化時，則總統選舉的投票率也會顯著高於國會選舉 (Franklin 2004;
Siaroff and Merer 2002)。此外，觀察美國各層級選舉的投票率便可發現，
隨著選舉層級與重要性的降低，各層級選舉在投票率上便呈現總統選舉最
高、國會期中選舉稍低、州層級選舉次之、鄉鎮市基層選舉最低的逐層下
滑現象 (Blais 2007, 626)。

然而，選舉重要性及相對權力大小影響投票率高低的學理論述，在若
干實證研究中並未獲得一致的共識。若依據上述學理，則可推論在兩院制
國會，下議院因為必須與上議院分享立法權力，或必須與一個民選且具有
實權之總統分享治理權力，因此其投票率應會比內閣制國會的選舉投票率
來得低；總統制國家的國會選舉投票率也會比內閣制國家的選舉來得低；
民選但不具有實權的總統選舉投票率應該會低於實際掌握政府治理權力

的國會選舉等等。[1]儘管上述的學理推論已經獲得若干研究的證實 (Fornos, Power, and Garand 2004; Jackman 1987; Jackman and Miller 1995)，但也有部分研究之結果並不支持上述學理的假設 (Blais and Carty 1990; Pérez-Liñán 2001; Radcliff and Davis 2000)。例如，Blais (2000, 40) 的研究便指出，奧地利、冰島與愛爾蘭擁有一個民選但是憲政上並不具有太多實權的總統，然而這三個國家的總統選舉投票率並不低於實際掌握政府治理權力的國會選舉。換言之，選舉重要性（或相對權力大小）影響投票率高低的論述，還需要更多的案例加以檢證。

四、選舉期程 (electoral timing) 與合併選舉的效應

在選舉研究文獻中，除了選舉制度特性及相關制度安排受到高度重視之外，選舉舉行的週期與期程 (electoral cycle and timing)，同樣被認為是探究制度對行為層面之影響時不容忽視的重要因素，尤其是對選民投票率的效應。上文中論述不同選制特性對選民是否參與投票產生不同的誘因與動機，且選民又將視選舉重要性之高低再決定是否出席投票。那麼，當兩個相同或不同選制特性、且重要性不一的公職選舉同時舉行時，其所呈現之選民投票率顯然地將與兩者分開舉行時有所差異。基於選民成本效益計算、政黨動員力道或其他因素影響，非合併選舉相較於若干選舉合併舉行時，選民傾向有較低的投票參與，亦即呈現較低的投票率 (Cox 1999; Fornos, Power, and Garand 2004)。而選舉期程對選民投票參與的重要性便在於，若干選舉合併舉行往往提升了選民投票參與的預期效益，同時也降低了投票成本，尤其是在該合併選舉中若包含了重要性高的實權行政首長選舉，如總統選舉或地方行政首長選舉，不僅政黨有動機投注較多資源動員選民，選民也將認知到其投票將可決定行政權力的歸屬、影響政策制訂的方向等，因此便可能提高選舉投票率 (Nikolenyi 2010, 214-215)。

---

[1] 必須注意的是，此處提及不同公職選舉的投票率高低比較，都是建立在兩者並非同時（同日）選舉的前提下，若兩種公職選舉同日併選，則兩種選舉的投票率因存在彼此影響的效果，兩者差距應會比分開選舉來的小一些。

Fornos、Power 與 Garand (2004, 932) 亦抱持同樣的觀點，認為在合併選舉中往往展現出高競爭程度、政治資訊密度高、以及動員程度高等特性，因此對選民而言，其投票時所需蒐集資訊的成本降低、出席投票的效益提高，因而有較高的投票意願。

關於選舉期程與選民投票參與之關係，Hajnal、Lewis 與 Louch (2002, 35-38) 針對加州地方層級選舉的研究便具體指出，選舉期程對地方選舉投票率的高低可謂是最重要的關鍵因素，尤其若是合併選舉型態將顯著地提升該次選舉的投票率。另一方面，地方層級選舉若與較高層級選舉同日舉行，例如州長選舉與總統大選合併舉行，則更能吸引選民對選舉的關注並前往投票。Nikolenyi (2010) 有關印度國會選舉的研究，同樣證實了選舉期程對於選民投票參與影響的重要性，不同層級或重要性的選舉若分別單獨舉行，相較於合併選舉，將增加印度選民進行每一次投票的參與成本、降低其投票誘因，投票率將低於合併選舉的投票率。

更進一步來說，過去相關實證研究已經證實選舉類型的重要性程度，或公職選舉相對權力的大小、選舉的競爭激烈程度，都將影響選民的投票參與，例如總統制國家總統選舉往往比國會議員選舉更得到重視，前者投票率通常高於後者，然而若該次總統選舉競爭從選前便看似勝負底定，則又將降低該次選舉選民的參與意願 (Franklin 1996)。若不同類型或重要性不一的選舉合併舉行，對投票率的影響為何？在美國，選舉週期導致總統與國會議員選舉會有四年一次的合併舉行，期中選舉則是兩年一次國會議員的部分改選，實證研究顯示四年一次的合併選舉都比期中選舉傾向有較高的投票率 (Jacobson 2000)，由此即可看出選舉週期與選舉期程對投票率的重要影響。一項關於拉丁美洲的跨國比較選舉研究，亦證實合併舉行的行政首長與國會議員選舉，將顯著地提升選民的選舉投票參與 (Fornos, Power, and Garand 2004)。簡言之，合併選舉對投票率有著正向的影響效果，同時若該合併選舉中有一層級較高或職位重要性高的選舉，選民出席投票的可能性也越高。

另一方面，合併選舉除了影響選民投票參與之外，亦可能左右選舉之結果。具體而言，Hajnal、Lewis 與 Louch (2002, 55-60) 研究指出合併選

舉將對現任者較為有利，尤其是在地方層級的選舉當中。其主要的論述是認為，地方層級的合併選舉常是與重要性較高的中央選舉同日舉行，因此不僅擁有較高政治興趣或較多政治資訊的選民將傾向參與投票，即使原本對選舉不感興趣（對地方選舉尤是如此）的選民也將因為全國性選舉熱潮的帶動，而有較高出席投票的可能。於此情況下，地方公職的現任者將得利於擁有比挑戰者更高的知名度或資源，而能夠於選舉中獲取較多的選票支持。相對地，在非合併選舉中，出席投票者多為政治興趣較高或政治資訊豐富者，現任者較高知名度的選票優勢也就比合併選舉時有所降低。此外，根據 Shugart (1995) 的研究，當國會議員選舉與總統選舉同時舉行時，在野政黨往往較難以在國會中贏得多數席次，亦反映出合併選舉對選舉結果的影響。更進一步來說，Shugart 認為美國分立政府的形成，也與非合併選舉中往往對在野政黨較為有利有著密切關係。綜合上述的學理回顧，對於選民的投票參與而言，不論是如選舉制度特性、或選舉期程及合併選舉的型態，都可能對其是否出席投票的計算產生顯著的影響。

參、理論架構

理性選擇論者對於選民政治參與的觀點，尤其是投票參與與否，主要是從參與的效益 (utility) 計算出發。Anthony Downs (1957) 早在 1957 年出版的經典著作 *An Economic Theory of Democracy* 中，便認為在民主國家的選民，投票參與的效益高低決定了其是否投票，而效益高低則是由投票成本與預期利益兩者間之計算所構成，唯有投票的預期利益高於投票成本時，理性選民才會投票。當然，選民投票參與之利益或成本計算所涉及的因素可能非常複雜，例如前述文獻中所提及的制度設計、選舉重要性、個人所擁有的資源多寡等因素，以及不同因素間的比重，都可能影響成本利益的計算，不過大體上每位個別選民 (*i*) 投票參與之效益計算，皆可用下列式子來表示：

$$U_i = p_i B_i - C_i + S_i \qquad\qquad (1)$$

上式 (1) 中的 B_i 代表每個選民參與投票所預期得到的利益 (benefit)，而 C_i 則意味著加諸選民身上的各種可能投票成本 (cost)，S_i 則是代表其他有形的利益、或屬於選民從投票參與中可滿足的潛在效益，例如實現公民的政治責任感或成就感等無形的內在利益 (intrinsic benefits)，至於式中 B_i 的係數 p_i，則代表個別選民出席投票可能改變最終選舉結果的機率，換言之選民的投票預期利益是以其選票的決定性 (decisiveness) 為加權權值。最後，經過上式計算所得出的結果 U_i，就是選民投票參與的整體效益，唯有計算後 U_i 的值大於零（亦即利益大於成本），選民才可能有動機參與投票。換言之，當選民透過出席投票給其偏好的政黨或候選人所能得到的預期利益越高、其參與投票的各種成本越低、投票參與可獲得的內在本質利益越高，則選民越可能在選舉時出席投票。

在 Downs 提出此一理性選民參與之成本效益計算觀點之後，已有諸多文獻依循此一脈絡分別探究影響選民投票成本與預期利益的因素 (Aldrich 1993; Ferejohn and Fiorina 1974; Green and Gerber 2008; Niemi 1976; Rosenstone and Hansen 1993)，其中投票效益因素（亦即上式 (1) 中的 B_i）更為多數文獻探討的焦點。例如有關選民議題投票傾向的兩種空間理論模型：接近理論 (proximity theory) 與方向理論 (directional theory)，即是建立在上述「理性選民之利益計算影響其是否投票或如何投票」的理論基礎之上 (Krämer and Rattinger 1997; Merrill III and Grofman 1999)。至於投票成本 (C_i) 與公民責任感之實踐 (S_i) 等因素的文獻探討，則通常建立在與個別選民之人口和社會特徵的理論連結上。[2] 例如，較年長的選民因有較豐富的政治經驗與穩定的政黨傾向，可降低其選舉時蒐集與瞭解政治資訊的成本；而教育程度也有助於降低瞭解選舉規則的資訊成本，且高教育程度者通常也具有較強的公民意識；高收入者則較不受到投票成本的影響。

---

[2] 有關選民之人口與社會特徵如何影響投票參與的相關文獻，可參閱前文文獻回顧中第一節的探討。

　　上述觀點皆有其演繹邏輯的理論基礎且多數亦得到經驗研究的證實。然而，依據上述的投票成本與公民責任感觀點，由於這兩項影響參與之因素是建立在選民個人的人口特徵與社會變數上，從邏輯上而言，不論是在某次特定選舉或某一時段之內，這兩項因素將會是常數（或至少呈現穩定），表現在上式 (1) 中 C_i 與 S_i 的係數皆為 1，此乃因為個人特徵並不會在單次選舉或短時間內產生改變。因此，在解釋歷次選舉投票率之穩定與變化時，預期效益的差異來源皆由式子 (1) 中的 B_i 來決定。本文以為，諸如實現公民責任感之類的選民內在利益考量，的確在一特定時段內，應屬於相對穩定不會短期內改變的因素；然而投票成本因素似乎不應等同視之，因為選民投票成本的計算，不僅將因個人層次的特質有所差異，同時也會受到制度層次 (system-level) 因素的影響。換言之，投票成本的計算不僅是個人特徵之微觀層次 (micro-level) 變數的函數，同時也會是中觀 (meso-level) 或宏觀 (macro-level) 制度因素的函數，例如前文中所提及的選舉制度、選舉時序與週期等因素對投票參與的影響。因此，為了能更適當地說明及解釋投票率變化的空間與時間差異，本文將式子 (1) 予以修正，賦予投票成本因素 C_i 一個係數 q，成為如下式子：

$$U_i = p_i B_i - q_j C_i + S_i \tag{2}$$

　　在式子 (2) 中，q 不再是固定常數 1.0，而是會隨著選舉舉行的不同地區或時間（q 的下標 j）而有所不同。其他條件相同，當 q 小於 1.0 時，意味著選民的投票成本降低而整體的投票效益增加。式子 (2) 這看似不起眼的一個 C_i 係數 q 的修正，卻讓研究者以成本效益計算觀點來解釋投票率變化時，不僅關注相同公職選舉在不同時間點舉行的組內變異 (within-variations)，也兼顧特定選舉中不同地區／選區差異的組間變異 (between-variations)。換言之，式子 (2) 比式子 (1) 更能完整涵蓋時間與空間上的差異，使成本效益計算觀點能更有效的解釋投票率變化。

　　當若干公職選舉同時舉行，尤其是一個較高層級（或較受矚目）的選舉與另一個相對層級較低（或重要性較低）之選舉合併舉行時，最適合運

用上述式子 (2) 來解釋在相似社會與經濟條件下，選民因投票成本因素改變而影響選舉投票率。首先，若以投票利益 (B_i) 來看，若干公職的合併選舉將提升選民選票的「價值」，亦即選民之投票參與對選舉結果的決定性與影響力增加，因此強化了選民出席投票的動機，對政黨與候選人而言也有誘因透過各種動員策略來鼓勵選民投票。換言之，合併選舉所產生的動員誘因與投票動機，不論是從式子 (1) 或 (2) 的設定，都是代表式子中第一個要素 B_i 的值增加，因此等號左側的預期效益 U_i 增加，對選舉之整體影響即為投票率的提升。

然而，既有文獻似乎較少重視因合併選舉對投票成本因素的影響，如式子 (1) 中僅是簡化地假定 C_i 的係數 q 為常數 1.0。但實際上在合併選舉中，選民參與投票所需付出的資訊成本、金錢成本、或其他非經濟性因素的各種投票成本，都與單一選舉時有所不同（亦即 q 不應為常數）。例如，公職選舉皆為獨立分開舉行時，選民每次投票參與的成本也是獨立計算。但是當若干公職選舉合併舉行時，選民出席一次投票不僅能完成多項公職的選舉，同時也僅負擔一次投票成本，單次參與的總成本或許不變，但是若以該次合併選舉中每張選票的邊際成本則是有顯著的下降。尤其像是臺灣過去的選舉型態，不同層級與類型的公職皆有其各自的選舉週期（詳見圖 3.1），至 2010 年止，往往每年都有選舉，對選民而言每參與一次選舉便需負擔一次投票成本，當有某個年度因週期重疊或政治考量而合併選舉時，該合併選舉對選民參與而言便會產生成本降低的效果，有利於選民出席投票，形成整體投票率的提升。

因此，本文主要假設是，當一個重要性較高（實務上可以該公職的相對權力大小及媒體重視程度作為判斷基礎）的選舉與另一個重要性較低的選舉同時舉行時，在選民投票參與的整體效益計算中，不僅表現在式子 (2) 中 B_i 係數 p_i 值的增加，同時也形成 C_i 係數 q_i 值的降低，因此將吸引更多的選民出席投票。對於解釋投票率變化而言，這個假設同時含有空間與時間上的理論意涵。更具體來說，當一個重要的「地方」層級選舉同時與另一個較高層級選舉合併舉行時，例如北高直轄市長與立法委員選舉，即能觀察到北高兩市之立委選舉也有相較於其他縣市較高的投票率，亦即

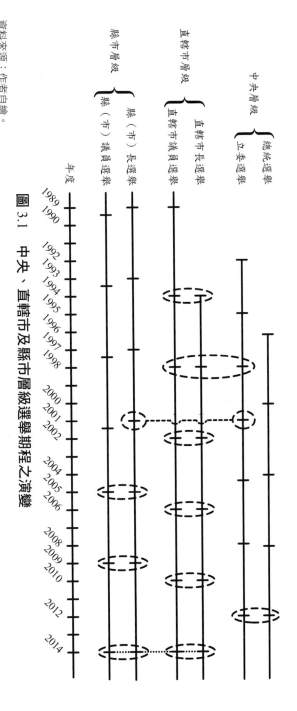

圖 3.1　中央、直轄市及縣市層級選舉期程之演變

資料來源：作者自繪。

說明：橢圓形係圈示同日投票且選區至少有部分重疊之併選選舉。

前者（直轄市長選舉）對後者（立委選舉）所形成的拉抬效果，這是因為在成本效益的計算中，q_i 會因地區與時間而異 (region and period-specific)，上例中北高兩市選民擁有比其他單純只選立委之縣市選民更低的投票成本，而帶動投票率的提升。相對地，若是與重要的「全國性」選舉（例如總統選舉）併選，對於投票率仍有正面拉抬效果，但會是全國性的普遍效應，因為此時 q_i 近乎常數，區域間的變異反而不大。

肆、併選效應之評估：準實驗設計

　　過去我國中央至地方不同層級與類型的公職皆有其各自的選舉週期，這種多項公職交錯的選舉期程（如圖 3.1 所示），提供了一個絕佳的自然實驗 (natural experiment) 來檢測併選對投票率的因果效應。圖 3.2 將我國自 1980 年代威權統治逐漸鬆綁後三十餘年，九種公職選舉的全國投票率繪成趨勢圖。比較這幾種中央至地方公職選舉的全國投票率，可得到幾點有趣的發現。首先，在 1990 年代臺灣開始快速民主化的頭十年，投票率都較高，於 2000 年首度政權轉移的總統大選中達到 82.69% 的高峰，然後開始下滑。投票率下滑的趨勢，似乎與其他民主國家相似。其次，雖然一般常認為公職的層級越高，投票率也會越高，但我國投票率的高低卻取決於該公職是行政首長還是民意代表。圖 3.2 顯示，投票率由高至低依序為：總統、直轄市長、縣市長、立法委員、縣市議會議員。換言之，立委選舉雖是中央層級選舉，但直到 2012 年立委與總統併選前，投票率往往還低於地方行政首長選舉。此外，圖 3.2 特別以虛線表示併選對投票率的影響，不難看出行政首長與民意代表併選，往往有拉抬民代選舉投票率的效應。除了 1994 年省議會選舉與史上唯一的省長選舉併選，沒有太顯著的提升效果外，其餘四次併選都對議會選舉的投票率產生很大的牽引作用：

一、1994 年 12 月 3 日北高直轄市議員選舉與剛開放民選之北高直轄
　　市長併選。
二、1996 年 3 月 23 日國民大會代表選舉與首度直選之總統選舉併選。
三、2005 年 12 月 3 日縣市議員與縣市長、鄉鎮市長選舉三合一。
四、2012 年 1 月 14 日立法委員與總統併選。

　　圖 3.2 的九種公職選舉全國投票率，固然可以看出整體投票率的演
變趨勢，但若不細查，也可能產生誤導。以本文聚焦的立法委員選舉為
例，自 1992 年全面改選至 2008 年為止，這六屆立委選舉的全國投票率逐
漸下滑，不過 1995 至 2001 年尚稱平穩，1998 年甚至比 1995 年還有微幅
(0.36%) 上升，可說是 2012 年投票率竄升前唯一的「異數」。不過這個整
體印象卻忽略了圖 3.2 隱含但無法清楚顯示的局部併選效應。將圖 3.2 與
圖 3.1 的選舉期程比對，就發覺 1998 年 12 月 5 日在北高直轄市，立委與
市長、市議員三合一選舉，而到了 2001 年 12 月 1 日，則北高直轄市以外
的各縣市，立委與縣市長舉行二合一選舉。這兩屆看似「平穩」的投票
率，其實是當時直轄市與非直轄市兩類選區大幅起落相抵銷後的假象。
　　目測法顯然有其限制，為了進一步檢證不同層級的行政首長與立委併
選，對後者投票率產生的效應，勢必要採更嚴謹的研究設計。在非實驗的
觀察研究 (observational study) 之中，評估事件與政策效應常用的一種準實
驗設計 (quasi-experimental design)，是「受干擾之時間序列」(interrupted
time-series, 簡稱 ITS) (Campbell and Stanley 1963, 37-42; Shadish, Cook, and
Campbell 2002, 175)，也就是針對受測組 (treatment group) 蒐集事件發生前
後若干個時間點的依變數觀察值，進行前後趨勢的比較分析，以判斷事件
或政策的干預 (intervention) 是否有影響。不過單一時間序列，較難排除同
時段內發生的其他事件之干擾，故因果推論的內部效度較弱。
　　為了克服此一弱點，本文將比較政治學領域中的「最似案例設計」
（most similar systems design, 簡稱 MSSD）(Przeworski and Teune 1970) 的
邏輯，結合 ITS 設計，操作化為「兩組受干擾時序且事件交替發生」
(interrupted time series with switching replications) 之準實驗設計 (Shadish,

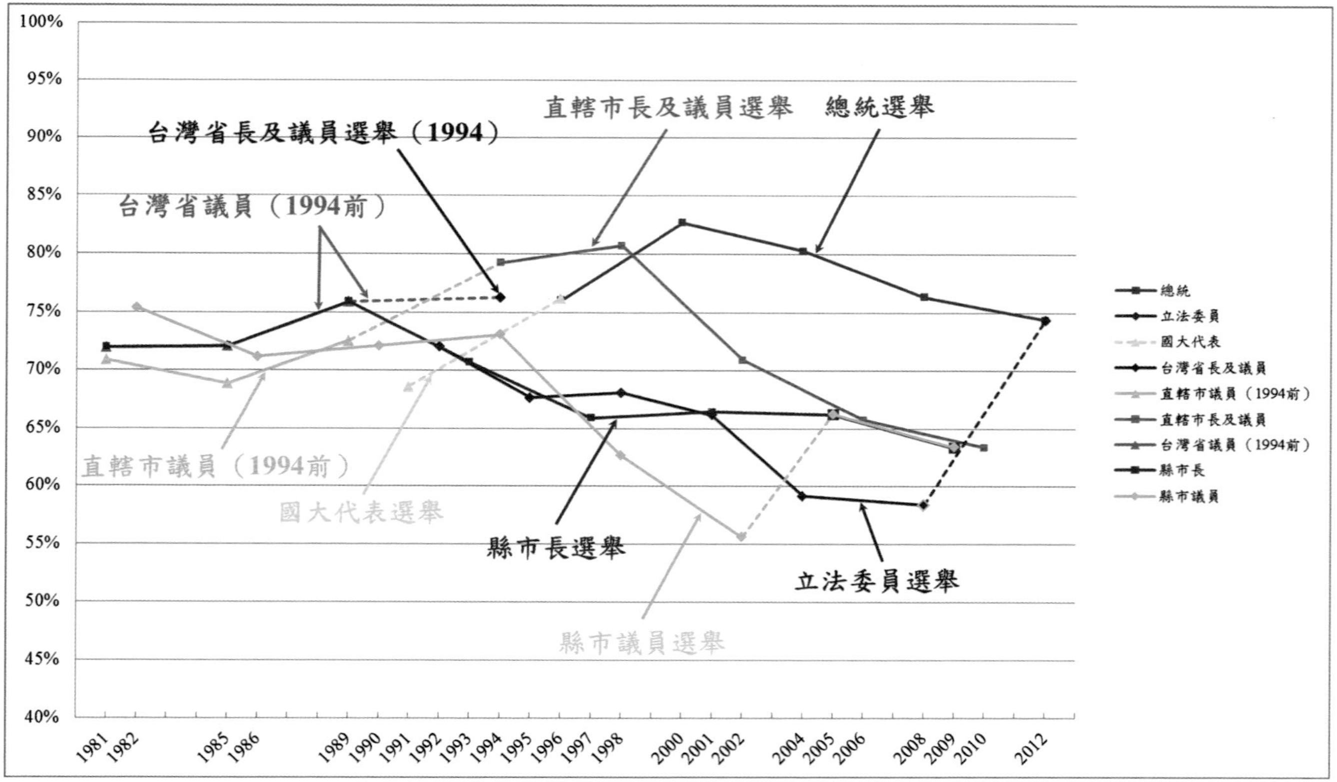

圖 3.2　中央及縣市以上地方選舉之整體投票率：1981-2012 年

台灣省長及議員選舉（1994）
台灣省議員（1994前）
直轄市議員（1994前）
國大代表選舉
縣市長選舉
縣市議員選舉
立法委員選舉
直轄市長及議員選舉
總統選舉

100%
95%
90%
85%
80%
75%
70%
65%
60%
55%
50%
45%
40%

1981
1982
1985
1986
1989
1990
1991
1992
1993
1994
1995
1996
1997
1998
2000
2001
2002
2004
2005
2006
2008
2009
2010
2012

總統
立法委員
國大代表
台灣省長及議員
直轄市長及議員
台灣省議員（1994前）
直轄市長
縣市長
縣市議員

資料來源：中央選舉委員會（2012）。
說明：虛線表示原分開之選舉併選後投票率的變化。

Cook, and Campbell 2002, 192)，顯示如圖 3.3，圖中〇代表歷屆立委選舉投票率之觀察值，╳代表本文想評估的事件，亦即有行政首長選舉與立委選舉併選，中間的虛線則代表拿來比較的兩組並非隨機分派。之所以分成北高直轄市[3]與其他縣市兩組，是反映我國早期多項公職的選舉週期中（參見圖 3.1），1998 年僅在北高直轄市有三合一選舉、2001 年則在其他縣市為二合一選舉。此一設計的優點，是當 1998 年北高市有併選時，沒併選的其他縣市可做為控制組，而當 2001 年其他縣市併選時，沒併選的北高直轄市又可做為控制組。如果這兩屆的立委選舉投票率，因交錯併選而呈現學理預期的區域間顯著差異，而 2012 年總統與立委併選，因效應及於全國而兩組間投票率變化未呈現顯著差異，則強化了本文對併選效應之因果推論的效度。

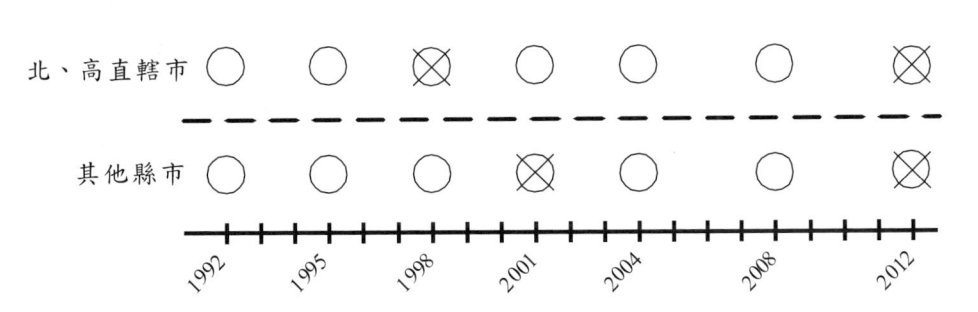

圖 3.3　「兩組受干擾時序且事件交替發生」之準實驗設計

資料來源：作者自繪。
說明：〇代表立委選舉投票率之觀察值，╳代表有行政首長選舉與立委選舉併選。

伍、雙城記：台北縣市之案例比較

前節所述之準實驗設計，可以透過台北市、台北縣（2010 年升格後稱為新北市）的比較凸顯其背後的因果推論邏輯。台北盆地被台北縣環繞，

3　2010年五都合併升格後，高雄市涵蓋原高雄縣。不過本文為了使1992至2012年的比較單位維持一致，文中所稱高市，均指合併升格前之原高雄市。

地理鄰近，兩者頗多相似之處，但是在 2010 年前，台北市為直轄市，台北縣則否，因此地方選舉期程不同，例如 1995 年第三屆立委選舉時，台北縣、市均無地方首長併選，但 1998 年 12 月 5 日第四屆立委選舉時，台北市適逢合併舉辦市長、市議員選舉，而台北縣則仍僅舉行立委選舉。此一對比讓兩者構成最似比較案例，台北市為「受測組」、台北縣為「控制組」，評估台北市 1998 年的三合一選舉對該市在立委選舉投票率上的影響。

　　台北縣、市自 1990 年代在歷屆立委選舉、總統選舉之投票率，以及其市長、縣長選舉投票率，顯示如圖 3.4。不難看出，兩者的立委選舉投票率及趨勢在七屆之中，除了 1998 及 2001 外，其餘五屆頗為接近。台北縣、市 1998 及 2001 年立委選舉投票率之所以出現相反的走勢，應均與併選息息相關。1998 年台北市三合一選舉，該市的立委投票率從 1995 的 66.01% 陡升至 80.88%（與市長選舉投票率之 80.89% 幾乎相同），而台北縣卻從 67.76% 降至 61.21%。2001 年立委選舉時，台北市無併選，其投票率驟降至 64.42%，而台北縣則因立委與縣長併選，投票率升至 68.17%（與縣長選舉投票率之 68.07% 幾乎相同）。台北縣市 1998 及 2001 年立委選舉投票率的對比，以村里為單位、以顏色深淺代表投票率的高低，利用「台灣政治地緣資訊系統」（黃紀 2012）繪圖更為明顯。圖 3.5 左側顯示，在 1998 年全台北市因投票率甚高均為深色，而四周之台北縣則因投票率較低而為淡色。但右側的 2001 年立委選舉地圖，深淺色正好互換，台北市變淡而台北縣則變深，對比十分鮮明。

　　直觀上，評估台北市 1998 年三合一選舉對立委選舉該市投票率的效應，只需將台北市 1998 年立委選舉投票率減去前一屆 1995 年該市的投票率，得到兩屆的差即可，也就是 80.88%-66.01% = 14.87%。不過這樣的直觀估計是假定「如果台北市 1998 年沒有與市長市議員併選的話，立委選舉投票率會維持在 1995 年的水準」，但實際上在 2008 年前，台北縣市在立委選舉的投票率除了有行政首長併選外，都呈逐漸下滑的趨勢，若不將此納入考慮，兩屆相減的差 14.87% 有低估併選效應之虞。問題是：那台北市 1998 年若無併選，其立委選舉的投票率會是多少？這是個典型的

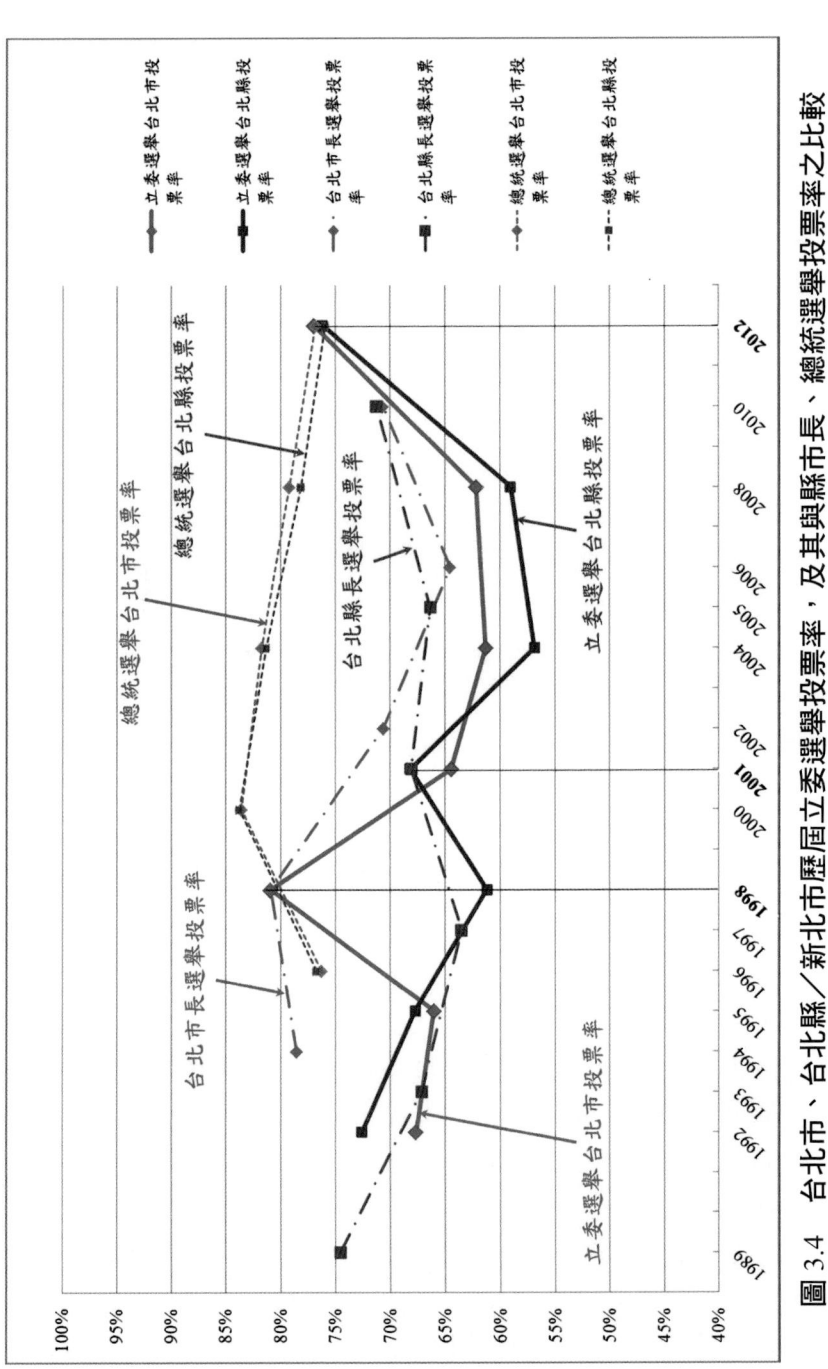

圖 3.4 台北市、台北縣／新北市歷屆立委選舉投票率，及其與縣市長、總統選舉投票率之比較

資料來源：中央選舉委員會（2012）。

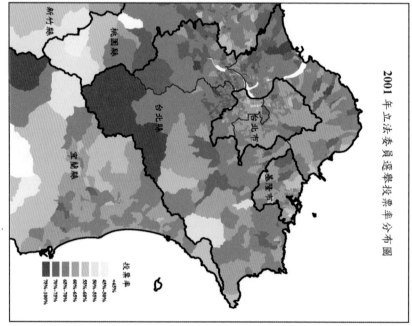

1998 年立法委員選舉投票率分布圖

2001 年立法委員選舉投票率分布圖

新竹縣　桃園縣　台北縣　宜蘭縣　台北市　基隆市

投票率
<45%
45%-50%
50%-55%
55%-60%
60%-65%
65%-70%
70%-75%
75%-100%

圖 3.5　1998 與 2001 年台北縣市立法委員選舉投票率對比圖

資料來源：黃紀（2012）。

「反事實」(counterfactual) 問題，因為實際發生的「事實」是台北市 1998 年舉行了三合一選舉，無法倒撥時鐘重新舉行單獨的立委選舉觀察其投票率，這就是 Holland (1986) 所謂「因果推論的根本問題」。不過由於台北市的雙子城台北縣在無併選時，立委選舉的投票率走勢與之亦步亦趨，頗符合「相同趨勢的假定」(common trends assumption)，而且台北縣 1998 年沒有行政首長與立委併選，因此可視為台北市的「控制組」。我們可以用「雙重差分」(differences-in-differences, 簡稱 DD)(Angrist and Pischke 2009, 227-231; Morgan and Winship 2007, 251-252) 來估算台北市 1998 年併選對該市立委選舉投票率的效應：

$$\delta_{台北市,1998} = (y_{台北市,1998} - y_{台北市,1995}) - (y_{台北縣,1998} - y_{台北縣,1995})$$
$$= (.8088 - .6601) - (.6121 - .6776)$$
$$= .2142$$

換言之，DD 估計台北市 1998 年併選對該市立委選舉投票率的拉抬效應，高達 21.42%。衡諸 1998 年台北市長選舉，候選人包括當時競選連任的民進黨陳水扁，以及國民黨馬英九、新黨王建煊，都屬政壇名人，各黨精銳盡出，競爭激烈，選舉動員拉高了台北市投票率。無可否認，市長與立委併選，也使得許多原本若單獨舉辦立委選舉便不會去投票的選民，因為去投行政首長候選人的票效益較高、一次投多張選票的相對成本降低，也順水推舟去投了立委的票。

陸、併選對立委選舉投票率之影響：總體分析

本節將前述「兩組受干擾時序且事件交替發生」之準實驗設計延伸至我國 1992 至 2012 年的七屆立委選舉。為了讓這跨 20 年的時段既有共同的比較單位，但又能兼顧各地區的異質性，本文折衷以 2004 年第六屆立

委選舉時的 29 個 SNTV 選區為單位（參見中央選舉委員會選舉資料庫網站），計算這 29 個選區在七屆立委選舉的投票率,[4]繪製成圖 3.6 的歷屆立委投票率趨勢圖。此外，為了做比較，我們以 2010 年五都合併升格前之縣市為單位，將 1996 至 2012 年的五次總統選舉投票率，繪製成圖 3.7 的歷屆總統大選投票率趨勢圖。將圖 3.6 與圖 3.7 相比，可以看出：立委選舉投票率不但在 2012 前下降較快，而且比起圖 3.7 中各地區間頗為一致的走勢，圖 3.6 有更明顯的跨選區間差異和相同選區內跨時間點的波動。本文的「併選效應」假設是：此一跨時間、跨選區空間的變異 (temporal and spatial variations)，與圖 3.1 顯示的中央與地方層級選舉期程息息相關。具體言之：立委選舉適逢與地方行政首長併選的選區，其投票率就會比沒有併選的其他選區高，使得同屆立委選舉選區間投票率的變異擴大；其中與直轄市長併選對投票率拉抬的作用，又會高於非直轄縣市的縣市長選舉。但若是與中央行政首長併選，此一拉抬的力道舉國皆然，所有選區的投票率同步升高，雖造成跨屆之間投票率的波動，但該屆選區間的投票率則反而同質性甚高。

　　為了檢定上述之「併選效應」假設，勢必要採用兼顧選區與屆數的定群分析 (panel data analysis)。由於 N=29 個 SNTV 選區、T=7 屆立委選舉，屬於時間較短的定群 (short panel)。探討定群資料及效應分析的文獻十分豐富（參見 Allison 2009; Baltagi 2008; Wooldridge 2010; 黃紀 2010），尤其在比較「固定效應」(fixed effects, FE) 模型與「隨機效應」(random effects, RE) 模型的優缺點上，著墨甚多，而後者在多層架構下的成長曲線模型，應用也日漸普及 (Rabe-Hesketh and Skrondal 2012; Stoel and Garre 2011)。不過就「評估型的因果推論」（黃紀 2008；2010）而言，固定效應模型的優勢脫穎而出，因為 FE 以每個單位自己來控制未觀察到的干擾因素 (unobserved confounding factors) (Allison 2009, 1-2; Wooldridge 2010, 315)。事實上，前一節應用的「雙重差分」DD 法，就是屬於 FE 模型的一個特

---

[4]　2008年及2012年立委選舉改採「單一選區兩票制」，全國重劃為73個單一選區，本文這兩屆立委的投票率，係根據村里之區域立委合格選民數及有效票數，按照29個SNTV選區計算而得。

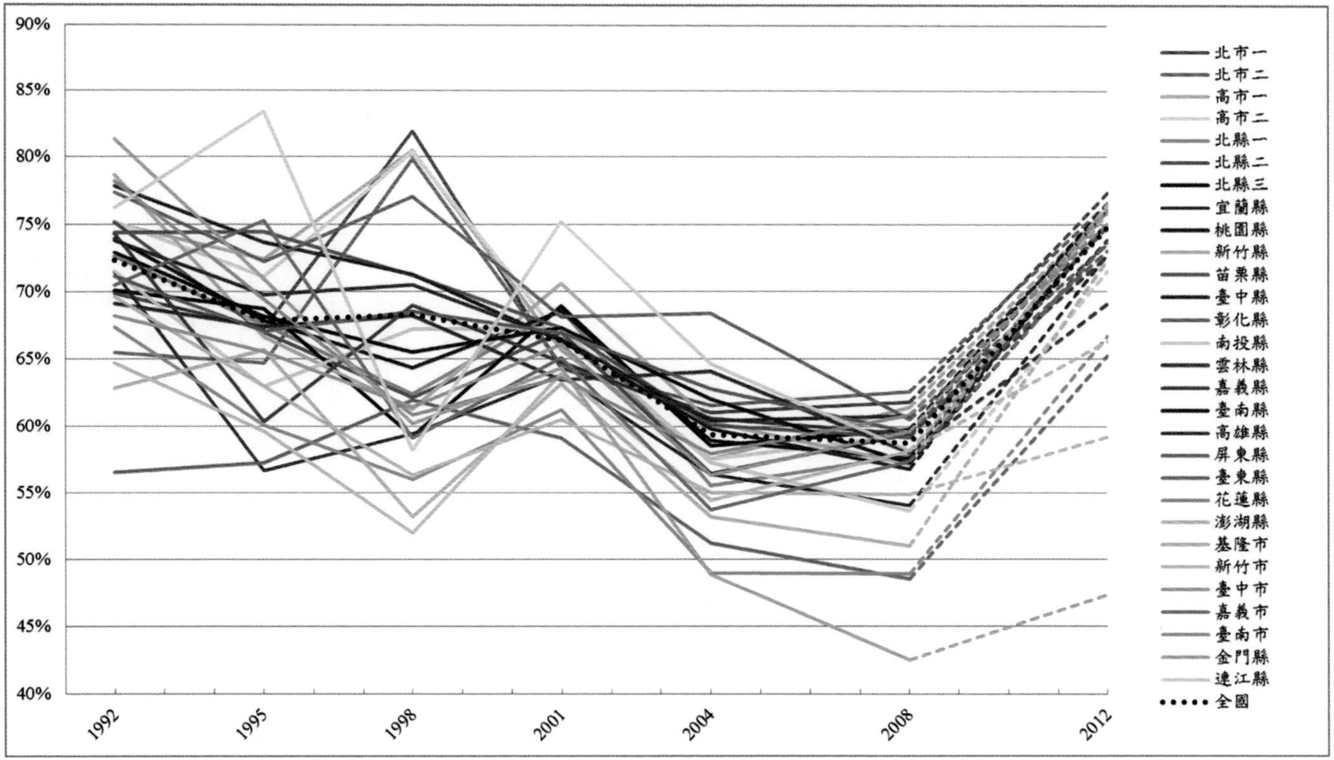

圖 3.6　歷屆立委選舉各選區投票率趨勢圖（1992-2012 年）

資料來源：中央選舉委員會（2012）。

說明：1. 依 2008 年選制改為單一選區兩票制前之 29 區域選區別繪製。

　　　2. 粗黑點線代表全國（不含平地原住民、山地原住民）之投票率。

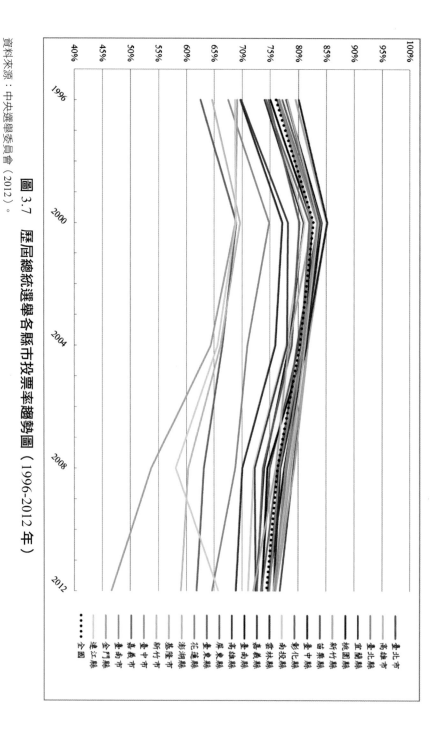

圖 3.7　歷屆總統選舉各縣市投票率趨勢圖（1996-2012 年）

資料來源：中央選舉委員會（2012）。

說明：1. 依 2010 年五都合併升格前之 25 縣市別繪製。

　　　2. 粗黑點線代表全國之投票率。

例 (Angrist and Pischke 2009, 228)。本文的目的既在檢驗併選對立委選舉投票率的效應，故採用固定效應模型。

固定效應模型的設定

本文參照 Wooldridge (2010, 300-302) 的設定，建立二維固定效應模型 (the two-way fixed effects model)。依變數 y_{it} 為選區 i 在立委選舉年 t 的投票率，自變數則依照假設檢驗之需要分為歷屆立委選舉年與選區類型：

一、選舉年虛擬變數：以 1992 年立法院首次全面改選為參照年 (base year)，設定六個立委選舉年的虛擬變數 dt，包括：
$d1995, d1998, d2001, d2004, d2008, d2012$。

二、選區類型虛擬變數：由於立委選舉是否會與地方行政首長選舉併選，係因其與直轄市長或非直轄縣市長選舉週期交錯重疊造成，如圖 3.1 所示，故本文依照 SNTV 選區是否屬於北、高直轄市，建立虛擬變數：$z_i = 1$ 代表屬於北、高直轄市的四個 SNTV 選區，$z_i = 0$ 則為其餘選區。

準此，本文的完整模型如下：

$$y_{it} = \theta_1 + \theta_2 d1995 + \theta_3 d1998 + \theta_4 d2001 + \theta_5 d2004 + \theta_6 d2008 + \theta_7 d2012$$
$$+ \gamma_1 z_i + \gamma_2 (d1995 \cdot z_i) + \gamma_3 (d1998 \cdot z_i) + \gamma_4 (d2001 \cdot z_i) \qquad (3)$$
$$+ \gamma_5 (d2004 \cdot z_i) + \gamma_6 (d2008 \cdot z_i) + \gamma_7 (d2012 \cdot z_i) + \alpha_i + u_{it}$$

概念上，式子 (3) 中的 θ_1 為參照年 (1992) 的截距，而 $\theta_2, \cdots, \theta_7$ 則為 1995 至 2012 年六屆立委選舉投票率相較於 1992 年的截距變化。γ_1 是 1992 年北高直轄市選區的立委選舉投票率與其他選區的差，而 α_i 就代表所有未觀察到且不因時而異 (time-invariant) 的選區異質 (heterogeneity)。衡諸實際，參照年的係數及都無法估計，惟如 Allison (2009, 19) 指出，$\theta_2, \cdots, \theta_7$ 仍可識別，並解讀為各年投票率相較於 1992 年的趨勢變化。同理，z_i 本身雖

然不會因時而異，但在與六個立委選舉年的虛擬變數交互作用後，$(dt \cdot z_i)$ 就會因時而異 (time-varying)，其係數 $\gamma_2, \cdots, \gamma_7$ 可以測量出 1995 年起的六屆立委選舉中，北、高直轄市 SNTV 選區相對於其他選區間投票率的差，與 1992 年這兩類選區的差相比，其變化的幅度與趨勢。FE 模型巧妙之處，就在於模型設定時控制了未觀察到的干擾變數 α_i，並允許 α_i 與觀察到的自變數之間有相關，但在估計時，則採取每個自變數減去其平均數的「變數內轉換法」(within transformation) 消去未觀察到的干擾變數 α_i 後，一致的估計出我們最關心的效應值 $\theta_2, \cdots, \theta_7$ 及 $\gamma_2, \cdots, \gamma_7$。

　　由於本文最關注的是併選對立委選舉投票率的效應，因此在式子 (3) 中有三個交互作用的變數和併選有關：

$(d1998 \cdot z_i)$：1998 年北、高兩直轄市的市長、市議員與兩市選區內的區域立委三合一選舉，但北高兩市以外則僅舉行立委選舉。

$(d2001 \cdot z_i)$：2001 年北、高兩直轄市以外的縣市，縣市長與區域立委二合一選舉，但北高兩市則僅舉行立委選舉。

$(d2012 \cdot z_i)$：2012 年首度總統與立委合併選舉，全國所有選區均為二合一選舉。

　　固定效應模型的係數估計值呈現於表 3.1。在投票率時間趨勢的六個 $\hat{\theta}$ 係數估計值中，前五個均為負值，且統計上極為顯著 ($p<.001$)，表示相較於 1992 年，1995 至 2008 年的立委選舉投票率呈下降的趨勢。唯獨 $\hat{\theta}_7$ 統計上與 0 沒有顯著的差異，表示 2012 年區域立委選舉的投票率突然飆升，回到了接近 1992 年的水準。這表示 2012 年總統與立委合併選舉，確實動員了相當大比例的選民參與立委投票，其中應不乏選民主要是去投總統票而「順便」投了立委票。

表 3.1　立委選舉投票率之固定效應模型：1992-2012 年

	係數估計值	穩健之標準誤
立委選舉年虛擬變數（參照年：1992）	$\hat{\theta}$	
1995	-.0477***	.0111
1998	-.0893***	.0130
2001	-.0607***	.0093
2004	-.1416***	.0115
2008	-.1556***	.0127
2012	-.0036	.0179
北高直轄市 SNTV 選區 × 選舉年	$\hat{\gamma}$	
北高選區 × 1995	.0225+	.0127
北高選區 × 1998	.1817***	.0248
北高選區 × 2001	-.0008	.0196
北高選區 × 2004	.0214	.0328
北高選區 × 2008	.0542+	.0293
北高選區 × 2012	.0550+	.0287
Intercept	.7192***	.0079
$N = 29$ SNTV 選區；$T = 7$ 立委選舉年；$NT = 203$。 within $R^2 = .7240$ between $R^2 = .1584$ overall $R^2 = .6022$		

資料來源：中央選舉委員會（2012）。
說明：***$p<.001$; **$p<.01$; *$p<.05$; +$p<.1$。

　　至於 γ̂ 係數估計值的解讀，是以 1995 年起六屆立委選舉時北高市、非北高市兩類選區間平均投票率的差，與 1992 年立委選舉兩類選區間投票率的差相比較，例如 1998 年立委選舉時，北高直轄市的立委選區投票率超過其他選區的值，比起 1992 年這兩類選區的差值，高出了 18.17%（p<.001）。不過其實我們更感興趣的，應是 1998 及 2001 年有併選與無併選的選區各自的平均投票率及其差距，並拿此差值與前一屆立委選舉兩種選區內投票率的差相比較，也就是前後屆間的雙重差分 DD 估計值。為了使解讀更聚焦於「併選效應假設」，本文首先以表 3.1 之固定效應模型估算 1995 至 2012 年六屆立委選舉兩類選區的平均投票率，展示於圖 3.8，粗線為北高選區，細線為其他選區；然後再利用估計之投票率，計算這兩類選區前後屆間的雙重差分值，列於表 3.2。

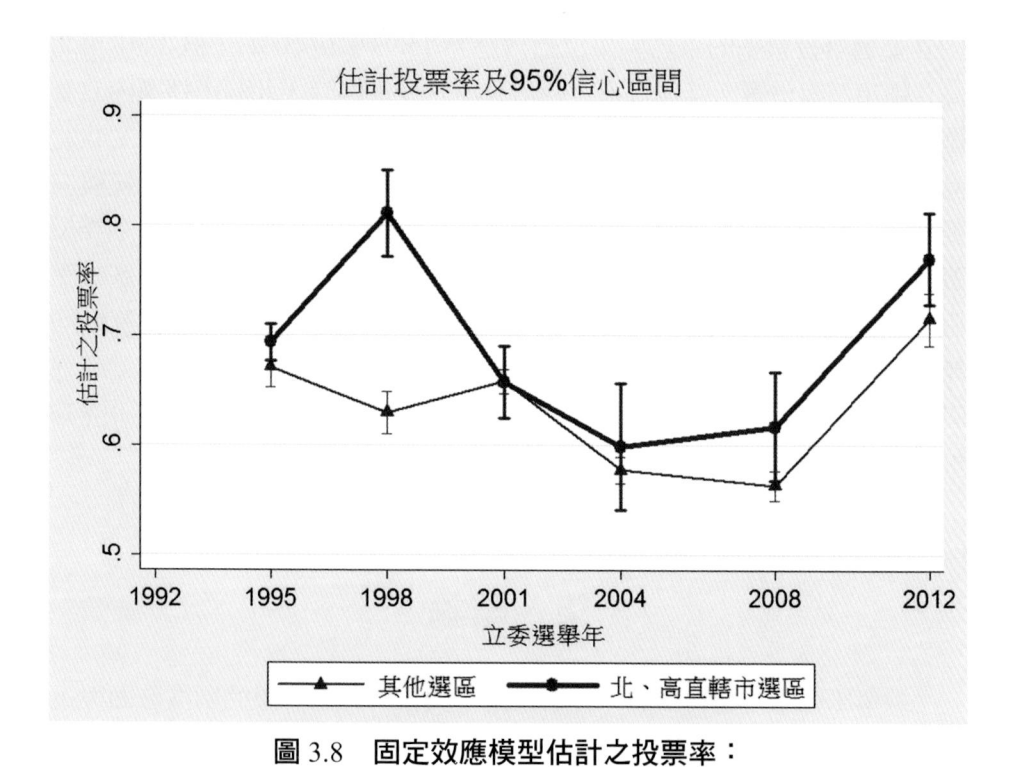

圖 3.8　固定效應模型估計之投票率：北高直轄市選區及其他縣市選區之比較

資料來源：表 3.1。

表 3.2 以表 3.1 固定效應模型之預測投票率估計兩種選區年度間之差

	估計差值	標準誤
(1998 vs 1995)（北高市之選區 vs 非直轄市之選區）	.1593***	.0223
(2001 vs 1998)（北高市之選區 vs 非直轄市之選區）	-.1825***	.0147
(2004 vs 2001)（北高市之選區 vs 非直轄市之選區）	.0222	.0165
(2008 vs 2004)（北高市之選區 vs 非直轄市之選區）	.0328**	.0095
(2012 vs 2008)（北高市之選區 vs 非直轄市之選區）	.0009	.0103

資料來源：表 3.1。
說明：*** $p < .001$; ** $p < .01$; * $p < .05$。

　　圖 3.8 及表 3.2 都清楚顯示：1998 年北高兩直轄市三合一選舉對轄區內立委選舉投票率的平均因果拉抬效應為 15.93% ($p<.001$)，但 2001 年北高直轄市沒有併選而其他縣市有縣市長與立委併選時，北高市轄區內立委選舉投票率就比其他選區驟降了 18.25% ($p<.001$)。2004 年北高市、非北高市兩類選區均無併選，因此投票率統計上無顯著差異。2012 年總統與立委併選，拉抬立委選舉投票率的力道及於全國，因此兩類選區間的立委投票率亦無顯著差異。上述四個雙重差分的估計值，都與本文之「併選效應假設」相符。唯一與本文預期不符的，是 2008 年立委選舉，該次選舉均無行政首長併選，但雙重差分的估計值為 3.28% 且顯著 ($p<.01$)。這或許與 2008 年立委選舉首度改採「單一選區兩票制」有關，值得後續研究分析。

柒、結論

　　選舉研究的學理均強調，分析投票率與投票行為，整體制度層面與選民個體層次兩者不可偏廢。不過近年的研究卻因民意調查資料取得較方便，往往重個體而輕制度。本文則聚焦於整體制度面的「合併選舉」對投

票率的影響，並以嚴謹之因果推論方法，推估併選之效應。倘若輕忽併選對投票率的影響，不但會忽略投票率跨時間及跨地區的差異，甚至還可能誤將整體制度的影響歸諸於選民個體的特質，張冠李戴。其次，西方既有文獻多偏重規律且舉國一致之選舉週期所造成的併選效應，本文則強調，即使是不盡規律的選舉週期造成的不同地區的交錯併選，也應予正視。此外，文獻多關注層級較高的選舉對較低層級選舉的影響，本文則認為並不盡然，因為地方行政首長選舉受矚目的程度，往往更高於合議制的中央立法機構選舉。根據上述論點，本文先以個體選民為基礎，提出投票率之效益理論，認為併選對提高投票率的效應，係來自於選民參與投票帶來較高之效益或及較低的投票成本；接著本文推演此一理論在總體層次上的經驗意涵，提出假設進行檢證。

　　本文以我國 1992 年以來的七屆立委選舉，分析是否有行政首長與立委選舉合併舉行，對立委選舉投票率所產生的影響。利用我國特有之北高直轄市和其他縣市首長選舉與中央層級之立委選舉在地區及期程上的交錯，本文建立「兩組受干擾時序且事件交替發生」之準實驗設計，以固定效應模型分析併選之效應，證實我國過去不盡規律的選舉週期造成的不同地區之交錯併選，確實對有併選之直轄市內立委選舉投票率有相當大的拉抬作用，至於 2012 年總統與立委併選，對立委選舉投票率的提升作用及於全國所有選區，反而消減了投票率在區域間的變異量。

●●● 參考文獻 ●●●

I. 中文部分

中央選舉委員會，2012，〈選舉資料庫〉，中選會選舉資料庫網站：http://db.cec. gov.tw/，檢索日期：2012 年 6 月 30 日。

黃紀，2008，〈因果推論與觀察研究：「反事實模型」之思考〉，《社會科學論叢》，2(1): 1-21。

------，2010，〈因果推論與效應評估：區段識別法及其於「選制效應」之應用〉，《選舉研究》，17(2): 103-134。

------，2012，〈台灣政治地緣資訊系統 (TPGIS)〉，黃紀教授台灣政治地緣資訊系統：http://tpgis.nccu.edu.tw/nccu/，檢索日期：2012 年 8 月 13 日。

廖益興，2006，〈台灣選民投票參與行為的研究〉，《中華行政學報》，3: 185-202。

II. 外文部分

Abramson, Paul R. 1983. *Political Attitudes in America: Formation and Change*. San Francisco: W.H. Freeman.

Aldrich, John H. 1993. "Rational Choice and Turnout." *American Journal of Political Science* 37(1): 246-278.

Allison, Paul D. 2009. *Fixed Effects Regression Models*. Thousand Oaks: Sage.

Angrist, Joshua D., and Jörn-Steffen Pischke. 2009. *Mostly Harmless Econometrics: An Empiricist's Companion*. Princeton: Princeton University Press.

Baltagi, Badi H. 2008. *Econometric Analysis of Panel Data* (4th ed). Chichester: Wiley.

Berinsky, Adam, and Gabriel Lenz. 2011. "Education and Political Participation: Exploring the Causal Link." *Political Behavior* 33(3): 357-373.

Bhatti, Yosef, and Kasper M. Hansen. 2012. "The Effect of Generation and Age on Turnout to the European Parliament: How Turnout Will Continue to Decline in the Future." *Electoral Studies* 31(2): 262-272.

Black, J. H. 1991. "Reforming the Context of the Voting Process in Canada: Lessons from Other Democracies." In *Voter Turnout in Canada*, ed. Herman I. Bakvis. Toronto: Dundurn Press.

Blais, André. 2000. *To Vote or Not to Vote? The Merit and Limits of Rational Choice.* Pittsburgh: University of Pittsburgh Press.

------. 2007. "Turnout in Elections." In *The Oxford Handbook of Political Behavior*, eds. Russell J. Dalton and Hans-Dieter Klingemann. New York: Oxford University Press.

Blais, André, and Kees Aarts. 2006. "Electoral Systems and Turnout." *Acta Politica* 41(2): 180-196.

Blais, André, and R. K. Carty. 1990. "Does Proportional Representation Forster Voter Turnout." *European Journal of Political Research* 18(2): 167-181.

Blais, André, and Agnieszka Dobrzynska. 1998. "Turnout in Electoral Democracies." *European Journal of Political Research* 33(2): 239-261.

Brady, Henry E., Sidney Verba, and Kay Lehman Schlozman. 1995. "Beyond Ses: A Resource Model of Political Participation." *American Political Science Review* 89(2): 271-294.

Brockington, David. 2004. "The Paradox of Proportional Representation: The Effect of Party Systems and Coalitions on Individuals' Electoral Participation." *Political Studies* 52(3): 469-490.

Campbell, Angus, Philip Converse, Warren Miller, and Donald Stokes. 1960. *The American Voter*. New York: Wiley.

Campbell, Donald T., and Julian C. Stanley. 1963. *Experimental and Quasi-Experimental Designs for Research*. Boston: Houghton Mifflin.

Canon, David T. 1999. "Electoral Systems and the Representation of Minority Interests in Legislatures." *Legislative Studies Quarterly* 24(3): 331-385.

Chen, Tse-hsin. 2011. "Uncovering the Micro-Foundations of Turnout and Electoral Systems." *Electoral Studies* 30(2): 295-308.

Cox, Gary W. 1999. "Electoral Rules and the Calculus of Mobilization." *Legislative Studies Quarterly* 24(3): 387-419.

Delli Carpini, Michael X., and Scott Keeter. 1996. *What Americans Know about Politics and Why It Matters*. New Haven: Yale University Press.

Downs, Anthony. 1957. *An Economic Theory of Democracy*. New York: Harper.

Ferejohn, John A., and Morris P. Fiorina. 1974. "The Paradox of Not Voting: A Decision

Theoretic Analysis." *American Political Science Review* 68(2): 525-546.

Fornos, Carolina A., Timothy J. Power, and James C. Garand. 2004. "Explaining Voter Turnout in Latin America, 1980 to 2000." *Comparative Political Studies* 37(8): 909-940.

Franklin, Mark N. 1996. "Electoral Participation." In *Comparing Democracies: Elections and Voting in Global Perspective*, eds. Lawrence LeDuc, Richard G.Niemi, and Pippa Norris. Thousand Oaks: Sage Publications.

------. 2004. *Voter Turnout and the Dynamics of Electoral Competition in Established Democracies since 1945*. Cambridge: Cambridge University Press.

Green, Donald P., and Alan S. Gerber. 2008. *Get Out the Vote: How to Increase Voter Turnout*. Washington, D.C.: Brookings Institution Press.

Hajnal, Zoltan L., Paul G. Lewis, and Hugh Louch. 2002. "Municipal Elections in California: Turnout, Timing, and Competition." http://www.ppic.org/content/pubs/report/R_302ZHR.pdf (accessed March 20, 2012).

Holland, Paul W. 1986. "Statistics and Casual Inference." *Journal of the American Statistical Association* 81(396): 945-960.

Huang, Chi, and Todd G. Shields. 2000. "Interpretation of Interaction Effects in Logit and Probit Analyses: Reconsidering the Relationship between Registration Laws, Education, and Voter Turnout." *American Politics Research* 28(1): 80-95.

Huang, Chi, and Ching-hsin Yu. 2011. "Political Cycle of Voters' Understanding of the New Electoral System: The Case of Taiwan." *Japanese Journal of Electoral Studies* 27(2): 60-76.

Huang, Chi, Hung-chung Wang, and Chang-chih Lin. 2012. "Knowledge of the Electoral System and Voter Turnout." *Taiwanese Political Science Review*（台灣政治學刊）16(1): 237-277.

Jackman, Robert W. 1987. "Political Institutions and Voter Turnout in the Industrial Democracies." *American Political Science Review* 81(2): 405-424.

Jackman, Robert W, and Ross A. Miller. 1995. "Voter Turnout in the Industrial Democracies during the 1980s." *Comparative Political Studies* 27(4): 467-492.

Jacobson, Gary C. 2000. *The Politics of Congressional Elections*. New York: Longman Pub. Group.

Jusko, Karen L., and W. Phillips Shively. 2005. "Applying a Two-Step Strategy to the Analysis of Cross-National Public Opinion Data." *Political Analysis* 13: 327-344.

Katz, Richard S. 1980. *A Theory of Parties and Electoral Systems*. Baltimore, MD: John Hopkins University Press.

Knack, Stephen. 1992. "Civic Norms, Social Sanctions, and Voter Turnout." *Rationality and Society* 4(2): 133-156.

Kostadinova, Tatiana. 2003. "Voter Turnout Dynamics in Post-Communist Europe." *European Journal of Political Research* 42(6): 741-759.

Krämer, Jürgen, and Hans Rattinger. 1997. "The Proximity and the Directional Theories of Issue Voting: Comparative Results for the USA and Germany." *European Journal of Political Research* 32(1): 1-29.

Lambert, Ronald D., James E. Curtis, Barry J. Kay, and Steven D. Brown. 1988. "The Social Sources of Political Knowledge." *Canadian Journal of Political Science* 21(2): 359-374.

Larcinese, Valentino. 2007. "Does Political Knowledge Increase Turnout? Evidence from the 1997 British General Election." *Public Choice* 131(3-4): 387-411.

Merrill III, Samuel, and Bernard Grofman. 1999. *A Unified Theory of Voting: Directional and Proximity Models*. Cambridge: Cambridge University Press.

Miller, Warren E., and J. Merrill Shanks. 1996. *The New American Voter*. Cambridge, MA: Harvard University Press.

Morgan, Stephen L., and Christopher Winship. 2007. *Counterfactuals and Casual Inference: Method and Principles for Social Science*. Cambridge: Cambridge University Press.

Morton, Rebecca B. 1991. "Groups in Rational Turnout Model." *American Journal of Political Science* 35(3): 758-776.

Niemi, Richard G. 1976. "Costs of Voting and Nonvoting." *Public Choice* 27(1): 115-119.

Nikolenyi, Csaba. 2010. "Concurrent Elections and Voter Turnout: The Effect of the De-Linking of State Elections on Electoral Participation in India's Parliamentary Polls, 1971-2004." *Political Studies* 58(1): 214-233.

Pérez-Liñán, Aníbal. 2001. "Neoinstitutional Accounts of Voter Turnout: Moving

beyond Industrial Democracies." *Electoral Studies* 20(2): 281-297.

Peterson, Steven A. 1992. "Church Participation and Political Participation: The Spillover Effect." *American Politics Research* 20(1): 123-139.

Przeworski, Adam, and Henry Teune. 1970. *The Logic of Comparative Social Inquiry*. New York: John Wiley & Sons.

Rabe-Hesketh, Sophia, and Anders Skrondal. 2012. *Multilevel and Longitudinal Modeling Using Stata, Volume I: Continuous Responses* (3rd ed). College Station, TX: Stata Press.

Radcliff, Benjamin, and Patricia Davis. 2000. "Labor Organization and Electoral Participation in Industrial Democracies." *American Journal of Political Science* 44(1): 132-141.

Riker, William H., and Peter C. Ordeshook. 1968. "A Theory of the Calculus of Voting." *American Political Science Review* 62(1): 25-42.

Rose, R. 2004. "Voter Turnout in the European Union Member Countries: A Regional Report." In *Voter Turnout in Western Europe since 1945*, eds. R. L. Pintor and M. Gratschew. Stockholm: International IDEA.

Rosenstone, Steven J., and John Mark Hansen. 1993. *Mobilization, Participation, and Democracy in America*. New York: Macmillan.

Shadish, William R., Thomas S. Cook, and Donald T. Campbell. 2002. *Experimental and Quasi-Experimental Designs for Generalized Causal Inference*. Boston: Houghton Mifflin.

Shields, Todd G., and Robert K. Goidel. 1997. "Participation Rates, Socioeconomic Class Biases, and Congressional Elections: A Cross Validation." *American Journal of Political Science* 41(2): 683-691.

Shugart, Matthew S. 1995. "The Electoral Cycle and Institutional Sources of Divided Presidential Government." *American Political Science Review* 89(2): 327-343.

Siaroff, Alan, and John W. A. Merer. 2002. "Parliamentary Election Turnout in Europe since 1990." *Political Studies* 50(5): 916-927.

Singh, Shane. 2011. "Contradictory Calculi: Differences in Individuals' Turnout Decisions across Electoral Systems." *Political Research Quarterly* 64(3): 646-655.

Stoel, Reinoud, and Francisca Galindo Garre. 2011. "Growth Curve Analysis Using

Multilevel Regression and Structural Equation Modeling." In *Handbook of Advanced Multilevel Analysis*, eds. Joop J. Hox and J. Kyle Roberts. New York: Routledge.

Tsai, Chia-hung. 2001. "Why Do Taiwanese Vote?" *Journal of Electoral Studies*（選舉研究）8(2): 25-58.

Verba, Sidney, Kay Lehman Schlozman, and Henry E. Brady. 1995. *Voice and Equality: Civic Voluntarism in American Politics*. Cambridge, MA: Harvard University Press.

Wattenberg, Martin, Ian McAllister, and Anthony Salvanto. 2000. "How Voting Is Like Taking a SAT Test: An Analysis of American Voter Rolloff." *American Politics Quarterly* 28(2): 234-250.

Wolfinger, Raymond E., and Steven J. Rosenstone. 1980. *Who Votes?* New Haven: Yale University Press.

Wooldridge, Jeffrey M. 2010. *Econometric Analysis of Cross Section and Panel Data* (2nd ed). Cambridge: The MIT Press.

4

2012年總統與立委併選的一致與分裂投票

黃紀、周應龍

壹、前言

　　2012 年 1 月 14 日總統與立法委員合併舉行選舉，是我國選舉史上第一次同時舉行中央層級的行政首長選舉與立法機關選舉。由於立委選制從 2008 年第七屆起改採「單一選區兩票並立制」（mixed-member majoritarian system, 簡稱 MMM），因此本次的二合一選舉，選民可以同時領到三張選票，一張投給「總統」，一張是「立委之單一選區票」（即區域立委票），另一張則是「立委之比例代表票」（即不分區或政黨票）。過去學界在分析一致與分裂投票時，由於選舉制度與時程的關係，大多只能同時分析二張選票，例如同一時間舉行的二項公職（各一張選票），或是混合選制下的二票，鮮少有機會能夠一次分析三張選票。[1]此次的二合一選舉讓我們有機會針對三張票的投票組合進行深入的討論。

　　台灣的一致與分裂投票研究，在方法上，有些單採民意調查所得的個體資料進行分析（吳重禮 2008；吳重禮、徐英豪與李世宏 2004；林長志與黃紀 2007；徐火炎 2001；許勝懋 2001；游清鑫 2004；黃德福 1991）；有些則採用總體資料，運用「跨層推論」(cross-level inference) 方法推估選民一致與分裂投票的型態（吳怡銘 2001；林長志 2007；黃紀與張益超 2001）。使用個體資料與總體資料進行分析，各有其優缺點，因此本文嘗試採取兼顧這二種不同層次的資料進行分析，以求對選民的一致與分裂投票有更完整的認識。

　　本文除前言與結論外，共分四節，首先回顧一致與分裂投票的相關文

---

[1]　少數例外是「三合一選舉」，選民可同時領到三張公職選票。但在三合一選舉中，研究者常因理論關注焦點不同，僅分析其中二張選票的一致與分裂，例如1998年12月5日同時舉行北高市長、北高市議員、立法委員選舉，北高市民同時領到三張選票，多數研究的分析重點都集中在市長與市議員選票的一致與分裂，請參閱吳怡銘（2001）、徐火炎（2001）、許勝懋（2001）；另外例如2005年12月3日在直轄市之外的縣所舉行的縣長、縣議員及鄉鎮市長之三合一選舉，林長志（2007）、林長志與黃紀（2007）的研究重點是縣長選舉與鄉鎮市選舉的一致與分裂投票。就筆者所知，目前僅有黃紀、林長志與王宏忠（2013）同時分析2010年11月27日的高雄市長、市議員、里長選舉等三張選票的一致與分裂。

獻，接著說明資料來源及總體、個體層次資料的描述性分析，第四節建立選民個體層次的多項勝算對數模型，最後在第五節使用跨層推論方法討論親民黨提名選區中，選民的一致與分裂投票。

貳、文獻回顧

一、一致與分裂投票之定義

選民在同一個時間舉行的選舉當中，有兩張或兩張以上的選票，就有可能都投給同一政黨提名的候選人，或分別投給不同政黨或政黨提名之候選人，而其投票結果就會出現「一致投票」(straight-ticket voting) 與「分裂投票」(split-ticket voting) 二種類型（黃紀 2001；2008）。在一項公職一張選票的選舉制度之下，「一致投票」是指選民在同一次選舉中把不同公職的選票都投給了同一個政黨的候選人；若選民把不同公職的選票投給了不同政黨的候選人則視為「分裂投票」（黃紀 2001, 544）。另外，在混合選制 (mixed-member electoral systems) 下之國會選舉，選民也可以同時投兩張選票，一票投給候選人，一票投給政黨，因此若選民在單一選區及比例代表均投票給同一政黨或政黨聯盟，稱為「一致投票」；反之，若選民將這兩張選票投給不同政黨，則視為「分裂投票」（黃紀 2008, 134）。

二、一致與分裂投票之成因

在 2012 年所舉行的選舉中，選民共有三張選票，一張是投給總統，另外二張分別是投給單一選區的區域立委候選人、與比例代表制之下的政黨不分區名單。然而過去的研究文獻還沒有同時討論這三種選票下的一致與分裂投票，因此進行文獻回顧時，我們區分成二個部分，一是討論總統選舉與國會選舉（各一票）的一致與分裂投票，一是討論混合成員選制下

的一致與分裂投票。

（一）總統選舉與國會選舉

　　針對選民究竟為何在總統選舉與國會選舉採取分裂投票所進行的研究，有「刻意說」(intentional) 與「非刻意說」(unintentional) 兩種論點 (Burden and Kimball 1998)。主張刻意說的學者多從「認知性麥迪遜主義」(cognitive Madisonianism) 的角度出發，他們認為選民會偏好由不同政黨來掌握行政與立法兩權，以達到權力制衡或政策平衡，因此刻意採取分裂投票 (Fiorina 1996; Garand and Lichtl 2000; Lewis-Beck and Nadeau 2004)。而主張「非刻意說」的學者則認為選民的分裂投票並非是故意要投給不同政黨的候選人，可能只是因為政黨之間的意識型態界線模糊 (Born 1994)、選民對於不同的選舉職位有不同的期望 (Alvarez and Schousen 1993; Jacobson 1991)、或選民只是單純依照自己對候選人的喜好進行投票 (Sigelman, Wahlbeck, and Buell, Jr 1997)。

（二）混合成員選制 (mixed-member electoral systems)

　　混合選制下之國會選舉，選民採取分裂投票的原因，因為不涉及行政與立法間的權力制衡關係，因此對於選民為何採取分裂投票的討論，早期多聚焦於德國國會選舉，其中被討論最為廣泛的就是「策略性投票」(strategic voting)（蕭怡靖與黃紀 2010, 3）。

　　根據 Duverger (1959) 所提出的「心理因素」(psychological factor)，在單一選區相對多數決制度之下，當小黨支持者認為自己所支持的政黨候選人沒有當選機會時，為了避免浪費選票，而策略性地選擇將選票投給兩大黨中較不討厭的一方。但是在政黨票上卻會採取真誠投票 (sincere voting)，將票投給自己支持的小黨，而形成分裂投票。[2]這樣的觀點，在

2　必須特別提醒的是，雖然「分裂投票」經常與「策略性投票」一起被提及，但兩者不

許多針對採用混合選制國家的研究中，都獲得支持（Choi 2006; Gallagher 1998; Jesse 1988; Schoen 1999; Reed 1999; 王鼎銘、郭銘峰與黃紀 2008；蕭怡靖與黃紀 2010）。

不過也有學者認為：主張小黨支持者在兩票制之下因為策略考量而造成分裂投票的觀點，基本上是將混合制下的單一選區比較多數制與比例代表制視為相互獨立的兩個制度，但在混合型的選制下，選民既然可以同時投下兩票，研究者就應該檢視這兩票之間會不會出現所謂的連動效果 (interaction effect) 或是污染效果 (contamination effect) (Herron and Nishikawa 2001; Cox and Schoppa 2002; Moser and Scheiner 2004)。所謂的連動效果是指當小黨在選區提名了候選人，會鼓勵其支持者在選區和比例代表都投給該政黨 (Cox and Schoppa 2002, 1028-1031)。如果這種觀點成立的話，那麼就代表小黨支持者也會採取一致投票。雖然之前多數的研究發現較不支持連動效果的論點（Maeda 2008; 陳陸輝與周應龍 2008；黃紀 2010），但最近郭銘峰、黃紀與王鼎銘（2012）的研究，在考慮內因性與非隨機選組因素之後，透過效應模型 (treatment-effects model) 發現日本眾議院選舉因允許政黨「雙重提名」（dual candidacy, 也就是同一候選人在小選區及比例代表選區都提名），故選情較為低迷的政黨，兩票之間會有連動效果。

另外，當政黨基於自身的考量，並未在單一選區中提名候選人參選時，會導致部分支持該黨的選民被迫採取分裂投票，這種情形被 Johnston 與 Pattie (2002, 595-597) 稱之為「必然的分裂投票」(necessary split-tickets)，而這類的選民則被稱為「沮喪選民」(frustrated voters) (Benoit, Giannetti, and Laver 2006, 462)，或是「無機會（一致投票）選民」(nonopportunity voters) (Ferrara, Herron, and Nishikawa 2005, 87)。

完全相同。前者是指選民並未將兩張票投給同一個政黨的結果，後者則是強調選民的投票抉擇與偏好的關係。因此若已知選民在兩種選票其中之一採取策略性投票，但另一票仍為真誠投票，就可推斷此選民採取分裂投票；但若我們只知道選民採取分裂投票，則不必然是策略性投票所造成的結果（黃紀 2008, 135）。

三、台灣的一致與分裂投票研究

　　台灣早期由於尚未採行混合選制，因此對於分裂投票的研究主要針對在同時舉行的同層級或不同層級的選舉中，選民是否將票投給同一個政黨所提名的候選人。例如針對同一層級的縣市行政首長與縣市議員所進行的研究（吳怡銘 2001；吳重禮 2008；吳重禮、徐英豪與李世宏 2004；洪永泰 1995；徐火炎 2001；許勝懋 2001；游清鑫 2004）、針對中央立法委員與地方縣市長不同層級的研究（黃紀與張益超 2001；黃德福 1991）、針對地方縣市長與鄉鎮市長不同層級的研究（林長志 2007；林長志與黃紀 2007）。直到 2008 年立委選舉改採「單一選區兩票並立制」之後，才有機會開始進行混合選制下的分裂投票研究（黃紀 2008；蕭怡靖 2009；蕭怡靖與黃紀 2010）。

　　在國會選舉採行混合選制的國家中，其憲政體制絕大多數都是屬於內閣制，因此對於分裂投票的探討也僅止於國會選舉的兩票。但台灣的憲政體制屬於半總統制，當總統選舉與國會選舉同時舉行，選民手中就有三張選票，對於選民如何投下這三張選票，是一致投票？還是分裂投票？其背後的思考邏輯為何？值得我們進一步探究。

參、資料來源與描述性分析

一、資料來源

　　目前研究一致與分裂投票的實證資料來源有二：民意調查及政府部門公佈的選舉實錄，前者是屬於個體資料，而後者是屬於集體數據（黃紀 2001, 547）。集體數據資料的優點是取得較為方便，同時可以依照不同層級的地理區域來細分或彙整，可幫助研究者瞭解選票的分析全貌（黃紀、林長志與王宏忠 2013）。此外，研究者也可以透過將地圖視覺化的工程，

在地理區域上套用不同的顏色，來顯示某些指標的類別（例如政黨得票率多寡），經由比較各地所呈現的色塊，就可以得知一些初步的趨勢。但集體資料的解讀有其侷限性，不能驟然推論到個體行為，否則可能會犯下區位謬論 (ecological fallacy) (Robinson 1950)。至於個體層次的資料，其優點當然就是可以直接推論個體的投票行為，以一致與分裂投票的研究而言，只要透過交叉表，我們就可以一窺選民的投票組合究竟是採取一致投票或是分裂投票，同時也可以透過統計模型的建立，來探知不同投票組合背後的產生機制。然而，如果選民的投票組合類別太多時，可能導致某些類別的樣本數太少，也會造成分析上的困難。既然集體資料與個體資料的優缺點互為表裡，本文之分析即兼顧這二種不同層次的資料。在步驟上，先進行初步的描述性分析、個體層次統計模型的分析，然後再以總體層次的跨層推論模型來補充個體資料因樣本數太小無法分析的部分。集體資料是此次選後，中選會公告的選舉紀錄（中央選舉委員會 2012）（以村里為單位），而個體層次資料則是「台灣選舉與民主化調查」針對 2012 年二合一選舉所蒐集的調查資料（以下簡稱 TEDS2012）。[3]

二、描述性分析

在描述性分析上，先以村里為單位，透過選舉地圖、三角圖的視覺方式來呈現此次選舉的全貌，再以 TEDS2012 的調查資料進行個體層次之交叉表分析。

---

[3] 本文所使用的個體資料係採自「2009年至2012年『選舉與民主化調查』三年期研究計畫 (III)：2012年總統與立法委員選舉面訪案」(TEDS2012) (NSC100-2420-H-002-030)。「台灣選舉與民主化調查」(TEDS) 多年期計畫總召集人為國立政治大學黃紀教授，TEDS2012為針對2012年總統與立法委員選舉執行之年度計畫，計畫主持人為朱雲漢教授；詳細資料請參閱TEDS網頁：http://www.tedsnet.org。作者感謝上述機構及人員提供資料協助，惟本文之內容概由作者自行負責。

（一）集體數據之描述性分析──以村里為單位

1. 選舉地圖

　　研究者若想要觀察各黨得票率的地域分布，以地理資訊系統 (geographic information system, GIS) 所展示的選舉地圖最為清楚（黃紀 2012）。[4]圖 4.1 所展示的是 2012 年二合一選舉的政黨得票率優勢分布。在總統選舉及立委選舉的政黨票部分，我們直接比較各參選政黨在村里層級的得票率，若村里中得票率最高的政黨是國民黨，視其得票率高低給予藍色深淺標示，若處於相對優勢的政黨是民進黨，則以綠色深淺標示。在立委選舉的單一選區部分，為了凸顯單一選區制度中贏者全拿 (winner takes all) 的特性，我們先以選區優勝者所屬政黨來標示色塊，再根據此優勝者的村里得票率給予不同深淺標示。例如台中市第 2 選區獲勝的是無黨團結聯盟的顏清標，因此該選區所有的里都標示紅色，然後再依照顏清標於各里的得票率標記顏色深淺。將三張圖進行比較，總統與不分區立委的政黨得票率分布較為接近，不過東部地區國民黨在總統選舉方面的得票優勢勝過不分區，而民進黨在南部的總統得票率優勢，則明顯地超過不分區。區域立委的政黨優勢分布就與總統和不分區立委大相逕庭，可以看到民進黨在整個南部都占有優勢，同時也可以觀察到台中市第 2 選區以國民黨禮讓的顏清標（無黨團結聯盟，簡稱無盟）實力最強。

　　圖 4.1 是以政黨得票率優勢來繪圖，除了少數地區之外，各村里主要都是由二大黨獲勝，使得我們無法觀察小黨的得票狀況。由於小黨中僅有親民黨是在三張選票中都有列名，因此我們將親民黨在三張票上的得票率地理分布繪於圖 4.2。親民黨在總統方面的得票率強弱分布頗為平均，實力較強的地區主要是在宜蘭縣南部山區、台中市東部山區、以及花蓮縣中北部。區域立委方面，親民黨僅提名 10 個選區，得票實力較佳的地區在金門縣，及台南市部分有眷村的里。至於不分區立委的部分，親民黨較強

4　圖4.1與圖4.2之繪製，均取自黃紀教授「台灣政治地緣資訊系統」（Taiwan's political geography information system, 簡稱TPGIS）。

的地區是在客家人較多的苗栗縣。

　　經由圖4.1與圖4.2的分析，我們可以發現無論是政黨得票率的優勢，或是親民黨的得票率，在地理分布上都可以看到一些模式，至於其分布異同的成因，值得深入探討。

2.三角圖

　　接續圖4.2，我們想要更深入瞭解親民黨有提名區域立委的10個選區中，國民黨、民進黨與親民黨在相同的地理單位上，三張選票的分布是相近或是迥異？一般熟悉的二維座標圖無法同時呈現三黨得票率分布，因此我們運用三角圖 (ternary diagram)（Aitchison 1986; Katz and King 1999; Upton 1989; 1994; 2001; 黃紀與張益超 2001；黃紀、林長志與王宏忠 2013）取代二維座標，同時呈現三黨在三張選票上的村里得票率之分布。[5]

　　圖4.3所呈現的就是以村里為單位，將國民黨、民進黨、親民黨在10個選區中（共828個村里）之得票率分布，繪製而成的三角圖。從圖4.3我們可以清楚的看到，代表總統選舉的藍色空心圓點較多集中在右上方的國民黨勢力範圍區，表示國民黨在多數 (54.2%) 的村里中得到過半的選票，剩下的村里則集中在右下方的民進黨勢力區，這也代表宋楚瑜在828個村里中，得票率都未過半。但代表單一選區的黃色實心圓則出現兩大黨無分軒輊的情況，親民黨相對來說還是較為弱勢。代表不分區立委的深褐色實心圓，雖然仍有較多村里集中在國民黨勢力範圍區，但國民黨的政黨得票率在泛藍同室操戈下，顯然要比總統和單一選區來得弱一些。圖4.2也間接顯示，就這828個村里而言，親民黨的支持者並非沒有機會將三張選票一致投給親民黨，但實際上卻只比較願意在政黨比例代表票上真誠地投票。

（二）個體民調資料之描述性分析

　　觀察2012年二合一選舉的投票結果，在總統選舉方面，雖然有親民

---

[5]　關於三角圖的設定與解讀原則，黃紀、林長志與王宏忠（2013）有詳盡的說明。

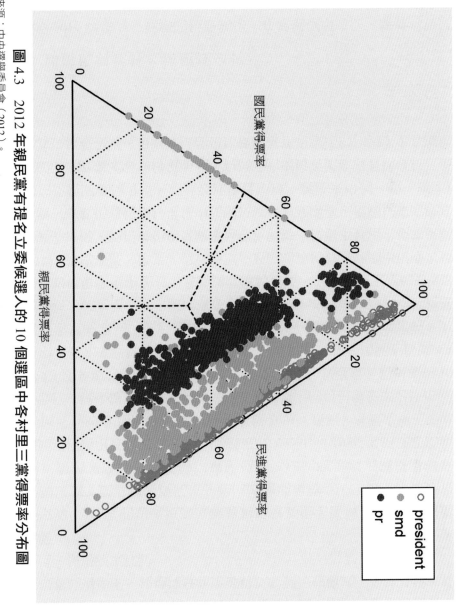

圖 4.3　2012 年親民黨有提名立委候選人的 10 個選區中各村里三黨得票率分布圖

國民黨得票率

親民黨得票率

民進黨得票率

○ president
● smd
● pr

黨主席宋楚瑜加入戰局，但得票率僅 2.76%；至於立委單一選區的部分，即使在許多選區中有國民黨與民進黨以外的政黨或獨立候選人參選，但國、民二黨在全國的總得票率還是超過九成二；而在不分區選舉的部分，親民黨和台灣團結聯盟（以下簡稱台聯）首次跨過得以分配立院席次的得票 5% 門檻，分別獲得 5.49% 和 8.96% 的選民支持。這樣的選舉結果顯示，在實施相對多數投票制的總統選舉和單一選區立委選舉，選民還是傾向將票投給國民黨與民進黨這二大黨，在實施比例代表制的不分區立委選舉，則有部分民眾願意給小黨一些機會。在一次可以投下三張選票的情況下，選民三張選票的組合究竟為何？值得我們深入探討，而 TEDS2012 提供了絕佳的個體資料來源。TEDS2012 全國共完成 1,826 個樣本，扣除未投票、投票對象無反應等受訪者之後，可用於分析選民投票抉擇的有效樣本數，總統選舉方面有 1,428 個樣本，單一選區為 1,427 個樣本，比例代表則有 1,420 個樣本。以下，我們透過 TEDS2012 的選後面訪資料，對選民的投票抉擇進行三維交叉列表（列於附錄一）的分析。[6]

　　綜合來說，這次選舉只有國民黨、民進黨與親民黨在總統、單一選區及比例代表都提名候選人，因此「一致投票」只有三種類型，就是國民黨完全一致、民進黨完全一致、親民黨完全一致。從附錄一的交叉表可以發現，在 1,300 位對三票都有具體回答投票對象的樣本中，三張票都投給國民黨的受訪者有 536 位，占了 41.2%，三張票都投給民進黨的受訪者有 294 位，占 22.6%，至於親民黨完全一致的受訪者則掛零。對國、民兩大黨採完全一致投票的比例，合計達 63.8%，代表大多數的選民，在三張票的組合上，還是選擇完全一致投票給國民黨或民進黨。但對於其他沒有採取完全一致投票的受訪者來說，投票抉擇就有各式各樣的組合。

　　學理上，選民在政黨比例代表票上，比較可能真誠投票。因此我們接

6　由於立委單一選區參選者眾，比例代表制的參選政黨亦有11個，為避免造成分析上的困難，本文將三張票的投票對象予以整併：比例代表制為國民黨、民進黨、新黨、親民黨、台聯、其他政黨共6類，單一選區分為國民黨、民進黨、親民黨、無黨團結聯盟、無黨籍及其他政黨共5類，總統選舉則有蔡英文（民進黨）、馬英九（國民黨）、宋楚瑜（親民黨）共3類。

著「控制」比例代表票的投票對象，來逐一審視選民在總統與單一選區的投票組合。在立委之比例代表票投給國民黨的選民中，有高達將近八成四的比例，在總統及單一選區也都投票給國民黨。另有近二個百分點的比例把總統票投給蔡英文，單一選區票投給國民黨候選人；有 5.1 個百分點是把總統票投給馬英九，單一選區票投給民進黨候選人，算是比例較高的類別。此外，有 1.1% 的受訪者是總統票投馬英九，單一選區票投給無黨團結聯盟，這部分的受訪者屬於「無機會選民」，因為這些受訪者位於台中市第 2 選區，國民黨並未在此提名區域立委候選人，而是禮讓無黨團結聯盟的顏清標。最後，在比例代表投票給國民黨的選民中，也有 1.7% 的比例在總統和單一選區都投給民進黨，如果我們認為比例代表的投票抉擇比較能夠反映選民的政黨偏好，那麼為何在總統及單一選區都一致投票給另一個意識型態完全相左的政黨，頗令人覺得好奇。

在比例代表投票給民進黨的選民中，有 74.4% 的比例在總統及單一選區也選擇投票給民進黨，屬於完全一致投票；有 8.9% 是總統票投蔡英文，單一選區票投國民黨；6.1% 在總統選擇馬英九，而單一選區選擇民進黨；也有 5.6% 把總統票和單一選區票都投給國民黨。比例代表票投給親民黨的部分，並沒有任何受訪者選擇親民黨完全一致投票，較多的選民是選擇總統票投馬英九，單一選區票投國民黨，占 42.5%；其次是選民在總統選舉不擔心浪費選票，還是堅持投給宋楚瑜、但在單一選區投票支持國民黨候選人，有 12.3%。值得注意的是，也有 10.8% 是把總統票和單一選區票都投給了民進黨。這種跨聯盟分裂投票的比例高於同屬小黨的新黨與台聯，似乎反映出支持親民黨的選民對於馬英九或國民黨的不滿情緒。

新黨除了在金門縣提名區域立委外，在總統及其它單一選區都沒有提名，因此比例代表票投新黨的選民中，總統與單一選區的選票是集中在一致投票給同屬泛藍陣營的國民黨，比例高達 79.2%。台聯則沒有在總統與單一選區提名，因此比例代表票投台聯的選民中，亦有大約六成九的比例是把總統票和單一選區票都投給民進黨。至於比例代表投票給其他小黨的選民，在總統及單一選區的投票組合上，就不像比例代表投給上述其他幾個政黨般，有特定偏向某個組合的情況。

肆、各種投票組合的分析

在 2012 年選舉，選民同時可以拿到三張選票，對研究者來說，當然希望能夠同時分析選民在這三張選票上的投票組合。然而，選民在這三張票上可選擇的政黨數目不在少數，因此投票組合的類型甚多，以上節的描述性分析所使用的三維交叉表為例，就有 90 種組合。[7]在這樣的情況下，要運用統計模型來針對各種類型的一致或分裂投票進行分析，幾乎是不可能的任務。根據前面的文獻回顧，我們可以瞭解到過去的一致與分裂投票研究，主要研究重點還是擺在當選民手中握有二張選票時，會如何進行投票。包括在同時舉行的行政首長與民意代表選舉中的一致與分裂投票，以及混合選制下二張立委選票的投票組合。有鑑於此，本節將選民手中的三張票，拆解成二種組合來分析：一種是「總統票與立委單一選區（即區域立委）票」，側重選票較為集中的國、民兩大黨；另一種則是「立委之比例代表票（即不分區或政黨票）與單一選區票」，將政黨票跨過門檻的台聯及親民黨也納入分析。

（一）總統選舉與單一選區的投票組合分析

在總統選舉和單一選區的投票組合方面，考量到樣本數的問題，只納入國民黨與民進黨進行分析。[8]投票組合包括「總統投民進黨、單一選區投國民黨 (DK)」、「民進黨一致投票 (DD)」、「國民黨一致投票 (KK)」、「總統投國民黨、單一選區投民進黨 (KD)」等四類，樣本數如表 4.1 所示。在自變數方面，本研究依據學理將可能影響選民投票抉擇型態的重要因素納入模型，包括政治態度之政黨認同、族群認同以及統獨立場，以及人口變數如性別、年齡、教育程度等。

7　附錄一顯示，比例代表分6類，單一選區分5類，總統分3類，三者相乘共有90個組合。

8　單一選區中的台中市第2選區，國民黨禮讓無黨團結聯盟的顏清標，並未提名候選人。考量到國民黨禮讓，同時顏清標在諸多法案上的立場皆與國民黨貼近，因此本研究在分析投票組合時，將顏清標併入國民黨。

表 4.1　總統和立委單一選區投票組合之次數分配表

投票組合（總統—單一選區）	樣本數	百分比
民進黨—國民黨 (DK)	85	6.8
民進黨—民進黨 (DD)	421	33.8
國民黨—國民黨 (KK)	664	53.2
國民黨—民進黨 (KD)	77	6.2
總計	1,247	100.0

資料來源：TEDS2012。

　　由於依變數屬於「無序多分」的四分類變數，在研究方法上，可以使用「多項勝算對數模型」（multinomial logit model, 簡稱 MNL）來進行分析。然而必須特別注意的是 MNL 模型必須符合「選項間彼此相互獨立」(independence of irrelevant alternatives, IIA) 的假定。不過研究者可能因為遺漏或未觀察到部分重要解釋變數，以及研究對象可能因為個別差異而對相同變數反應不一，而導致 IIA 的假定並不成立（Hausman and McFadden 1984; 黃紀 2008, 140-141；黃紀與王德育 2012）。因此本文接下來所分析的二個模型，都會以 Hausman-McFadden test（以下簡稱 Hausman test）來進行 IIA 檢定。

　　以「DD 型一致投票」為參照類的 MNL 模型結果呈現於表 4.2，在 Hausman test 方面，檢定結果列於附錄二，確定本 MNL 模型並未違反 IIA 的假定。[9]在所有自變數中，選民的政黨認同仍是影響其投票組合最主要的因素。相對於泛綠認同者，泛藍認同者顯著一面倒的採取國民黨一致 KK 型投票（即總統票投馬英九、區域立委票投給國民黨候選人）而非 DD 型，其次才是 KD 型的分裂投票、再其次才是 DK 型的分裂投票。至於沒有政黨認同的獨立選民，在 2012 選舉中採取 KK 一致投票相對於 DD

9　在附錄二中，有些選項的檢定卡方值為負數，根據Hausman與McFadden (1984, 1226) 的說明，此一現象代表不違反IIA的假定。Long與Freese (2006, 244-245) 也指出在Hausman test中出現負值的卡方值，並非少見。

表 4.2　選民在總統與立委單一選區投票組合的多項勝算對數模型

	DK/DD			KK/DD			KD/DD		
	$\hat{\beta}$	(s.e.)	exp(β)	$\hat{\beta}$	(s.e.)	exp(β)	$\hat{\beta}$	(s.e.)	exp(β)
截距	-2.645***	(0.706)		-4.007***	(0.760)		-2.624**	(0.879)	
性別（女性=0）									
男性	-0.281	(0.257)	0.755	-0.560*	(0.264)	0.571	-0.475	(0.320)	0.622
年齡	0.006	(0.011)	1.006	0.004	(0.011)	1.004	-0.019	(0.014)	0.981
教育程度（低：國初中及以下=0）									
中：高中職	0.139	(0.363)	1.149	-0.440	(0.382)	0.644	-0.739	(0.471)	0.477
高：專科與大學以上	0.057	(0.384)	1.059	-0.213*	(0.392)	0.808	-0.559	(0.476)	0.572
政黨認同（泛綠=0）									
泛藍（國民黨＋親民黨＋新黨）	2.356***	(0.658)	10.554	8.037***	(0.606)	3092.785	5.737***	(0.640)	310.178
中立	1.372	(0.286)	3.943	3.935***	(0.375)	51.170	2.595***	(0.433)	13.398
族群認同（台灣人=0）									
中國人	0.763	(0.947)	2.145	1.161	(0.819)	3.195	1.139$	(0.962)	3.124
都是	0.503	(0.313)	1.654	0.892**	(0.301)	2.439	0.685	(0.363)	1.983
統獨立場（傾向獨立=0）									
傾向統一	-0.272	(0.689)	0.762	1.348*	(0.553)	3.850	0.387	(0.693)	1.473
維持現狀	0.546$	(0.287)	1.725	0.686*	(0.318)	1.986	0.549	(0.393)	1.731
模型資訊	n = 1,182, Log Likelihood = −654.560								
	LR X² = 1187.39, df = 30, p<.001								
	Pseudo R² = 0.476								

資料來源：TEDS2012。

說明：1. 通過 IIA 檢定，依變數各選項之間彼此獨立。Hausman test 的檢定結果詳見附錄二之附表 1。

　　　2. *** 表示 P＜.001；** 表示 p＜.01；* 表示 p＜.05；$ 表示 p＜.1。

一致投票的勝算比 (odds ratio)，是泛綠認同者的 51.17 倍，而採 KD 分裂投票的勝算比也是泛綠認同者的 13.398 倍，但卻無顯著之 DK 型傾向，這或許是馬英九在總統選舉獲勝的原因之一。在族群認同方面，自認為「是臺灣人也是中國人」的選民，相對於自認為是台灣人的選民，有顯著偏高的機率選擇 KK 一致投票。最後，在統獨立場上，傾向統一的選民有顯著偏高的機率採取 KK 一致投票，相對於選擇 DD 一致的勝算比，是傾向獨立者的 3.85 倍；至於傾向維持現狀者，相對於傾向獨立者，也有顯著較高的機率採取 KK 一致投票，但勝算比僅有傾向統一者的一半左右（1.986倍）。

（二）立委選舉比例代表與單一選區的投票組合分析

在立委之比例代表和單一選區的投票組合方面，單一選區仍然只包括國民黨與民進黨，但比例代表方面除了國、民二大黨之外，考慮到親民黨與台聯的得票都超過分配席次的門檻 5%，有納入分析之必要。投票組合包括「國民黨一致投票 (KK)」、「比例代表投國民黨、單一選區投民進黨 (KD)」、「比例代表投民進黨、單一選區投國民黨 (DK)」、「民進黨一致投票 (DD)」、「比例代表投親民黨、單一選區投國民黨 (PK)」、「比例代表投親民黨、單一選區投民進黨 (PD)」、「比例代表投台聯、單一選區投國民黨 (TK)」、「比例代表投台聯、單一選區投民進黨 (TD)」等八類，各項投票組合的樣本數如表 4.3 所示。然而 PD 這一類的樣本數僅 18 人實在過低，造成估計上的困難，不得已予以刪除，因此實際納入 MNL 模型分析的僅有七類。納入分析的自變數，則與「總統及單一選區投票組合」的模型相同。不過，為了分析親民黨認同者及台聯認同者的投票組合，我們特別將這二類從泛藍認同者和泛綠認同者中獨立出來自成一類。

表 4.3 立委選舉比例代表和單一選區投票組合之次數分配表

投票組合（比例代表─單一選區）	樣本數	百分比
國民黨─國民黨 (KK)	569	46.9
國民黨─民進黨 (KD)	51	4.2
民進黨─國民黨 (DK)	62	5.1
民進黨─民進黨 (DD)	334	27.6
親民黨─國民黨 (PK)	52	4.3
親民黨─民進黨 (PD)	18	1.5
台聯─國民黨 (TK)	28	2.3
台聯─民進黨 (TD)	98	8.1
總計	1,212	100.0

資料來源：TEDS2012。

　　立委選舉「比例代表與單一選區」投票組合的 MNL 模型結果（以「DD 型一致投票」為參照類）呈現於表 4.4。根據 Hausman test 的檢定結果（附錄二之附表 2），本模型並未違反 IIA 的假定。對於投票組合的選擇，影響最大的仍然是政黨認同。首先就認同國民黨或新黨的泛藍選民來說，相對於民進黨認同者，一面倒的採取國民黨一致 KK 型投票，其次才是 KD 型及 PK 型、再其次才是 DK 型的分裂投票。對於獨立選民來說，除了 KK 型一致外，也有顯著較高的相對機率選擇 KD、DK、PK、TK 等類型的分裂投票，符合學理上獨立選民比較可能分裂投票的預期。親民黨方面，由於樣本數較少，因此僅在「KK/DD」和「PK/DD」中能夠得到較穩定的估計係數，結果顯示親民黨認同者，相對於民進黨認同者，顯著傾向選擇 KK 一致或 PK 分裂。我們進一步透過 Wald test 針對親民黨認同者在 KK 一致與 PK 分裂中的係數進行檢定，結果顯示係數間有統計上的顯著差異 $(p<.1)$，在 KK 一致與 PK 分裂二者之間，親民黨認同者比

表 4.4 選民在立委比例代表與單一選區投票組合的多項勝算對數模型

	KK/DD			KD/DD			DK/DD		
	$\hat{\beta}$	(s.e.)	exp($\hat{\beta}$)	$\hat{\beta}$	(s.e.)	exp($\hat{\beta}$)	$\hat{\beta}$	(s.e.)	exp($\hat{\beta}$)
截距	-5.017***	(0.832)		-4.429***	(1.116)		-1.319	(0.815)	
性別（女性＝0）									
男性	-0.264	(0.267)	0.768	-0.013	(0.365)	0.988	-0.147	(0.304)	0.863
年齡	0.007	(0.011)	1.007	-0.014	(0.015)	0.986	-0.024$	(0.013)	0.976
教育程度（低：國初中及以下＝0）									
中：高中職	0.177	(0.378)	1.193	-0.101	(0.519)	0.904	-0.376	(0.448)	0.687
高：專科與大學以上	0.015	(0.388)	1.015	-0.318	(0.534)	0.728	-0.353	(0.447)	0.702
政黨認同（民進黨＝0）									
國民黨＋新黨	7.182***	(0.550)	1315.449	4.905***	(0.695)	134.989	2.239***	(0.474)	9.381
親民黨	2.962$	(1.546)	19.337	---	---	---	---	---	---
台聯	3.753**	(1.176)	42.670	---	---	---	---	---	---
中立	4.469***	(0.503)	87.296	3.735***	(0.653)	41.904	1.782***	(0.351)	5.942
族群認同（台灣人＝0）									
中國人	1.752$	(0.978)	5.764	1.710	(1.194)	5.531	0.842	(1.305)	2.321
都是	1.180***	(0.307)	3.256	1.212**	(0.406)	3.360	0.772*	(0.356)	2.164
統獨立場（傾向獨立＝0）									
傾向統一	0.982$	(0.542)	2.670	0.636	(0.765)	1.889	0.525	(0.600)	1.691
維持現狀	0.755*	(0.336)	2.127	0.739	(0.511)	2.094	0.380	(0.349)	1.462

表 4.4 選民在立委比例代表與單一選區投票組合的多項勝算對數模型（續）

	PK/DD β̂	(s.e.)	exp(β)	TK/DD β̂	(s.e.)	exp(β)	TD/DD β̂	(s.e.)	exp(β)
截距	-5.304***	(1.081)		-7.035***	(1.273)		-2.365***	(0.662)	
性別（女性＝0）									
男性	0.279	(0.379)	1.322	1.396**	(0.522)	4.038	0.681**	(0.251)	1.976
年齡	0.005	(0.015)	1.005	0.046**	(0.017)	1.047	0.017$	(0.010)	1.017
教育程度（低：國初中及以下＝0）									
中：高中職	-0.640	(0.594)	0.527	1.149*	(0.573)	3.156	-0.110	(0.345)	0.895
高：專科與大學以上	0.226	(0.523)	1.254	0.778	(0.642)	2.177	-0.008	(0.356)	0.992
政黨認同（民進黨＝0）									
國民黨＋新黨	4.437***	(0.639)	84.490	1.072	(0.865)	2.923	-0.387	(0.791)	0.679
親民黨	5.260***	(1.237)	192.456	---	---	---	---	---	---
台聯	---	---	---	2.798**	(1.076)	16.454	2.561**	(0.815)	12.948
中立	3.224***	(0.603)	25.140	1.793***	(0.494)	6.010	0.299	(0.361)	1.349
族群認同（台灣人＝0）									
中國人	2.180*	(1.081)	8.844	1.653	(1.339)	5.224	0.504	(1.290)	1.656
都是	1.260**	(0.423)	3.524	0.323	(0.569)	1.381	0.388	(0.349)	1.474
統獨立場（傾向獨立＝0）									
傾向統一	0.840	(0.731)	2.317	-0.827	(1.151)	0.437	-1.044$	(0.670)	0.352
維持現狀	0.563	(0.529)	1.757	0.103	(0.481)	1.109	-0.319	(0.261)	0.727
模型資訊	n = 1,134, Log Likelihood = -1022.354　LR X² = 1208.64, df = 72, p<.001　Pseudo R² = 0.3715								

資料來源：TEDS2012。

說明：1. 通過 IIA 檢定，依變數各選項之間彼此獨立。Hausman test 的檢定結果詳見附錄二之附表 2。

2. *** 表示 P < .001；** 表示 p < .01；* 表示 p < .05；$ 表示 p < 0.1。

較可能採取 PK 分裂投票。[10] 也就是說，對於親民黨支持者而言，比較傾向在比例代表制之下進行真誠投票，不太擔心有浪費選票的問題，但在單一選區票上，或因親民黨在該選區未提名，或因親民黨提名者當選無望而策略投票給國民黨的區域立委候選人。台聯方面，同樣因為樣本數較少，僅在「KK/DD」、「TK/DD」與「TD/DD」中能夠得到比較穩定的估計係數，結果顯示台聯認同者相對於民進黨認同者，顯著傾向選擇 KK 一致或 TK、TD 分裂。初看到台聯認同者相對於民進黨認同者，傾向選擇 KK 一致而非 DD 一致的結果，頗令人感到意外。但由於政黨認同是以虛擬變數的方式放入模型之中，因此係數的解讀必須考慮參照類。此處政黨認同的參照類是民進黨，民進黨認同者在選擇 KK 一致或 DD 一致時，會有極高的比例選擇 DD 一致，台聯認同者在選擇 KK 一致或 DD 一致時，可能也有比較高的比例選擇 DD 一致，但是 DD 與 KK 的相對機率比會比民進黨認同者來得低，因此係數會顯示出台聯認同者比民進黨認同者更傾向選擇 KK 而非 DD。進一步透過 Wald test 針對台聯認同者在 TK 分裂與 TD 分裂中的係數進行檢定，結果顯示台聯認同者相對於民進黨認同者在 TK 分裂與 TD 分裂之間，並沒有顯著差異。

　　族群認同方面，認為自己「是臺灣人也是中國人」的選民，相對於自認為台灣人的選民，有顯著偏高的相對機率選擇 KK 一致或是 KD、DK、PK 等類型的分裂投票，而非民進黨一致的投票組合。而中國人認同者，相對於台灣人認同者，則是較傾向選擇 KK 一致投票與 PK 分裂投票。最後，統獨立場對於投票組合較不具顯著影響力，相對於傾向獨立者，僅維持現狀者顯著偏向選擇 KK 一致，而非 DD 一致。

　　模型證實親民黨認同者在 KK 一致與 PK 分裂二者之間，比較可能採取 PK 分裂投票，呼應了小黨支持者在比例代表制當中會進行真誠投票，在單一選區相對多數決當中會採取策略投票的學理假設。我們進一步想問的是，究竟有多少比例的親民黨支持者在立委單一選區和總統選舉當中因為親民黨參選者當選無望，而策略投票給國民黨的候選人。由於

---

[10]　Wald test X^2 = 3.12, df = 1, p < .1

TEDS2012 個體資料中認同親民黨的樣本數太小，分析困難，因此我們下一節改以集體數據及跨層推論法來探討這個問題。

伍、跨層推論分析

　　就分析層次而言，選民的一致與分裂投票是屬於個體層次的投票行為，最適當的研究方式應該是使用民意調查所蒐集到的個體數據資料進行分析。然而，我們若想利用個體層次資料來觀察親民黨支持者的一致與分裂投票模式，會遭遇到樣本數過少的問題。在 TEDS2012 的調查資料中，受訪者投票給親民黨的樣本數，分別是比例代表 87 位、單一選區 12 位、總統 38 位，換算成有效百分比則依序為 6.1%、0.9%、2.7%。[11] 在樣本數如此少的情況下，我們很難對親民黨的得票組合模式進行可靠的推論。[12]

　　為了解決上述問題，我們可以運用「跨層推論」(cross-level inference) 的研究方法，從總體層次的投開票紀錄來重建、推估選民投票組合。雖然跨層推論僅是一種描述性的推論，無法進行因果解釋的推論，但當我們無法取得個體數據，或個體數據不可靠時，用總體數據來進行跨層推論，在邏輯上反而有其優越性（黃紀 2001, 555）。

　　由於親民黨在立委單一選區只提名 10 個選區，親民黨支持者在其餘 63 個選區都是屬於「無機會選民」，不可能在單一選區與比例代表採取一致投票，為了避免高估親民黨支持者的分裂投票比例，因此本節以親民黨提名的 10 個選區為範圍，使用 2012 年選舉結束後，中選會所公告的投開票紀錄進行分析，最小的集體單位為「村里」，共計 828 個。[13] 在選民的投票組合方面，研究者最想同時觀察三張票的組合，但目前的跨層推論方

---

[11] 有效百分比的計算方式為：投票給親民黨個案數／明確回答投票對象總個案數。

[12] 在單一選區投票給親民黨的受訪者比例會如此低的原因之一在於，親民黨提名的10選區中，僅有2個選區在TEDS2012的面訪抽樣中選。

[13] 親民黨有提名候選人的選區為新北市第1選區、台北市第4、6、8選區、桃園縣第3選區、台中市第7、8選區、台南市第1選區、高雄市第3選區、金門縣單一選區。

法尚無法估計三維交叉表，因此我們一次只能觀察二張選票的投票組合。依照學理及上一節個體層次模型的結果，選民在比例代表制中的投票對象，較能反映其真實的政黨偏好，於是我們選擇將「比例代表制投票政黨」放在交叉表中的橫列，將「總統選舉投票對象」和「單一選區投票對象的政黨」分別放在直行，交叉表的設定如附錄三的附表 1 與附表 2。[14]我們所要估計的是各細格當中的條件機率 β 值，以附錄三之附表 1 的 $\beta_{i,31}$ 來說，就是指在比例代表制投給親民黨的選民中，在總統選舉投票給國民黨的比例。

　　在跨層推論方法的發展上，1953 年的二篇研究是一個重要的里程碑。Duncan 與 Davis (1953) 所提出的上下限法 (method of bounds)，運用交叉表的邊際分布，便可以推算出細格內真實值的上下限。Goodman 則是提出區位迴歸模型 (ecological regression model)，他強調在特殊情況下，區位迴歸可以用來推論個體行為 (Goodman 1953)。首先以附錄三之附表 1 來說，在 $T_{i,1}$、$T_{i,2}$、$T_{i,3}$ 分別和 $X_{i,c}$ (c=1~5)、$1-\sum_{c=1}^{5} X_{i,c}$ 的關係可用下面三個恆等式表示：

$$T_{i,1} = \beta_{i,11}X_{i,1} + \beta_{i,21}X_{i,2} + \beta_{i,31}X_{i,3} + \beta_{i,41}X_{i,4} + \beta_{i,51}X_{i,5} + \beta_{i,61}(1- \sum_{c=1}^{5} X_{i,c})$$

$$T_{i,2} = \beta_{i,12}X_{i,1} + \beta_{i,22}X_{i,2} + \beta_{i,32}X_{i,3} + \beta_{i,42}X_{i,4} + \beta_{i,52}X_{i,5} + \beta_{i,62}(1- \sum_{c=1}^{5} X_{i,c})$$

$$T_{i,3} = \beta_{i,13}X_{i,1} + \beta_{i,23}X_{i,2} + \beta_{i,33}X_{i,3} + \beta_{i,43}X_{i,4} + \beta_{i,53}X_{i,5} + \beta_{i,63}(1- \sum_{c=1}^{5} X_{i,c})$$

　　假設有 P 個村里，以第一式為例，可將等號右邊的 $X_{i,c}$ (c=1~5) 和

---

[14]　由於三張選票的投票人數不同，因此在交叉表的總票數設定上，以投票數較高的選舉總票數為基礎。以附錄三附表1為例，原則上總統選舉的總票數會高於立委之比例代表票，因此以總統選舉的四種類別的總票數為基礎，比例代表總票數與總統選舉總票數的差額則歸為比例代表「未投票」這一類中。若差額為負數，代表該村里的總統選舉總票數低於比例代表的總票數，則設定該村里比例代表「未投票」的票數為0，差額則加入總統選舉的「廢票」一類中。

$1 - \sum_{c=1}^{5} X_{i,c}$ 視為自變數，等號左邊的 $T_{i,1}$ 視為依變數，進行迴歸分析，不過由於要估計的參數共有 6P 個，觀察值卻只有 P 個，在參數數目大於觀察值的情況下，無法進行估計，因此 Goodman 設定一個非常重要的假設：$E(\beta_i \mid X_i) = \beta$。如此一來便只要估計六個參數 β_{c1} (c=1~6)，對其他二個式子來說也是一樣。以 $\beta_{i,31}$ 來說，一旦加上這個假設，代表在每一個不同的村里中，比例代表投給親民黨的選民，在總統選舉中投票給國民黨的比例都是相同的，然而這樣的假定不一定與實際情況相符，而這也是為什麼 Goodman 一再強調區位迴歸僅在特殊的情況下適用。同時，區位迴歸還有另外一個問題，就是未將上下限納入考慮，因此估計出來的迴歸係數有時候會出現大於 1 或小於 0，不符合機率原則的情形 (King 1997, 57)。

　　為了修正 Goodman 區位迴歸模型太強的假設，以及可能出現不合理參數估計值的情形，King (1997) 提出一種新的區位推論模型，稱為 EI 模型。King 首先將 Duncan 與 Davis 的上下限法納入考量，如此一來，參數估計值便不可能出現大於 1 或小於 0 的問題。接著他假定要估計的參數是隨機變數，其聯合機率分配設定為截斷式雙變數常態機率分配 (truncated bivariate normal distribution)，無須墨守 Goodman 對 β 是常數的假定。之後 King、Rosen 與 Tanner (1999; 2004) 將原本的 EI 基本模型擴展為 Binomial-beta hierarchical EI 模型，此模型有三層，第一層將細格中的個數必須是整數的限制納入考慮，設定的分配是二項 (binomial) 分配，在第二層將欲估計的參數設定為 Beta 分配。不過 Binomial-beta hierarchical EI 模型只能推估 2×2 交叉表，因此後續又以此模型為基礎，將其擴展到適用於 R×C 表（R 與 C 皆大於 2）的 Multinomial-dirichlet hierarchical model (Rosen et al. 2001)。此模型的基本架構依然是設定為三層，但因為類別數大於二，因此在第一層的機率分配設定為多項 (multinomial) 分配，第二層的機率分配則設定為 Dirichlet 分配。由於本文所分析的分別是 6×4 和 5×6 交叉表，因此選擇 Multinomial-dirichlet hierarchical model 進行跨層推論分析。[15]

---

[15]　本文跨層推論分析所使用的軟體是R，程式套件為Zelig (Imai, King, and Lau 2012)。

　　表 4.5 之區位推論估計值，是親民黨有提名區域立委候選人的 10 個選區中，不分區立委（即比例代表）與總統選舉的一致與分裂投票型態之分布。在親民黨方面，不分區的支持者中，僅有 1.14% 的選民在總統選舉中選擇一致投票，將票投給親民黨的宋楚瑜，另有 97.38% 的選民在總統選舉時投票給國民黨的馬英九，顯示幾乎所有的親民黨支持者，都不願意在總統選舉當中浪費選票，因此即使含淚也策略性地將票投給比較可能當選的馬英九。在大黨方面，國民黨和民進黨的一致投票比例都超過九成，顯示大黨支持者在總統選舉中，為了讓所支持的候選人當選，幾乎完全不會浪費手中的選票，特別值得注意的是，宋楚瑜幾乎沒有拿到國民黨支持者的選票。

表 4.5　2012 年不分區立委與總統選舉之一致與分裂投票率（親民黨提名選區）

		總統選舉				
		國民黨	民進黨	親民黨	廢票	合計
不分區立委選舉	國民黨	99.79	0.02	0.05	0.13	100.00
	民進黨	0.05	99.70	0.06	0.19	100.00
	親民黨	97.38	0.27	1.14	1.21	100.00
	其他政黨	13.31	70.06	12.62	4.01	100.00
	廢票	15.77	60.59	11.94	11.70	100.00
	未投票	74.87	5.48	8.18	11.47	100.00

資料來源：作者估計。
說明：表中數字為橫列百分比。

　　表 4.6 之區位推論估計值，則是親民黨有提名區域立委候選人的 10 個選區中，不分區立委與區域立委選舉的一致與分裂投票型態分布。在親民黨方面，選擇一致投票的比例比起總統選舉要高出不少，在不分區支持親民黨的選民中，有大約七個百分點的比例在單一選區仍然支持親民黨的候選人。不過大多數的親民黨支持者，即使在這 10 個親民黨也有提名區域立委候選人的選區，單一選區票還是轉向支持國民黨的候選人，其比例超過八成五以上，顯示對於小黨支持者來說，在單一選區進行策略性投票應該還是首選。至於大黨方面，民進黨的一致投票比例將近百分之百，筆者認為可能的原因或許在於民進黨在 2008 年立委選舉的慘敗，讓民進黨支持者集中火力，全力支持選區候選人。在國民黨方面，一致投票的比例不到八成，和民進黨相比，顯然低了許多，不過分裂至親民黨的一成三，是屬於聯盟屬性投票，有可能是因為親民黨提名的候選人，在泛藍陣營當中，還是具有一定知名度，或是存在過去的人際網絡，因此吸納部分國民黨支持者的選票。

表 4.6　2012 年不分區與區域立委選舉之一致與分裂投票率
（親民黨提名選區）

		區域立委選舉						
		國民黨	民進黨	親民黨	其他政黨、無黨籍	廢票	未投票	合計
不分區立委選舉	國民黨	76.35	0.06	13.21	8.31	0.98	1.09	100.00
	民進黨	0.03	99.80	0.03	0.02	0.03	0.09	100.00
	親民黨	85.72	0.39	7.22	0.57	3.69	2.40	100.00
	其他政黨	29.32	61.65	2.52	0.17	4.39	1.95	100.00
	廢票	0.21	0.61	97.30	0.46	0.55	0.85	100.00

資料來源：作者估計。
說明：表中數字為橫列百分比。

陸、結論

　　2012年的總統與立委二合一選舉，選民手上共有三張選票，本文嘗試同時使用總體層次的投開票資料與個體層次的民意調查資料，分析選民在該次選舉中的一致與分裂投票模式與成因。

　　本文首先將政黨在三張選票上的得票率優勢分布呈現於選舉地圖上，結果發現在總統票與立委之比例代表票中，能夠在各村里取得相對優勢的政黨還是非二大黨（國民黨與民進黨）莫屬。同時，二黨取得優勢的村里地域分布十分接近，差別在於比例代表票所呈現出的顏色較淺，這也顯示出比例代表的制度特性，讓小黨支持者比較願意真誠投票，因此拉低了二大黨的得票率。不過，在單一選區的部分，其政黨選區優勢分布就與總統、比例代表有明顯的差異，部分選區出現二大黨之外的不同色塊，部分選區則是出現優勢政黨的類別與總統、比例代表相反的現象。接著我們分析親民黨在三張選票上的得票率分布，也發現些許不同。從總體層次的得票率分布雖然讓我們知道選舉結果的整體樣貌，但無法瞭解選民實際上的投票組合，因此我們進一步以 TEDS2012 的民意調查資料，進行三張選票組合的三維交叉表分析。整體來說，超過六成以上的受訪者在三張選票上是採取國民黨一致或民進黨一致的組合，至於採取分裂投票的選民，其投票抉擇則呈現各式不同的組合。

　　本文進一步透過多項勝算對數模型的建立，將三張票拆解成二種組合來分析影響選民一致與分裂投票的因素，組合一為「總統票與立委單一選區票」，組合二則是「立委之比例代表票與單一選區票」。模型結果顯示，不管是那一種組合，政黨認同仍是最主要的影響因素。有政黨認同的選民有顯著較高的相對機率一致投票給認同的政黨，獨立選民則有相對較高的機率採取分裂投票。特別值得注意的是小黨支持者的投票傾向，在「比例代表票與立委單一選區票」的組合方面，親民黨認同者相對於民進黨認同者，在 KK 一致與 PK 分裂二者之間，比較可能採取 PK 分裂投票，印證了小黨支持者在比例代表制之下會傾向真誠投票，但在單一選區中會採取

策略投票。

　　最後我們透過跨層推論的分析方法，還原親民黨支持者在親民黨提名候選人的 10 個選區中的一致與分裂投票模式。根據區位推論估計值，高達九成七的親民黨支持者在總統選舉中將票投給國民黨的馬英九，支持宋楚瑜的比例僅有 1.14%，顯示在馬英九與蔡英文二強相爭的總統選舉中，親民黨支持者為求不浪費選票，還是會選擇把票策略性地投給政治立場較接近的國民黨。至於單一選區方面，亦有將近八成六的親民黨支持者把票投給國民黨的候選人，支持親民黨候選人的比例只有 7.22%，同樣驗證了單一選區相對多數決之下，小黨支持者會採取策略投票的學理，不過比例相對於總統選舉要小一些，或許是因為親民黨候選人在這 10 個選區中原本就有不錯的基層實力，即使可能浪費選票，選民依舊願意情義相挺。

附錄一、「比例代表制」、「總統」與「單一選區」投票對象之交叉分析

比例代表	總統	單一選區	國民黨	民進黨	親民黨	無黨團結聯盟	無黨籍及其他政黨	總和
國民黨	蔡英文	個數	12	11	0	0	0	23
		橫列%	52.2	47.8	0.0	0.0	0.0	100.0
		直行%	2.2	23.4	0.0	0.0	0.0	3.6
		合計%	1.9	1.7	0.0	0.0	0.0	3.6
	馬英九	個數	536	33	4	7	32	612
		橫列%	87.6	5.4	0.7	1.1	5.2	100.0
		直行%	97.3	70.2	100.0	100.0	100.0	95.5
		合計%	83.6	5.1	0.6	1.1	5.0	95.5
	宋楚瑜	個數	3	3	0	0	0	6
		橫列%	50.0	50.0	0.0	0.0	0.0	100.0
		直行%	0.5	6.4	0.0	0.0	0.0	0.9
		合計%	0.5	0.5	0.0	0.0	0.0	0.9
	小計	個數	551	47	4	8	32	641
		橫列%	86.0	7.3	0.6	1.1	5.0	100.0
民進黨	蔡英文	個數	35	294	2	2	12	345
		橫列%	10.1	85.2	0.6	0.6	3.5	100.0
		直行%	61.4	91.9	66.7	100.0	92.3	87.3
		合計%	8.9	74.4	0.5	0.5	3.0	87.3
	馬英九	個數	22	24	0	0	1	47
		橫列%	46.8	51.1	0.0	0.0	2.1	100.0
		直行%	38.6	7.5	0.0	0.0	7.7	11.9
		合計%	5.6	6.1	0.0	0.0	0.3	11.9
	宋楚瑜	個數	0	2	1	0	0	3
		橫列%	0.0	66.7	33.3	0.0	0.0	100.0
		直行%	0.0	0.6	33.3	0.0	0.0	0.8
		合計%	0.0	0.5	0.3	0.0	0.0	0.8
	小計	個數	57	320	3	2	13	395
		橫列%	14.4	81.0	0.8	0.5	3.3	100.0

比例代表	總統	單一選區		國民黨	民進黨	親民黨	無黨團結聯盟	無黨籍及其他政黨	總和
新黨	蔡英文		個數	1	1	0	0	0	2
			橫列 %	50.0	50.0	0.0	0.0	0.0	100.0
			直行 %	5.0	100.0	0.0	0.0	0.0	8.3
			合計 %	4.2	4.2	0.0	0.0	0.0	8.3
	馬英九		個數	19	0	0	1	2	22
			橫列 %	86.4	0.0	0.0	4.5	9.1	100.0
			直行 %	95.0	0.0	0.0	100.0	100.0	91.7
			合計 %	79.2	0.0	0.0	4.2	8.3	91.7
	宋楚瑜		個數	0	0	0	0	0	0
			橫列 %	0.0	0.0	0.0	0.0	0.0	0.0
			直行 %	0.0	0.0	0.0	0.0	0.0	0.0
			合計 %	0.0	0.0	0.0	0.0	0.0	0.0
	小計		個數	20	1	0	1	2	24
			橫列 %	83.3	4.2	0.0	4.2	8.3	100.0
親民黨	蔡英文		個數	7	8	0	0	1	16
			橫列 %	43.8	50.0	0.0	0.0	6.3	100.0
			直行 %	14.9	47.1	0.0	0.0	20.0	21.6
			合計 %	9.6	10.8	0.0	0.0	1.4	21.6
	馬英九		個數	31	5	3	1	4	44
			橫列 %	70.5	11.4	6.8	2.3	9.1	100.0
			直行 %	66.0	29.4	100.0	100.0	80.0	60.3
			合計 %	42.5	6.8	4.1	1.4	5.5	60.3
	宋楚瑜		個數	9	4	0	0	0	13
			橫列 %	69.2	30.8	0.0	0.0	0.0	100.0
			直行 %	19.1	23.5	0.0	0.0	0.0	17.8
			合計 %	12.3	5.5	0.0	0.0	0.0	17.8
	小計		個數	47	17	3	1	5	73
			橫列 %	64.4	23.3	4.1	1.4	6.8	100.0

比例代表	總統	單一選區	國民黨	民進黨	親民黨	無黨團結聯盟	無黨籍及其他政黨	總和
台聯	蔡英文	個數	15	82	0	3	5	105
		橫列 %	14.3	78.1	0.0	2.9	4.8	100.0
		直行 %	71.4	91.1	0.0	100.0	100.0	88.2
		合計 %	12.6	68.9	0.0	2.5	4.2	88.2
	馬英九	個數	6	5	0	0	0	11
		橫列 %	54.5	45.5	0.0	0.0	0.0	100.0
		直行 %	28.6	5.6	0.0	0.0	0.0	9.2
		合計 %	5.0	4.2	0.0	0.0	0.0	9.2
	宋楚瑜	個數	0	3	0	0	0	3
		橫列 %	0.0	100.0	0.0	0.0	0.0	100.0
		直行 %	0.0	3.3	0.0	0.0	0.0	2.5
		合計 %	0.0	2.5	0.0	0.0	0.0	2.5
	小計	個數	21	90	0	3	5	119
		橫列 %	17.6	75.6	0.0	2.5	4.2	100.0
其他政黨	蔡英文	個數	5	10	0	0	1	16
		橫列 %	31.3	62.5	0.0	0.0	6.3	100.0
		直行 %	20.0	55.6	0.0	0.0	25.0	33.3
		合計 %	10.4	20.8	0.0	0.0	2.1	33.3
	馬英九	個數	18	6	0	1	3	28
		橫列 %	64.3	21.4	0.0	3.6	10.7	100.0
		直行 %	72.0	33.3	0.0	100.0	75.0	58.3
		合計 %	37.5	12.5	0.0	2.1	6.3	58.3
	宋楚瑜	個數	2	2	0	0	0	4
		橫列 %	50.0	50.0	0.0	0.0	0.0	100.0
		直行 %	8.0	11.1	0.0	0.0	0.0	8.3
		合計 %	4.2	4.2	0.0	0.0	0.0	8.3
	小計	個數	25	18	0	1	4	48
		橫列 %	52.1	37.5	0.0	2.1	8.3	100.0
總和		個數	721	493	10	15	61	1300
		橫列 %	55.5	37.9	0.8	1.2	4.7	100.0

資料來源：TEDS2012。

附錄二、多項勝算對數模型之Hausman test

附表 1　總統與單一選區投票組合多項勝算對數模型之 Hausman test

	X²	p-value
DK	-0.900	---
KK	3.889	1.000
KD	0.559	1.000
DD	1.460	1.000

資料來源：TEDS2012。

附表 2　不分區與單一選區投票組合多項勝算對數模型之 Hausman test

	X²	p-value
KK	0.000	1.000
KD	0.000	1.000
DK	0.000	1.000
PK	-0.000	---
TK	0.000	1.000
TD	0.000	1.000
DD	0.000	1.000

資料來源：TEDS2012。

附錄三、跨層推論交叉表設定

附表 1 2012 年不分區立委與總統選舉之投票模式（親民黨提名選區，第 i 個村里）

		總統選舉				
		國民黨	民進黨	親民黨	廢票	合計
不分區立委選舉	國民黨	$B_{i,11} = \dfrac{N_{i,11}}{N_{i,1+}}$	$B_{i,12} = \dfrac{N_{i,12}}{N_{i,1+}}$	$B_{i,13} = \dfrac{N_{i,13}}{N_{i,1+}}$	$1 - \sum\limits_{c=1}^{3} B_{i,1c}$	$X_{i,1} = \dfrac{N_{i,1+}}{N_{i,++}}$
	民進黨	$B_{i,21} = \dfrac{N_{i,21}}{N_{i,2+}}$	$B_{i,22} = \dfrac{N_{i,22}}{N_{i,2+}}$	$B_{i,23} = \dfrac{N_{i,23}}{N_{i,2+}}$	$1 - \sum\limits_{c=1}^{3} B_{i,2c}$	$X_{i,2} = \dfrac{N_{i,2+}}{N_{i,++}}$
	親民黨	$B_{i,31} = \dfrac{N_{i,31}}{N_{i,3+}}$	$B_{i,32} = \dfrac{N_{i,32}}{N_{i,3+}}$	$B_{i,33} = \dfrac{N_{i,33}}{N_{i,3+}}$	$1 - \sum\limits_{c=1}^{3} B_{i,3c}$	$X_{i,3} = \dfrac{N_{i,3+}}{N_{i,++}}$
	其他政黨	$B_{i,41} = \dfrac{N_{i,41}}{N_{i,4+}}$	$B_{i,42} = \dfrac{N_{i,42}}{N_{i,4+}}$	$B_{i,43} = \dfrac{N_{i,43}}{N_{i,4+}}$	$1 - \sum\limits_{c=1}^{3} B_{i,4c}$	$X_{i,4} = \dfrac{N_{i,4+}}{N_{i,++}}$
	廢票	$B_{i,51} = \dfrac{N_{i,51}}{N_{i,5+}}$	$B_{i,52} = \dfrac{N_{i,52}}{N_{i,5+}}$	$B_{i,53} = \dfrac{N_{i,53}}{N_{i,5+}}$	$1 - \sum\limits_{c=1}^{3} B_{i,5c}$	$X_{i,5} = \dfrac{N_{i,5+}}{N_{i,++}}$
	未投票	$B_{i,61} = \dfrac{N_{i,61}}{N_{i,6+}}$	$B_{i,62} = \dfrac{N_{i,62}}{N_{i,6+}}$	$B_{i,63} = \dfrac{N_{i,63}}{N_{i,6+}}$	$1 - \sum\limits_{c=1}^{3} B_{i,6c}$	$1 - \sum\limits_{c=1}^{5} X_{i,c}$
	合計	$T_{i,1} = \dfrac{N_{i,+1}}{N_{i,++}}$	$T_{i,2} = \dfrac{N_{i,+2}}{N_{i,++}}$	$T_{i,3} = \dfrac{N_{i,+3}}{N_{i,++}}$	$1 - \sum\limits_{c=1}^{3} T_{i,c}$	$N_{i,++}$（投票數）

資料來源：作者自行整理。

附表 2　2012 年不分區與區域立委選舉之投票模式（親民黨提名選區，第 i 個村里）

不分區立委選舉＼區域立委選舉	國民黨	民進黨	親民黨	其他政黨、無黨籍	廢票	未投票	合計
國民黨	$\beta_{i,11}=\dfrac{N_{i,11}}{N_{i,1+}}$	$\beta_{i,12}=\dfrac{N_{i,12}}{N_{i,1+}}$	$\beta_{i,13}=\dfrac{N_{i,13}}{N_{i,1+}}$	$\beta_{i,14}=\dfrac{N_{i,14}}{N_{i,1+}}$	$\beta_{i,15}=\dfrac{N_{i,15}}{N_{i,1+}}$	$1-\sum_{c=1}^{5}\beta_{i,1c}$	$X_{i,1}=\dfrac{N_{i,1+}}{N_{i,++}}$（投票數）
民進黨	$\beta_{i,21}=\dfrac{N_{i,21}}{N_{i,2+}}$	$\beta_{i,22}=\dfrac{N_{i,22}}{N_{i,2+}}$	$\beta_{i,23}=\dfrac{N_{i,23}}{N_{i,2+}}$	$\beta_{i,24}=\dfrac{N_{i,24}}{N_{i,2+}}$	$\beta_{i,25}=\dfrac{N_{i,25}}{N_{i,2+}}$	$1-\sum_{c=1}^{5}\beta_{i,2c}$	$X_{i,2}=\dfrac{N_{i,2+}}{N_{i,++}}$
親民黨	$\beta_{i,31}=\dfrac{N_{i,31}}{N_{i,3+}}$	$\beta_{i,32}=\dfrac{N_{i,32}}{N_{i,3+}}$	$\beta_{i,33}=\dfrac{N_{i,33}}{N_{i,3+}}$	$\beta_{i,34}=\dfrac{N_{i,34}}{N_{i,3+}}$	$\beta_{i,35}=\dfrac{N_{i,35}}{N_{i,3+}}$	$1-\sum_{c=1}^{5}\beta_{i,3c}$	$X_{i,3}=\dfrac{N_{i,3+}}{N_{i,++}}$
其他政黨選舉	$\beta_{i,41}=\dfrac{N_{i,41}}{N_{i,4+}}$	$\beta_{i,42}=\dfrac{N_{i,42}}{N_{i,4+}}$	$\beta_{i,43}=\dfrac{N_{i,43}}{N_{i,4+}}$	$\beta_{i,44}=\dfrac{N_{i,44}}{N_{i,4+}}$	$\beta_{i,45}=\dfrac{N_{i,45}}{N_{i,4+}}$	$1-\sum_{c=1}^{5}\beta_{i,4c}$	$X_{i,4}=\dfrac{N_{i,4+}}{N_{i,++}}$
廢票	$\beta_{i,51}=\dfrac{N_{i,51}}{N_{i,5+}}$	$\beta_{i,52}=\dfrac{N_{i,52}}{N_{i,5+}}$	$\beta_{i,53}=\dfrac{N_{i,53}}{N_{i,5+}}$	$\beta_{i,54}=\dfrac{N_{i,54}}{N_{i,5+}}$	$\beta_{i,55}=\dfrac{N_{i,55}}{N_{i,5+}}$	$1-\sum_{c=1}^{5}\beta_{i,5c}$	$1-\sum_{c=1}^{4}X_{i,c}$
合計	$T_{i,1}=\dfrac{N_{i,+1}}{N_{i,++}}$	$T_{i,2}=\dfrac{N_{i,+2}}{N_{i,++}}$	$T_{i,3}=\dfrac{N_{i,+3}}{N_{i,++}}$	$T_{i,4}=\dfrac{N_{i,+4}}{N_{i,++}}$	$T_{i,5}=\dfrac{N_{i,+5}}{N_{i,++}}$	$1-\sum_{c=1}^{5}T_{i,c}$	$N_{i,++}$

資料來源：作者自行整理。

●●● 參考文獻 ●●●

I. 中文部分

中央選舉委員會，2012，〈選舉資料庫〉，中選會選舉資料庫網站：http://db.cec.
　　gov.tw/，檢索日期：2012 年 11 月 1 日。

王鼎銘、郭銘峰、黃紀，2008，〈選制轉變過程下杜佛傑心裡效應之檢視——從
　　日本眾議院選制變革的經驗來觀察〉，《問題與研究》，47(3): 1-28。

吳怡銘，2001，〈臺北市選民分裂投票之研究：民國八十七年市長市議員選舉之
　　分析〉，《選舉研究》，8(1): 159-209。

吳重禮，2008，〈政黨偏好、制衡認知與分裂投票——2006 年北高市長暨議員選
　　舉的實證分析〉，《臺灣民主季刊》，5(2): 27-58。

吳重禮、徐英豪、李世宏，2004，〈選民分立政府心理認知與投票行為：以 2002
　　年北高市長暨市議員選舉為例〉，《政治科學論叢》，21: 75-116。

林長志，2007，〈2005 年臺北縣選民之一致與分裂投票：縣長與鄉鎮市長選舉總
　　體資料分析〉，《政治學報》，44: 127-160。

林長志、黃紀，2007，〈不同層級選舉中之一致與分裂投票：2005 年臺北縣之分
　　析〉，《問題與研究》，46(1): 1-32。

洪永泰，1995，〈分裂投票：八十三年臺北市選舉的實證分析〉，《選舉研究》，
　　2(1): 119-145。

徐火炎，2001，〈一九九八年二屆臺北市長選舉選民投票行為之分析：選民的黨
　　派抉擇與分裂投票〉，《東吳政治學報》，13: 77-127。

許勝懋，2001，〈臺北市選民的分裂投票行為：一九九八年市長選舉分析〉，《選
　　舉研究》，8(1): 117-158。

郭銘峰、黃紀、王鼎銘，2012，〈日本眾議院選舉政黨重複提名策略與效應：選
　　區層次之分析〉，《政治科學論叢》，51: 161-216。

陳陸輝、周應龍，2008，〈如何評估單一選區兩票制下候選人票與政黨票之間的
　　連動關係〉，載於《如何評估選制變遷：方法論的探討》，黃紀、游清鑫主
　　編，台北：五南。

游清鑫，2004，〈分裂投票解釋觀點與台灣選舉之應用：以 2002 年高雄市長與市
　　議員選舉為例〉，《台灣政治學刊》，7(1): 47-98。

黃紀，2001，〈一致與分裂投票：方法論之探討〉，《人文及社會科學集刊》，

13(5): 541-574。

------，2008，〈單一選區兩票並立制下選民之投票抉擇：分析方法之探討〉，載於《如何評估選制變遷：方法論的探討》，黃紀、游清鑫主編，台北：五南。

------，2010，〈因果推論與效應評估：區段識別法及其於「選制效應」之應用〉，《選舉研究》，17(2): 103-134。

------，2012，〈台灣政治地緣資訊系統 (TPGIS)〉，黃紀教授台灣政治地緣資訊系統：http://tpgis.nccu.edu.tw/nccu/，檢索日期：2012 年 12 月 17 日。

黃紀、王德育，2012，《質變數與受限依變數的迴歸分析》，台北：五南。

黃紀、張益超，2001，〈一致與分裂投票：嘉義市 1997 年市長與立委選舉之分析〉，載於《政治分析的層次》，徐永明、黃紀主編，台北：韋伯文化。

黃紀、林長志、王宏忠，2013，〈三合一選舉中之一致與分裂投票：以 2010 年高雄市選舉為例〉，《選舉研究》，20(1): 1-42。

黃德福，1991，〈台灣地區七十八年地方選舉分裂投票之初探研究：以台北縣、雲林縣與高雄縣為個案〉，《政治學報》，19: 55-80。

蕭怡靖，2009，〈單一選區兩票制下台灣選民之投票行為：2008 年立法委員選舉的多層分析〉，國立政治大學政治學系博士學位論文。

蕭怡靖、黃紀，2010，〈單一選區兩票制下的一致與分裂投票—— 2008 年立法委員選舉的探討〉，《臺灣民主季刊》，7(3): 1-43。

II. 外文部分

Aitchison, J. 1986. *The Statistical Analysis of Compositional Data.* London: Chapman and Hall.

Alvarez, R. M., and Matthew M. Schousen. 1993. "Policy Moderation or Conflicting Expectations? Testing the Intentional Models of Split-Ticket Voting." *American Politics Quarterly* 21(4): 410-438.

Benoit, Kenneth, Daniela Giannetti, and Michael Laver. 2006. "Voter Strategies with Restricted Choice Menus." *British Journal of Political Science* 36(3): 459-485.

Born, Richard. 1994. "Split-Ticket Voters, Divided Government, and Fiorina's Policy-Balancing Model." *Legislative Studies Quarterly* 19(1): 95-115.

Burden, B. C., and D. C. Kimball. 1998. "A New Approach to the Study of Ticket Splitting." *American Political Science Review* 92(3): 533-544.

Choi, Jungug. 2006. "Institutional Interaction and Strategic Voting in Korea's New Mixed Electoral System." *Journal of International and Area Studies* 13(2): 111-122.

Cox, Karen, and Leonard J. Schoppa. 2002. "Interaction Effects in Mixed-Member Electoral Systems: Theory and Evidence from Germany, Japan, and Italy." *Comparative Political Studies* 35(9): 1027-1053.

Duncan, Dudley, and Beverly Davis. 1953. "An Alternative to Ecological Correlation." *American Sociological Review* 18(6): 665-666.

Durverger, Maurice. 1959. *Political Parties: Their Organization and Activity in the Modern State* (2nd ed). New York: John Wiley and Sons.

Ferrara, Fedrico, Erik S. Herron, and Misa Nishikawa. 2005. *Mixed Electoral Systems: Contamination and Its Consequences*. New York: Palgrave Macmillan.

Fiorina, Morris P. 1996. *Divided Government* (2nd ed). New York: Macmillan.

Gallagher, Michael. 1998. "The Political Impact of Electoral System Change in Japan and New Zealand." *Party Politics* 4(2): 203-228.

Garand, James C., and Marci Glascock Lichtl. 2000. "Explaining Divided Government in the United States: Testing an Intentional Model of Split-Ticket Voting." *British Journal of Political Science* 30(1): 109-127.

Goodman, Leo A. 1953. "Ecological Regressions and Behavior of Individuals." *American Sociological Review* 18(6): 663-664.

Hausman, Jerry, and Daniel McFadden. 1984. "Specification Tests for the Multinomial Logit Model." *Econometrica* 52(5): 1219-1240.

Herron, Erik S., and Misa Nishikawa. 2001. "Contamination Effects and the Number of Parties in Mixed-Superposition Electoral Systems." *Electoral Studies* 20: 63-86.

Imai, Kosuke, Gary King, and Olivia Lau. 2012. "Zelig: Everyone's Statistical Software, Version 3.5.4." http://gking.harvard.edu/zelig (accessed June 12, 2012).

Jacobson, Gary C. 1991. "Explaining Divided Government: Why Can't the Republicans Win the House." *PS: Political Science and Politics* 24(4): 640-643.

Jesse, Eckhard. 1988. "Split-Voting in the Federal Republic of Germany: An Analysis of the Federal Elections from 1953 to 1987." *Electoral Studies* 7(2): 109-124.

Johnston, R. J., and C. J. Pattie. 2002. "Campaigning and Split-Ticket Voting in New

Electoral Systems: The First MMP Election in New Zealand, Scotland and Wales." *Electoral Studies* 21(4): 583-600.

Katz , Jonathan N., and Gary King. 1999. "A Statistical Model for Multiparty Electoral Data." *American Political Science Review* 93(1): 15-32.

King, Gary. 1997. *A Solution to the Ecological Inference Problem: Reconstructing Individual Behavior from Aggregate Data.* Princeton: Princeton University Press.

King, Gary, Ori Rosen, and Martin A. Tanner. 1999. "Binomial-Beta Hierarchical Models for Ecological Inference." *Sociological Methods & Research* 28(1): 61-90.

------. 2004. "Information in Ecological Inference: An Introduction." In *Ecological Inference: New Methodological Strategies*, eds. Gary King, Ori Rosen, and Martin A. Tanner. Cambridge: Cambridge University Press.

Lewis-Beck, Michael S., and Richard Nadeau. 2004. "Split-Ticket Voting: The Effects of Cognitive Madisonianism." *The Journal of Politics* 66(1): 97-112.

Long, J. Scott, and Jeremy Freese. 2006. *Regression Models for Categorical Dependent Variables Using Stata* (2nd ed). College Station, TX: Stata Press.

Maeda, Ko. 2008. "Re-Examining the Contamination Effect of Japan's Mixed Electoral System Using Treatment-Effect Model." *Electoral Studies* 27(4): 723-731.

Moser, Robert G., and Ethan Scheiner. 2004. "Mixed Electoral Systems and Electoral System Effects: Controlled Comparison and Cross-National Analysis." *Electoral Studies* 23(4): 575-599.

Reed, Steven R. 1999. "Strategic Voting in the 1996 Japanese General Election." *Comparative Political Studies* 33(2): 257-270.

Robinson, W. S. 1950. "Ecological Correlations and the Behavior of Individuals." *American Sociological Review* 15(3): 351-357.

Rosen, Ori, Wenxin Jiang, Gary King, and Martin A. Tanner. 2001. "Bayesian and Frequentist Inference for Ecological Enference: The RxC Case." *Statistica Neerlandica* 55(2): 134-156.

Schoen, Harald. 1999. "Split-Ticket Voting in German Federal Elections, 1953-1990: An Example of Sophisticated Balloting?" *Electoral Studies* 18(4): 473-496.

Sigelman, Lee, Paul J. Wahlbeck, and Emmett H. Buell, Jr. 1997. "Vote Choice and the Preference for Divided Government: Lessons of 1992." *American Journal of Political*

Science 41(3): 879-894.

Upton, Graham J. G. 1989. "The Components of Voting Change in England 1983-1987." *Electoral Studies* 8(1): 59-74.

------. 1994. "Picturing the 1992 British General Election." *Journal of the Royal Statistical Society* 157(2): 231-252.

------. 2001. "A Toroidal Scatter Diagram for Ternary Variables." *The American Statistician* 55(3): 240-243.

5

臺灣政黨選民基礎的
持續與變遷

陳陸輝、陳映男

目 次

Lazarsfeld、Berelson 與 Gaudet (1944, 27) 認為：「一個人在政治上的想法是由他所處的社會所決定的 (Social characteristics determine political preference)」。因此，一個人社會背景的重要性，不僅在於這些背景決定個別公民在社會結構所在的位置與接觸的對象，這些背景也將影響他們應該暴露在哪一種的政治資訊中 (Dalton 2006)。因此，本研究將分析不同背景民眾對主要政黨的支持情況。運用政治大學選舉研究中心過去長期對於臺灣民眾政黨認同的調查研究資料，本研究得以分析 1996 年以來的五次總統大選年度，臺灣民眾政黨支持的持續與變遷。

壹、臺灣藍綠兩大陣營的出現

臺灣在中央層級的全面性開放競爭選舉，應該始於 1992 年的第二屆立法委員選舉，該次選舉立法院全面改選，讓立法院更具備監督行政機構的民意基礎。1996 年的首次總統直接民選，更開啟了臺灣民眾直接選舉國家領導人的重要契機。本研究認為隨著選舉競爭的制度化，民眾對於主要政黨將逐漸形成穩定的政黨認同。也因為臺灣在 2008 年的立委選舉改採單一選區比例代表並立的混合選舉制度 (Mixed-member majoritarian system, MMM)，讓小黨的生存空間更為壓縮。不過，自 2000 年總統選舉之後，國內出現以民進黨、台聯結盟的泛綠陣營，和以國民黨、親民黨、新黨結盟的泛藍陣營，因此，本研究分析也將以兩個主要陣營為主。

貳、政黨的社會基礎

有關政黨的社會基礎之分析，Lipset (1981) 觀察西方國家的政治發現：社會階級是最重要的社會分歧 (social cleavage)，不過，Dalton (2006) 的近期研究卻發現階級不再像過去一樣，是區別政黨支持群眾的重要解釋因素，他呼應 Inglehart (1981) 的主張，提出後物質主義的價值，是左右民

眾對特定政黨支持的關鍵。

　　在臺灣選舉研究中，過去區別政黨支持的重要社會基礎非常明確，那就是省籍。省籍對臺灣政黨社會基礎的重要性，正如早期歐美國家中族群與宗教在政治分歧上的重要性 (Lipset and Rokkan 1967; Lijphart 1984)。由於早期臺灣特殊的政治與社會環境，使得省籍問題成為切割政黨支持的重要因素，相關的研究均發現，省籍的不同使得民眾對於不同政黨的支持程度出現重要的差異（胡佛與游盈隆 1984；林佳龍 1989；陳義彥 1994；陳陸輝 2000；吳重禮與李世宏 2005；吳重禮與崔曉倩 2010）。不過，隨著第一代外省民眾的逐漸凋零，新世代對於中國大陸集體記憶的模糊，省籍背景在 21 世紀之後，會不會失去其重要性，仍然值得觀察。

　　另外一個重要的社會因素，選民的年齡或是政治世代，也成為民眾在政治態度上甚至投票行為差異的指標（林佳龍 2000；胡佛與游盈隆 1984, 25-29；徐永明與范雲 2001；陳義彥 1994；陳義彥與蔡孟熹 1997；陳陸輝 2000；2002；2003；陳陸輝與耿曙 2009；陳光輝 2010；陳憶寧 2011；游清鑫與蕭怡靖 2007；劉義周 1994）。不同的政治世代往往因為生活的經驗不同，對於媒介使用、政治事務認知、對選舉以及民主政治的看法有重要的差異。不過，在我們處理受訪者的年齡對其政治態度的影響程度時，我們面對了幾個互相競爭的解釋方式。[1]第一種效果是所謂的世代效果 (generational effect or cohort effect)，它是指出生在同一時期的選民，受到相同的歷史、政治與社會環境所影響。因此，具有相同經驗的民眾，其政治傾向會較為相近，且政治傾向一旦形成，就不容易改變。第二種效果是生命週期效果 (life-cycle of aging effect)，這是指選民隨著自己年齡的增長，面對生命的不同階段時，諸如：成家、立業…等等，對其政治傾向的影響，生命週期通常認為隨著年齡的增長，民眾的政治傾向會日趨保守。第三種效果是時期效果 (period effect)，它是指與特定時間點相關的影響。例如，1996 年的首次民選總統經驗，2000 年臺灣歷經首次的政黨輪替，而在 2008 年又有二次政黨輪替洗禮，這些經驗與當時的政治氛圍對所有選民都會有不同程度的影響。由於 Campbell 等人 (1960) 在《美國選民》

---

[1]　以下討論可以參考Glenn (1977)。

一書認為選民的政黨認同強度會隨年齡增加而增強，Converse (1969) 重新分析 Almond 與 Verba 在五個國家所做的調查訪問資料也重申此一生命週期的論點。不過，區分生命週期與世代兩個效果，卻不是一件容易的事情。如果跨時的資料可以取得，那麼，就比較容易看出是哪一種效果，對選民的政黨認同具有較大的影響力。本研究即嘗試運用跨時的研究資料，以四年為一個劃分的區間，檢視在不同選舉年成為合格選民以及其他世代民眾，其政黨認同的差異。

　　性別的問題，也是選舉研究重要的課題。就政治實務上的考量，女性選民佔有一半的選票，因此，如何動員女性選民，成為一個重要課題。早期胡佛與游盈隆（1984, 22-25）的分析中發現：女性較男性更傾向支持國民黨，而隨著教育程度的提高，女性支持國民黨的傾向愈高。不過，自1990 年代以來，專門以女性為對象的研究並不多，僅以翁秀琪與孫秀蕙（1995）、黃秀端（1996）及黃秀端與趙湘瓊（1996）的研究見諸期刊，很多研究僅以性別當作控制變數。不過，2000 年之後，楊婉瑩的一系列研究針對女性的政治參與、對統獨議題的態度、在國家認同上以及總統投票的傾向，說明了女性與男性之間的性別差異（楊婉瑩 2007；楊婉瑩與李冠成 2011；楊婉瑩與林珮婷 2010；楊婉瑩與劉嘉薇 2009）。

　　此外，階級問題或是民眾的職業類別，也是影響民眾政治態度與選舉支持的觀察重點。歐美學者雖然對於階級投票是否消褪的問題有相當的討論，不過，Evans (2000) 認為，透過適當的分析方法可以發現：不同階級的政治傾向仍然相對穩定。在臺灣由於過去國民黨長期執政，且在「全民政黨」(catch-all party) 的威權統治之下，各職業團體的政治活動以及組織並不活躍。胡佛與游盈隆（1984）及林佳龍（1989）的研究，發現了不同職業背景的民眾，對於政黨的支持存在顯著差別。不過，隨著政治民主化，伴隨著所得分配不均以及政黨不同的訴求策略，不同階級是否出現階級投票的傾向，開始受到學者重視（林宗弘與胡克威 2011；胡克威、林宗弘與黃善國 2010；張佑宗、胡克威與朱雲漢 2001；鄭盛隆 2003）。而居住在不同地區的選民，其對政黨的支持是否出現差異 (Lee and Hsu 2002)？Lee 與 Hsu (2002) 認為：相對於其他地區，民進黨在南部獲得較高支持，而且是相當穩定的。而耿曙與陳陸輝（2003）則從兩岸經貿互動

的衝擊入手，針對臺灣地區的北、中、南、東部等四大地理區塊，依其經濟結構差異以及在「擴大兩岸經貿交流」問題上是否獲利或是受害，分析其區塊政治支持的差異，是結合了職業類別與地理區塊的綜合分析。特別是在全球化的過程中，主要政黨對於兩岸經貿交流抱持重大歧異，民眾在兩岸交流的過程中是贏家還是輸家，也可能進一步影響其政治偏好。也讓不同產業或是不同階級的民眾，在政治支持上出現重要的差別。此外，揉合了產業利得的差異以及政治認同的考量，民眾在理性的經濟利益與感性政治認同之間如何衡量？這對他們政治傾向的影響如何，也是重要的研究主題（陳陸輝、耿曙與王德育 2009；陳陸輝、陳映男與王信賢 2012；陳陸輝等 2009）。

　　由於選民的社會背景與選舉研究中的政黨之社會基礎 (social base of parties) 密切相關，因此，這個主題是臺灣選舉研究的重點，也常常是試探討臺灣是否出現政黨解組 (party dealignment) 或是政黨重組 (party realignment) 的重要課題。因此，本研究即聚焦此一主題，分析民眾對主要陣營政黨支持的持續與變遷。

參、研究資料與方法

　　本研究運用政治大學選舉研究中心自 1996 年以來，每次總統選舉年度所執行的電話訪問資料進行分析。由於選舉年度選研中心所執行的電話訪問案所累積的資料超過上萬筆，因此，可以進一步以四年為區間，檢視新選民政黨支持的持續與變遷。在資料處理上，民眾出生在 1965 年之後，每四年化為一群組，檢視其政治態度的變化。為了方便分析，我們將 1960-1964 年變成一組、在 1959 年之前則每十年為一組，直到 1929 年以及之前的選民。具體的劃分可參看以下的資料分析，此種劃分方式的好處在於，我們既可以檢視首投族選民政治態度的分佈與變化，也可以持續追蹤民眾政治支持的持續與變遷。並得利於選研中心在總統選舉年度的大規模樣本，讓本研究可以將每年度的資料合併，再以性別、年齡、居住地與教育程度四個變數反覆加權，讓分析的資料與母體的結構更為一致。

肆、不同出生群的趨勢

　　我們首先檢視臺灣民眾對藍綠兩大陣營支持的變化情況。從表 5.1 中可以發現：傾向泛綠的民眾在 1996 年是最低，僅有八分之一，但是到了 2000 年成長為原來的兩倍，超過四分之一，此後，在 2000-2012 年的認同比例分佈相當穩定，約在兩成三到兩成七間，這段期間以 2004 年陳水扁先生連任總統那一年的比例較高，在 2008 年則是最低點，在 2000 年與 2012 年的比例接近，均兩成六上下。至於傾向泛藍者的支持百分比，1996 年是這段期間最高的 41.9%，在 2000 年之後，最低的 31.8% 出現在 2004 年，2012 年則回到接近四成。藍綠陣營的政黨支持相當程度反應該陣營在選舉中的表現，也因此，具有一定的變動幅度。相對而言，無政黨傾向的比例在 1996 年最高，有接近四成五，不過隨著兩黨選舉動員與激烈競爭，無傾向的比例在 2012 年下降至三成四以下。隨著立委新選舉制度的施行，加上兩黨持續針對特定議題彼此競爭，無政黨傾向的比例，未來會否持續下降，值得觀察。

表 5.1　臺灣民眾認同兩大陣營的趨勢分佈

	1996 年	2000 年	2004 年	2008 年	2012 年
泛藍	41.9 (4,599)	32.6 (3,602)	31.8 (11,097)	38.6 (6,283)	39.2 (2,523)
中立無傾向	44.9 (4,926)	41.3 (4,564)	41.1 (14,313)	38.3 (6,241)	33.9 (2,186)
泛綠	13.3 (1,458)	26.2 (2,897)	27.1 (9,444)	23.1 (3,757)	26.9 (1,730)
總和	100.0 (10,984)	100.0 (11,063)	100.0 (34,854)	100.0 (16,280)	100.0 (6,440)

資料來源：政治大學選舉研究中心歷年電話訪問資料合併而得。其中，2012 年為 1-6 月訪問結果。
說明：表中數字為直欄百分比（括號內為樣本數）。

　　我們進一步檢視兩大陣營的選民基礎，我們從表 5.2 中可以發現：
年輕的首投族相較於其他年齡層的民眾，從 1996-2004 年的每次總統選
舉年，對泛綠的支持度最高，除 1996 年僅兩成外，其餘均超過三成。此
外，出生在 1977-1980 年的民眾一旦開始投票，對泛綠政黨的偏好，除
了 2008 年之外，均超過三成。在 2008 年與 2012 年，都挺綠的是出生於
1940-1949 年的這個年齡群，我們也發現：因為蔡英文的魅力，讓年輕族
群對民進黨的支持度又回升，在 2012 年出生在 1973 年之後的選民，都有
將近三成的比例支持泛綠陣營。

　　至於泛藍陣營在不同年齡層的選民基礎，我們可以從表 5.3 中發現：
相對於其他年齡層，1960-1972 年出生的選民，是五次選舉年中，對泛藍
陣營支持比例較高的群體。此外，1929 年以前出生的民眾，除 2008 年之
外，歷年對泛藍的支持程度也較高。比較值得注意的是在 2012 年，相對
於各年齡層的支持度，泛藍也吸引到較多首投族的支持。

　　根據 Converse (1969) 的研究，民眾的政黨認同是學習而來。換言之，
當有競爭性的選舉舉行，政黨提出不同訴求競逐選民支持，選民開始逐漸
形成其對政黨的支持與認同。我們從表 5.4 看出的趨勢也大致是：出生在
1949 年之前的民眾，對政治事務也許興趣較低，也許教育程度較低，也許
剛具備投票權時沒有歷經競爭性的選舉經驗，所以可以看出來，在 2008
年前，他們之中有接近四成五甚至超過五成，沒有政黨認同。不過，自
2008 年後，沒有傾向的比例，也逐漸下降到四成以下。相對於其他年齡
層，1965-1968 年出生的這一群民眾，在具備投票權時，適逢 1986 年「黨
外」首次以「民進黨」的政黨名稱挑戰國民黨，此一重要經驗也影響他們
對政黨政治的認知，因此，他們是各年齡層無政黨傾向比例較低的一群。

表 5.2　泛綠陣營在不同年齡層支持度的分佈表

出生年份	1996年年齡	1996	N	2000	N	2004	N	2008	N	2012	N	2012年年齡
1989-1992										27.0 (111)	(411)	20-23歲
1985-1988								21.8 (260)	(1,191)	28.4 (139)	(489)	24-27歲
1981-1984						31.2 (935)	(2,993)	23.6 (341)	(1,445)	28.4 (151)	(531)	28-31歲
1977-1980				**36.7 (372)**	(1,014)	**31.0 (987)**	(3,188)	22.3 (295)	(1,322)	28.1 (173)	(524)	32-35歲
1973-1976	20-23歲	**20.4 (184)**	(903)	34.9 (341)	(978)	28.6 (847)	(2,962)	22.6 (278)	(1,229)	**31.7 (166)**	(615)	36-39歲
1969-1972	24-27歲	14.1 (162)	(1,148)	29.6 (277)	(937)	25.9 (737)	(2,844)	**20.7 (337)**	(1,627)	**22.8 (114)**	(501)	40-43歲
1965-1968	28-31歲	**15.6 (164)**	(1,051)	**29.2 (280)**	(959)	25.2 (933)	(3,698)	20.3 (278)	(1,367)	22.1 (124)	(560)	44-47歲
1960-1964	32-36歲	**15.6 (215)**	(1,381)	26.2 (406)	(1,552)	26.6 (1,067)	(4,005)	23.1 (417)	(1,809)	26.3 (176)	(669)	48-52歲
1950-1959	37-46歲	14.2 (390)	(2,746)	25.7 (594)	(2,315)	28.3 (1,862)	(6,579)	24.5 (708)	(2,891)	28.4 (323)	(1,139)	53-62歲
1940-1949	47-56歲	12.5 (171)	(1,372)	23.0 (302)	(1,312)	27.6 (1,024)	(3,712)	**26.3 (485)**	(1,842)	28.8 (174)	(605)	63-72歲

表 5.2　泛綠陣營在不同年齡層支持度的分佈表（續）

1996 年年齡		1996	N	2000	N	2004	N	2008	N	2012	N	2012 年年齡
1930-1939	57-66 歲	8.8 (98)	(1,118)	17.8 (193)	(1,083)	24.6 (692)	(2,817)	28.6 (271)	(949)	22.2 (53)	(239)	73-82 歲
1929 之前	67 歲及以上	6.2 (58)	(931)	16.4 (114)	(697)	19.3 (255)	(1,321)	14.4 (55)	(381)	20.6 (13)	(63)	83 歲及以上
總和		13.5 (1,442)	(10,650)	26.5 (2,879)	(10,847)	27.4 (9,339)	(34,119)	23.2 (3,725)	(16,053)	27.1 (1,717)	(6,346)	

資料來源：同表 5.1。

說明：表中數字為各年齡層政黨傾向百分比（括號內為樣本數）。

表 5.3　泛藍陣營在不同年齡層支持度的分佈表

	1996年年齡	1996	N	2000	N	2004	N	2008	N	2012	N	2012年年齡
1989-1992										42.6 (175)	(411)	20-23歲
1985-1988								36.9 (440)	(1,191)	34.8 (170)	(489)	24-27歲
1981-1984						30.5 (913)	(2,993)	37.2 (538)	(1,445)	36.3 (193)	(531)	28-31歲
1977-1980				32.1 (326)	(1,014)	30.0 (956)	(3,188)	37.3 (493)	(1,322)	36.3 (190)	(524)	32-35歲
1973-1976	20-23歲	40.9 (369)	(903)	31.2 (305)	(978)	33.2 (984)	(2,962)	38.6 (475)	(1,229)	38.9 (239)	(615)	36-39歲
1969-1972	24-27歲	45.6 (523)	(1,148)	35.5 (333)	(937)	36.1 (1,027)	(2,844)	43.6 (709)	(1,627)	48.3 (242)	(501)	40-43歲
1965-1968	28-31歲	45.5 (478)	(1,051)	37.3 (358)	(959)	37.2 (1,376)	(3,698)	43.3 (592)	(1,367)	47.3 (265)	(560)	44-47歲
1960-1964	32-36歲	43.4 (600)	(1,381)	35.8 (556)	(1,552)	34.7 (1,389)	(4,005)	43.0 (777)	(1,809)	41.1 (275)	(669)	48-52歲
1950-1959	37-46歲	42.4 (1,164)	(2,746)	32.9 (762)	(2,315)	31.8 (2,095)	(6,579)	38.5 (1,113)	(2,891)	38.5 (438)	(1,139)	53-62歲
1940-1949	47-56歲	38.6 (529)	(1,372)	29.0 (380)	(1,312)	28.1 (1,043)	(3,712)	35.7 (657)	(1,842)	33.9 (205)	(605)	63-72歲

表 5.3　泛藍陣營在不同年齡層支持度的分佈表（續）

1996年年齡		1996	N	2000	N	2004	N	2008	N	2012	N	2012年年齡
1930-1939	57-66歲	40.7 (455)	(1,118)	27.4 (297)	(1,083)	26.0 (733)	(2,817)	33.4 (317)	(949)	39.3 (94)	(239)	73-82歲
1929之前	67歲及以上	43.9 (409)	(931)	35.6 (248)	(697)	33.9 (448)	(1,321)	32.5 (124)	(381)	44.4 (28)	(63)	83歲及以上
總和		42.5 (4,527)	(10,650)	32.9 (3,565)	(10,847)	32.1 (10,964)	(34,119)	38.8 (6,235)	(16,053)	39.6 (2,514)	(6,346)	

資料來源：同表 5.1。

說明：表中數字為各年齡層政黨傾向百分比（括號內為樣本數）。

表 5.4 無傾向者在不同年齡層支持度的分佈表

出生年	1996年年齡	1996	N	2000	N	2004	N	2008	N	2012	N	2012年年齡
1989-1992										30.4 (125)	(411)	20-23 歲
1985-1988								**41.2 (491)**	(1,191)	36.8 (180)	(489)	24-27 歲
1981-1984						38.3 (1,145)	(2,993)	40.4 (534)	(1,322)	35.2 (187)	(531)	28-31 歲
1977-1980				31.2 (316)	(1,014)	39.1 (1,245)	(3,188)	39.2 (566)	(1,445)	32.1 (168)	(524)	32-35 歲
1973-1976	20-23 歲	38.8 (350)	(903)	33.9 (332)	(978)	38.2 (1,131)	(2,962)	38.7 (476)	(1,229)	33.0 (203)	(615)	36-39 歲
1969-1972	24-27 歲	40 (463)	(1,148)	34.9 (327)	(937)	38.0 (1,080)	(2,844)	36.4 (497)	(1,367)	30.5 (171)	(560)	40-43 歲
1965-1968	28-31 歲	38.9 (409)	(1,051)	33.5 (321)	(959)	37.6 (1,389)	(3,698)	35.7 (581)	(1,627)	32.6 (218)	(669)	44-47 歲
1960-1964	32-36 歲	41.0 (566)	(1,381)	38.0 (590)	(1,552)	38.7 (1,549)	(4,005)	34.0 (615)	(1,809)	28.9 (145)	(501)	48-52 歲
1950-1959	37-46 歲	43.4 (1,192)	(2,746)	41.4 (959)	(2,315)	39.9 (2,622)	(6,579)	37.0 (1,070)	(2,891)	33.2 (378)	(1,139)	53-62 歲
1940-1949	47-56 歲	**49.0 (672)**	(1,372)	**48.0 (630)**	(1,312)	**44.3 (1,645)**	(3,712)	38.0 (700)	(1,842)	**37.4 (226)**	(605)	63-72 歲

表 5.4　無傾向者在不同年齡層支持度的分佈表（續）

	1996年年齡	1996	N	2000	N	2004	N	2008	N	2012	N	2012年年齡
1930-1939	57-66歲	50.5	(1,118)	54.8	(1,083)	49.4	(2,817)	38.0	(949)	38.5	(239)	73-82歲
1929之前	67歲及以上	49.8	(931)	48.1	(697)	46.8	(1,321)	53.0	(381)	34.9	(63)	83歲及以上
總和		44.0	(10,650)	40.6	(10,847)	40.5	(34,119)	38.0	(16,053)	33.3	(6,346)	

資料來源：同表 5.1。

說明：表中數字為各年齡層政黨傾向百分比（括號內為樣本數）。

　　進行了初步分析之後，我們進一步控制上述的重要人口學背景，檢
視哪些因素會影響民眾的政黨支持。除了年齡層外，我們納入性別、教
育程度、省籍、居住地區以及職業，因為依變數的政黨傾向可以視為支
持泛藍、無傾向到支持泛綠的有序多分變數，我們運用順序勝算對數模型
來進行多變量的分析，分析結果見表5.5。從表5.5的模型可以發現：男
性、小學及以下教育程度、本省籍民眾、居住在南部地區，是泛綠政黨的
重要群眾基礎。其中，農林漁牧在1996年是較傾向泛藍，但是在2000年
後出現轉變，2004年顯著地支持泛綠政黨。因此，是否如耿曙與陳陸輝
（2003）的分析，是因為泛綠陣營對於兩岸經貿交流採取不同意見，而出
現此一重要變化，非常值得觀察。相對而言，女性、大陸各省市、軍公教
人員則是泛藍的支持者。因此，泛藍陣營的穩健作風，應該讓較為保守與
希望維持現狀的女性以及公務人員放心，而得到持續的支持。不過，相
對於中學教育程度者，大專以上教育程度者在1996年是較傾向支持泛綠
政黨，但在2000年轉為無顯著差異，2004年開始較支持泛藍政黨，此一
轉變背後的原因，相當值得深入分析。在年齡層方面，我們也發現控制其
他變數之後，泛綠陣營在1996年到2004年均獲得首投族的顯著支持。其
中，1996-2004年之間，也皆獲得1973-1980年出生者較多的支持。這些
群眾經歷首次政黨輪替，以及民進黨再次勝選，對於當時民進黨的優異表
現應該是影響他們持續支持的重要原因。可惜因為阿扁的弊案，使得他
們在2008年與2012年對泛綠的支持不再顯著。1930-1939年出生的民眾
在1996年與2012年對於泛藍的支持顯著較高，在2012年泛藍陣營獲得
1965-1968年出生者的顯著支持。

表 5.5　影響臺灣民眾政黨認同因素之順序勝算對數模型

	1996年		2000年		2004年		2008年		2012年	
	係數（標準誤）	Exp(B)	係數（標準誤）	Exp(B)	係數（標準誤）	Exp(B)	係數（標準誤）	Exp(B)	係數（標準誤）	Exp(B)
性別（以女性為對照組）										
男性	0.11 (0.05)*	1.12	0.15 (0.04)***	1.16	0.22 (0.02)***	1.25	0.26 (0.03)***	1.30	0.27 (0.05)***	1.31
教育程度（以中學為對照組）										
小學及以下	0.38 (0.06)***	1.46	0.19 (0.05)***	1.21	0.21 (0.03)***	1.23	0.17 (0.05)**	1.19	0.23 (0.09)**	1.26
大專及以上	0.17 (0.06)**	1.19	-0.02 (0.05)	0.98	-0.12 (0.03)***	0.89	-0.18 (0.04)***	0.84	-0.20 (0.06)***	0.82
省籍（以大陸各省市為對照組）										
本省客家	1.03 (0.10)***	2.80	0.90 (0.08)***	2.46	0.86 (0.04)***	2.36	0.98 (0.07)***	2.66	1.09 (0.11)***	2.97
本省閩南	1.48 (0.08)***	4.39	1.28 (0.06)***	3.60	1.23 (0.04)***	3.42	1.37 (0.06)***	3.94	1.28 (0.09)***	3.60
居住地區（以東部為對照組）										
北部	0.28 (0.16)§	1.32	0.46 (0.14)**	1.58	0.18 (0.07)*	1.20	0.22 (0.11)§	1.25	0.29 (0.19)	1.34
中部	0.08 (0.16)	1.08	0.41 (0.14)**	1.51	0.12 (0.07)§	1.13	0.13 (0.12)	1.14	0.25 (0.19)	1.28
南部	0.26 (0.16)§	1.30	0.54 (0.14)***	1.72	0.45 (0.07)***	1.57	0.53 (0.12)***	1.70	0.73 (0.19)***	2.08
職業（以其他為對照組）										
軍公教人員	-0.43 (0.09)***	0.65	-0.24 (0.08)**	0.79	-0.41 (0.04)***	0.66	-0.27 (0.06)***	0.76	-0.44 (0.10)***	0.64
私部門管理專業人員	0.05 (0.08)	1.05	0.11 (0.06)§	1.12	0.07 (0.04)*	1.07	0.04 (0.05)	1.04	0.11 (0.08)	1.12
私部門職員	-0.08 (0.07)	0.92	-0.02 (0.06)	0.98	-0.02 (0.03)	0.98	-0.07 (0.05)	0.93	0.04 (0.08)	1.04
私部門勞工	0.09 (0.07)	1.09	0.04 (0.06)	1.04	0.03 (0.04)	1.03	0.11 (0.05)*	1.12	0.05 (0.08)	1.05
農林漁牧	-0.24 (0.09)**	0.79	0.10 (0.08)	1.11	0.15 (0.05)**	1.16	0.27 (0.08)***	1.31	0.30 (0.12)*	1.35

表 5.5 影響臺灣民眾政黨認同因素之順序勝算對數模型（續）

出生年（以1912至1929年為對照組）	1996年 係數（標準誤）	1996年 Exp(B)	2000年 係數（標準誤）	2000年 Exp(B)	2004年 係數（標準誤）	2004年 Exp(B)	2008年 係數（標準誤）	2008年 Exp(B)	2012年 係數（標準誤）	2012年 Exp(B)
1989-1992							0.12 (0.11)	1.13	-0.19 (0.21)	0.83
1985-1988					0.29 (0.06)***	1.34	0.17 (0.11)	1.19	0.04 (0.20)	1.04
1981-1984					0.30 (0.06)***	1.35	0.12 (0.11)	1.13	0.01 (0.20)	1.01
1977-1980			0.43 (0.10)***	1.54	0.14 (0.06)*	1.15	0.15 (0.11)	1.16	0.10 (0.20)	1.11
1973-1976	0.30 (0.11)**	1.35	0.47 (0.10)***	1.60	0.30 (0.06)***	1.35	0.12 (0.11)	1.13	-0.03 (0.20)	0.97
1969-1972	0.02 (0.11)	1.02	0.24 (0.10)*	1.27	0.05 (0.06)	1.05	-0.06 (0.11)	0.94	-0.35 (0.20)§	0.70
1965-1968	-0.00 (0.11)	1.00	0.15 (0.10)	1.16	-0.05 (0.06)	0.95	-0.09 (0.11)	0.91	-0.45 (0.20)*	0.64
1960-1964	0.03 (0.10)	1.03	0.04 (0.09)	1.04	0.00 (0.06)	1.00	-0.07 (0.10)	0.93	-0.23 (0.19)	0.79
1950-1959	-0.08 (0.09)	0.92	0.05 (0.08)	1.05	0.05 (0.05)	1.05	-0.01 (0.10)	0.99	-0.23 (0.18)	0.79
1940-1949	-0.10 (0.10)	0.90	-0.03 (0.09)	0.97	0.02 (0.06)	1.02	0.02 (0.10)	1.02	-0.20 (0.19)	0.82
1930-1939	-0.22 (0.10)*	0.80	-0.07 (0.09)	0.93	-0.04 (0.06)	0.96	0.06 (0.11)	1.06	-0.52 (0.22)*	0.59
截距										
τ_1	1.37 (0.18)***		1.05 (0.16)***		0.68 (0.09)***		1.11 (0.15)***		1.00 (0.27)***	
τ_2	3.53 (0.19)***		2.87 (0.17)***		2.48 (0.09)***		2.83 (0.16)***		2.50 (0.27)***	
模型相關資訊										
樣本數	7,915		10,622		33,039		15,402		6,069	
(Nagelkerke) R^2	0.083		0.072		0.081		0.090		0.098	
G^2	592.013		702.520		2447.257		1270.052		550.092	
df	20		21		22		23		24	
p 值	<0.001		<0.001		<0.001		<0.001		<0.001	

資料來源：同表5.1。

說明：1. ***: $p<0.001$；**: $p<0.01$；*: $p<0.05$；§: $p<0.1$（雙尾檢定）。
2. 依變數「政黨認同」：1：泛藍、2：中立、3：泛綠。

伍、代結論：政治學習的政黨支持

本文開始引用 Lazarsfeld、Berelson 與 Gaudet (1944, 27) 的說法，認為：「一個人在政治上的想法是由他所處的社會所決定的」。這個社會特徵，可以是一個人的社會背景，不過，從本研究看來，一個社會的政黨競爭型態，正影響了他們的政黨偏好。

本研究運用政治大學選舉研究中心的調查研究資料，分析民眾在 1996 年後對主要陣營政治支持的持續與變遷，本研究發現：除了 1996 年的低點外，泛綠民眾在 2000-2012 年的認同程度，約在兩成三到兩成七間，變動的情況相對穩定。至於泛藍的支持者的支持程度，約在三成二到接近四成之間。相對而言，無政黨傾向的比例在 1996 年最高，有接近四成五，不過隨著兩黨選舉動員與激烈競爭，無傾向的比例在 2012 年下降至三成四以下。

也因為本研究運用的調查資料樣本數較多，得以就不同選舉世代民眾的政黨支持做較為細緻的分析，本研究發現：在 1996-2004 年的三個總統選舉年，首投族與年輕族群是泛綠政黨的重要支持力量，不過，此一趨勢在 2008 年及 2012 年後消失。泛藍的支持者中，以 1960-1972 年出生者為主，其中，1969-1972 年出生者以及 1965-1968 年出生者為最重要的力量。至於無政黨傾向的民眾，在 1996-2004 年三個年度則以 1949 年以前出生的民眾為主，但是，在 2008 年時，最年輕的首投族（1985-1988 年出生）也有高達四成的無政黨傾向比例。這一出生群體在 2012 年的無傾向比例降低，但仍然高於平均值，後續發展值得注意。如果年輕的選民對於政黨不再支持或是不具備任何熱情，將進一步影響到他們參與政治的意願，也讓臺灣民眾的民主參與出現變化。

本研究進一步控制其他變數，運用順序勝算對數模型分析兩大陣營的社會基礎，本研究發現：男性、小學及以下教育程度、本省籍民眾、居住在南部地區、農林漁牧從業者，是泛綠政黨的重要群眾基礎。相對而言，女性、大陸各省市、軍公教人員與高教育民眾則是泛藍的支持者。不過，

1996年時，大專以上的教育程度者對於泛綠支持度較高，農林漁牧業者對泛藍支持程度較高，此一情況在2004年出現重要變化，大專教育程度者成為泛藍的支持者，農林漁牧業者轉而支持泛綠，我們可以說，在「後李登輝時代」主要政黨的社會基礎出現顯著的變化。

　　本研究認為：隨著臺灣民主的深化，藍綠兩大陣營的支持群眾逐漸穩定，這對於臺灣民主的成熟與政治秩序的穩定，具有一定貢獻。不過，兩大陣營在若干議題上的針鋒相對，也讓臺灣民主政治主要政黨間的理性對話，增添些許變數。

附表1　1996年政黨認同比例分佈

	泛藍	無傾向	泛綠	(N)
小計	41.9%	44.9%	13.3%	(10,984)
性別				
男性	43.8	40.5	15.8	(5,597)
女性	39.9	49.4	10.7	(5,387)
出生年				
1989-1992				
1985-1988				
1981-1984				
1977-1980				
1973-1976	40.9	38.8	20.4	(903)
1969-1972	45.6	40.3	14.1	(1,148)
1965-1968	45.5	38.9	15.6	(1,051)
1960-1964	43.4	41.0	15.6	(1,381)
1950-1959	42.4	43.4	14.2	(2,746)
1940-1949	38.6	49.0	12.5	(1,372)
1930-1939	40.7	50.5	8.8	(1,118)
1912-1929	43.9	49.8	6.2	(931)

	泛藍	無傾向	泛綠	(N)
教育程度				
小學及以下	32.6	58.1	9.3	(3,606)
國、初中	43.2	42.5	14.3	(1,794)
高中、職	47.9	37.3	14.8	(2,959)
專科	50.7	34.6	14.7	(1,296)
大學及以上	45.2	35.9	18.9	(1,220)
省籍				
本省客家	49.1	40.5	10.5	(964)
本省閩南	38.1	46.1	15.8	(6,253)
大陸各省市	73.1	23.9	3.0	(1,023)
原住民	66.0	27.1	6.9	(144)
職業八分類				
軍公教人員	61.0	28.2	10.8	(1,067)
私部門管理階層及專業人員	40.9	40.9	18.2	(1,271)
私部門職員	44.9	39.6	15.5	(1,849)
私部門勞工	34.5	51.7	13.8	(1,525)
農林漁牧	40.3	49.8	10.0	(872)
學生及其他	37.3	51.1	11.6	(3,153)
地理區域				
北部	43.3	42.4	14.4	(4,531)
中部	42.4	46.9	10.6	(2,753)
南部	39.7	45.0	15.3	(3,051)
東部	54.9	36.6	8.6	(268)

資料來源：同表 5.1。

說明：表中數字為橫列百分比（括號內為樣本數）。

附表2　2000年政黨認同比例分佈

	泛藍	無傾向	泛綠	(N)
小計	32.6%	41.3%	26.2%	(11,063)
性別				
男性	33.5	37.0	29.5	(5,593)
女性	31.6	45.6	22.8	(5,470)
出生年				
1989-1992				
1985-1988				
1981-1984				
1977-1980	32.1	31.2	36.7	(1,014)
1973-1976	31.2	33.9	34.9	(978)
1969-1972	35.5	34.9	29.6	(937)
1965-1968	37.3	33.5	29.2	(959)
1960-1964	35.8	38.0	26.2	(1,552)
1950-1959	32.9	41.4	25.7	(2,315)
1940-1949	29.0	48.0	23.0	(1,312)
1930-1939	27.4	54.8	17.8	(1,083)
1912-1929	35.6	48.1	16.4	(697)

	泛藍	無傾向	泛綠	(N)
教育程度				
小學及以下	24.4	55.2	20.3	(3,655)
國、初中	31.1	38.9	30.1	(1,816)
高中、職	38.2	34.1	27.7	(2,997)
專科	41.2	31.7	27.2	(1,311)
大學及以上	36.6	29.9	33.5	(1,235)
省籍				
本省客家	37.9	38.8	23.3	(1,199)
本省閩南	27.5	42.6	29.9	(8,261)
大陸各省市	58.7	32.7	8.5	(1,347)
原住民	56.6	30.3	13.1	(122)
職業八分類				
軍公教人員	46.5	33.4	20.1	(1,155)
私部門管理階層及專業人員	35.1	32.8	32.1	(2,015)
私部門職員	34.4	36.3	29.3	(2,249)
私部門勞工	26.7	48.0	25.3	(2,111)
農林漁牧	21.6	56.2	22.2	(899)
學生及其他	31.4	44.9	23.7	(2,633)
地理區域				
北部	35.3	38.6	26.0	(4,745)
中部	29.6	45.6	24.8	(2,806)
南部	30.2	40.6	29.2	(3,085)
東部	47.5	35.2	17.2	(244)

資料來源：同表 5.1。

說明：表中數字為橫列百分比（括號內為樣本數）。

附表3　2004年政黨認同比例分佈

	泛藍	無傾向	泛綠	(N)
小計	31.8%	41.1%	27.1%	(34,854)
性別				
男性	31.1	38.5	30.4	(17,603)
女性	32.6	43.6	23.8	(17,251)
出生年				
1989-1992				
1985-1988				
1981-1984	30.5	38.3	31.2	(2,993)
1977-1980	30.0	39.1	31.0	(3,188)
1973-1976	33.2	38.2	28.6	(2,962)
1969-1972	36.1	38.0	25.9	(2,844)
1965-1968	37.2	37.6	25.2	(3,698)
1960-1964	34.7	38.7	26.6	(4,005)
1950-1959	31.8	39.9	28.3	(6,579)
1940-1949	28.1	44.3	27.6	(3,712)
1930-1939	26.0	49.4	24.6	(2,817)
1912-1929	33.9	46.8	19.3	(1,321)

	泛藍	無傾向	泛綠	(N)
教育程度				
小學及以下	22.1	52.7	25.2	(8,940)
國、初中	30.1	38.3	31.6	(5,267)
高中、職	35.5	37.3	27.2	(10,464)
專科	39.4	35.6	25.0	(4,712)
大學及以上	36.7	35.5	27.7	(5,267)
省籍				
本省客家	37.7	38.2	24.1	(3,976)
本省閩南	27.0	41.9	31.2	(25,640)
大陸各省市	57.6	33.8	8.5	(3,950)
原住民	53.3	34.7	12.1	(522)
職業八分類				
軍公教人員	47.5	33.1	19.3	(3,494)
私部門管理階層及專業人員	34.1	34.0	32.0	(6,596)
私部門職員	33.9	38.0	28.2	(7,252)
私部門勞工	25.3	47.4	27.3	(6,176)
農林漁牧	19.0	51.7	29.3	(2,622)
學生及其他	30.7	44.5	24.8	(8,716)
地理區域				
北部	35.9	38.7	25.5	(15,018)
中部	30.4	44.7	24.8	(8,674)
南部	26.5	40.6	33.0	(9,793)
東部	43.0	38.9	18.1	(906)

資料來源：同表 5.1。

說明：表中數字為橫列百分比（括號內為樣本數）。

附表4　2008年政黨認同比例分佈

	泛藍	無傾向	泛綠	(N)
小計	38.6%	38.3%	23.1%	(16,280)
性別				
男性	35.8	37.7	26.5	(8,139)
女性	41.3	39.0	19.7	(8,142)
出生年				
1989-1992				
1985-1988	36.9	41.2	21.8	(1,191)
1981-1984	37.2	39.2	23.6	(1,445)
1977-1980	37.3	40.4	22.3	(1,322)
1973-1976	38.6	38.7	22.6	(1,229)
1969-1972	43.6	35.7	20.7	(1,627)
1965-1968	43.3	36.4	20.3	(1,367)
1960-1964	43.0	34.0	23.1	(1,809)
1950-1959	38.5	37.0	24.5	(2,891)
1940-1949	35.7	38.0	26.3	(1,842)
1930-1939	33.4	38.0	28.6	(949)
1912-1929	32.5	53.0	14.4	(381)

	泛藍	無傾向	泛綠	(N)
教育程度				
小學及以下	28.2	48.0	23.8	(3,261)
國、初中	33.9	38.4	27.7	(2,363)
高中、職	41.0	35.8	23.2	(4,827)
專科	46.2	34.0	19.8	(2,247)
大學及以上	43.6	35.0	21.4	(3,488)
省籍				
本省客家	45.1	34.9	20.0	(2,035)
本省閩南	33.5	39.7	26.8	(11,874)
大陸各省市	67.3	27.2	5.5	(1,742)
原住民	55.8	33.5	10.7	(242)
職業八分類				
軍公教人員	51.3	29.4	19.2	(1,704)
私部門管理階層及專業人員	40.4	33.0	26.6	(3,212)
私部門職員	41.3	36.6	22.1	(3,632)
私部門勞工	31.2	42.5	26.4	(2,697)
農林漁牧	23.6	45.7	30.6	(1,032)
學生及其他	38.0	43.3	18.7	(4,004)
地理區域				
北部	42.7	36.2	21.2	(7,108)
中部	38.8	40.3	20.9	(4,159)
南部	31.6	39.5	29.0	(4,435)
東部	50.0	34.3	15.7	(356)

資料來源：同表 5.1。

說明：表中數字為橫列百分比（括號內為樣本數）。

附表5　2012年政黨認同比例分佈

	泛藍	無傾向	泛綠	(N)
小計	39.2%	33.9%	26.9%	(6,440)
性別				
男性	36.3	34.0	29.7	(3,196)
女性	42.0	33.9	24.1	(3,244)
出生年				
1989-1992	42.6	30.4	27.0	(411)
1985-1988	34.8	36.8	28.4	(489)
1981-1984	36.3	35.2	28.4	(531)
1977-1980	36.3	32.1	31.7	(524)
1973-1976	38.9	33.0	28.1	(615)
1969-1972	48.3	28.9	22.8	(501)
1965-1968	47.3	30.5	22.1	(560)
1960-1964	41.1	32.6	26.3	(669)
1950-1959	38.5	33.2	28.4	(1,139)
1940-1949	33.9	37.4	28.8	(605)
1930-1939	39.3	38.5	22.2	(239)
1912-1929	44.4	34.9	20.6	(63)

	泛藍	無傾向	泛綠	(N)
教育程度				
小學及以下	28.4	44.9	26.7	(1,160)
國、初中	32.3	34.4	33.3	(898)
高中、職	41.8	31.1	27.1	(1,882)
專科	47.7	29.3	23.0	(840)
大學及以上	43.5	31.3	25.2	(1,643)
省籍				
本省客家	42.0	30.7	27.3	(792)
本省閩南	34.7	35.2	30.1	(4,623)
大陸各省市	67.5	24.3	8.2	(733)
原住民	42.1	31.6	26.3	(76)
職業八分類				
軍公教人員	56.1	24.6	19.3	(694)
私部門管理階層及專業人員	40.1	28.1	31.8	(1,363)
私部門職員	38.9	34.7	26.4	(1,087)
私部門勞工	32.5	40.4	27.0	(1,417)
農林漁牧	23.1	44.4	32.5	(360)
學生及其他	40.9	34.4	24.8	(1,519)
地理區域				
北部	44.3	31.2	24.5	(2,845)
中部	38.5	37.9	23.6	(1,626)
南部	30.7	34.5	34.8	(1,750)
東部	56.8	18.9	24.2	(132)

資料來源：同表 5.1。

說明：表中數字為橫列百分比（括號內為樣本數）。

●●● **參考文獻** ●●●

I. 中文部分

吳重禮、李世宏，2005，〈政治賦權、族群團體與政治參與：2001 年縣市長選舉客家族群的政治信任與投票參與〉，《選舉研究》，12(1): 69-115。

吳重禮、崔曉倩，2010，〈族群、賦權與選舉評價—— 2004 年與 2008 年總統選舉省籍差異的實證分析〉，《台灣民主季刊》，7(4): 137-182。

林佳龍，1989，〈威權侍從政體下的台灣反對運動——民進黨社會基礎的政治解釋〉，《台灣社會研究季刊》，2(1): 117-143。

------，2000，〈台灣民主化與政黨體系的變遷：菁英與群眾的選舉連結〉，《台灣政治學刊》，4: 3-56。

林宗弘、胡克威，2011，〈愛恨 ECFA：兩岸貿易與台灣階級政治〉，《思與言》，49(3): 95-134。

胡佛、游盈隆，1984，〈選民的黨派選擇：態度取向及個人背景的分析〉，《政治學報》，12: 1-59。

胡克威，林宗弘、黃善國，2010，〈階級政治的復興？台灣的民主轉型與階級投票，1992-2004〉，2010 年台灣社會學年會年度研討會，12 月 4-5 日，台北：輔仁大學。

徐永明、范雲，2001，〈『學作』台灣人：政治學習與台灣認同的變遷軌跡，1986-1996〉，《台灣政治學刊》，5: 1-63。

耿曙、陳陸輝，2003，〈兩岸經貿互動與台灣政治版圖：南北區塊差異的推手？〉，《問題與研究》，42(6): 1-27。

翁秀琪、孫秀蕙，1995，〈性別政治？從民國八十二年台灣地區縣、市長選舉看性別、傳播與政治行為〉，《新聞學研究》，51: 87-111。

陳光輝，2010，〈民主經驗與民主價值——兩個世代台灣大學生之比較〉，《台灣民主季刊》，7(4): 1-45。

陳陸輝，2000，〈台灣選民政黨認同的持續與變遷〉，《選舉研究》，7(2): 39-52。

------，2002，〈政治信任感與台灣地區選民投票行為〉，《選舉研究》，9(2): 65-84。

------，2003，〈政治信任、施政表現與民眾對台灣民主的展望〉，《台灣政治學刊》，7(2): 149-188。

陳陸輝、耿曙，2009，〈台灣民眾統獨立場的持續與變遷〉，載於《重新檢視爭辯中的兩岸關係理論》，包宗和、吳玉山主編，台北：五南圖書。

陳陸輝、耿曙、王德育，2009，〈兩岸關係與 2008 年台灣總統大選：認同、利益、威脅與選民投票取向〉，《選舉研究》，16(2): 1-22。

陳陸輝、陳映男、王信賢，2012，〈經濟利益與符號態度：解析臺灣認同的動力〉，《東吳政治學報》，30(3): 1-51。

陳陸輝、耿曙、涂萍蘭、黃冠博，2009，〈理性自利或感性認同？影響台灣民眾兩岸經貿立場因素的分析〉，《東吳政治學報》，27(2): 87-125。

陳義彥，1994，〈我國選民投票抉擇的影響因素——從民國 82 年縣市長選舉探析〉，《政治學報》，23: 81-132。

陳義彥、蔡孟熹，1997，〈新世代選民的政黨取向與投票抉擇——首屆民選總統的分析〉，《政治學報》，29: 63-91。

陳憶寧，2011，〈探索政治議題感知的世代差異——一個媒介效果的觀點〉，《台灣民主季刊》，8(2): 139-181。

張佑宗、胡克威、朱雲漢，2001，〈低度階級性投票背後的政治意涵：台灣與香港兩地的比較〉，2001 年台灣政治會年會暨『政黨輪替之台灣政治』學術研討會，12 月 15-16 日，台北：政治大學公企中心。

黃秀端，1996，〈決定勝負的關鍵：候選人特質與能力在總統選舉中的重要性〉，《選舉研究》，3(1): 47-85。

黃秀端、趙湘瓊，1996〈台灣婦女近十年來政治態度的變遷——民國七十二年至八十一年〉，《問題與研究》，35(10): 71-95。

游清鑫、蕭怡靖，2007，〈以新選民的政治態度論台灣民主政治的未來〉，《台灣民主季刊》，4(3): 109-151。

楊婉瑩，2007，〈政治參與的性別差異〉，《選舉研究》，14(2): 53-94。

楊婉瑩、李冠成，2011，〈一個屋簷下的性別權力關係對國家認同的影響〉，《選舉研究》，18(1): 95-137。

楊婉瑩、林珮婷，2010，〈她們為什麼投給馬英九？探討 2008 年總統大選的性別差距〉，《選舉研究》，17(1): 91-128。

楊婉瑩、劉嘉薇，2009，〈探討統獨態度的性別差異：和平戰爭與發展利益的觀點〉，《選舉研究》，16(1): 37-66。

劉義周，1994，〈台灣選民政黨形象的世代差異〉，《選舉研究》，1(1): 53-73。

鄭盛隆，2003，〈台灣的階級投票研究：1992~2001〉，國立政治大學政治學系碩士學位論文。

II. 外文部分

Campbell, Angus, Philip E. Converse, Warren E. Miller, and Donald E. Stokes. 1960. *The American Voter*. Chicago: The University of Chicago Press.

Converse, Philip E. 1969. "Of Time and Partisan Stability." *Comparative Political Studies* 2: 139-171.

Dalton, Russell T. 2006. *Citizen Politics: Public Opinion and Political Parties in Advanced Industrial Democracie*. Washington, D.C.: CQ Press.

Evans, Geoffrey. 2000. "The Continued Significance of Class Voting." *Annual Review of Political Science* 2000(3): 401-417.

Glenn, Norval D. 1977. *Cohort Analysis*. Beverly Hills, CA: Sage.

Inglehart, Ronald. 1981. "Post-Materialism in an Environment of Insecurity." *American Political Science Review* 75(4): 880-900.

Lee, Pei-shan, and Yung-ming Hsu. 2002. "Southern Politics? Regional Trajectories of Party Development in Taiwan." *Issues & Studies* 38(2): 61-84.

Lazarsfeld, Paul, Bernard Berelson, and Hazel Gaudet. 1944. *The People's Choice: How the Voter Makes up His Mind in a Presidential Campaign*. New York: Columbia University Press.

Lijphart, Arend. 1984. Democracies: *Patterns of Majoritarian & Consensus Government in Twenty-One Countries*. New Haven: Yale University Press.

Lipset, S. M. 1981. *Political Man: The Social Bases of Politics*. Baltimore: Johns Hopkins University Press.

Lipset, Seymour, and Stein Rokkan. 1967. *Party Systems and Voter Alignment*. New York: Free Pres

6

政黨認同與投票抉擇*

包正豪

* 本文使用的資料全部係採自「2009年至2012年『選舉與民主化調查』三年期研究規劃(III)：2012年總統與立法委員選舉面訪案」(TEDS2012) (NSC100-2420-H-002-030)。「台灣選舉與民主化調查」(TEDS)多年期計畫總召集人為國立政治大學黃紀教授，TEDS2012為針對2012年總統與立法委員選舉執行之年度計畫，計畫主持人為朱雲漢教授；詳細資料請參閱TEDS網頁：http://www.tedsnet.org。作者感謝上述機構及人員提供資料協助，惟本文之內容概由作者自行負責。

壹、前言

　　近廿年來，每逢選舉，台灣社會最常聽到的一句話是「含淚投票」，意指明明不滿意特定候選人，但基於更不想讓其他政黨的候選人贏得選舉，只好勉強將選票投給這無奈卻唯一的選擇。這個社會現象隱喻政黨認同在台灣選民投票抉擇上扮演極其重要的角色，而歷屆重要選舉結果亦不出預料，總是「回歸基本面」，形成藍綠對決的態勢。相關學術研究亦證實政黨認同在選民投票抉擇上的影響力。事實上，自 1990 年以來，國內學術界諸多相關研究，無一否定政黨認同對投票抉擇的影響力（包正豪 2009；何思因 1991；1994；徐火炎 1991；1992a；1993；陳陸輝 2000；2006；陳陸輝與耿曙 2008；陳義彥與蔡孟熹 1997；鄭夙芬、陳陸輝與劉嘉薇 2006）。不過，理論上，政黨認同並非投票抉擇的唯一影響因素。

　　回顧選民投票行為研究理論，1948 年的 *The People's Choice*、1954 年的 *Voting*，以及 1960 年的 *The American Voter* 等三本經典著作，分別從社會學及社會心理學角度來剖析美國選民投票行為，發現政黨認同、議題立場，以及對候選人評價等三項因素，是影響選民投票抉擇的關鍵變數。然而如同前述，在台灣，政黨認同始終被視為影響選民投票抉擇的最關鍵因素，議題部分譬如統獨立場、經濟議題，若非與政黨認同高度相關（陳陸輝 2000），不然就是影響不顯著（王柏燿 2004；徐永明與陳鴻章 2004）。反倒是候選人評價對台灣選民投票抉擇有顯著的影響（林瓊珠 2008；黃秀端 2005；劉念夏 2007），只是相較於政黨認同，其影響力較為薄弱（黃秀端 2005）。

　　然而 2012 總統選舉的情境非常特殊，尋求連任的馬英九總統的聲望幾乎跌入谷底。在面對有清新形象的民進黨籍候選人蔡英文時，從社會輿論的角度來看，非但沒有在位者優勢，連同黨立委候選人亦紛紛與之劃清界線，避之唯恐不及。觀察競選過程，國民黨的競選策略亦儘可能淡化馬英九的角色，改以其夫人周美青為主打，令媒體有「孰為候選人」之譏。於是，社會普遍預期本次選舉的候選人因素將會扮演關鍵角色，但選舉結果卻讓人「意外」，即便是在三角競爭當中，馬英九仍以 51.60% 的過

半數得票擊敗蔡英文 (45.63%) 和宋楚瑜 (2.77%)。如此看來，一個直觀的「結論」似乎已經呈現：政黨認同／藍綠對抗決定選舉結果。日後，我們似乎也不需要再討論政黨認同對投票抉擇的影響，只要憑藉政黨認同這個變數就能解釋台灣選民的投票行為了，前述「含淚投票」儼然成為此一「結論」的最佳註解。

但從另一個角度來看，2012 年總統選舉卻是自 1996 年總統直選以來投票率最低的一次，僅達 74.38%。同時，從馬英九兩次參選總統的得票率與得票數來看，也都大幅度縮水。得票率從 2008 年的 58.45% 降為 2012 年的 51.60%；2008 年的大勝 221 萬票，更是銳減到 2012 年的不足 80 萬票。這種鉅幅變化，顯然不是政黨認同這個長期性的心理依附而屬於個人價值與信仰體系當中重要一環的因素所能完全解釋的。既然政黨認同不輕易變動，屬於高度穩定的政治態度。Campbell 等 (1960, 166) 甚至指稱政黨認同是一輩子的承諾 (a life-long commitment)。而台灣本土研究亦發現台灣選民政黨認同相對穩定的同時（陳陸輝 2000；盛杏湲 2010），2012 年總統選舉台灣選民的投票抉擇到底主要是受到政黨認同，亦或是其他因素的影響，便有待我們進一步探索，以釐清政黨認同對於投票抉擇的解釋力到底為何？

有鑑於此，承續《2008 年總統選舉：論二次政黨輪替之關鍵選舉》當中對政黨認同與投票抉擇的討論，本文擬繼續探索政黨認同對 2012 總統選舉選民投票行為的影響。首先，透過回顧相關文獻，扼要簡述近年來政黨認同的研究發現與理論爭議，並藉以闡明本文的研究背景與動機。其次，本文將鋪陳理論架構，設定研究分析模型，並說明分析邏輯與步驟。其後，除檢證完整研究模型以觀察諸項因素對投票抉擇的影響，並將嘗試以類似「實驗設計」的方式，藉由分離個別自變數的操作程序，透過多重比較來釐清政黨認同此一變數對投票抉擇研究模型解釋力高低的影響，以期從不同角度來討論政黨認同與投票抉擇之間的關係。最後，筆者將摘述研究發現與限制於結論。

貳、政黨認同相關文獻回顧

Campbell 等人 (1960) 建構社會心理學研究途徑 (social psychological approach) 的分析架構（即「漏斗狀因果模型」，funnel of causality），其強調個人內在的人格特質、價值體系和政治態度會形塑其政治意見、投票行為和政治參與。研究結果發現，影響選民投票行為的因素可區分為長期和短期等兩類因素。政黨認同被認為是影響投票抉擇之長期且穩定的「心理依附」(psychological attachment) 因素。此外，政黨認同本身對於選民其他政治態度的形成有重大影響。主要是因為政黨認同就如同一副有色眼鏡，使選民對相同的現實世界有不同的評價與看法，於是短期因素如選舉期間所關注的政策議題和候選人的表現等，都將受到政黨認同的影響，而使不同政黨認同的選民針對相同政治現實做出不同的詮釋與評價。[1]

自 *The American Voter* 之後，以政黨認同為選民自我認知特質之一，具有長期且穩定的效應，用以解釋個人政治態度與投票行為形成的觀點，為後續研究者所普遍運用。台灣亦不例外，早自 1987 年民進黨甫成立，台灣開始有兩黨政治雛型之際，劉義周（1987）即開始實際測量政黨認同概念，並運用於台灣選舉投票行為研究。而後政黨認同儼然成為台灣選舉研究的核心概念，為後續本土研究所普遍採用分析，並有相當實證研究發現支持論證。然而隨著相關討論日漸廣泛與深入，借鑒美國兩黨政治體系下所發展出的政黨認同概念和測量方式，是否適用於台灣政治環境，引發學者研究興趣。

多數學術文獻採取個體調查研究方式蒐集選民態度資料，而經常使用「美國全國選舉研究」(American National Election Studies, NES) 所發展的問卷題目與量表來測量政黨認同（吳重禮與許文賓 2003, 106）。是類測量方式屬於「單一面向」的測量，且蘊含著「遞移性」(intransitivity) 與「敵對假設」(hostility hypothesis)，意指選民的認同對象只會是單一政黨，而在兩黨體制之下，強烈認同 A 政黨者必然較其他程度（普通、有點）認同

---

[1]　本段敘述的主體係引自包正豪（2009）的論文。

A 政黨者，乃至於獨立選民，更為支持 A 政黨。在另一個方向，強烈認同 B 政黨者必然較其他程度（普通、有點）認同 B 政黨者，乃至於獨立選民，更為支持 B 政黨。因此，透過這樣的測量，我們可以繪出政黨認同的光譜，獨立選民居中，而往兩側延伸，隨認同程度遞移到最強烈的認同者。渠等在政黨認同光譜上的相對位置，也就標示著他們對於所認同政黨的支持程度，以及反向厭惡另一相對政黨的程度（敵對假設）。

　　NES 的政黨認同測量方式明顯地僅適用於美國式的兩黨政治體系，而較不適用於多黨體系的國家。就台灣而言，自 1986 年民進黨成立到 1995 年新黨站穩腳步，短短十年間，台灣就從一黨獨大的威權政體，轉為略帶兩黨政治雛型，而邁向三黨體系。再經歷 5 年的快速政治變遷，又從三黨轉變成為多元政黨體系。台灣選民的政黨認同自然亦隨之變化。特別的是，台灣選民的政黨認同，主要源於長期的社會分歧（徐火炎 1992b；吳乃德 1993；1995），與歐洲多黨體系比較類似，而與美國長期穩定並採取單一選區相對多數決選舉制度的情境不合，致使在概念與測量上都應進行若干修正（何思因 1990；1994；何思因與吳釗燮 1996）。

　　何思因與吳釗燮（1996）首先利用 1995 立委選舉實證資料，在三黨並存（國民黨、民進黨、新黨）的政治情境下，分別測量民眾對於各黨的喜好程度與正負面評價，嘗試以多面向測量方式來建構台灣選民的多元面向政黨認同概念。研究結果發現，雖然因為分類組合高達 27 種，在樣本有限的狀況下，無法做更深入的分析，但是修正過後的政黨認同測量方式能夠比較周延地分析台灣選民的政黨認同，並發現台灣存在著負面政黨認同的選民 (16.5%)。Yu (2004) 則以 TEDS 2001 立委選舉實證資料，同樣在三黨並存（國民黨、民進黨、親民黨）的政治情境，分析台灣選民的政黨認同方向與強度。其研究結果雖然因為在強度的分類上較不細緻，致使無法檢測遞移性，但確實發現政黨認同的強度與投票抉擇高度相關。同時指出國民黨與親民黨政黨認同者之間會有雙重認同的情形，而影響國親兩黨之間的選舉合作與競爭。

　　自此之後，有關台灣選民政黨認同測量的研究，便往兩個方向發展。一是維持傳統正面政黨認同的觀點，因應社會政治變遷，改以藍綠對

立下的政治環境條件來建構單一面向的藍綠政黨認同測量方式（蕭怡靖2009）；另一方面則是跳脫窠臼，從負面政黨認同著手，認為台灣政黨認同的形成過程受到社會分歧，如國族認同、族群意識、歷史造成的社會隔閡和民主化運動的動員等影響，在區分你群與我群的過程當中，自然形成對特定政黨的厭惡感（莊淑媚與洪永泰2011）。因此，在藍綠對抗的政治情境下，所謂認同特定政黨，很可能只是因為厭惡其他特定政黨的外顯反應而已。

　　這兩種發展方向雖然看似不同，一是正面傳統政黨認同，另外則是從負面政黨認同著手。但兩者均擷取到社會政治變遷的脈動，順應台灣政黨體系已經轉變成為藍綠兩極的環境，嘗試建構單一面向的藍綠政黨認同測量方式，同時也都嘗試檢驗新測量方式是否具備遞移性。根據兩篇論文的研究結果，雖然因為使用資料不同，而無法直接比較孰優孰劣，但兩種測量方式所得到的政黨認同不認同變數都發現與選民投票抉擇有相當高的關聯性，單一面向的強弱度也證實對選民投票抉擇有更佳的遞移性。只是這兩種政黨認同測量方式的驗證，都還停留在單次橫斷面的討論，[2]目前尚未有其他研究接續探索，這兩種新測量方式所測得的政黨認同／不認同變數對於投票抉擇的影響，是否同樣適用於不同的選舉當中？

　　遺憾的是，目前特定政黨不認同的測量尚未被主要調查計畫所使用，致使沒有相關研究資料可供利用。然而本章作為《2012年總統與立法委員選舉：變遷與延續》當中探討政黨認同與投票抉擇之間關係的部份，鑒於《2008年總統選舉：論二次政黨輪替之關鍵選舉》當中使用傳統政黨認同分類，侷限於分類性質，只區分藍綠的基本分野，解讀空間過於狹隘，又不曾考慮遞移性問題以致研究不足。因此，本文乃嘗試延伸蕭怡靖（2009）的研究邏輯與成果，以單一面向的「藍綠政黨偏好程度」作為測量政黨認同的變數，將之應用於2012年總統選舉調查資料分析之上，探

2　蕭怡靖（2009）係使用TEDS2004立委選舉調查資料以為實證分析資料來源，莊淑媚與洪永泰（2010）則是以該研究自行進行的電話調查資料為變數建構資料來源，再以2004立委選舉政黨票、2004總統選舉得票，以及2008總統選舉得票的總體資料作為變數效度測定之對象。

索新測量方式所獲得的政黨認同變數是否能更有效地解釋台灣選民的投票抉擇行為。

參、研究方法

　　本研究旨在了解政黨認同對於選民投票抉擇的影響，所使用的實證資料係為「2009年至2012年『選舉與民主化調查』三年期研究規劃 (III)：2012年總統與立法委員選舉面訪案」(TEDS2012)（2012總統選舉獨立樣本部分），而其資料已經經過「多變數反覆加權法」(raking) 加權。加權後樣本結構（性別、年齡、教育程度、地理區域）與母體（台灣地區年滿廿歲以上成年人）無差異。為探討政黨認同對選民投票抉擇的影響，作者將根據相關理論架構，選取解釋變數。然後建構僅包含社會人口變數的「二元 logistic 迴歸模型」(binary logistic regression model) 的基本模型，做為比較基礎。而後分別投入其他解釋變數，分別觀察不同解釋變數所建構的研究模型的模型解釋力，藉以區辨各解釋變數對於投票抉擇研究模型的貢獻。最後對依據前述類似實驗設計方式所建構的完整模型，加以檢證。

　　本文之依變數為投票抉擇，意指選民在2012年總統選舉時的投票對象。2012年總統選舉為三角競爭，共有國民黨馬英九、民進黨蔡英文，以及親民黨宋楚瑜等三位候選人。換言之，依變數共有三個選項。因此，理論上應採取「多項勝算對數模型」(multinominal logit model) 進行檢證。然而，2012年總統選舉雖表面上為三角競爭，但親民黨宋楚瑜僅扮演極度邊緣化的角色，競選焦點仍在國民兩黨的候選人。此外，宋楚瑜得票僅占有效票的 2.77%，對最終選舉結果無實質影響。誠如前開文獻所論及，在單一席次選舉當中，藍綠二元政黨認同較諸個別政黨認同更具解釋力，輔以 TEDS2012 調查當中發現，親民黨認同者的比例僅佔全體選民的 1%，而在 TEDS2012 之中的合格樣本更只有 19 個（見表 6.1）。投票支持宋楚瑜的樣本數雖然倍增，但也只有 38 個（見表 6.2）。在個案數過少的情形

下，若勉強將其納入研究模型，所得出的統計估計係數有不穩定的風險，進而影響整體推論。鑒此，本文在建構依變數時，即將宋楚瑜這個選項排除，將投票抉擇設定為馬英九與蔡英文兩類。因而在研究模型的選擇上改採「二元 logistic 迴歸模型」作為主要分析工具。

表 6.1　2012 年選民政黨認同次數分配

政黨認同	次數	百分比
國民黨	726	39.76
民進黨	517	28.31
新黨	13	0.71
親民黨	19	1.04
台聯	16	0.88
中立無反應	535	29.30
總計	1,826	100.00

資料來源：TEDS2012，所有數據係筆者自行計算所得。

表 6.2　2012 年總統選舉選民投票抉擇次數分配

投票抉擇	次數	百分比
蔡英文	550	30.12
馬英九	840	46.00
宋楚瑜	38	2.08
無反應	398	21.80
總計	1,826	100.00

資料來源：TEDS2012，所有數據係筆者自行計算所得。

　　根據社會學研究途徑 (sociological approach) 的觀點，政治態度經常取決於個人的社會特徵。歷來台灣選民行為研究亦顯示，屬於特定團體的成員擁有高度同質性，在政治態度與行為的表現上，團體成員亦呈現高度的類似性。鑒此，依循同樣的理論假設，本文將首先建構僅包含社會人口變數的基礎模型，這些社會人口變數包括性別、年齡、教育程度、省籍，以及地理區域。之所以挑選這五個社會人口變數作為基礎模型所納入的解釋變數，不僅是因為這些變數受到政治行為研究理論所重視，也是因為過去相關研究，特別是台灣本土個案的研究，普遍均發現這些個人社會特徵確實對政治態度與行為有影響。[3]更重要的是，以此五個社會人口變數所組成的基礎模型，即為單純個人社會特徵對投票抉擇的影響，將在後續統計分析模型當中，扮演控制變數的角色。換言之，當逐項投入其它政治態度變數後，除可以觀察不同解釋變數組合而成的統計分析模型之模型解釋力，用以評估模型本身是否能有效解釋投票抉擇外，而在控制社會人口變數之後，更能觀察該解釋變數對投票抉擇本身的影響力為何。

　　根據社會學研究途徑觀點建構基礎模型後，本文將借鑒社會心理學研究途徑的觀點，在統計分析模型當中納入政黨認同、族群意識、統獨立場、情感溫度計 (feeling thermometer) 等四項政治態度變數。其中政黨認同對台灣選民投票抉擇的影響，已於前文討論。因為藍綠政黨認同變數的解釋力高過多元政黨認同變數，同時在單一席次選舉當中，同屬泛藍（或泛綠）陣營的其他小黨支持者，是非常可能在投票抉擇上選擇同一陣營較有機會當選的候選人，而不必然是本身政黨的候選人。因此，納入模型的變數是，選擇考慮認同強度的「藍綠政黨偏向」變數，以取代過去研究常使用，但未考慮強度的「政黨認同」變數。其次，族群意識在台灣是重要的社會分歧（盛杏湲與陳義彥 2003；鄭夙芬 2007；蕭怡靖 2009），而早期相關研究更發現，統獨立場有明顯的族群差異，台灣選民極容易被該項議題所動員，特別是自 1991 年起統獨議題躍上政治檯面，即主導其後的

---

[3]　有關社會人口變數對政治態度與行為的探討，國內相關研究均普遍提及或有專門論述。因此，本文便不再贅述，意者可參考吳重禮與許文賓（2003）、陳陸輝（2000）有詳盡討論。

台灣政治，且影響力持續不衰（徐火炎 1992b；1998；盛杏湲 2002；盛杏湲與陳義彥 2003）。然而近年來台灣政治局勢丕變，自居為中國人的選民比例巨幅下降，贊成統一者銳減，台灣人意識高漲，而傾向獨立者有日漸增加的趨勢。因此，族群意識和統獨立場是否還如同民主化初期一般，仍為重要的社會分歧，並為政黨或政治人物用以做選舉動員的利器，且對選民投票抉擇有關鍵影響，值得我們重新審視。

　　至於情感溫度計，所指涉的是：對候選人的整體評價，而其與投票抉擇之間的關係，早於 1980 年代中期即有相關研究討論，並得到正向影響的結論。這些研究主張，在選民的思維結構內已經存在一種對候選人評估的圖像，此種圖像會影響選民對候選人的情感，也就是對候選人的整體評價，而會進一步影響選民的投票行為（Kinder and Sears 1985; Miller, Watternberg, and Malanchuk 1986；盛治仁 2000；黃秀端 2005；鄭夙芬、陳陸輝與劉嘉薇 2006），而這種對候選人評價會影響投票抉擇的選民思維邏輯是跨越國界與時間適用的 (Bean 1993)。[4] Watternberg (1991) 提出，當今美國政治已經轉型成為「以候選人為中心的政治」(candidate-centered politics)。使得競選過程往往脫離了以政黨為訴求的主軸，而聚焦於候選人本身。這些競選主軸創造了對候選人的政治認同，而獨立於政黨的形象。雷根總統則創造了新的典範，帶來新的候選人為中心的政治，使得候選人本身成為政黨的化身。雖然後來 Watternberg (2004) 根據美國總統選舉結果，修正其原本觀點，認為影響選舉的關鍵因素是候選人本身所處的議題立場而非人格特質。[5]但其早期研究發現卻頗類似台灣近年來的政治現象，政治明星本身成為政黨的化身，甚至凌駕政黨之上，而有「一人敵一黨」的說法。因此，Watternberg (1991) 的研究假設或能應用於台灣選舉政治，值得進一步的觀察與分析。

　　綜合以上論及之相關理論與研究經驗，本文將首先回顧 1996-2012 年

4　Bean (1993) 的研究只涉及澳洲及紐西蘭，因此其所謂的跨國界與時間，事實上指的是澳紐兩國而已。

5　關於情感溫度計與投票行為之間的理論探討，特別是Watternberg理論假設轉換的過程與影響，可參閱黃秀端（2005）的討論。

16 年來台灣選民政黨認同的持續與變遷，並將對 2012 年總統選舉當中，選民政黨認同和其他社會人口與政治態度變數對於投票抉擇的影響差異做初步分析。再以投票抉擇為依變數，先建立僅包含社會人口變數（性別、年齡、教育程度、省籍、地理區域）的基礎模型，做為比較基礎。然後建立四個次要模型，為基礎模型，分別加上族群意識、統獨立場、情感溫度計，以及政黨認同（藍綠政黨偏向）。透過比較四個模型的整體顯著性與模型解釋力（準決定係數，pseudo coefficient of determination, pseudo R^2），來觀察這四個政治態度變數對投票抉擇模型解釋力的貢獻差異，藉此釐清孰為影響 2012 年總統選舉選民投票抉擇的關鍵因素。[6]此外，根據此一模型解釋力比較結果，本文將再建立一個完整模型，納入所有解釋變數，透過整體性的分析來評估每個解釋變數的實質影響。至於相關變數之重新編碼，請見附錄一。

肆、政黨認同的持續與變遷與2012年總統選舉投票抉擇的初步分析

　　選民政黨認同的趨勢變化，其實彰顯台灣政黨體系處於動態變動的情況（陳陸輝與耿曙 2008, 91-92）。然而當我們細部觀察近廿年來選民政黨認同的變化情形，可以同時觀察到「持續」與「變遷」兩種現象並存。「持續」的部份在於民進黨政黨認同者的穩定。從表 6.3 的數據來看，2000 年總統選舉可謂「關鍵性選舉」(critical election)。民進黨陳水扁以相對多數當選總統，終結國民黨對台灣超過半世紀的統治之後，Key (1955) 所提到的「明顯而持續性的政黨選民重組」(sharp and durable electoral realignment between parties) 便在台灣出現。所以我們觀察到，民進黨政黨認同者的比例自 1996 年的 18.8%，躍升近 9 個百分點 (8.8%)，而來到

6　根據Nagelkerke (1991) 的歸納，準決定係數與R square的定義相一致，而可以被理解為變異中被解釋的比例，轉引自王濟川與郭志剛（2004）。

27.6%。之後，民進黨政黨認同者的比例便一直穩定維持在 28% 上下。

　　至於「變遷」的部份，則是呈現於國民黨的分裂與再整合。自 1996 年新黨自國民黨分裂而出，台灣正式進入多黨政黨體系。新黨的出走對國民黨的政黨認同影響，雖然明顯（10% 的選民改向認同新黨），但對國民黨的影響著實有限，還是有近半數 (46.4%) 的台灣選民自認為是國民黨政黨認同者。而後 2000 年的政黨輪替，又再度撕裂國民黨，而有親民黨與台灣團結聯盟的新生。國民黨政黨認同者的比例陡降為 15.5%。然而國民黨的分裂並非自 1996 年始，而應該要回溯到 1988 年威權強人蔣經國的去世，因為權力繼承所造成的黨內鬥爭而埋下俟後分裂的種子 (Pao 2005, ch.5)。回顧國民黨威權政體民主化與黨內分裂的長期過程（自 1988 年起），可以觀察到原本社會支持基礎廣泛的國民黨，因為省籍、教育程度、年齡，以及統獨立場等等特質的分野，經過持續的選舉動員，使得原本國民黨的認同者，雖然仍「披著國民黨外衣」，實質上卻已經形成不同政治支持群體，而替新的政黨認同結構打下基礎。所以，國民黨的裂解過程並非一夕之間發生，而是漸進轉換的（Pao 2005, ch.5; 包正豪 2009, 155）。

　　但值得注意的是，在同一時間的調查結果顯示，表態為中立選民的比例卻大幅攀升，從 1996 年的 24.5%，遽增為 44.0%，近 20% 的選民一夕之間拋開原有政黨認同而改變成為中立選民。輔以觀察到新黨政黨認同者的快速流失（從 1996 年的 10.3% 到 2000 年的 0.6%），而後轉向成為親民黨政黨認同者（2000 年甫成立即有 12.3%）。我們有理由相信，這近 20% 的「中立選民」其實並不中立。只是在國民黨痛失政權後，隱藏而不願表態自身的政黨認同。支持這個推論的側面證據在於，自 2004 年國親合作推出連戰、宋楚瑜搭檔參選總統後，隨著歷次選舉國民黨／泛藍勝選次數愈來愈多時，國民黨政黨支持者的比例開始緩步回升，在 2012 年回到近四成，幾乎與 1996 年的水準並駕齊驅。伴隨此一現象的是，中立選民比例的逐步下落，而在 2012 年下降到三成以下。還有便是新黨、親民黨政黨認同者的快速消退。關於這個現象，已經有實證研究證明，台灣選民的政黨認同之變遷其實是侷限在議題相近的政黨聯盟內部，由小黨轉向大黨或是轉向中立（盛杏湲 2010；陳光輝 2009）。

表 6.3　1996 至 2012 年選民政黨認同變遷情形（以政黨區分）

政黨認同	1996		2000		2004		2008		2012	
	次數	百分比	次數	百分比	次數	百分比	次數	百分比	次數	百分比
國民黨	584	46.4	183	15.5	379	20.8	670	35.2	726	39.8
民進黨	236	18.8	326	27.6	523	28.7	530	27.8	517	28.3
新黨	130	10.3	7	0.6	9	0.5	14	0.7	13	0.7
親民黨			145	12.3	158	8.7	19	1.0	19	1.0
台灣團結聯盟					47	2.6	14	0.7	16	0.9
中立無反應	308	24.5	520	44.0	707	38.8	659	34.6	535	29.3
總計	1,258	100.0	1,181	100.0	1,823	100.0	1,905	100.0	1,826	100.0

資料來源：1996-2008 年的資料係引自包正豪（2009, 153），2012 年的資料則是 TEDS2012，所有數據係筆者自行計算所得。

　　由是可知，自 1996 年迄今，台灣政黨體系雖然一再解組重組，但仍不脫泛藍／泛綠兩大分野。因此，關注多元政黨認同（國民黨、民進黨、新黨、親民黨、台灣團結聯盟）雖然重要，但在選舉實務上，特別是在解釋政黨認同在單一席次選舉當中對選民投票抉擇的影響時，區分藍綠，遠比觀察個別政黨來得有效。而且如同文獻檢閱所討論的，納入強度考量之後的新政黨認同測量方式，有很好的信度與效度，並符合「遞移性」的理論假設。而在實際應用上，考慮藍綠立場與強度的政黨認同變數與選民投票行為相當一致，有更高的關連性（莊淑媚與洪永泰 2011；蕭怡靖 2009）。鑒此，本文選定前述社會人口與政治態度變數，與投票抉擇進行「雙變數交叉分析」，初步檢驗考量藍綠立場與強度的政黨認同變數與其他社會人口或政治態度變數，對台灣選民 2012 年總統選舉投票抉擇的影響差異。[7]

---

[7]　雖然本文所設定的依變數（投票抉擇）是排除宋楚瑜後的兩人對決，於正文內容的分析討論也將以兩人對決為主。但為方便讀者比較，於附錄二之附表2，同時也提供三人對決時的雙變數交叉分析結果。根據附錄二之附表2。除了20-29歲年輕人（個案數11）、藍綠偏向為中立者（個案數17），以及對馬蔡情感溫度差距為無差異和稍微偏向蔡英文者（個案數均為9），相對特別支持宋楚瑜外，在其他絕大多數的情形下，宋楚瑜因素都不顯著（調整後殘差大於1.96或小於-1.96）。換言之，無論是社會人口變數

　　根據社會學研究途徑的觀點，個人政治偏好經常取決於個人社會特徵。因此，本文以「投票抉擇」為依變數，分別交叉性別、年齡、教育程度、省籍、地理區域等五個社會人口變數，如附錄二之附表 1 所示。交叉分析結果發現，藉由卡方檢定，在 95% 的信心水準之下，這五個變數並不全然與 2012 年總統選舉選民投票抉擇顯著相關。性別、年齡、教育程度等三項變數與投票抉擇之間的相關關係均為不顯著，只有省籍與地理區域兩個社會特徵，在統計係數上得到顯著的結果。不過，雖然在統計上未達顯著水準（性別之顯著性為 .080，而年齡為 .072，均接近 .05 的水準），但仍可觀察到性別與年齡兩項社會人口變數與投票抉擇之間的潛在關係。譬如女性相對比較傾向支持馬英九，而 20-29 歲的年輕人則是特別支持蔡英文。至於教育程度的差異則對投票抉擇沒有明顯的影響，只有專科程度的選民相對比較支持馬英九。

　　至於省籍與地理區域對投票抉擇的影響方向，本省客家人與大陸各省市人比較傾向投給馬英九，而支持的力道上來看，大陸各省市人（調整後殘差 10.18）又比本省客家人（調整後殘差 2.64）更顯著。至於本省閩南人則比較傾向投給蔡英文（調整後殘差 9.83）。地理區域部分，東部與中部的選民在投票抉擇上都無非常明顯的差異，反倒是北部與南部出現南轅北轍的對立狀況。北部地區選民相對支持馬英九，而南部地區選民相對支持蔡英文，同時在支持力道上面，南部挺蔡的力量要高過北部挺馬的力量（前者調整後殘差為 5.14，後者為 3.39）。這些數據呈現結果與過往研究經驗若合符節，並未超出想像之外。比較值得注意的是，東部地區選民過往經常被視為是泛藍鐵票區，但 2012 年選舉結果卻顯示這個優勢不再顯著，突顯出東部選民的投票抉擇行為有了變化。[8]而從投票選擇和地理區

　　或是政治態度變數都觀察不到與投票給宋楚瑜之間的相關關係。這也是為何本文在設定依變數時，採取排除宋楚瑜後的兩人對決的理由之一。

8　所謂「東部地區」，一般習慣指涉的是花蓮縣與台東縣，至於宜蘭縣，則頗為尷尬。在地理位置上，宜蘭縣屬台灣東部，殆無疑問。但宜蘭縣選民行為與花東兩縣有非常明顯的差異。若將宜蘭縣歸類為東部地區，則會因為宜蘭縣選民數較多而稀釋掉花東兩縣選民的影響。若將宜蘭縣劃歸北部地區，那宜蘭縣偏綠的選民行為表現又會被北部泛藍選民給稀釋掉。不過，過往研究經驗顯示，即便將宜蘭縣劃歸東部地區進行分

域的交叉分析結果來看，所謂「北藍南綠」或「南方政治」的論斷，似非無端。

　　如前所述，除了個人社會特徵之外，政治態度也是影響選民投票抉擇的重要因素。在此，本文以過去長期為台灣社會重要分歧的族群意識和統獨立場，以及曾被視為對投票行為影響最大的政黨認同和候選人評價等四個政治態度變數，來檢證政治態度與投票抉擇之間的關係。附錄當中有關政治態度變數部分的數據顯示，族群意識、統獨立場、藍綠偏向（政黨認同）、馬蔡情感溫度差距（候選人評價情感溫度計）等政治態度變數均與選民投票抉擇顯著相關。[9]自認為是「台灣人」的選民傾向將選票投給蔡英文，而自認自己「同時是台灣人，也是中國人」的選民則是比較支持馬英九。至於自認為「中國人」者，則也是比較傾向把選票投給馬英九。換言之，一個排斥中國人認同的純粹台灣人意識者，是蔡英文主要支持對象與來源。馬英九則比較能夠獲得具有中國人意識者（即便這樣的意識並不一定需要是純粹的中國人意識）的支持。從這樣的角度來看，有鑑於純粹中國人意識者為選民當中的極少數，當可忽略不計。那麼族群意識做為區辨選民類別的差異，便在於排他性的台灣人意識和兼容中國人認知的台灣人意識之分野。

　　在統獨立場方面，根據過去研究經驗，抱持統一立場者必然傾向支持國民黨／泛藍候選人，而抱持獨立立場者則投往民進黨／泛綠候選人的懷抱。至於主張維持現狀者，普遍企求安定，而會比較傾向國民黨／泛藍。附錄二之附表1的數據證實了過去研究發現仍然適用於2012年總統選舉。

　　至於藍綠偏向（政黨認同）和馬蔡情感溫度差距（候選人評價／情感溫度計）這兩個政治態度則完全符合理論上「遞移性」的要求，無論是藍綠偏向或是馬蔡情感溫度差距，從強烈支持泛藍到中立，再自中立到強烈

析，整體東部選民行為還是相對偏向泛藍。但本文所得之統計結果為不顯著，某種程度而言，確實意味著泛藍選舉支持的鬆動。

9　「雙變數交叉分析」適用於兩個類別變數之間，馬蔡情感溫度差距是連續變數，因此在進行交叉分析之前，本文先將其依照藍綠偏向的歸類，以對馬蔡喜好程度無差異為中點，而將其分為九類。嗣後從事迴歸分析時，將再還原為連續變數處理。

支持泛綠；或是從強烈喜歡馬英九（相對地，就是非常不喜歡蔡英文），到對兩人評價不分軒輊，再到強烈喜歡蔡英文，選民支持對象的比例便開始同步變化。舉例而言，99.35%的強烈偏向泛藍之選民都將選票投給了馬英九，而後普通偏向泛藍的選民則有97.91%都將選票投給了馬英九，一直到對馬英九的惡感高過對蔡英文的喜好之後，將選票投給蔡英文的比例便開始節節升高，從稍微偏向泛綠的89.13%，到有點偏向泛綠的93.42%，再到普通偏向泛綠的96.51%，直到99.09%的強烈偏向泛綠選民都將選票投給蔡英文。與之相似的是，同樣地完美分類亦呈現在候選人情感溫度計上。[10]

　　藉由附錄二之附表1的交叉分析，我們初步了解社會人口變數和政治態度變數與投票抉擇之間的相關關係，多數與過去研究經驗相符合。但交叉分析只能夠告訴我們，這些解釋變數與投票抉擇確實顯著相關，但到底如何影響，影響多大？則非「雙變數交叉分析」所能告訴我們的。有鑑於此，本文將進一步進行整體性分析，透過與其他變數相比較，去釐清每個變數對於投票抉擇的影響為何？然而在進入整體性迴歸分析之前，本文擬先討論，用這些與投票抉擇顯著相關的政治態度變數所建構的迴歸模型，到底能否有效解釋投票抉擇？換言之，在分析個別變數影響之前，我們應當要先知道這些模型是否有用。

伍、迴歸分析結果與討論

　　為了測量政治態度變數對於投票抉擇分析模型的影響，本文首先建構五個比較模型（以投票抉擇為依變數的 binary logistic regression model），

10　根據附錄二之附表1的數據，98.85%的普通喜歡蔡英文選民會將選票投給蔡英文，但「只有」98.46%的強烈喜歡蔡英文選民會將做同樣的投票抉擇。雖然看似差異不大，但這違反了「遞移性」的理論假設。然而這是因為本文將依變數視為排除宋楚瑜之兩人對決的關係。如果我們看到附錄二之附表2（三人對決）的雙變數交叉分析結果，便可以觀察到候選人情感溫度計確實有效地將選民分類。

分別是僅包含社會人口變數（性別、年齡、教育程度、省籍、地理區域）
的基礎模型 A；而後是模型 B：社會人口變數＋族群意識；模型 C：社會
人口變數＋統獨立場；模型 D：社會人口變數＋藍綠政黨偏好；以及模型
E：社會人口變數＋候選人情感溫度計。上述五個模型的整體模型顯著性
與準決定係數值列於下表 6.4，由數據可知，雖然所有模型的整體顯著性
均達到顯著水準（小於 .001），但模型彼此之間的解釋力差異很大。觀察
各個模型的 Nagelkerke R 平方值，僅包含社會人口變數的基礎模型 A 只能
夠解釋 0.156 (15.6%) 的投票抉擇，而最高的則是模型 E（不考慮完整模型
F 之情形下），即社會人口變數加上候選人情感溫度計，能夠解釋 82.4%
的變異量。至於本文所關注的政黨認同，從模型 D 來看，社會人口變數加
上藍綠政黨偏好，對於投票抉擇的變異量解釋程度達到 80.1%，近略遜模
型 E 約 2.3%。至於過去被認為是主導台灣政治的族群意識與統獨立場，
從模型 B 與 C 來看，兩者均只能夠解釋 31.5% 上下的變異量。相較於藍
綠政黨認同或是候選人情感溫度計，族群意識與統獨立場對於選民投票抉
擇行為的影響力已經大幅衰退，遠遠不如過往。

表 6.4　投票抉擇模型解釋變異量比較

模型類別	模型 卡方值	整體模型 顯著性	Nagelkerke R Square
模型 A＝社會人口變數	169.7	0.000	0.156
模型 B＝社會人口變數＋族群意識	370.1	0.000	0.316
模型 C＝社會人口變數＋統獨立場	367.7	0.000	0.315
模型 D＝社會人口變數＋藍綠政黨偏好	1245.4	0.000	0.801
模型 E＝社會人口變數＋候選人情感溫度計	1305.2	0.000	0.824
模型 F＝社會人口變數＋政治態度變數	1487.0	0.000	0.885

資料來源：TEDS2012，所有數據係筆者自行計算所得。

　　換言之，在這樣的情形下，設計或建構單純仰賴族群意識或統獨立場為主要解釋變數的迴歸模型，縱使整體顯著性過關，而各解釋變數對投票抉擇影響的參數也被估計出來，似乎我們便可以依據參數值高低，開始論述類似「具有台灣人意識的選民投給馬英九的機率是投給蔡英文的 0.23 倍」這樣的發現。如果今天這個模型只能解釋投票抉擇 31.6% 的變異量，還有 68.4% 的變異是這個模型所無法解釋的時候，前面所提到的論述之實質意義為何？頗值得深思。因此，比較五個模型（模型 A 到 E）後，我們可以初步確定，政黨認同與候選人情感溫度計是最能夠解釋投票抉擇的兩個變數，而必須存在於模型之中，方能使該模型有意義，能解釋大部份的投票抉擇之變異量。

　　在確認藍綠政黨偏好與候選人情感溫度計為影響 2012 年總統選舉台灣選民投票抉擇的關鍵因素，且包含該變數的迴歸模型對於投票抉擇有相當好的解釋力之後（pseudo R square 超過 .80），本文要進一步比較在模型 D 與 E 之中，當我們控制了社會人口變數之後，藍綠政黨偏好和馬蔡情感溫度差距的強度差異，對於依變數：投票抉擇的影響，是否符合「遞移性」的要求？換言之，是不是愈強烈偏向泛藍或是愈喜歡蔡英文的選民，將其手中選票投給馬英九或蔡英文的機率就愈高？附錄二之附表 3 與 4，分別呈現模型 D 與 E 之 logistic 迴歸分析參數估計值。這兩個表的數據顯示，當投入藍綠政黨偏好或馬蔡情感溫度差距後，所有的社會人口變數對於投票抉擇的影響，都變得不顯著。只有藍綠政黨偏好或馬蔡情感溫度差距對投票抉擇有顯著的影響。

　　模型 E 是投入馬蔡情感溫度差距（連續變數）的迴歸模型，從附錄二之附表 4 的數據來看，馬蔡情感溫度差距每上升一個單位，投給馬英九的機率相對於投給蔡英文的機率便升高 3.232 倍。至於模型 D 則是投入藍綠政黨偏好的迴歸模型。從附錄二之附表 3。的數據來看，雖然大體上，藍綠政黨偏好對選民投票抉擇的影響呈現遞移性。譬如稍微偏向泛綠者，投給馬英九的機率是投給蔡英文的 0.161 倍。有點偏向泛綠者投給馬英九相對於投給蔡英文的機率，隨著對泛綠政黨認同的強度提升而下降到 0.078 倍，而後再度降低到 0.043 倍（普通偏向泛綠）。對強烈偏向泛綠的選民

而言，投給馬英九相對於投給蔡英文的機率最低，只有 0.011 倍。

事實上，自有點偏向泛藍以降，這個趨勢都存在，並且一致。唯一的問題是，普通偏向泛藍和有點偏向泛藍這兩類選民，相對於投給蔡英文，投給馬英九的機率並不符合遞移性的要求。普通偏向泛藍的選民投給馬英九的機率要比投給蔡英文的機率高 62.182 倍。研究假設上，我們預期當泛藍政黨認同，從普通偏向下降到有點偏向時，投給馬英九相對於投給蔡英文的機率應該也會下降。但實證分析結果顯示，並不其然。有點偏向泛藍的選民投給馬英九的機率是投給蔡英文的 113.422 倍，不但未若預期下降，反而逆勢上升許多，但之後又重回預期中的遞移性趨勢。

這個研究發現暗示我們，至少在 2012 年總統選舉當中，不僅候選人情感溫度計模型對投票抉擇的解釋力要高過藍綠政黨偏向模型，判斷投票抉擇的效果也相對略好。但個別變數的影響到底有多強，我們還是必須透過整體性分析，進一步與其他相關變數比較，方能了解當其他條件都控制不變的情形下，來推估個別變數對投票抉擇的影響參數為何？因此，本文將進行最後一個迴歸統計模型的驗證。模型 F 是完整模型 (full model)，除如其他模型一般，控制社會人口變數外，並將族群意識、統獨立場、藍綠政黨偏向、馬蔡情感溫度差距等，對投票抉擇有顯著影響的政治態度變數全部投入分析模型之中。其迴歸分析的參數估計值呈現於附錄二之附表 5。數據顯示，當分析模型納入全部的社會人口與政治態度變數後，只有泛綠政黨偏向與馬蔡情感溫度差距，在控制其他變數不變的情形下，對投票抉擇的影響依然顯著。從有點偏向泛綠開始，直到強烈偏向泛綠為止，台灣選民投給馬英九的機率相對於投給蔡英文，不斷地下降。自 0.068 倍降到 0.009 倍。而馬蔡情感溫度差距每上升一個單位，選民投給馬英九相對於蔡英文的機率就上升 2.234 倍。

模型 F 的迴歸分析結果明確地告訴我們，在 2012 年總統選舉之中，過去研究經驗所發現的幾項重要社會人口與政治態度變數，在控制其他條件不變的情形下，均對投票抉擇沒有顯著的影響。譬如，過去高度影響台灣政治的族群意識和統獨立場已經不再主導選民投票行為。雖然表面上看起來，中國人認同與傾向統一立場的選民數愈來愈少，而台灣人認同與維

持現狀和傾向獨立的比例愈形升高。但從本文的分析結果來看，這種轉變只代表著台灣社會愈來愈趨向與中國分割的趨勢，也就是「台灣優先」的趨勢。因此，過去有效區分群眾的社會分歧，現在已經模糊，而對選民投票抉擇的影響也降低。取而代之，或更精確地說，影響更明確的是選民本身的藍綠政黨認同與對候選人的評價。某種程度來看，這是一種民主進步的象徵，隱喻著未來台灣選舉政治當中族群的動員或統獨的爭議將有可能日趨減少，而讓社會有比較多的理性討論空間。

同樣地，我們也可自模型 F 的迴歸分析結果當中觀察到：政黨認同對於泛綠選民的影響是高過對於泛藍選民的。當控制其他變數的影響時，只有較強泛綠政黨偏向依然顯著地影響選民的投票抉擇。換言之，在所有條件都一致的情形下，具有較強泛綠政黨偏向選民的投票抉擇是較為輕易預測的。不過，當同時考慮政黨認同與候選人情感溫度計時，泛藍政黨偏向對於投票抉擇便不再顯著。也就是說，對具有泛藍政黨認同的選民而言，政黨認同的方向與強度不是影響投票抉擇的最關鍵考量。相較於泛綠選民，泛藍選民的投票抉擇行為顯然更為複雜，也更加「理性」一些，其投票抉擇無法單純用政黨認同來解釋。

陸、結論與建議

諸多本土實證研究指出，政黨認同交織著省籍、族群意識、統獨立場等社會分歧，共同影響台灣選民的投票行為，成為投票抉擇的關鍵因素。然而伴隨著台灣政黨體系的快速變遷，台灣選民的政黨認同因而隨之變化，從國民黨－民進黨的兩黨體系與認同，迅速發展成多黨體系與多元政黨認同。而後經歷數屆總統選舉的競爭考驗，政治光譜上較為接近的政黨之間的合縱連橫，逐漸整合回歸到以國民兩黨為核心的藍綠政黨體系與政黨認同。但仍然保有多元政黨認同的特色，在不同層級與性質的選舉當中，持續影響著台灣選民的投票行為。然而同時間，由於「以候選人為中心的政治」的興起，政治明星本身的光環，甚至蓋過政黨，使得競選過程

往往脫離了以政黨為訴求的主軸，聚焦於候選人本身，更導致渠等成為政黨的化身，而有「一人敵一黨」的現象出現。因此，當社會政治環境快速變遷之際，特別是 2012 年總統選舉的特殊情境，聲望急墜的現任總統面對形象清新的挑戰者時，政黨認同是否依然為有效解釋選民投票行為的變數，以及其他過去被視為同樣重要的影響因素（族群意識與統獨立場），或新近興起的候選人評價，孰能更有效地解釋選民投票行為，即為本文欲嘗試探討的研究議題。

根據前文中「雙變數交叉分析」和「二元 Logistic 迴歸模型」的驗證與分析討論，可以獲致以下結論。2012 年總統選舉當中，性別、年齡、教育程度等社會特徵不能做為區辨投票抉擇的變數，但省籍和地理區域確實存在差異。與過去研究經驗相合，本省閩南人比較傾向支持泛綠候選人，而大陸各省市人和本省客家人則否。地理區域上，則若隱若現地透出「北藍南綠」和「南方政治」的影子。南部是泛綠支持者的大本營，北部則以泛藍支持者為眾。同樣與過去研究經驗相合的研究發現是，族群意識和統獨立場依然對投票抉擇有影響。但隨著台灣社會政治環境的快速變遷，族群意識的分野與投票抉擇之間的關係，不再是以往「統一 vs. 獨立」對應「泛藍 vs. 泛綠」，而是轉變成為「排他性台灣人意識 vs. 兼容中國人認知的台灣人意識」對應「泛綠 vs. 泛藍」。統獨立場與投票抉擇之間關係則與過去研究經驗相類似，傾向統一和維持現狀者，相對比較支持泛藍候選人；傾向獨立者，則義無反顧地支持泛綠候選人。此外，考慮認同強度的藍綠政黨偏向，以及候選人情感溫度差距等兩項政治態度變數，與選民的投票抉擇相當一致。對泛藍／泛綠政黨認同強度愈強者，投給泛藍／泛綠候選人的比例就愈多。同樣地，在情感上對藍綠候選人喜好程度差異愈大者，愈傾向投給喜好的對象。

本文同時運用類似實驗設計的比較方式，嘗試區辨個別政治態度變數對投票抉擇的解釋力。分析結果顯示，過去被視為扮演重要關鍵因素的族群意識和統獨立場，對於投票抉擇的解釋力已經大幅下降。無論孰者，均只能解釋少於 1/3 的投票抉擇的變異量。這正呼應今年來台灣社會政治環境的變化，過去有效區分群眾的社會分歧，現在已經模糊，而對選民投票

抉擇的影響也降低。取而代之，或更精確地說，影響更明確的是選民本身的藍綠政黨認同與對候選人的評價。兩者任一，都能夠解釋超過八成以上的投票抉擇變異。因此，政黨認同（必須理解為藍綠政黨偏向），仍然是影響投票抉擇的關鍵因素，但是候選人評價亦扮演重要的因素。單純就2012年總統選舉而言，後者影響力甚至高過前者。換言之，社會心理學研究途徑所強調，政黨認同對投票抉擇長期而穩定的影響是存在的，但是候選人評價的短期因素，在特定狀況下，能夠凌駕政黨認同，而對投票抉擇有更大的影響。根據完整迴歸模型分析結果，本文發現，政黨認同對投票抉擇的影響力在泛綠選民身上極為明顯，但泛藍選民卻比較容易受到候選人評價的影響，致使政黨認同對投票抉擇的影響降低，甚至變得不顯著。某種程度而言，我們可以說，泛綠選民是比較死忠、比較「感性」的選民，慣於以政黨立場劃分敵我，而在投票抉擇上涇渭分明。至於泛藍選民則是較為「理性」，不單純從政黨立場上來決定投票對象，而會納入其他因素考量。換言之，泛綠選民的政黨認同與投票抉擇比較一致；泛藍選民則否，容易受到其他因素的干擾。有鑑於此，未來進行投票抉擇相關研究時，應同時將政黨認同和候選人評價納入分析模型，以區辨釐清政黨認同和候選人評價對投票抉擇的具體影響。

此外，本文之研究結果證明TEDS2012對政黨認同的測量方式，在認同強弱度與選民投票行為上，符合「遞移性」的假設，並且發現單一面向的藍綠政黨偏向變數在選民投票行為上有很好的解釋力。但不可諱言地是，台灣選民整體投票行為，在政黨認同相關因素當中，除了政黨認同之外，也還存在對於特定政黨的不認同。雖然有文獻指出，將特定政黨不認同因素納入考慮的新變數較傳統選民政黨認同變數，能更有效地解釋選民投票行為。然而受限於資料結構，本文無法建構政黨不認同指標，來檢驗兩者之間對於投票抉擇影響的差異。未來相關調查研究，若能將政黨不認同納入調查範圍，將有助於我們對於「政黨認同」這個概念，及其對投票抉擇的影響，有更清楚且深入的認識。

附錄一、相關變數之重新編碼

依變數

1. 投票抉擇：依 H1a 題之答案，區分為 (1) 蔡英文；(2) 馬英九；(3) 宋楚瑜，其他選項以缺失值代入（用於雙變數交叉分析）。而後由於宋楚瑜之個案數過少，將其以缺失值代入，再度簡化重新編碼為 (1) 蔡英文；(2) 馬英九，用於迴歸分析。

社會人口變數

2. 性別：依 S21 題之原選項區分為 (1) 男性；(2) 女性。

3. 年齡：以 101 減去受訪者在 S1 題所答覆之出生年，再重新編碼為 (1)20-29 歲；(2)30-39 歲；(3)40-49 歲；(4)50-59 歲；(5)60-69 歲。

4. 教育程度：依 S4 題之答案，首先重新編碼為 (1) 國小及以下；(2) 國中；(3) 高中職；(4) 專科；(5) 大學及以上，用於雙變數交叉分析。而後再加以簡化並重新編碼為 (1) 國中及以下；(2) 高中職；(3) 大專以上，用於迴歸分析。

5. 省籍：依 S2 題之父親省籍，重新編碼為 (1) 本省客家人；(2) 本省閩南人；(3) 大陸各省市人。而因為個案數過少，將原住民與其他答案歸類為無反應，並以缺失值代入。

6. 地理區域：依問卷封面所註記之受訪縣市，重新編碼為 (1) 東部（包括宜蘭縣、花蓮縣、台東縣）；(2) 中部（包括台中市、彰化縣、南投縣）；(3) 南部（包括雲林縣、嘉義縣市、台南市、高雄市、屏東縣、澎湖縣）；(4) 北部（包括台北市、新北市、桃園縣、新竹縣市、苗栗縣）。

政治態度變數

7. 族群意識：依 N1 題之答案，區分為 (1) 台灣人；(2) 都是；(3) 中國人，其他選項以缺失值代入。

8. 統獨立場：依 N3 題之答案，重新編碼為 (1) 傾向統一（包括原選項 01 盡快統一和 03 維持現狀，以後走向統一）；(2) 維持現狀（包括原選項 05 維持現狀，看情形再決定統一或獨立，以及 06 永遠維持現狀）；(3) 傾向獨立（包括原選項 02 盡快獨立與 04 維持現狀，以後走向獨立），其他答案則歸類為無反應，以缺失值代入。

9. 藍綠政黨偏向：首先依藍綠立場將 Q1 與 Q1b（Q1 無明確答案後追問）之答案，重新編碼為 (1) 泛藍政黨認同（包括 01 國民黨；03 新黨；04 親民黨）；(2) 泛綠政黨認同（包括 02 民進黨；05 台灣團結聯盟），餘下未表態者以中立代入。同時偏向泛藍與泛綠政黨者，以缺失值代入。再結合 Q1c 之答覆選項（01 強烈；02 普通；03 有一點），以及 Q1b 之選項強度設定為 04 稍微，將藍綠政黨偏向依方向與強度，重新編碼為 (1) 強烈偏向泛藍；(2) 普通偏向泛藍；(3) 有點偏向泛藍；(4) 稍微偏向泛藍；(5) 中立；(6) 稍微偏向泛綠；(7) 有點偏向泛綠；(8) 普通偏向泛綠；(9) 強烈偏向泛綠。

10. 馬蔡情感溫度差距：首先將 J2a（喜歡蔡英文程度）和 J2c（喜歡馬英九程度）兩題之受訪者答案當中未明確表態者，以 4.5 分代入。而後以 J2c 減去 J2a 所得差距（連續變數），用於迴歸分析。在雙變數分析時，將差距為 0 者（對兩人喜歡程度無差異）重新編碼為中點，依差距大小，平均分段，而重新編碼為 (1) 強烈喜歡馬英九；(2) 普通喜歡馬英九；(3) 有點喜歡馬英九；(4) 稍微喜歡馬英九；(5) 兩人無差異；(6) 稍微喜歡蔡英文；(7) 有點喜歡蔡英文；(8) 普通喜歡蔡英文；(9) 強烈喜歡蔡英文。其中選項 (1) 到 (4)，J2c 減 J2a 為正值；選項 (5)，J2c 減 J2a 為 0；選項 (6) 到 (9)，J2c 減 J2a 為負值。

附錄二、統計分析表格

附表 1 投票抉擇（兩人對決）與社會人口和政治態度變數交叉分析表

自變數		投票抉擇（排除宋楚瑜）		總和
		蔡英文	馬英九	
社會人口變數				
性別：$\chi^2 = 3.057$；自由度 = 1；漸近顯著性（雙尾）= .080；N = 1,390				
男性	個數	285	395	680
	橫百分比	41.91	58.09	100.00
	調整後殘差	1.75	-1.75	
女性	個數	265	445	710
	橫百分比	37.32	62.68	100.00
	調整後殘差	-1.75	1.75	
年齡：$\chi^2 = 8.606$；自由度 = 4；漸近顯著性（雙尾）= .072；N = 1,390				
20 至 29 歲	個數	91	99	190
	橫百分比	47.89	52.11	100.00
	調整後殘差	2.53	-2.53	
30 至 39 歲	個數	101	147	248
	橫百分比	40.73	59.27	100.00
	調整後殘差	0.41	-0.41	
40 至 49 歲	個數	99	185	284
	橫百分比	34.86	65.14	100.00
	調整後殘差	-1.82	1.82	

自變數		投票抉擇（排除宋楚瑜）		總和
		蔡英文	馬英九	
50 至 59 歲	個數	117	191	308
	橫百分比	37.99	62.01	100.00
	調整後殘差	-0.64	0.64	
60 歲及以上	個數	142	218	360
	橫百分比	39.44	60.56	100.00
	調整後殘差	-0.06	0.06	
教育程度：χ^2 = 7.153；自由度 = 4；漸近顯著性（雙尾）= .128；N = 1,387				
小學及以下	個數	119	152	271
	橫百分比	43.91	56.09	100.00
	調整後殘差	1.65	-1.65	
國、初中	個數	78	102	180
	橫百分比	43.33	56.67	100.00
	調整後殘差	1.12	-1.12	
高中、職	個數	137	213	350
	橫百分比	39.14	60.86	100.00
	調整後殘差	-0.16	0.16	
專科	個數	63	129	192
	橫百分比	32.81	67.19	100.00
	調整後殘差	-2.05	2.05	
大學及以上	個數	151	243	394
	橫百分比	38.32	61.68	100.00
	調整後殘差	-0.57	0.57	

自變數		投票抉擇（排除宋楚瑜）		總和
		蔡英文	馬英九	
省籍：χ^2 = 121.761；自由度 = 2；漸近顯著性（雙尾）= .000***；N = 1,356				
本省客家	個數	56	125	181
	橫百分比	30.94	69.06	100.00
	調整後殘差	-2.64	2.64	
本省閩南	個數	476	521	997
	橫百分比	47.74	52.26	100.00
	調整後殘差	9.83	-9.83	
大陸各省市	個數	9	169	178
	橫百分比	5.06	94.94	100.00
	調整後殘差	-10.18	10.18	
地理區域：χ^2 = 26.473；自由度 = 3；漸近顯著性（雙尾）= .000***；N = 1,390				
東部	個數	23	41	64
	橫百分比	35.94	64.06	100.00
	調整後殘差	-0.61	0.61	
中部	個數	87	159	246
	橫百分比	35.37	64.63	100.00
	調整後殘差	-1.49	1.49	
南部	個數	216	220	436
	橫百分比	49.54	50.46	100.00
	調整後殘差	5.14	-5.14	
北部	個數	224	420	644
	橫百分比	34.78	65.22	100.00
	調整後殘差	-3.39	3.39	

自變數		投票抉擇（排除宋楚瑜）		總和
		蔡英文	馬英九	
政治態度變數				
族群意識：χ^2 = 246.468；自由度 = 2；漸近顯著性（雙尾）= .000***；N = 1,363				
台灣人	個數	446	319	765
	橫百分比	58.30	41.70	100.00
	調整後殘差	15.68	-15.68	
都是	個數	91	447	538
	橫百分比	16.91	83.09	100.00
	調整後殘差	-14.00	14.00	
中國人	個數	7	53	60
	橫百分比	11.67	88.33	100.00
	調整後殘差	-4.57	4.57	
統獨立場：χ^2 = 235.529；自由度 = 2；漸近顯著性（雙尾）= .000***；N = 1,336				
統一	個數	31	164	195
	橫百分比	15.90	84.10	100.00
	調整後殘差	-7.41	7.41	
維持現狀	個數	256	555	811
	橫百分比	31.57	68.43	100.00
	調整後殘差	-7.73	7.73	
獨立	個數	246	84	330
	橫百分比	74.55	25.45	100.00
	調整後殘差	14.81	-14.81	

自變數		投票抉擇（排除宋楚瑜）		總和
		蔡英文	馬英九	
藍綠偏向：χ^2 = 975.181；自由度 = 8；漸近顯著性（雙尾）= .000***；N = 1,383				
強烈偏向泛藍	個數	1	154	155
	橫百分比	0.65	99.35	100.00
	調整後殘差	-10.50	10.50	
普通偏向泛藍	個數	6	281	287
	橫百分比	2.09	97.91	100.00
	調整後殘差	-14.56	14.56	
有點偏向泛藍	個數	1	91	92
	橫百分比	1.09	98.91	100.00
	調整後殘差	-7.80	7.80	
稍微偏向泛藍	個數	6	126	132
	橫百分比	4.55	95.45	100.00
	調整後殘差	-8.63	8.63	
中立／兩者無差異	個數	104	163	267
	橫百分比	38.95	61.05	100.00
	調整後殘差	-0.20	0.20	
稍微偏向泛綠	個數	82	10	92
	橫百分比	89.13	10.87	100.00
	調整後殘差	10.08	-10.08	
有點偏向泛綠	個數	71	5	76
	橫百分比	93.42	6.58	100.00
	調整後殘差	9.90	-9.90	

自變數		投票抉擇（排除宋楚瑜）		總和
		蔡英文	馬英九	
普通偏向泛綠	個數	166	6	172
	橫百分比	96.51	3.49	100.00
	調整後殘差	16.35	-16.35	
強烈偏向泛綠	個數	109	1	110
	橫百分比	99.09	0.91	100.00
	調整後殘差	13.33	-13.33	

馬蔡情感溫度差距：$\chi^2 = 1029.804$；自由度 = 8；漸近顯著性（雙尾）= .000***；N = 1,390

強烈喜歡馬英九	個數	0	140	140
	橫百分比	0.00	100.00	100.00
	調整後殘差	-10.10	10.10	
普通喜歡馬英九	個數	1	142	143
	橫百分比	0.70	99.30	100.00
	調整後殘差	-10.04	10.04	
有點喜歡馬英九	個數	2	205	207
	橫百分比	0.97	99.03	100.00
	調整後殘差	-12.31	12.31	
稍微喜歡馬英九	個數	22	231	253
	橫百分比	8.70	91.30	100.00
	調整後殘差	-11.10	11.10	
中立／兩者無差異	個數	53	87	140
	橫百分比	37.86	62.14	100.00
	調整後殘差	-0.44	0.44	

自變數		投票抉擇（排除宋楚瑜）		總和
		蔡英文	馬英九	
稍微喜歡蔡英文	個數	139	28	167
	橫百分比	83.23	16.77	100.00
	調整後殘差	12.30	-12.30	
有點喜歡蔡英文	個數	119	4	123
	橫百分比	96.75	3.25	100.00
	調整後殘差	13.58	-13.58	
普通喜歡蔡英文	個數	86	1	87
	橫百分比	98.85	1.15	100.00
	調整後殘差	11.68	-11.68	
強烈喜歡蔡英文	個數	128	2	130
	橫百分比	98.46	1.54	100.00
	調整後殘差	14.42	-14.42	

資料來源：TEDS2012，所有數據係筆者自行計算所得。

附表 2　投票抉擇（三人對決）與社會人口和政治態度變數交叉分析表

自變數		投票抉擇			總和
		蔡英文	馬英九	宋楚瑜	
性別：$\chi^2 = 3.073$；自由度 = 2；漸近顯著性（雙尾）= .215；N = 1,428					
男性	個數	285	395	19	699
	橫百分比	40.77	56.51	2.72	100.00
	調整後殘差	1.72	-1.74	0.13	
女性	個數	265	445	19	729
	橫百分比	36.35	61.04	2.61	100.00
	調整後殘差	-1.72	1.74	-0.13	
年齡 $\chi^2 = 16.364$；自由度 = 8；漸近顯著性（雙尾）= .034[*]；N = 1,428					
20 至 29 歲	個數	91	99	11	201
	橫百分比	45.27	49.25	5.47	100.00
	調整後殘差	2.12	-2.97	2.67	
30 至 39 歲	個數	101	147	5	253
	橫百分比	39.92	58.10	1.98	100.00
	調整後殘差	0.51	-0.26	-0.75	
40 至 49 歲	個數	99	185	7	291
	橫百分比	34.02	63.57	2.41	100.00
	調整後殘差	-1.77	1.85	-0.30	
50 至 59 歲	個數	117	191	9	317
	橫百分比	36.91	60.25	2.84	100.00
	調整後殘差	-0.67	0.59	0.22	
60 歲及以上	個數	142	218	6	366
	橫百分比	38.80	59.56	1.64	100.00
	調整後殘差	0.13	0.33	-1.41	

自變數		投票抉擇			總和
		蔡英文	馬英九	宋楚瑜	
教育程度 χ^2 = 10.185；自由度 = 8；漸近顯著性（雙尾）= .252；N = 1,424					
小學及以下	個數	119	152	4	275
	橫百分比	43.27	55.27	1.45	100.00
	調整後殘差	1.82	-1.37	-1.33	
國、初中	個數	78	102	5	185
	橫百分比	42.16	55.14	2.70	100.00
	調整後殘差	1.10	-1.12	0.10	
高中、職	個數	137	213	12	362
	橫百分比	37.85	58.84	3.31	100.00
	調整後殘差	-0.29	-0.04	0.99	
專科	個數	63	129	7	199
	橫百分比	31.66	64.82	3.52	100.00
	調整後殘差	-2.13	1.83	0.88	
大學及以上	個數	151	243	9	403
	橫百分比	37.47	60.30	2.23	100.00
	調整後殘差	-0.49	0.66	-0.54	
省籍 χ^2 = 123.731；自由度 = 4；漸近顯著性（雙尾）= .000[***]；N = 1,393					
本省客家	個數	56	125	2	183
	橫百分比	30.60	68.31	1.09	100.00
	調整後殘差	-2.45	2.89	-1.41	
本省閩南	個數	476	521	30	1,027
	橫百分比	46.35	50.73	2.92	100.00
	調整後殘差	9.64	-9.87	1.03	

自變數		投票抉擇			總和
		蔡英文	馬英九	宋楚瑜	
大陸各省市	個數	9	169	5	183
	橫百分比	4.92	92.35	2.73	100.00
	調整後殘差	-10.10	9.97	0.07	

地理區域 $\chi^2 = 29.522$；自由度 = 6；漸近顯著性（雙尾）= .000[***]；N = 1,428

東部	個數	23	41	1	65
	橫百分比	35.38	63.08	1.54	100.00
	調整後殘差	-0.53	0.71	-0.58	
中部	個數	87	159	5	251
	橫百分比	34.66	63.35	1.99	100.00
	調整後殘差	-1.38	1.60	-0.73	
南部	個數	216	220	17	453
	橫百分比	47.68	48.57	3.75	100.00
	調整後殘差	4.85	-5.37	1.75	
北部	個數	224	420	15	659
	橫百分比	33.99	63.73	2.28	100.00
	調整後殘差	-3.25	3.49	-0.84	

族群意識 $\chi^2 = 246.841$；自由度 = 4；漸近顯著性（雙尾）= .000[***]；N = 1,399

台灣人	個數	446	319	21	786
	橫百分比	56.74	40.59	2.67	100.00
	調整後殘差	15.52	-15.44	0.26	
都是	個數	91	447	14	552
	橫百分比	16.49	80.98	2.54	100.00
	調整後殘差	-13.87	13.75	-0.07	

自變數		投票抉擇			總和
		蔡英文	馬英九	宋楚瑜	
中國人	個數	7	53	1	61
	橫百分比	11.48	86.89	1.64	100.00
	調整後殘差	-4.49	4.59	-0.47	

統獨立場 $\chi^2 = 237.409$；自由度 = 4；漸近顯著性（雙尾）= .000***；N = 1,371

自變數		蔡英文	馬英九	宋楚瑜	總和
統一	個數	31	164	4	199
	橫百分比	15.58	82.41	2.01	100.00
	調整後殘差	-7.29	7.38	-0.53	
維持現狀	個數	256	555	24	835
	橫百分比	30.66	66.47	2.87	100.00
	調整後殘差	-7.79	7.41	0.94	
獨立	個數	246	84	7	337
	橫百分比	73.00	24.93	2.08	100.00
	調整後殘差	14.80	-14.44	-0.64	

藍綠偏向 $\chi^2 = 1009.944$；自由度 = 16；漸近顯著性（雙尾）= .000***；N = 1,421

自變數		蔡英文	馬英九	宋楚瑜	總和
強烈偏向泛藍	個數	1	154	0	155
	橫百分比	0.65	99.35	0.00	100.00
	調整後殘差	-10.24	10.84	-2.19	
普通偏向泛藍	個數	6	281	4	291
	橫百分比	2.06	96.56	1.37	100.00
	調整後殘差	-14.30	14.64	-1.54	
有點偏向泛藍	個數	1	91	2	94
	橫百分比	1.06	96.81	2.13	100.00
	調整後殘差	-7.71	7.73	-0.34	

自變數		投票抉擇			總和
		蔡英文	馬英九	宋楚瑜	
稍微偏向泛藍	個數	6	126	6	138
	橫百分比	4.35	91.30	4.35	100.00
	調整後殘差	-8.66	8.14	1.28	
中立／兩者無差異	個數	104	163	17	284
	橫百分比	36.62	57.39	5.99	100.00
	調整後殘差	-0.70	-0.58	3.87	
稍微偏向泛綠	個數	82	10	4	96
	橫百分比	85.42	10.42	4.17	100.00
	調整後殘差	9.80	-10.00	0.94	
有點偏向泛綠	個數	71	5	3	79
	橫百分比	89.87	6.33	3.80	100.00
	調整後殘差	9.67	-9.77	0.64	
普通偏向泛綠	個數	166	6	1	173
	橫百分比	95.95	3.47	0.58	100.00
	調整後殘差	16.60	-15.81	-1.82	
強烈偏向泛綠	個數	109	1	1	111
	橫百分比	98.20	0.90	0.90	100.00
	調整後殘差	13.48	-12.94	-1.21	
馬蔡情感溫度差距 $\chi^2 = 1054.352$；自由度 = 16；漸近顯著性（雙尾）= .000[***]；N = 1,428					
強烈喜歡馬英九	個數	0	140	0	140
	橫百分比	0.00	100.00	0.00	100.00
	調整後殘差	-9.86	10.42	-2.06	

自變數		投票抉擇			總和
		蔡英文	馬英九	宋楚瑜	
普通喜歡馬英九	個數	1	142	1	144
	橫百分比	0.69	98.61	0.69	100.00
	調整後殘差	-9.84	10.23	-1.55	
有點喜歡馬英九	個數	2	205	3	210
	橫百分比	0.95	97.62	1.43	100.00
	調整後殘差	-12.11	12.37	-1.20	
稍微喜歡馬英九	個數	22	231	5	258
	橫百分比	8.53	89.53	1.94	100.00
	調整後殘差	-10.94	11.07	-0.80	
中立／兩者無差異	個數	53	87	9	149
	橫百分比	35.57	58.39	6.04	100.00
	調整後殘差	-0.78	-0.11	2.71	
稍微喜歡蔡英文	個數	139	28	9	176
	橫百分比	78.98	15.91	5.11	100.00
	調整後殘差	11.78	-12.35	2.16	
有點喜歡蔡英文	個數	119	4	6	129
	橫百分比	92.25	3.10	4.65	100.00
	調整後殘差	13.15	-13.48	1.47	
普通喜歡蔡英文	個數	86	1	4	91
	橫百分比	94.51	1.10	4.40	100.00
	調整後殘差	11.34	-11.56	1.06	

自變數		投票抉擇			總和
		蔡英文	馬英九	宋楚瑜	
強烈喜歡蔡英文	個數	128	2	1	131
	橫百分比	97.71	1.53	0.76	100.00
	調整後殘差	14.61	-13.98	-1.42	

資料來源：TEDS2012，所有數據係筆者自行計算而得。

附表 3　藍綠偏向 Binary Logistic Regression 模型參數估計

模型 D：參數估計值	2012 投票抉擇為馬英九（對照蔡英文）			
	β 估計	標準誤	顯著性	Exp (β)
男性	-0.360	0.212	0.090	0.698
20-29 歲	-0.677	0.428	0.113	0.508
30-39 歲	0.134	0.380	0.724	1.143
40-49 歲	0.183	0.362	0.614	1.200
50-59 歲	-0.328	0.325	0.313	0.720
國中以下	1.154	5.765	0.841	3.171
高中職	0.645	5.768	0.911	1.906
大專以上	0.805	5.768	0.889	2.236
本省客家人	-0.768	0.777	0.323	0.464
本省閩南人	-0.971	0.735	0.186	0.379
大陸各省市人	1.278	0.907	0.159	3.589
東部	-0.068	0.472	0.886	0.935
強烈偏向泛藍	**5.175**	**1.314**	**0.000**	**176.772**
普通偏向泛藍	**4.130**	**0.935**	**0.000**	**62.182**
有點偏向泛藍	**4.731**	**1.311**	**0.000**	**113.422**
稍微偏向泛藍	**3.360**	**0.938**	**0.000**	**28.783**
中立	0.619	0.849	0.466	1.857
稍微偏向泛綠	**-1.824**	**0.905**	**0.044**	**0.161**
有點偏向泛綠	**-2.555**	**0.965**	**0.008**	**0.078**
普通偏向泛綠	**-3.150**	**0.941**	**0.001**	**0.043**
強烈偏向泛綠	**-4.478**	**1.311**	**0.001**	**0.011**

模型 D：參數估計值	2012 投票抉擇為馬英九（對照蔡英文）			
	β 估計	標準誤	顯著性	Exp (β)
常數	-0.045	5.872	0.994	0.956
N = 1,390; χ^2 = 1245.4; Nagelkerke R square = 0.801				

資料來源：TEDS2012，所有數據係筆者自行計算而得。

附表 4 馬蔡情感溫度差距 Binary Logistic Regression 模型參數估計

模型 E：參數估計值	2012 投票抉擇為馬英九（對照蔡英文）			
	β 估計	標準誤	顯著性	Exp (β)
男性	-0.299	0.217	0.169	0.742
20-29 歲	-0.449	0.433	0.299	0.638
30-39 歲	-0.089	0.405	0.825	0.914
40-49 歲	-0.109	0.392	0.782	0.897
50-59 歲	-0.105	0.357	0.769	0.900
國中以下	1.696	4.534	0.708	5.450
高中職	1.281	4.544	0.778	3.601
大專以上	1.497	4.542	0.742	4.467
本省客家人	-0.556	0.923	0.547	0.574
本省閩南人	-1.288	0.882	0.144	0.276
大陸各省市人	1.394	1.062	0.189	4.030
東部	-0.750	0.542	0.167	0.473
馬蔡情感溫度差距	**1.173**	**0.077**	**0.000**	**3.232**
常數	0.259	4.614	0.955	1.295
N = 1,390; χ^2 = 1305.2; Nagelkerke R square = 0.824				

資料來源：TEDS2012，所有數據係筆者自行計算而得。

附表 5　完整 Binary Logistic Regression 模型參數估計

模型 F：參數估計值	2012 投票抉擇為馬英九（對照蔡英文）			
	β 估計	標準誤	顯著性	Exp (β)
男性	-0.212	0.273	0.437	0.809
20-29 歲	-0.447	0.555	0.420	0.640
30-39 歲	-0.006	0.509	0.990	0.994
40-49 歲	-0.035	0.496	0.944	0.966
50-59 歲	-0.525	0.451	0.245	0.592
國中以下	2.065	10.931	0.850	7.882
高中職	1.305	10.937	0.905	3.689
大專以上	1.424	10.936	0.896	4.154
本省客家人	-0.109	0.966	0.910	0.897
本省閩南人	-0.731	0.908	0.421	0.481
大陸各省市人	1.454	1.175	0.216	4.282
東部	-0.932	0.694	0.179	0.394
台灣人認同	0.169	0.797	0.833	1.184
中國人認同	0.180	1.183	0.879	1.197
都是	0.335	0.828	0.686	1.398
偏統	-0.097	0.802	0.904	0.908
維持現狀	-0.577	0.665	0.386	0.562
偏獨	-0.794	0.692	0.251	0.452
強烈偏向泛藍	1.881	1.754	0.284	6.559
普通偏向泛藍	1.258	1.307	0.336	3.517
有點偏向泛藍	3.400	1.883	0.071	29.960

模型 F：參數估計值	2012 投票抉擇為馬英九（對照蔡英文）			
	β 估計	標準誤	顯著性	Exp (β)
稍微偏向泛藍	1.010	1.316	0.443	2.746
中立	-0.938	1.255	0.455	0.391
稍微偏向泛綠	-2.358	1.306	0.071	0.095
有點偏向泛綠	**-2.685**	**1.360**	**0.048**	**0.068**
普通偏向泛綠	**-3.377**	**1.342**	**0.012**	**0.034**
強烈偏向泛綠	**-4.670**	**1.768**	**0.008**	**0.009**
馬蔡情感溫度差距	**0.804**	**0.083**	**0.000**	**2.234**
常數	0.860	11.063	0.938	2.362
N=1,390; χ 2 =1475.8; Nagelkerke R square=0.885				

資料來源：TEDS2012，所有數據係筆者自行計算而得。

●●● 參考文獻 ●●●

I. 中文部分

王柏燿，2004，〈經濟評估與投票抉擇：以 2001 年立委選舉為例〉，《選舉研究》，11(1): 171-195。

王濟川、郭志剛，2004，《Logistic 迴歸模型：方法及應用》，台北：五南。

包正豪，2009，〈政黨認同與投票抉擇：以 1996、2000、2004、2008 等四屆總統選舉為例〉，載於《2008 年總統選舉：論二次政黨輪替之關鍵選舉》，陳陸輝、游清鑫、黃紀主編，台北：五南。

何思因，1990，〈比較政黨認同研究〉，《問題與研究》，29(13): 62-72。

------，1991，〈影響我國選民投票抉擇的因素〉，《東亞季刊》，23(2): 39-50。

------，1994，〈台灣地區選民政黨偏好的變遷：1989-1992〉，《選舉研究》，1(1): 39-52。

何思因、吳釗燮，1996，〈台灣政黨體系之下政黨認同的測量方法〉，《選舉研究》，3(1): 1-16。

吳乃德，1993，〈國家認同與政黨支持〉，《中央研究院民族學研究所集刊》，74: 33-61。

------，1995，〈社會分歧和政黨競爭〉，《中央研究院民族學研究所集刊》，78: 101-130。

吳重禮、許文賓，2003，〈誰是政黨認同者與獨立選民？以 2001 年台灣地區選民政黨認同決定因素為例〉，《政治科學論叢》，18: 101-140。

林瓊珠，2008，〈議題、候選人評價、黨派意識—— 2006 年台北市長選舉投票行為研究〉，《台灣民主季刊》，5(2): 59-87。

徐火炎，1991，〈政黨認同與投票抉擇：台灣地區選民的政黨印象、偏好與黨派投票行為之分析〉，《人文及社會科學集刊》，4(1): 1-57。

------，1992a，〈民主轉型過程中的政黨重組：台灣地區選民的民主價值取向、政黨偏好與黨派投票改變之研究〉，《人文及社會科學集刊》，5(1): 216-263。

------，1992b，〈選舉競爭與社會分歧結構的變遷〉，《人文及社會科學集刊》，6(1): 37-74。

------，1993，〈選民的政黨取向、政黨認同與黨派投票抉擇：第二屆國大代表選舉選民的投票行為分析〉，《國家科學委員會研究彙刊：人文及社會科學》，

3(2): 144-166。

------，1998，〈台灣的選舉與政治分歧結構：政黨競爭與民主化〉，載於《兩岸基層選舉與政治社會變遷》，陳明通、鄭永年主編，台北：月旦出版社。

徐永明、陳鴻章，2004，〈多席次選舉中政黨的分合：以臺灣區域立委選舉為例〉，《選舉研究》，11(1): 127-169。

盛杏湲，2002，〈統獨議題與台灣選民的投票行為：1990年代的分析〉，《選舉研究》，9(1): 41-80。

------，2010，〈台灣選民政黨認同的持續與變遷：定群追蹤資料的應用〉，《選舉研究》，17(2): 1-33。

盛杏湲、陳義彥，2003，〈政治分歧與政黨競爭：2001年立法委員選舉的分析〉，《選舉研究》，9(1): 7-40。

盛治仁，2000，〈總統選舉預測探討──以情感溫度計預測未表態選民的應用〉，《選舉研究》，7(2): 75-105。

莊淑媚、洪永泰，2011，〈特定政黨不認同：台灣地區民意調查中關於政黨認同的新測量工具〉，《選舉研究》，18(2): 1-29。

陳光輝，2009，〈台灣選舉與民主化調查受訪者藍綠支持的維持與變動〉，「台灣選舉與民主化調查：2008年立法委員選舉」國際學術研討會，1月17-18日，台北：國立台灣大學。

陳陸輝，2000，〈台灣選民政黨認同的持續與變遷〉，《選舉研究》，7(2): 109-139。

------，2006，〈政治信任的政治後果──以2004年立法委員選舉為例〉，《台灣民主季刊》，3(2): 39-62。

陳陸輝、耿曙，2008，〈政治效能感與政黨認同對選民投票抉擇的影響──以2002年北高市長選舉為例〉，《台灣民主季刊》，5(1): 87-118。

陳義彥、蔡孟熹，1997，〈新世代選民的政黨取向與投票抉擇〉，《政治學報》，29: 63-91。

黃秀端，2005，〈候選人形象、候選人情感溫度計與總統選民投票行為〉，《台灣民主季刊》，2(4): 1-30。

劉念夏，2007，〈候選人評價的選舉效應──以2004年總統選舉為例〉，《選舉評論》，2: 1-37。

劉義周，1987，〈選民的政黨偏好〉，載於《轉型期社會中的投票行為──台灣地區選民的科際整合研究 (II)》，雷飛龍等，計畫編號：NSC76-0301-H-004-

12，台北：行政院國家科學委員會補助專題研究計畫成果報告。

鄭夙芬，2007，〈「深綠選民」之探索〉，《問題與研究》，46(1): 33-61。

鄭夙芬、陳陸輝、劉嘉薇，2006，〈2004年總統選舉中的候選人因素〉，《台灣民主季刊》，2(2): 31-70。

蕭怡靖，2009，〈「台灣選舉與民主化調查」之政黨認同測量的探討〉，《選舉研究》，16(1): 67-93。

II. 外文部分

Bean, Clive. 1993. "The Electoral Influence of Party Leader Images in Australia and New Zealand." *Comparative Political Studies* 26(1): 111-132.

Campbell, Angus, Phillip E. Converse, Warren E. Miller, and Donald Stokes. 1960. *The American Voter*. New York: John Wiley & Sons.

Key, V. O. Jr. 1955. "A Theory of Critical Election." *Journal of Politics* 17(1): 3-18.

Kinder, Donald R., and David O. Sears. 1985. "Public Opinion and Political Actions." In *Handbook and Social Psychology*, eds. Gardener Linzey and Elliot Aroson. New York: Random House.

Miller, Arthur H., Martin P. Watternberg, and Okssana Malanchuk. 1986. "Schematic Assessments of Presidential Candidates." *American Political Science Review* 80(2): 521-540.

Pao, Cheng-hao. 2005. *Regime Transformation in Asia: Contrasting Experiences in Taiwan and Singapore*. Ph.D. diss. The University of Hull, UK.

Watternberg, Martin. P. 1991. *The Rise of Candidate Centered Politics: Presidential Elections of the 1980s*. Cambridge: Harvard University Press.

------. 2004. "Elections: Personal Popularity in the U.S. Presidential Elections." *Presidential Studies Quarterly* 34(1): 143-155.

Yu, Ching-hsin. 2004. "Direction and Strength of Voter's Party Identification in Taiwan after 2000." *Soochow Journal of Political Science*（東吳政治學報）19: 39-70.

7

議題、政黨表現與選民的投票行為*

盛杏湲

* 本文使用的主要資料係採自「2005 年至 2008 年『選舉與民主化調查』四年期研究規劃 (III)：2008 年立法委員選舉面訪案」(TEDS2008L) (NSC96-2420-H-002-025)；以及「2009 年至 2012 年『選舉與民主化調查』三年期研究規劃 (III)：2012 年總統與立法委員選舉面訪案」(TEDS2012) (NSC100-2420-H-002-030)。「台灣選舉與民主化調查」(TEDS) 多年期計畫總召集人為國立政治大學黃紀教授，TEDS2008L 為針對 2008 年立法委員選舉執行之年度計畫，TEDS2012 為針對 2012 年總統與立法委員合併選舉執行之年度計畫，二計畫之主持人皆為朱雲漢教授；詳細資料請參閱 TEDS 網頁：http://www.tedsnet.org。作者感謝上述機構及人員提供資料協助，惟本文之內容概由作者自行負責。

壹、前言

　　誠如 Carmines 與 Stimson (1989, 3) 所揭櫫的：「談到政治就是談到議題」。在臺灣潛在的議題很多，有些議題持續在每一次選舉中發酵，也持續地影響選民的投票行為；有一些議題則雖常被提出，但是無法對選民的投票行為產生重要的影響力；而有些議題雖然曾經很決定性的影響選民的投票行為，但是隨著時間的逝去，逐漸褪去它的影響力；相反地，有一些議題隨著社會經濟與政治環境的發展，逐漸增加它的影響力。1960、1970 年代臺灣高度經濟成長，帶來都市化、教育水準提升、媒體使用率提升、人與人之間的溝通互動增加，社會力蓬勃發展，逐漸孕育出了威權政體下民主轉型的契機，因此民主改革成為反對力量對抗威權政體所高舉的重要議題。1980 年代中期至 1990 年代初期逐步的民主改革，[1] 統獨議題乃在 1990 年代以後接續民主改革，[2] 成為形塑臺灣政黨競爭的最重要議題（Cheng and Hsu 1996; Hsieh and Niou 1996; Sheng 2007; 徐火炎 1998；盛杏湲 2002；盛杏湲與陳義彥 2003）。相對而言，過去財富分配議題（諸如社會福利議題、貧富差距…等）雖然在選舉中被政黨與候選人提出，但是在無法有效區隔政黨與候選人差異的情況下，大多時候並未成為影響選民投票行為的重要因素（盛杏湲與陳義彥 2003；盛杏湲 2009）。然而自 2008 年馬英九上任以來，由於臺灣經濟的不景氣、貧富差距的擴大、以及政府的財政困難，使民眾對財富分配議題逐漸重視，那麼，此一議題是否有機會發展成重要議題，是個值得仔細探索的課題。本研究即以此為目標，具體的研究問題在於：在 2012 年選舉時，選民認為我國面臨的重要議題有哪些？是延續過去嗎？還是產生了一些變化？同時，選民在這些議題的立場與對政黨處理能力的評估，是否會進一步影響選民的投票行為？

1　民主改革的成就諸如1986年解除黨禁、1987年解除戒嚴、1988年解除報禁、1991年終止動員戡亂時期、國會全面改選、終止萬年國會。

2　1990年國民黨政府成立「國家統一委員會」，並通過「國統綱領」，而1991年民進黨提出「公投台獨黨綱」。

貳、臺灣面臨的最重要問題

　　根據《美國選民》一書作者 Campbell 等人 (1960, 170) 的說法，議題投票需要滿足三個條件：第一，選民必要以某種形式認知到該議題；第二，該議題要能撩起選民某種程度的強烈感受；第三，選民必須要感受到某一黨比另一黨更能代表自己的立場。筆者認同前面第一與第二個條件，因為選民認知到某項議題，且認為該議題重要當然是議題投票的重要條件，然而，由於有些議題並非是立場性議題 (position issue)，而是崇向性議題 (valence issue)，前者指選民的偏好是在一系列選項中的一個，而後者指選民以某種正面或負面的方式與政黨連結，譬如選民對經濟繁榮、和平都會一面倒的支持；反之，對政治貪腐都會一面倒的反對 (Fiorina 1981, 17)。為了能更廣泛的涵蓋所有形式的議題投票，也因此本研究對於第三個條件，修正為選民必須要感受到某一黨比另一黨更能代表自己的立場，或更有能力處理該議題。

　　根據上述三個條件，以下將要第一步篩選出哪些是選民認知到且感受到的重要議題。本研究採用 TEDS2012 資料檔中，受訪者針對開放式問題的回答，問卷措詞是：「在這次總統選舉期間，我們國家面臨的各種問題都被提出來討論，您認為最重要的問題是什麼？」表 7.1 是對受訪者的回答所作的歸類。從研究結果得知，經濟發展是一般民眾認為最重要的議題，有高達四成 (40.3%) 的受訪者，認為經濟發展是我國面臨的最重要的問題；其次是統獨與兩岸關係議題，有大約兩成 (19.8%) 的受訪者認為是最重要的問題；第三是財富分配議題（包括貧富差距、社會福利、老人津貼…等），但僅有 4.9% 的受訪者認為該議題是最重要的問題。此外，其它被認為是我國面臨的最重要問題，依序是政黨或政治人物的能力與操守 (3.8%)、國家安全 (2.7%)、政治或社會改革 (1.7%)、環境保護 (0.3%)，另外僅有 1.2% 受訪者回答其它選項。比較 2008 年總統選舉時，該年有 45.4% 的民眾認為對他們個人而言，經濟發展是最重要的問題，其次，10.6% 的民眾認為統獨與兩岸關係是最重要的問題。雖然問卷措辭有些許差異（見表 7.1 說明），但是與 2012 年一樣的是，也有大約近

表 7.1　民眾認為我國最重要的議題

	2008 年		2012 年	
	N	%	N	%
經濟發展	865	45.4	735	40.3
統獨、兩岸關係	201	10.6	361	19.8
財富分配（貧富差距、社會福利…）	57	3.0	90	4.9
政黨或政治人物（能力、操守）	74	3.9	69	3.8
國家安全（國防、外交、安定…）	72	3.8	49	2.7
政治或社會改革	78	4.1	31	1.7
環境保護	5	0.3	6	0.3
其它	21	1.1	22	1.2
未答	530	27.8	463	25.4
合計	1,905	100.0	1,826	100.0

資料來源：朱雲漢（2008；2012）。
說明：1. 2008 年測量的問卷題目是：「在這次總統選舉期間，我們國家面臨的各種問題都被提出來討
　　　　論，您認為最重要的問題是什麼？」
　　　2. 2012 年測量的問卷題目是：「在今年三月的總統選舉期間，對您個人而言，您認為最重要的
　　　　議題是什麼？」

六成的民眾聚焦在經濟發展及統獨與兩岸關係上。另外，在財富分配議題
上，2012 年較 2008 年略微提升，2008 年僅有 3.0% 認為財富分配議題是
最重要議題，而 2012 年略升到 4.9% 認為財富分配議題是最重要議題。至
於政治或社會改革議題則下降，2008 年有 4.1% 認為政治或社會改革是重
要議題，2012 年則降為 1.7% 認為政治或社會改革是重要議題，應該是因
為臺灣經過兩次政黨輪替，相關的政治改革不再是重要議題。由以上的分
析得知，臺灣民眾對於什麼是我們國家所面臨的最重要議題，具有相當大
的共識，且具有相當的延續性，大約有六成民眾聚焦在兩項議題——經濟
發展、統獨與兩岸關係上，而認為財富分配議題是重要議題的民眾略微提

升，認為政治與社會改革是重要議題的略減，由於近年來我國貧富差距愈來愈大，與之相關的競選政見與政策方案屢屢被提出，吸引相當多民眾的注意，因此財富分配議題對選舉的可能影響值得密切關注。以下的分析就聚焦在經濟發展、統獨與兩岸關係，以及財富分配這三項議題上。

參、經濟發展議題

台灣過去長期在國民黨發展經濟策略主導下，在 1960、1970 年代經濟成長率都維持在 8%-10% 的高檔，從表 7.2 得知，在 1981 到 1990 年平均經濟成長率是 7.65%，1991 到 2000 年平均經濟成長率是 6.24%，顯示在第一次政黨輪替前，國民黨政府都維持不錯的經濟成長成績。但到了 2001 年，由於遭逢全球性的科技泡沫化與 911 恐怖攻擊事件，經濟成長率嚴重衰退，呈現 -1.65 的負成長，2002 年經濟短暫復甦，但不復之前的榮景，在陳水扁總統任內的經濟成長率平均是 3.79%。

過去學者們對台灣經濟投票的研究，大多立論於「獎懲機制」，亦即經濟的繁榮有利於執政黨，否則有利於在野黨，選民在經濟狀況好時會投票支持執政黨，否則會支持在野黨 (Fiorina 1981; Lewis-Beck 1990)。但得到並不一致的研究發現，有時經濟因素是影響選民投票的因素，但有時不是（Hsieh, Lacy, and Niou 1998; Lin 2008; Sheng 2007; 王柏耀 2004；吳親恩與林奕孜 2012；盛杏湲 2009；黃秀端 1994；劉嘉薇 2008）。在 2008 年總統選舉前爆發全球性的金融危機，選民對經濟前景的憂慮與對新人的期待，使選民回顧陳水扁政府經濟表現的欠佳，並前瞻馬英九可能在經濟上有較好的表現，而使經濟因素在 2008 年總統大選時發揮了效用，馬英九贏得了總統大選（吳親恩與林奕孜 2012；盛杏湲 2009；關弘昌 2009）。然而，馬英九執政之後，隨著全球性的經濟不景氣，2009 年經濟成長率呈現 -1.81 的負成長，2010 年雖有 10.76% 的大幅成長，但是在 2011 年隨即滑落到 4.07%，在 2012 年再下滑到 1.25%。與此同時，失業率逐漸攀升，從 1980、1990 年代平均 2.11% 與 2.18% 的平均值，但在陳水扁執政時期，失業

率平均為 4.41%，到馬英九執政之後，平均失業率更達到 4.92% 的高點，在 2009 年呈現 5.85% 的高失業率，甚至在單季曾出現超過 6% 的失業率。

表 7.2　台灣經濟成長率與失業率

	經濟成長率 %	失業率 %
1981-1990 平均	7.65	2.11
1991-2000 平均	6.24	2.18
2001-2004 平均	3.37	4.79
2005	4.70	4.13
2006	5.44	3.91
2007	5.98	3.91
2008	0.73	4.14
2009	-1.81	5.85
2010	10.76	5.21
2011	4.07	4.39
2012[a]	1.25	4.24

資料來源：1981-2008 年資料根據田慧琦（2010），2009-2012 年資料根據行政院主計總處（2013a；2013b）。

說明：[a] 2012 年經濟成長率為概估。

　　在 2012 年選舉期間，在金融海嘯與歐債危機的威脅下，臺灣的經濟前景蒙上一層陰影，那麼，經濟因素是否會再度影響選民的投票行為？以下我們首先來觀察選民究竟怎麼去衡量兩黨在處理經濟發展問題的能力好壞。從表 7.3 得知，在比較兩個政黨在處理經濟發展問題的能力上，在 2012 年，有過半數 (51.2%) 的民眾認為國民黨較有能力處理經濟發展問題，包括有 16.0% 的民眾認為國民黨好很多，以及 35.2% 的民眾認為國民黨好一些，而僅有 10.8% 的民眾認為民進黨好一些，以及 3.7% 的民眾認為民進黨好很多，而認為國民黨與民進黨都不錯的有 11.5% 的民眾，認

為國民黨與民進黨都不好有 12.7% 的民眾，此一趨勢延續自 2008 年。顯然在處理經濟問題上，民眾對國民黨的能力還是較為信賴，即便相對上來說，馬英九在第一任總統任內在經濟成長率與失業率都交出了不漂亮的成績單，但是當民眾衡量政黨在經濟發展的處理能力時，將全球性的經濟不景氣，以及國民黨在 2000 年之前漂亮的經濟表現成績一併納入考量。

表 7.3　民眾比較國民黨與民進黨在經濟發展問題上的處理能力

	2008 年		2012 年	
	N	%	N	%
國民黨好很多	234	18.9	292	16.0
國民黨好一些	416	33.6	643	35.2
民進黨好一些	61	5.0	198	10.8
民進黨好很多	21	1.7	68	3.7
兩個政黨都不錯	74	5.9	210	11.5
兩個政黨都不好	243	19.6	232	12.7
其他及無反應	189	15.2	183	10.0
合計	1,238	100.0	1,826	100.0

資料來源：朱雲漢（2008；2012）。

肆、財富分配議題

財富分配議題雖然在大多數工業民主國家都是最重要的政治分歧，形塑各國的政黨政治基礎 (Dalton 1988; 1996; Lipset 1981; Lipset and Rokkan 1967)，但是過去在臺灣，財富分配卻未成為凸顯的政治議題。2000 年以前，在突出的經濟成長率與低失業率的狀況下，貧富差距也維持在一個相對的低水準，因此財富分配並不是一個凸顯的議題。從表 7.4 的數據得

表 7.4　台灣貧富差距

	五分位差[b]	十分位差[c]	二十分位差[d]
1981-1990 平均	4.60	--	--
1991-1997 平均	5.37	--	--
1998-2000 平均[a]	5.52	19.21	32.74
2001-2004 平均	6.18	21.87	--
2005	6.04	23.50	55.13
2006	6.01	24.21	58.26
2007	5.98	25.27	60.37
2008	6.05	26.46	65.31
2009	6.34	28.13	75.08
2010	6.19	32.81	93.92
2011	6.17	--	--

資料來源：五分位差根據行政院主計總處編（2012, 23），十分位差與二十分位差根據行政院財政部
　　　　　（2013）之資料，1998 年二十分位差的資料，來自陳博志（2010）。
說明：[a] 1998-2000 平均列中二十分位差僅有 1998 年的資料，見陳博志（2010）。
　　　[b] 五分位差指最高 20% 家庭的可支配所得除以最低 20% 家庭的可支配所得。
　　　[c] 十分位差指最高 10% 家庭的綜合所得總額除以最低 10% 家庭的綜合所得總額。
　　　[d] 二十分位差指最高 5% 家庭的綜合所得總額除以最低 5% 家庭的綜合所得總額。

知，在 1980 年代，臺灣貧富差距的五分位差（指最富有的 20% 家庭的可
支配所得除以最貧窮的 20% 家庭的可支配所得）維持在平均 4.6 倍左右的
水準，而自 1990 年代五分位差開始逐漸提升，大約在 5.5 倍左右的水準。
但是在 2001 年，由於經濟不景氣與失業率提升，貧富差距逐漸升高，在
陳水扁總統第一任期內，五分位差平均 6.18 倍，在 2005 年之後，大多維
持在 6 倍多一點的水準，在 2009 年金融海嘯之後突升到 6.34 倍，之後稍
降，但也大多在 6.20 倍左右。對於貧富差距逐漸擴大的現象，如果我們將
觀察焦點置於十分位差（指最高 10% 家庭的綜合所得總額除以最低 10%

家庭的綜合所得總額），可以發現在 1998 到 2000 年，最高 10% 家庭的綜合所得總額是最低 10% 家庭的綜合所得總額的 19.21 倍，之後到 2008 年之前，每年呈現微幅上揚，但是在 2009 年陡增到 28.13 倍，到 2010 年更躍升成為 32.81 倍。甚至於，我們若將觀察焦點置於二十分位差（指最高 5% 家庭的綜合所得總額除以最低 5% 家庭的綜合所得總額），則貧富差距擴增的幅度更為驚人，1998 年最高 5% 家庭的綜合所得總額是最低 5% 家庭的綜合所得總額的 32.74 倍（陳博志 2010），在 2008 年為 65.31 倍，平均每年增長 3 倍，而在 2009 年成為 75.08 倍，增加了 10 倍，在 2010 年更快速躍升為 93.94 倍，增加了近 20 倍（行政院財政部 2013）。

　　上述的資料顯示，在 2009 年之前，貧富差距雖然也有上升的現象，但上升的幅度較小，在 2009 年之後，貧富差距急遽惡化，顯示在經濟不景氣下，經濟上的弱勢者處在更不利的境地，他們或者失業、或者減薪，平均所得減少。而政府為了提升經濟競爭力，在 2009 年初修正公布了遺產及贈與稅法，大幅調降遺產稅與贈與稅，將原本 10 級距，最高達 50% 稅率的累進稅率制，降低為 10% 的單一稅率制，同時將遺產稅免稅額由 700 萬元提高為 1200 萬元，贈與稅免稅額由 100 萬元提升成為 220 萬元。[3] 此一遺贈稅的調降，使原本避稅的資金回流臺灣，造成資金充斥，而在投資環境不佳的情況下，大量資金湧進房屋市場，因此房價在短時間內增長數成，有屋者資產大幅增加，貧窮者更顯弱勢，對大多數人而言，購屋成為奢望，如此造成富者愈富，貧者愈貧，貧富差距急速惡化。

　　對於縮小貧富差距，過去雖然政黨與政治人物屢屢提出相關的議題與方案，諸如各種社會福利方案、[4]租稅方案，[5]但是選民在財富分配議題上的立場，卻多半並未在投票時扮演重要的影響角色，其中一個重要原因是主要政黨在此項議題上並未有明顯的差異，往往只要有政黨提出某一項福利方案或租稅方案，各黨就跟進，或者競相加碼好處，或者爭著降低稅

---

[3]　遺產及贈與稅法13、18、19、22條。

[4]　諸如失業救濟、老農津貼、敬老津貼。

[5]　諸如特種貨物及勞務稅（俗稱奢侈稅）的課徵。

率，以免其它政黨獨享功勞（盛杏湲與陳義彥 2003；盛杏湲 2009）。此外，政黨一旦執政，在經濟成長掛帥下，往往向資方與大企業靠攏，不再堅持照顧社會經濟上的弱勢者（聯合報，2000 年 9 月 17 日，版 1；[6]聯合報，2002 年 7 月 29 日，版 3），[7]以致於兩個政黨的立場愈為相像。從表 7.5 顯示，在 2012 年時，民眾在財富分配議題的立場偏向主張政府應該積極提供社會福利，在 0-10 尺度上位於 5.9 的位置，此與 2008 年完全一致，至於民眾認為國民黨的立場是 5.1，較之 2008 年的 5.7，稍往不那麼積極推展社會福利的方向變動，這可能是因為國民黨重新掌握執政後，顧慮到財政的困難，因此對於社會福利的推動較為謹慎。同時，民眾認為民進黨的立場在 2012 年延續 2008 年，都在 5.4，由統計數據看來，民進黨自 2000 年掌握執政權之後，民眾對其在社會福利的立場的認知，從原本很重視社會福利的位置 (6.5)，滑落到 5.4，如此使得民進黨在財富分配議題的立場與國民黨的立場差異變得極為有限。

表 7.5   受訪者自己與評估各政黨在財富分配議題的立場

	受訪者	國民黨	民進黨	新黨	親民黨	台聯
2000	5.6	4.8	6.5	5.2	5.3	
2004	6.3	5.6	6.0		5.5	5.2
2008	5.9	5.7	5.4			
2012	5.9	5.1	5.4			

資料來源：陳義彥（2000）、劉義周（2004）、游清鑫（2008）、朱雲漢（2012）。

說明：測量的問卷題目：「在社會福利方面，有人認為政府只要維持目前的社會福利就好，以免增加人民的納稅負擔；也有人認為政府應該積極（台：主動）推展社會福利，即使（台：就算講）因此而加稅也無所謂（台：嘸要緊）。如果主張政府只要維持目前的社會福利就好的看法在一邊，用 0 表示；主張政府應該積極推展社會福利的看法在另一邊，用 10 表示。請問您比較靠（台：卡偎）哪裡？」（訪員出示卡片，並且依序問各黨的立場比較靠哪裡。）

---

[6]   鍾年晃，2000，〈陳總統：經濟發展首要社福可暫緩〉，《聯合報》，9月17日，版1。

[7]   聯合報系民意調查中心，2002，〈42%認民進黨向資方靠攏〉，《聯合報》，7月29日，版3。

　　那麼民眾認為兩黨在處理財富分配問題上的能力是否有差異呢？表7.6 顯示在社會福利方面，比較 2008 與 2012 年，較大的變化是，認為國民黨處理能力比較好的民眾比例略有增加，從 2008 年的 21.1% 增加到28.1%，而認為兩個黨在處理社會福利的能力都不錯的比例也有提升，從13.6% 增加到 21.9%，至於認為民進黨能力比較好的民眾比例略微下滑，從 27.4% 降為 24.7%，民進黨過去在社會福利表現相較於國民黨的優勢在2012 年時不再存在。

　　至於在縮小貧富差距方面，比較 2008 與 2012 年，認為國民黨處理能力較好的民眾比例下滑，從 37.8% 降低到 24.1%，而認為民進黨處理能力較好的民眾比例上升，從 10.3% 提升到 28.4%，至於認為兩個政黨都表現不好的民眾比例維持不變，兩個年度都大約有四分之一左右的民眾認為兩黨表現都不好。而在與貧富差距密切相關的高房價問題方面，認為國民黨的表現較好的，有 20.8%，認為民進黨表現較好的，有 21.8%，二者幾乎不相上下；而認為兩個政黨都表現不佳的比例最高，高達三分之一 (31.4%)。

表 7.6　民眾比較國民黨與民進黨在財富分配議題上的處理能力

	2008 年		2012 年		
	社會福利 %	縮小貧富差距 %	社會福利 %	縮小貧富差距 %	解決房價過高 %
國民黨好很多	6.0	10.1	4.5	5.2	4.0
國民黨好一些	15.1	27.7	23.6	18.9	16.8
民進黨好一些	20.3	8.5	18.6	21.4	15.9
民進黨好很多	7.1	1.8	6.1	7.0	5.9
兩個政黨都不錯	13.6	5.3	21.9	9.2	8.6
兩個政黨都不好	19.5	26.1	13.6	26.3	31.4
其他及無反應	18.3	20.6	11.6	12.1	17.3
合計	100.0	100.0	100.0	100.0	100.0

資料來源：朱雲漢（2008；2012）。

從上述統計數據得知，在財富分配議題上，民眾對於兩黨在社會福利的處理評價較高，但是對於貧富差距與房價問題的處理評價較低，這應該是因為在經濟不景氣時，政府為提升經濟景氣的租稅措施（如降低遺產稅、贈與稅），往往對經濟上的優勢者較為有利，因此貧富差距更為懸殊，而兩個政黨為了去彌補社會弱勢者的不利狀況，提出種種的社會福利方案，同時當一黨提出時，另一黨通常不讓它黨專美於前，也競相提出福利方案，或加碼福利補助內容與項目。因此民眾對於兩黨在社會福利的處理評價較高，但是對於解決貧富差距與房價問題的處理評價較低。比較兩黨的表現來看，在社會福利方面，民眾認為國民黨的處理能力比民進黨稍好一些，而在縮小貧富差距方面，民眾認為民進黨的能力稍好一些，至於在解決房價過高問題上，兩黨的表現不相上下，都不太好。

伍、統獨與兩岸關係議題

過去的研究發現，統獨議題自 1990 年以來是影響政黨競爭的主要分歧，也長期影響政治菁英的政治運作以及選民的投票行為（Cheng and Hsu 1996; Fell 2005; 2011; Hsieh and Niou 1996; Sheng 2007; 徐火炎 1998；盛杏湲 2002；盛杏湲與陳義彥 2003）。從表 7.7 得知，民眾在統獨議題的立場相當穩定，在 2000 年之前在 5.0 到 5.3 的中間立場，在 2000 年之後略往獨立方向移動，大約在 4.5 到 4.6 之間，在 2012 年，民眾的統獨立場大約在 4.5，延續近十年來的穩定不變，而民眾感受到的國民黨立場從統一稍稍往中間偏斜，感受到民進黨的立場從獨立稍稍往中間偏斜，但國、民兩黨在統獨立場壁壘分明的基本態勢沒有變化，此外，民眾認知到泛藍的新黨與親民黨是偏統一的政黨，泛綠的政黨台聯是偏獨立的政黨。

表 7.7　受訪者自己與評估各政黨在統獨議題的立場

	受訪者	國民黨	民進黨	新黨	親民黨	台聯
1996	5.1	6.1	2.0	6.5		
1998	5.0	6.5	2.3	7.2		
2000	5.3	6.4	3.2	7.2	7.0	
2004	4.6	7.5	2.2		7.4	1.7
2008	4.5	7.4	2.2			
2012	4.5	7.0	2.6			

資料來源：謝復生（1996）、劉義周（1999；2004）、陳義彥（2000）、游清鑫（2008）、朱雲漢（2012）。
說明：測量的問卷題目是：「我們社會上的人常討論中國統一與台灣獨立的問題，有人主張台灣應該
儘快宣布獨立；也有人主張兩岸應該儘快統一；還有人的看法是在於這兩種看法之間。如果主
張台灣應該儘快宣布獨立的看法在一邊，用 0 表示；主張應該儘快統一的看法在另一邊，用 10
代表。那麼，請問您的位置比較靠哪裡？」（訪員出示卡片，並且依序問各黨的立場比較靠哪
裡。）

　　那麼，民眾認為在兩大黨中，哪一黨在兩岸關係處理能力較好呢？研
究結果顯示（見表 7.8），在 2008 年，有 17.9% 的民眾認為國民黨好很多，
有 36.5% 的民眾認為國民黨好一些，總共有高達 54.3% 的民眾認為在兩岸
關係議題上，國民黨的表現較好，而在 2012 年，有 24.2% 的民眾認為國
民黨好很多，有 37.2% 的民眾認為國民黨好一些，總共有高達 61.4% 的民
眾認為在兩岸關係議題上，國民黨的處理能力較好，此一看法延續 2008
年的看法，且 2012 年認為國民黨表現較好的民眾比例更多，顯示自馬英
九總統上任後，與中國大陸較為和平友善且密切的關係，諸如：頻密的江
陳會談、開放兩岸三通、開放大陸投資、開放大陸觀光客與大陸學生來
台，並且簽訂兩岸金融監理合作備忘錄 (MOU) 與兩岸經濟合作架構協議
(ECFA)，兩岸頻繁且密切的交流，顯然被比較多數的民眾所認同。相對而
言，認為民進黨處理能力比較好的，在 2012 年僅有 11.6% 的民眾，此與
2008 年 7.8% 的民眾認為民進黨處理能力較好，並沒有太大的突破。顯然
在兩岸關係議題上，相當高比例的民眾認為國民黨的處理能力較民進黨的
處理能力來得好。

表 7.8　民眾比較國民黨與民進黨在統獨議題上的處理能力

	2008 年		2012 年	
	N	%	N	%
國民黨好很多	221	17.9	442	24.2
國民黨好一些	451	36.5	680	37.2
民進黨好一些	60	4.9	142	7.7
民進黨好很多	36	2.9	70	3.9
兩個政黨都不錯	86	6.9	191	10.4
兩個政黨都不好	201	16.2	140	7.7
其他及無反應	183	14.8	162	8.9
合計	1,238	100.0	1,826	100.0

資料來源：朱雲漢（2008；2012）。

陸、議題立場、政黨能力評估與投票行為

　　以下將進一步進行模型估計，以檢視選民的議題立場與對政黨處理能力的評估對於投票行為的影響。模型中將放入兩個立場性議題：財富分配議題立場與統獨議題立場，並且放入受訪者對兩黨在經濟發展、財富分配、與兩岸關係上處理能力的評估，此外，將政黨認同與省籍變數放入模型中，以控制其影響力。依變數是總統選舉的投票對象，以投給馬英九、吳敦義者為 1，投給蔡英文、蘇嘉全者為 0，至於投給其他候選人[8]或回答其它選項者以缺失資料處理，由於依變數為二分變數，因此以二元線性對數模式 (Binary logistic regression model) 加以估計。

---

[8]　投給宋楚瑜、林瑞雄者有40人，由於僅佔2.2%的樣本數，會造成估計的不穩定，因此將之以缺失值處理。

　　表 7.9 中顯示估計的兩個模型，此二模型使用的變數一樣，只是在財富分配議題的測量方式不同，由統計數據來看，兩個模型除了財富分配議題上的估計值有些許不同之外，其它變數的估計值都相當穩定。除此以外，政黨認同與省籍變數呈現相當大且顯著的估計值，表示政黨認同與省籍仍是影響臺灣選民投票行為的重要因素，一如預期，國民黨認同者較民進黨認同者，外省籍相較於客家籍與閩南籍傾向投票給馬英九。

　　模型 I 是採用較新的財富分配議題的測量方式，模型 II 是採用傳統上 TEDS 的財富分配議題的測量方式，亦即民眾認為政府在社會福利議題上應扮演的角色（0-10 尺度，問卷措詞如表 7.5 中的說明）。由於傳統的問卷題目只測量到民眾對於社會福利的看法，但是民眾對於社會福利的看法可能會受到其它因素影響，諸如受到民眾認為家庭應該扮演照顧角色的看法的影響，或者受到民眾對於政府在推行社會福利制度時的評價等因素的影響，因此，社會福利可能不是最佳的測量方式；此外，只以社會福利的角度切入，恐怕不足以涵蓋財富分配議題的複雜性與多面向，因此，本研究另外嘗試新的測量方式，期望藉由多指標的測量方式以掌握到財富分配議題的複雜性與多面向。在 TEDS2012 中有一系列詢問受訪者有關政府在各項公共支出上的看法，問卷措辭如下：

　　「在我們的社會上，大家對於政府在各項公共支出上，常有不同看法。請您告訴我，在下列政策，您認為政府應該增加或是減少支出。不過，我們要提醒您，當您回答增加支出時，可能需要加稅；當您回答減少支出時，可能需要減少這類公共服務。」接著詢問：「有關衛生與醫療面的公共支出，請問您認為應該大幅增加，稍微增加，維持現狀，稍微減少，或是大幅減少？」然後依序詢問教育、失業救濟、國防、老人年金、工商發展、治安、社會福利等各個項目的公共支出。與財富分配議題立場有關的包括失業救濟、老人年金、社會福利三個項目，本研究乃將受訪者在這三個項目的回答加總，由於每一個項目都是從 1 到 5 給分，分數愈小，表希望該項公共支出減少，分數愈大，表希望該項公共支出增加，因此得到的分數最小值為 3，最大值為 15，分數愈高表愈傾向認為政府在財富分配應扮演較重要角色。

表 7.9 中的數據顯示，財富分配議題是影響選民投票抉擇的重要因素，當愈認為政府應該在財富分配上扮演積極的角色，則愈不傾向投票給馬英九，而且當測量工具愈精準，則財富分配議題立場變數對於投票行為的影響更凸顯（比較模型 I 與 II），甚至於它對選民投票行為的影響（估計值 -.133），不亞於一般認為對投票行為有非常重要影響力的統獨立場（估計值 .118）。回顧 2008 年，在金融海嘯的陰影下，一般民眾十分關注經濟成長，而相對上比較不那麼重視財富分配，因此財富分配議題在當年並未成為影響投票抉擇的重要因素（盛杏湲 2009）。但是在 2012 年，財富分配議題成為影響選民投票的重要因素，主要原因在於急速惡化的貧富分配不均。從前面的說明得知，自馬英九上任以來，貧富差距惡化的情況更形嚴重，當社會上有人對購買動輒上億的豪宅、珠寶毫不手軟，而許多人卻還在為每月 22K，甚或更差的薪資奮鬥，而購買房屋更成為許多人不敢有的奢望時，許多選民用選票來表達對國民黨執政的不滿。

選民的統獨議題立場一如預期，是影響投票行為的重要因素，選民在立場上愈偏向統一的，愈傾向投給馬英九；反之，在立場上愈偏向獨立的，愈傾向投給蔡英文，此一發現再次呼應前人的研究，顯示統獨議題在臺灣政治的重要影響力。

本研究不止著重在選民的議題立場對其投票行為的影響，更進一步探究選民對於政黨在處理重要議題上的能力評估，是否會對其投票行為產生影響。由於研究者將受訪者認為是哪一個政黨較有能力以類別變數來處理：分為認為國民黨能力較好、民進黨能力較好、以及兩黨不相上下，而放進模型中的是「認為國民黨較有能力」，以及「認為民進黨較有能力」的虛擬變數，因此對國民黨或民進黨處理議題能力變數的解讀，係將之與未放入模型的「認為兩個政黨不相上下」的那一類做比較。由表 7.9 統計數據顯示，在每一項議題上，選民對兩黨表現的評估都至少有一個變數達到統計上的顯著水準，表示在每一個議題上，對兩黨評估的高低，確實會影響選民對投票對象的抉擇，認為國民黨在經濟發展處理能力較好的，相較於認為兩黨表現不相上下，與認為民進黨在經濟發展處理能力較好的，更傾向投票給馬英九。而同樣的，認為國民黨在縮小貧富差距處理能力較

好的，相較於認為兩黨表現不相上下，與認為民進黨處理能力較好的，更傾向投票給馬英九。至於在社會福利或解決房價過高問題上，認為民進黨處理能力較好的，相較於認為兩黨表現不相上下，與認為國民黨處理能力較好的，更傾向投給蔡英文。至於在兩岸關係問題上，若認為國民黨處理能力較好的，與認為兩黨不相上下的沒有差別（未達顯著水準），但是若認為民進黨處理能力較好的，則相當傾向投給蔡英文。

表 7.9　議題、政黨處理能力與選民的投票行為模型（二元洛基線性對數模式）

	模型 I		模型 II	
	B 值	S.E 顯著性	B 值	S.E 顯著性
議題立場				
財富分配議題立場	-.133	.063[*]	-.071	.039[$]
統獨議題立場	.118	.060[*]	.121	.061[*]
政黨處理能力				
經濟發展國民黨較好	.743	.306[*]	.725	.308[*]
經濟發展民進黨較好	-.634	.535	-.566	.531
縮小貧富差距國民黨較好	.962	.414[*]	.889	.408[*]
縮小貧富差距民進黨較好	.091	.356	.072	.357
社會福利國民黨較好	.480	.346	.469	.349
社會福利民進黨較好	-.620	.348[$]	-.540	.350
解決房價過高國民黨較好	-.421	.439	-.326	.437
解決房價過高民進黨較好	-1.131	.372[**]	-1.176	.372[**]
兩岸關係國民黨較好	.206	.304	.278	.309
兩岸關係民進黨較好	-1.637	.745[*]	-1.432	.750

表 7.9　議題、政黨處理能力與選民的投票行為模型 （二元洛基線性對數模式）（續）

	模型 I		模型 II	
	B 值	S.E 顯著性	B 值	S.E 顯著性
政黨認同（中立＝0）				
國民黨	2.854	.357***	2.907	.360***
民進黨	-2.610	.320***	-2.553	.322***
省籍（外省＝0）				
客家籍	-2.267	.703***	-2.271	.720**
閩南籍	-2.610	.642***	-2.705	.663***
常數	3.455	1.023***	2.346	.766**
N	1,222		1,196	
Cox & Snell R^2	.623		.623	
Nagelkerke R^2	.840		.839	
-2Log likelihood	457.069		450.905	

資料來源：TEDS2012 獨立樣本。
說明：1.模型 I 中的財富分配議題立場係使用測量方法 1，模型 II 的財富分配議題立場係使用測量方法 2。
　　　2.*** 表 p<.001、** 表 p<.01、* 表 p<.05、$ 表 p<.1。

　　為了更適當解讀兩個主要政黨的問題處理能力對受訪者投票行為的影響力大小，因此研究者更進一步計算當其它條件控制在一定的水準時，受訪者若認為某項問題是國民黨（或民進黨）處理較好，則受訪者投給馬英九的機率。表 7.10 的數據顯示，當其它條件控制在平均狀況（受訪者在財富分配議題與統獨議題立場是平均數的位置、政黨認同為中立、省籍是閩南籍，且認為兩個政黨在處理其它議題上不相上下），若受訪者認為國民黨在經濟發展的處理能力較佳，則其投票給馬英九的機率是 .65；反之，若受訪者認為民進黨在經濟發展的處理能力較佳，則投票給馬英九的機率

降低為 .32，顯然政黨在處理經濟發展的能力是一個影響選民投票行為的重要因素，它能決定選民是投給馬英九，還是蔡英文。至於在社會福利的處理上，受訪者對政黨能力的評量，也相當程度決定其投票對象（投給馬英九的機率分別是 .59 與 .32）。

至於在兩岸關係問題上，若認為民進黨處理能力較好者，則會相當決定性影響其決定投給蔡英文（投馬英九的機率僅 .15），然而，若受訪者認為國民黨處理能力較好，則投給馬英九或蔡英文的機率幾乎各半（投馬英九的機率為 .52）。對此統計數據的解讀是：一般而言，民眾認為國民黨善於處理兩岸關係問題，因此，如果受訪者認為國民黨善於處理兩岸關係問題，則對他投票對象的影響不大，但是，若受訪者比較反常態的認為民進黨較國民黨有能力處理好兩岸關係問題，則此一態度就可以相當程度左右他將票投給蔡英文。

在縮小貧富差距問題方面，若認為國民黨處理能力較好者，則會相當決定性影響其決定投給馬英九（投馬英九的機率為 .70），然而，若受訪者認為民進黨處理能力較好，則投給馬英九或蔡英文的機率幾乎各半（投馬英九的機率為 .49）。同樣的，對此研究結果的解讀是：一般而言，民眾認為兩黨在縮小貧富的能力上，民進黨略勝國民黨一籌，因此若受訪者認為民進黨善於處理縮小貧富差距問題，則對他投票對象的影響不大，但是，若受訪者認為國民黨較民進黨有能力處理好縮小貧富差距問題，則此一態度就可以相當程度地左右他將票投給馬英九。

在解決房價過高的問題上，若認為民進黨處理能力較好者，則會相當決定性影響其投給蔡英文（投馬英九的機率僅 .22），然而，若受訪者認為國民黨處理能力較好，投給馬英九的機率仍然不高 (.37)，究竟何以產生如此的情況，筆者有兩點揣測：第一，也許是因為回答國民黨處理房價過高問題能力較好的受訪人數太少，以致於造成估計的不穩定；第二，也許是因為回答國民黨處理房價過高問題的受訪者不是真誠的回答。但是究竟真實的答案為何，仍有待後續的探索。

表 7.10　選民評價兩黨處理問題的好壞對其投馬英九機率

	國民黨處理能力較好	民進黨處理能力較好
經濟發展	.65	.32
縮小貧富差距	.70	.49
社會福利	.59	.32
解決房價過高	.37	.22
兩岸關係	.52	.15

資料來源：TEDS2012。
說明：1.表中數字為投給馬英九的機率。
　　　2.受訪者投票給馬英九機率的計算，乃是將其他條件控制在一個平均的狀況（財富分配議題立場 = 11.29；統獨議題立場 = 4.5，所有其它問題控制在兩黨處理能力不相上下；政黨認同控制在中立；省籍控制在閩南籍），分別計算若受訪者認為某項問題國民黨處理較好，以及若受訪者認為某項問題民進黨處理較好，投給馬英九的機率。

柒、結論

　　本文旨在探討在 2012 年選舉時，究竟選民認為最重要的議題是什麼？同時，選民在這些議題的立場與對政黨處理能力的評估，是否會影響選民的投票行為？研究發現顯示選民認為的重要議題相當聚焦，是：經濟發展、財富分配、以及統獨與兩岸關係。同時，本研究證實選民在財富分配議題與統獨議題的立場，以及選民對兩黨在處理這三項問題的評估會對其投票行為產生重要的影響。

　　有關於統獨與兩岸關係對選民投票行為的影響，再次證實了過去研究的發現，顯示此議題確實是臺灣重要的政治分歧，是影響政黨競爭的長期而穩定的因素。此外，經濟因素也延續 2008 年的選舉，在 2012 年時持續扮演重要的影響力量，此與全球性的經濟不景氣與台灣經濟前景的艱困有關，顯示當經濟不景氣時，選民確實會以政黨或候選人在經濟的表現來決定其投票對象。

　　而更值得注意的是，財富分配議題過去在臺灣一直不是凸顯的重要議題，但是在 2012 年選舉中卻扮演重要的影響力量，不止選民在財富分配議題的立場影響其投票行為，同時選民對於政黨在財富分配問題處理能力的評估，也對其投票行為產生影響。由工業民主國家發展的經驗看來，財富分配議題往往在經濟產生明顯變革或經濟發生衰敗時開始凸顯 (Dalton 1996; Lipset and Rokkan 1967)，而由於臺灣自 2008 年以來的經濟不景氣、貧富差距的擴大、以及政府財政的困難，確實有利於財富分配議題的凸顯。在 2012 年選舉中，財富分配議題已然發酵，而在 2012 年選後，持續發生的最低工資與最高工時的爭議，勞保與勞工退休金的爭議、軍公教退休金的爭議……等等，顯示財富分配議題已然在臺灣產生影響，那麼，其後續的發展如何，是否會繼統獨議題，演進成重要的政治分歧，值得後續關注。

●●● 參考文獻 ●●●

I. 中文部分

王柏燿,2004,〈經濟評估與投票抉擇〉,《選舉研究》,11(1): 171-195。

中華經濟研究院,2013,〈臺灣重要經濟變動指標〉,中華經濟研究院網站:http://www.cier.edu.tw/public/Data/311516592871.pdf,檢索日期2013年1月24日。

田慧琦,2010,〈臺灣失業率與產出之關聯及可能影響因素探討——歐肯法則 (Okun's Law) 實證分析〉,《中央銀行季刊》,32(3): 29-65。

朱雲漢,2008,《2005年至2008年「選舉與民主化調查」四年期研究規劃 (III):2008年立法委員選舉面訪案》,計畫編號:NSC96-2420-H-002-025,台北:行政院國家科學委員會補助專題研究計畫成果報告。

------,2012,《2009年至2012年『選舉與民主化調查』三年期研究規劃 (III):2012年總統與立法委員選舉面訪案》,計畫編號:NSC100-2420-H-002-030,台北:行政院國家科學委員會補助專題研究計畫成果報告。

行政院主計總處編,2012,《100年家庭收支調查報告》,台北:月旦出版社。

行政院主計總處,2013a,〈國民所得與經濟成長統計表〉,中華民國統計資訊網網站:http://www.stat.gov.tw/ct.asp?xItem=11978&CtNode=493&mp=4,檢索日期:2013年2月2日。

------,2013b,〈就業、失業統計表〉,中華民國統計資訊網網站:http://www.stat.gov.tw/ct.asp?xItem=14616&CtNode=3564&mp=4,檢索日期:2013年2月2日。

行政院財政部,2013,〈87-99年綜合所得稅申報核定專冊〉,財政部財政資訊中心網站:http://www.fia.gov.tw/lp.asp?CtNode=668&CtUnit=9&BaseDSD=1&mp=1,檢索日期:2013年2月2日。

吳親恩、林奕孜,2012,〈經濟投票與總統選舉:效度與內生問題的分析〉,《台灣民主季刊》,16(2): 175-232。

徐火炎,1998,〈台灣的選舉與社會分歧結構:政黨競爭與民主化〉,載於《兩岸基層選舉與政治社會變遷》,陳明通、鄭永年主編,台北:月旦出版社。

盛杏湲,2002,〈統獨議題與台灣選民的投票行為:一九九〇年代的分析〉,《選舉研究》,9(1): 41-80。

------，2009，〈經濟與福利議題對台灣選民投票行為的影響：2008 年總統選舉的探索〉，載於《2008 年總統選舉：論二次政黨輪替之關鍵選舉》，陳陸輝、游清鑫、黃紀主編，台北：五南出版社。

盛杏湲、陳義彥，2003，〈政治分歧與政黨競爭：2001 年立委選舉的分析〉，《選舉研究》，10(1): 7-40。

陳博志，2010，〈臺灣貧富差距擴大的原因〉，《看雜誌》，線上瀏覽：http://www.watchchinese.com/article/2010/2386，檢索日期：2013 年 2 月 2 日。

陳義彥，2000，《跨世紀總統選舉中選民投票行為之科際整合研究》，計畫編號：NSC89-2414-H-004-021-SSS，台北：行政院國家科學委員會補助專題研究計畫成果報告。

黃秀端，1994，〈經濟情況與選民投票抉擇〉，《東吳政治學報》，3: 97-123。

游清鑫，2008，《2005 年至 2008 年「選舉與民主化調查」四年期研究規劃 (IV)：2008 年總統選舉面訪案》，計畫編號：NSC96-2420-H-004-017，台北：行政院國家科學委員會補助專題研究計畫成果報告。

劉嘉薇，2008，〈2005 年縣市長選舉選民投票決定之影響因素：台北縣、台中市、雲林縣以及高雄縣之分析〉，《台灣民主季刊》，5(1): 1-43。

劉義周，1999，《選區環境條件與選民行為：一九九八年立法委員選舉之科際整合研究》，計畫編號：NSC88-2414-H-004-017，台北：行政院國家科學委員會補助專題研究計畫成果報告。

------，2004，《2002 年至 2004 年「選舉與民主化調查」三年期計畫 (IV)：民國九十三年立法委員選舉大型面訪案》，計畫編號：NSC93-2420-H-004-005-SSS，台北：行政院國家科學委員會補助專題研究計畫成果報告。

謝復生，1996，《總統選舉選民投票行為之科際整合研究》，計畫編號：NSC85-2414-H-004-017-Q3，台北：行政院國家科學委員會補助專題研究計畫成果報告。

關弘昌，2009，〈經濟環境、國家認同與兩岸經貿交流：2008 年的經驗檢視〉，載於《2008 年總統選舉：論二次政黨輪替之關鍵選舉》，陳陸輝、游清鑫、黃紀主編，台北：五南出版社。

II. 外文部分

Campbell, Angus, Philip E. Converse, Warren Miller, and Donald Stokes. 1960. *The American Voter*. New York: John Wiley & Sons, Inc.

Carmines, Edward G., and James A. Stimson. 1989. *Issue Evolution: Race and the Transformation of American Politics*. Princeton: Princeton University Press.

Cheng, Tun-jen, and Yung-ming Hsu. 1996. "Issue Structure, the DPP's Factionalism, and Party Realignment." In *Taiwan's Electoral Politics and democratic Transition: Riding the Third Wave*, ed. Hung-mao Tien. Armonk, New York: M. E. Sharpe.

Dalton, Russell J. 1988. *Citizen Politics in Western Democracies*. Chatham, N.J.: Chatham House.

------. 1996. "Political Cleavage, Issues, and Electoral Change." In *Comparing Democracies*, eds. Lawrence LeDuc, Richard G. Nieme, and Pippa Norris. London: Sage Publications.

Fell, Dafydd. 2005. *Party Politics in Taiwan: Party Change and the Democratic Evolution of Taiwan*. London and New York: Rouledge.

------. 2011. "The Polarization of Taiwan's Party Competition in the DPP Era." In *Taiwan's Democracy: Economic and Political Challenges*, eds. Robert Ash, John W. garver, and Penelope B. Prime. London and New York: Rouledge.

Fiorina, Morris P. 1981. *Retrospective Voting in the American National Elections*. New Haven and London: Yale University Press.

Hsieh, John Fuh-sheng, and Emerson M. S. Niou. 1996. "Salient Issues in Taiwan's Electoral Politics." *Electoral Studies* 15: 219-235.

Hsieh, John Fuh-sheng, Dean Lacy, and Emerson M. S. Niou. 1998. "Retrospective and Prospective Voting in a One-Party Democracy." *Public Choice* 97: 383-399.

Lewis-Beck, Michael S. 1990. *Economics & Elections: The Major Western Democracies*. Ann Arbor: The University of Michigan Press.

Lin, Chiung-chu. 2008. "The Role of Issues in Taiwan's Politics, 1996-2004." *Issues & Studies* 44(1): 71-104.

Lipset, Seymour Martin. 1981. *Political Man: The Social Bases of Politics*. Baltimore: Johns Hopkins University Press.

Lipset, Seymour Martin, and Stein Rokkan. 1967. "Cleavage Structure, Party Systems, and Voter Alignments." In *Consensus and Conflict: Essays in Political Sociology*, ed. Seymour Martin Lipset. New York: Transactions Books.

Sheng, Shing-yuan. 2007. "Issues, Political Cleavage and Party Competition in Taiwan: From the Angles of the Elites and the Public." Presented at the American Political Science Association Annual Meeting, Chicago.

8 2012年總統選舉選民投票抉擇：候選人、性別與政黨認同的觀點*

劉嘉薇

* 本文使用的資料全部係採自「2009年至2012年『選舉與民主化調查』三年期研究規劃 (III)：2012年總統與立法委員選舉面訪案」(TEDS2012) (NSC100-2420-H-002-030)。「台灣選舉與民主化調查」(TEDS) 多年期計畫總召集人為國立政治大學黃紀教授，TEDS2012為針對2012年總統與立法委員選舉執行之年度計畫，計畫主持人為朱雲漢教授；詳細資料請參閱TEDS網頁：http://www.tedsnet.org。作者感謝上述機構及人員提供資料協助，惟本文之內容概由作者自行負責。

壹、問題意識

　　2012 年總統選舉馬英九以 6,891,139 票獲得 51.60% 選票當選（中央選舉委員會 2012）。對馬英九而言，這是一場在外界批評其沒有魄力聲中追求連任的一役；對蔡英文而言，美國還沒有出現女總統，但她要挑戰的則是以女性身分競逐總統。選舉期間有許多以總統候選人性別「作文章」的新聞，例如馬英九被批評為沒有領導或執政的魄力，甚至媒體將其缺乏魄力貶為陰柔特質太甚。同樣地，蔡英文的性別也曾經被作文章，甚至幾乎將其未婚與女同志畫上等號。不論是沒魄力或是未婚，都成為媒體揶揄候選人的素材。性別，在 2012 年總統選舉，究竟扮演多少角色？

　　關於蔡英文「台灣第一女總統」的訴求，游盈隆（2012, 128-131）曾經作過研究，發現僅有 25.5% 的選民被此一訴求打動。各政黨認同者之間對此亦有不同看法，但皆偏向不青睞此一訴求，民進黨有 53.3% 選民被打動，國民黨認同者則僅有 7.1% 被打動，獨立選民則有 22.09% 被打動，可見獨立選民也不支持此訴求。若以性別分析之，男性與女性皆不被打動，其中，男性僅有 25.2% 被打動，女性亦僅有 25.8% 被打動。整體而言，男女對「台灣第一女總統」的看法均不被打動。

　　然而，民進黨黨內人士曾經在黨內初選時分析，蔡英文勝過蘇貞昌 1.35 個百分點，勝負關鍵不只是兩人的年紀差異，很重要因素在於蔡英文的女性特質（聯合新聞網，2011 年 4 月 28 日）。[1]蔡英文亦曾表示，父母給她很大的安全感，因此她在領導民進黨時，也給人安全感，以換來信賴。她強調，女性從政者的優勢，不是靠肌肉，而是給予溫暖與安全感。蔡英文指出，有人認為女性從政困難，但她覺得是倒過來的，過去政壇女性少，反而獲得更多關注與空間，社會也對女性參政者給予祝福和鼓勵（自由時報電子報，2011 年 12 月 12 日；聯合新聞網，2011 年 5 月 28 日）。[2]

---

[1] 林政忠，2011，〈〔訊〕人物側寫／非典型主席 蔡英文超光速攻頂〉，聯合新聞網，4月28日，http://tw.m.wretch.yahoo.com/blog/ycko/13415967?current_page =4&page Size=20，檢索日期：2012年10月17日。

[2] 陳建忠，2011，〈姊妹會大會師 蔡：媽祖要我代表照顧大家〉，自由時報電子報，12

前副總統呂秀蓮身為一名女性，她亦曾表示，台灣的環境改變了，以前她當副總統時，還有人認為女性不適合，現在不一樣了，如果蔡英文當選，她第一個要稱讚的是台灣男人，可以接受女總統，若女性當家，會更細心、更關心百姓的生活（自由時報電子報，2012 年 1 月 8 日）。[3] 游錫堃也加強女性從政的論述，他認為世界政壇上越來越多女性從政，這已經是一個潮流，像德國這種經濟相當強悍的國家就是用了女性總理（自由時報電子報，2012 年 1 月 13 日）。[4]

　　然而，馬英九的缺乏魄力也經常為媒體所批評。根據蘋果日報民調結果顯示，在施政魄力方面，高達 41.8% 受訪者認為國民黨總統參選人馬英九軟弱（蘋果日報電子報，2011 年 10 月 18 日 a）。[5]媒體曾討論馬英九的軟弱印象應是長期累績而成，例如他常在人前哽咽，但哽咽的場景卻有點牽強；另外，從《維基解密》中可以發現，特別費案被起訴時，馬顯得沮喪，這與他從政過程被刻意保護有關，一旦碰到危機，便亂了套，也就容易被視為不堅強（蘋果日報電子報，2011 年 10 月 18 日 b）。[6]亦有媒體批評馬政府政績乏善可陳，以致民調低迷；不過，吳揆把軟弱無能，不知民

月12日，http://www.libertytimes.com.tw/2011/new/dec/12/today-fo3.htm，檢索日期：2012年10月17日。

鄭宏斌，2011，〈首位女總統？蔡英文：準備好了〉，聯合新聞網，5月28日，http://news.cts.com.tw/udn/politics/201105/201105280745101.html，檢索日期：2012年10月17日。

[3]　何玉華，2012，〈《第六選區》周雅淑音樂會促女性當家〉，自由時報電子報，1月8日，http://www.libertytimes.com.tw/2012/new/jan/8/today-taipei2.htm，檢索日期：2012年10月17日。

[4]　自由時報，2012，〈總統大選 選票挺小英 游錫堃：全球第70女元首〉，自由時報電子報，1月13日，http://iservice.libertytimes.com.tw/liveNews/news.php?no=592464&type=%E6%94%BF%E6%B2%BB，檢索日期：2012年10月17日。

[5]　蘋果日報，2011a，〈馬軟弱 宋最有魄力〉，蘋果日報電子報，10月18日，http://appledaily.com.tw/appledaily/article/headline/20111018/33746719/applesearch/，檢索日期：2012年10月22日。

[6]　蘋果日報，2011b，〈辣蘋果專欄：軟弱的馬英九〉，蘋果日報電子報，10月18日，http://appledaily.com.tw/appledaily/article/headline/20111018/33746740/applesearch/，檢索日期：2012年10月22日。

間疾苦的馬英九，說成「在決策時具有『不必拍桌、不必震怒』就能展現的『沉默、柔和』魄力」(自由時報電子報，2011年8月15日；中國時報電子報，2011年8月15日)。[7]

　　當現任總統的魄力受到質疑，同時身為挑戰者的女性總統候選人的特質亦受到質疑，甚至政治人物必須花工夫解釋女性特質的優勢時，選民對兩位候選人的評價又是如何？[8]不同性別的選民是否有不同的看法？與過去認為影響選民投票抉擇的重要因素「政黨認同」相比，候選人因素（含候選人性別與選民對其各方面評價）在2012年總統選舉影響選民多少，又以什麼樣的方式影響選民，此為本研究關切的焦點。本研究將討論候選人因素在選舉中的重要性，進一步沿著本文的問題意識探討男女選民對男女候選人態度的差異，接著進行研究設計、資料分析，最後提出結論與討論。

貳、選舉中的性別、候選人因素與政黨認同

　　自古以來，在政治活動中，政治人物留給人民的印象是重要的課題之一。早在馬基維利時期，其著作《君王論》就揭櫫政治人物如何經營形象。形象的呈現與形象的管理皆為政治人物不可忽略的方向，政治人物形象從一發生到被刻意呈現，必須要有明確特質可供選民辨認，而且可以被類型化，比如人的性別、種族與政黨，都可供選民歸類，它是每個政治人物進行個性化的過程 (McGraw 2003, 398-405)。Rosenberg 等 (1986) 認為，

7　自由時報，2011，〈台灣民眾的心裡自有是非〉，自由時報電子報，8月15日，http://www.libertytimes.com.tw/2011/new/aug/15/today-s1.htm，檢索日期：2012年10月22日。
　　仇佩芬、李明賢、管婺媛，2011，〈吳揆讚馬：有沉默柔和的魄力〉，中國時報電子報，8月15日，http://ma19.cc/2011081304047，檢索日期：2012年10月22日。

8　特別需要說明的是，本研究題目的候選人因素含候選人形象和候選人評價，候選人形象單指形象而言，候選人評價則指選民對候選人各方面的評估，含形象、特質與能力等。因此此研究會將候選人因素、候選人評價、候選人形象三者運用於文中適合之處，以符合上下文的脈絡。

候選人形象的建立相當重要，因為它會影響選民觀感。候選人形象呈現是種非口語傳播與非說明的方式，在不同層次的選舉中，即便候選人變動其政黨或政治立場，只要選民認知其形象良好，大都被選民看好能夠勝選。然若候選人同時出現男性與女性時，男女選民對其看法是否相同，又當選民政黨認同在投票行為研究中的地位難以撼動時，性別、候選人因素與政黨認同在投票抉擇中如何較量，以下將分候選人因素、（選民和候選人）性別與選民政黨認同三方面檢閱文獻。

一、選舉中的候選人因素

　　候選人的評價一直是選舉中重要的候選人因素，2012 年兩位總統候選人的特質各自得到不同選民的青睞。在影響選民投票行為的因素中，選民對候選人喜歡程度是選民對候選人印象的總結，涵蓋較多的情感層面。而效率、廉正、移情 (empathy)、德行 (virtue)、領導力、信賴度等是選民對候選人形象的個別面向，都可能在選民投票抉擇中具有重要性。雖然學界仍持續發展測量不同候選人在不同選舉中的特質，但對於候選人與投票決定之間關係的研究結果，使得學者們大致上都可以同意對候選人人格特質及專業能力的評估，在投票決定上的確扮演重要的角色 (Flanigan and Zingale 1998; Miller and Shanks 1996; Niemi and Weisberg 1993b)。

　　選民對候選人的喜歡程度經常以情感溫度計 (feeling thermometer) 做為概括的評價 (Niemi and Weisberg 1993b, 143)。選民對候選人的情感溫度計可說是目前瞭解選民對候選人評價的重要因素。選民對候選人形象的感受經常涉及選民對候選人的印象，這種印象的形成涉及了認知的過程，因而若能找到認知過程主要的認知捷徑，便能更接近選民對候選人印象形成的過程，心理學家和政治學家都致力於找尋這個捷徑。Miller 與 Shanks (1996, 416-417) 認為依照社會心理學家的觀點，選民對候選人的評價與候選人個人特質有關，可能代表了對該候選人許多正負面印象的累積。這些印象其實是由對現任者過去多年的表現，或是對挑戰者或現任者在競選時

引起選民注意的片段情節所構成的。

　　心理學家對候選人評估的研究集中在其評估的過程，他們認為一般的公民大部份是「認知貧乏者 (cognitive miser)」，都是以有限的資訊作政治的判斷及決定，因此最簡單的模型是以候選人整體特質作為評估指標，也就是以情感溫度計作為候選人主要評估總結 (Niemi and Weisberg 1993b, 143)。Weisberg 與 Rusk (1970) 認為情感溫度計是測量選民對候選人感覺的工具之一，它以一個題目詢問受訪者對於候選人冷熱感覺的程度，該項冷熱程度的測量從 0 到 100，以這項方法對於候選人感覺的測量，通常都有較大的變異，而且總結了選民對候選人的整體感覺。

　　亦有學者除了探討情感溫度計對投票的影響，亦關注情感溫度計的來源。黃秀端（2005）以候選人形象、候選人情感溫度計解釋 2004 年總統選舉投票行為，她以候選人魄力、清廉度、誠實有信用、瞭解民眾需要、以及親和力代表候選人在人民心中的評價。研究發現喜歡特定候選人的選民，確實比較會投給他／她所喜歡的候選人。而選民情感溫度計的來源包括候選人形象、政黨喜好程度、對候選人未來四年主導國家發展的放心程度，亦即情感溫度計涵括其他更多候選人因素的面向。

　　在台灣過去的研究中，候選人因素一直是選民決定投票支持特定候選人的重要因素（胡佛與游盈隆 1983；陳義彥 1986；盛治仁 2000；黃秀端 2005）。自 1990 年代開始，有關選民對候選人因素的測量，漸漸使用結構性的問卷，分別詢問選民對於候選人的能力與形象等面向的評價，再討論這些評價對其投票行為的影響（Hawang 1997；陳世敏 1989；陳義彥 1994；梁世武 1994；黃秀端 1996；傅明穎 1998；游清鑫 2003）。

　　整體而言，學界經常以情感溫度計作為選民對於候選人整體形象喜好程度的總結，這種總結方式便是選民對候選人的形象評價，而且因為它是「算總帳」的方式，適足以代表各種形象感受的總和，除了個別面向的特質評估，情感溫度計作為候選人因素的整體測量相當妥切。

二、男女選民對男女候選人態度的差異

在 2008 年總統選舉的相關研究中，楊婉瑩與林珮婷（2010）從選民性別的角度研究候選人的勝選，本研究除了討論選民性別，亦從候選人性別的角度，研究女性總統候選人是否得到選民青睞，以及女性候選人的參選對男女選民而言有無不同的意義。Sanbonmatsu (2002) 提出，性別是一種判斷候選人特質的捷徑，這種脈絡與從政黨認同和人口地理學的背景判斷選民投票行為有關，從這種性別的框架典型，可幫助選民投票抉擇。[9] Huddy 與 Terkildsen (1993a) 以性別特質型 (gender-trait stereotype) 指出選民能辨識候選人性別特質，進而將候選人男女性的特質作為投票考量，是一種心理學分析，學界使用也相當普及。受訪者的確會把男性候選人與女性候選人放在性別框架中，比如男子氣概能處理好經濟問題。

Ferree (1974) 以蓋洛普與國家民意調查中心兩大資料庫，分析 1958 至 1972 年選民對總統選舉相關議題的態度，其中也涉及選民對女性執政的態度。1958 到 1972 年顯示出受訪者接納女總統的態度。到了 1972 年，不分男女性，皆有近七成選民接受女總統出現，其中女性選民比男性更能接受女總統，Ferree (1974) 認為是當時女權運動興盛的關係。

1984 年美國出現第一位女性副總統候選人 (Geraldine Anne Ferraro)，因而引起 Rosenwasser 等 (1987, 192) 研究選民對女性候選人看法的興趣，選民因候選人性別而判斷其能力與特質，因此減少選民投給女性政治人物的意願。此種性別差距 (gender gap) 的重要觀點便是選民對待男女候選人的態度差別，尤其在全國層次的選舉中，女性候選人的確較不受到選民支持。Rosenwasser 與 Seale (1988) 指出，選民可能不自覺質疑女性參政，也許選民同意女性候選人當總統，一旦總統候選人真有女性出馬，選民不自

---

[9]　Sanbonmatsu (2002) 提出性別基模理論，本理論構成有三要件：1.選民對性別有預存偏好，能清楚表達男性或女性候選人在選民心中的地位，而且不是針對單一次選舉而已。2.性別因素在選民心中有一個框架，他／她以此進行投票抉擇，並同時受制於選民本身性別因素。3.性別的確影響投票行為，特別在低資訊 (low-information) 情況下，選民會以性別為基模進行投票。

覺地不把票投給她。Costantini (1990, 748) 亦研究三千位政治的活躍者和參與者，分析兩性間參政意願的差異，發現兩性間參政意願的確不同，原因是兩性的社會化過程差異，以及外在政黨組織對男女參政態度的差異。如此的差異也造成選民在男女候選人之間抉擇時，傾向認為男性比起女性更有能力參政。Lawless 與 Fox (2005, 55-61) 也認為父母通常不鼓勵女兒參與政治，好妻子與好媽媽的角色就是傳統上社會化過程對女性的期待。Costantini (1990, 748) 提出守門員解釋 (gatekeeping explanation)，意指選民是個守門員，於投票抉擇時偏好投給男性候選人，女性候選人則受到選民排斥。

再者，男子氣概是選民對當選者的想像或期待。Sapiro (1981-1982) 認為，社會角色的期待對女性而言比較不公平，女性單身、離婚、喪偶的狀況影響了她的形象。Rosenwasser 等 (1987)、Rosenwasser 與 Dean (1989)、Fox 與 Smith (1998) 發現，即使研究顯示女性特質於某些方面可能比男性更佳，但選民總認為男性贏得選舉勝利的機會比較大。多數選民認為，具有男子氣概的候選人更適合擔任公職與參與政治，即使女性候選人給人的觀感和其特質都優於男性，選民依舊較支持男性參與政治。無獨有偶地，Leeper (1991) 透過實驗法研究，發現選民依舊以男子氣概相關想法決定投票取向，女性因有溫柔特質就不易進入政治上的高位。即使女性候選人的能力與評價優於男性候選人，選民仍看好男性當選。在進行投票預測時，若不顯示出候選人性別，理當女性候選人勝出，但選民最後總評價卻決定要把票投給男性候選人。Huddy 與 Terkildsen (1993b) 發現選民因為候選人的性別因素，而對候選人的態度有所差異，選民偏好男性候選人而排擠女性候選人，認為女性候選人沒有資格處理國家大政方針，因此國家層次的選舉不會投給女性。總統特質應有的男子氣概形象烙印在選民心中，選民期待總統要有如此的「樣子」。

Genovese 與 Thompson (1993) 及 Fox 與 Smith (1998) 甚至歸納，選民對女性另眼對待與女性低度參政間息息相關。即便在最近的研究中，男子氣概的框架仍影響選民的投票抉擇。再者，男女社會化過程的差異也可能是選民衡量女性候選人能否參政的依歸。Eagly 與 Karau (2002) 發現，領

導者需於團體內具有一種壓倒性、盛氣凌人的性質，因而男性的男子氣概有利於領導，而較不利於女性特質。實證資料亦顯示，主管、領導職位多為男性擔任，女性常被分析為既無資格也無動機和男性一樣爭取上位。Fox 與 Lawless (2004) 認為，若只從制度方面分析候選人參政機會不足問題，那會忽略性別對女性參政所隱藏的劣勢。透過實證資料分析，社會結構型塑了對男女角色期待的差異，男女社會化過程差異形成了選民對於女性參政的質疑。

即便到了近幾年，男女候選人在領導方面的特質也是選民關切所在。Lawless 與 Fox (2005, 55-61) 的研究仍發現社會對參政者具備男子氣概形象的要求。McElroy 與 Marsh (2010) 亦認為選民對總統特質有所期待，比如說總統應是有擔當、獨立自主的特質，通常被認為是男性較適合。Powell 與 Butterfield (2011) 認為選民討論總統特質時，總是離不開男性特質，總統是個日理萬機、承擔重任的工作，其特質與男子氣概的特徵相符。

三、選舉中的政黨認同因素

除了候選人因素，政黨認同在選民投票抉擇中扮演一定的角色。政黨認同是社會心理學派的關鍵因素，它代表選民長期的心理狀態，不是選舉時期支持那一政黨的候選人，而是平常對於政黨情感的累積，形成對於政黨的長期支持，是一種政治社會化的過程，也被用以解釋或預測選民投票行為 (Campbell et al. 1960)。從許多實證研究檢證發現，政黨認同這個概念的確在 1950 到 1960 年代有十足的影響力，但在 1970 年代，在美國卻發現了政黨認同逐漸式微的跡象，中間選民的比例從百分之二十增加至三十，且政黨認同的穩定性也因為外在環境變動而變動，過去政黨認同強勢的解釋從而逐漸受到爭議 (Nie, Verba, and Petrocik 1976)。

政黨認同在選舉研究中是最重要的研究變數，主要是因為其具有幾個重要的特性。首先，政黨認同高度穩定。其次，在各種政治態度中，政黨

認同很早便形成。此外，選民一旦形成政黨認同，會隨著時間而增加它的強度。

參、研究設計

　　基於以上理論，選民對男女候選人的評價不同，也認為男性比女性更適合擔任總統。男性在社會化過程中，社會期待其需要具備男子氣概，而此男子氣概也與從政所需的領導、負責、管理等特質較相符，因此男性被選民認為較適合成為政治人物。相對地，女性因為在社會化過程被期待成為具備溫柔特質，與總統角色所需的強韌、理性特質有段差距。因此我們將進一步觀察，在臺灣第一次出現女總統候選人的選舉中，選民對於男女候選人的看法如何，以及男性選民是否更認為男性成為總統候選人更適切。在進行研究範圍界定時，由於馬英九和蔡英文為主要候選人，且如本研究「問題意識」所言，兩位的性別、候選人特質經常為媒體報導或討論，因此本研究選擇馬英九和蔡英文為主要研究對象，宋楚瑜因為在媒體上被報導的篇幅相對較少，選民不易感知其候選人特質，加上在本筆資料中表示投給宋楚瑜的選民僅有 40 位，若將宋楚瑜納入分析，模型分析建構將出現問題，基於以上理論與資料分析的意義，本研究不分析投給宋楚瑜的樣本。

　　基於以上理論脈絡，本研究在圖 8.1 研究架構圖中，首先分析不同性別的選民對兩位候選人形象的評價和投票對象有無差異，進一步解析不同性別的選民是否因為認為候選人形象上的差異而有不同的投票對象。再者，在投票行為研究中，政黨認同的因素不可忽視，因此本研究亦進一步控制政黨認同，分析性別與投票對象的關聯。另一方面，控制性別，分析政黨認同與投票對象的關聯，以上分析步驟欲釐清性別與政黨認同何者對投票對象的影響較大。最後，本研究控制個人背景變數和施政滿意度，建立投票對象的模型，析釐選民性別、對候選人形象評價、政黨認同三者與投票對象的關聯。

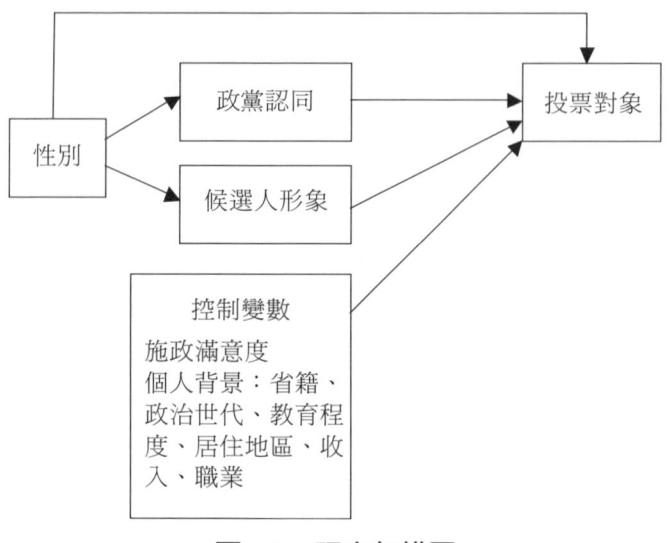

圖 8.1　研究架構圖

資料來源：作者自繪。

肆、資料分析

　　根據研究架構，以下首先分析選民對候選人的評價，進一步分析男女選民對候選人各方面評價的異同，以及男女選民投票對象的差異。接著，由於政黨認同為一影響投票抉擇的重要因素，為了釐清選民性別、選民政黨認同何者對投票抉擇的影響較大，本研究控制選民政黨認同，分析選民性別與投票抉擇的關聯；另一方面，控制選民性別，分析選民政黨認同與投票抉擇的關聯，分析兩種控制方法下的結果差異。最後，本研究以模型控制所有架構中的自變數，進一步釐清選民性別、候選人因素與投票抉擇的關聯。

　　在選民對候選人的評價上，可以分為：選民對候選人的喜歡程度、選民對候選人能力的評價、選民認為候選人瞭解選民需要的評價、選民對候選人維護台灣利益的評價、選民對候選人維護兩岸和平的評價、候選人是

否讓人生氣以及候選人是否讓人不放心。關於以上幾類選民對候選人的評價，表 8.1 各題目測量的選項為 0 到 10 的尺度，可視為連續變數，因此以平均數和標準差為資料描述的方向。另一方面，表 8.2 各題目測量的選項為類別尺度，因而以各項目次數分配描述之。

首先，在表 8.1 中，選民喜歡馬英九的程度 (6.10) 略高於蔡英文 (5.76)，兩者標準差差異不大。選民對馬英九能力的評價 (6.18) 略高於蔡英文 (6.10)，兩者標準差差異不大。選民對蔡英文瞭解選民需要的評價 (5.96) 略高於馬英九 (5.77)，兩者標準差差異不大。選民對馬英九維護台灣利益的評價 (6.06) 略高於蔡英文 (5.84)，兩者標準差差異不大。選民對馬英九維護兩岸和平的評價 (7.05) 明顯高於蔡英文 (4.84)，且兩者標準差差異不小，其中，選民對蔡英文維護兩岸和平的評價分歧較大（標準差為 2.72）。

表 8.1 選民對候選人因素評價平均數與標準差

		平均數	標準差	樣本數
選民喜歡候選人的程度	蔡英文	5.76	2.79	1,699
	馬英九	6.10	2.64	1,713
選民對候選人能力的評價	蔡英文	6.10	2.42	1,645
	馬英九	6.18	2.43	1,702
選民對候選人瞭解選民需要的評價	蔡英文	5.96	2.51	1,636
	馬英九	5.77	2.52	1,675
選民對候選人維護台灣利益的評價	蔡英文	5.84	2.68	1,633
	馬英九	6.06	2.61	1,679
選民對候選人維護兩岸和平的評價	蔡英文	4.84	2.72	1,612
	馬英九	7.05	2.38	1,641

資料來源：朱雲漢（2012）。

　　接著，表8.2中，在選民認為蔡英文「是否讓人生氣」方面，認為「經常」者占9.3%、「有時」者占24.9%、「很少」占35.8%、「從不」者占30.0%。另一方面，在選民認為馬英九「是否讓人生氣」方面，認為「經常」者占15.1%、「有時」者占34.4%、「很少」占32.9%「從不」者占17.6%。顯然馬英九比蔡英文更易引起選民生氣，這可能與其為執政者有關。再者，在選民認為蔡英文「是否讓人不放心」方面，認為「經常」者占21.3%、「有時」者占32.4%、「很少」占23.5%、「從不」者占22.8%。另一方面，在選民認為馬英九「是否讓人不放心」方面，認為「經常」者占15.0%、「有時」者占37.5%、「很少」占31.8%「從不」者占15.6%。以上說明選民對馬英九和蔡英文在「是否讓人不放心」方面的評價趨近。最後，在選民認為蔡英文「是否讓人覺得臺灣有希望」方面，認為「經常」者占15.8%、「有時」者占29.4%、「很少」占33.2%、「從不」者占21.6%。另一方面，在選民認為馬英九「是否讓人覺得臺灣有希望」方面，認為「經常」者占10.2%、「有時」者占23.7%、「很少」占46.8%「從不」者占19.3%。以上說明選民認為蔡英文比馬英九更讓人覺得臺灣有希望。從表8.1和表8.2觀之，民眾對馬英九兩岸政策評價高，但並沒有覺得比較有希望，值得深思。

　　由於上述資料說明了選民對蔡英文與馬英九的評價有所差異，根據本文的理論基礎，選民對於男性總統候選人的評價較高，這也表現在本文分析的幾項候選人評價上，包括：選民喜歡候選人的程度、選民對候選人能力的評價、選民對候選人維護台灣利益的評價，以及選民對候選人維護兩岸和平的評價。在本次選舉中，總統候選人有性別分殊的差異，那麼，不同性別的選民是否對不同性別的候選人有不同的評價？根據理論，女性候選人因為社會化的歷程被教導應該具有溫柔和順的特質，因而與總統需要具備領導力、堅毅的個性不甚相符，依此邏輯，也許男性選民對女性候選人的評價較低，那女性選民對女性候選人的評價也較低嗎？亦即女性對（本次選舉）男性候選人的評價較高？表8.3、表8.4將分析之。區分兩表的原因是選民對候選人評價的測量包括連續變數與類別變數，將性別與連續變數的關聯檢定置於表8.3，性別與類別變數的關聯檢定置於表8.4。

表 8.2 選民對候選人因素評價次數分配

	蔡英文是否讓您生氣	
	個數	百分比
經常	155	9.3
有時	414	24.9
很少	596	35.8
從不	499	30.0
合計	1,665	100.0
	馬英九是否讓您生氣	
	個數	百分比
經常	257	15.1
有時	586	34.4
很少	560	32.9
從不	301	17.6
合計	1,704	100.0
	蔡英文是否讓您不放心	
	個數	百分比
經常	352	21.3
有時	534	32.4
很少	388	23.5
從不	376	22.8
合計	1,650	100.0

表 8.2　選民對候選人因素評價次數分配（續）

	馬英九是否讓您不放心	
	個數	百分比
經常	256	15.0
有時	637	37.5
很少	541	31.8
從不	265	15.6
合計	1,699	100.0
	蔡英文是否讓您覺得臺灣有希望	
	個數	百分比
經常	256	15.8
有時	476	29.4
很少	538	33.2
從不	349	21.6
合計	1,619	100.0
	馬英九是否讓您覺得臺灣有希望	
	個數	百分比
經常	170	10.2
有時	397	23.7
很少	783	46.8
從不	323	19.3
合計	1,674	100.0

資料來源：朱雲漢（2012）。

　　在進行性別與選民對候選人評價之前，首先說明本研究資料的性別比例，男性為 907 人，女性為 919 人。在表 8.3 中，我們可以根據 p 值大小判斷男女選民對候選人評價有無差異，其中，p 值小於 0.05 者代表男女選民對候選人評價有顯著差異。這些差異發生在男女選民對馬英九的喜歡程度評價上，女性喜歡馬英九的程度 (6.24) 高於男性 (5.96)，而性別與表 8.3、表 8.4 其他項目的候選人評價檢定皆無顯著差異。回到理論，選民對候選人的喜歡程度的確是候選人因素當中最重要的變數（劉嘉薇、鄭夙芬與陳陸輝 2009；鄭夙芬、陳陸輝與劉嘉薇 2005）。因此，當男女選民對馬英九喜歡程度不一時，尤其當女性較喜歡（本次選舉）男性候選人時，是否意謂著女性選民更認為女性候選人不適合擔任總統？因此，我們接下來要探尋的是選民性別與投票對象性別之間的關聯。

　　表 8.5 進一步探尋選民性別與投票對象性別之間的關聯，女性的確比男性更偏向支持（本次選舉）男性候選人，支持率為 62.5%，其殘差絕對值大於 1.96，代表其支持馬英九的程度顯著高於平均的 59.8%。這點可以說明女性選民比男性選民較支持（本次選舉）男性候選人，然男性卻沒有比較支持（本次選舉）男性候選人，其支持率為 56.8%，其殘差絕對值大於 1.96，代表其支持馬英九的程度顯著低於平均的 59.8%。以上的結果或許符合女性選民較支持（本次選舉）男性候選人的假設，但男性選民卻沒有較支持（本次選舉）男性候選人，因此我們不能排除男女投票抉擇受到選民政黨認同的影響，亦即女性較偏好國民黨，因而投給馬英九，男性較偏好民進黨，因而投給蔡英文。投票抉擇上的性別差距是否不在候選人性別，而在選民政黨認同？本研究將進一步控制選民政黨認同，分析選民性別與投票抉擇的關聯；另一方面，控制選民性別，分析選民政黨認同與投票抉擇的關聯，分析兩種控制方法下的結果差異，以釐清選民性別與其政黨認同何者影響投票抉擇較明顯。

表 8.3　性別與候選人因素 T 檢定

		喜歡蔡英文的程度				
		平均數	標準差	t 值	p 值	樣本數
性別	男性	5.82	2.70	0.830	$p > 0.05$	857
	女性	5.70	2.87			842
		喜歡馬英九的程度				
		平均數	標準差	t 值	p 值	樣本數
性別	男性	5.96	2.59	-2.191	$p < 0.05$	859
	女性	6.24	2.69			855
		對蔡英文能力的評價				
		平均數	標準差	t 值	p 值	樣本數
性別	男性	6.12	2.33	0.449	$p > 0.05$	835
	女性	6.07	2.52			811
		對馬英九能力的評價				
		平均數	標準差	t 值	p 值	樣本數
性別	男性	6.07	2.43	-1.903	$p > 0.05$	857
	女性	6.30	2.43			845
		蔡英文瞭解選民需要的評價				
		平均數	標準差	t 值	p 值	樣本數
性別	男性	6.08	2.40	1.846	$p > 0.05$	823
	女性	6.30	2.43			813
		馬英九瞭解選民需要的評價				
		平均數	標準差	t 值	p 值	樣本數
性別	男性	5.66	2.49	-1.666	$p > 0.05$	839
	女性	5.87	2.55			836

表 8.3　性別與候選人因素 T 檢定（續）

		蔡英文維護台灣利益的評價				
		平均數	標準差	t 值	p 值	樣本數
性別	男性	5.91	2.59	0.922	p > 0.05	821
	女性	5.78	2.77			812
		馬英九維護台灣利益的評價				
		平均數	標準差	t 值	p 值	樣本數
性別	男性	5.95	2.61	-1.722	p > 0.05	844
	女性	6.17	2.60			835
		蔡英文維護兩岸和平的評價				
		平均數	標準差	t 值	p 值	樣本數
性別	男性	4.95	2.64	1.591	p > 0.05	812
	女性	4.74	2.80			800
		馬英九維護兩岸和平的評價				
		平均數	標準差	t 值	p 值	樣本數
性別	男性	6.97	2.35	-1.371	p > 0.05	824
	女性	7.13	2.41			817

資料來源：朱雲漢（2012）。

表 8.4　性別與候選人因素交叉分析

		蔡英文是否讓您生氣					
		經常	有時	很少	從不	總和	
性別	男性	70 8.3% (-1.4)	222 26.3% (1.4)	295 35.0% (-0.7)	256 30.4% (0.3)	843 100.0%	$\chi^2 = 3.734$ df = 3 $p > 0.05$
	女性	85 10.4% (1.4)	192 23.4% (-1.4)	301 36.7% (0.7)	243 29.6% (-0.3)	821 100.0%	
	總和	155 9.3%	414 24.9%	596 35.8%	499 30.0%	1,664 100.0%	
		馬英九是否讓您生氣					
		經常	有時	很少	從不	總和	
性別	男性	136 15.9% (1.0)	310 36.3% (1.7)	265 31.1% (-1.6)	142 16.6% (-1.1)	853 100.0%	$\chi^2 = 5.303$ df = 3 $p > 0.05$
	女性	121 14.2% (-1.0)	276 32.5% (-1.7)	295 34.7% (1.6)	158 18.6% (1.1)	850 100.0%	
	總和	257 15.1%	586 34.4%	560 32.9%	300 17.6%	1,703 100.0%	
		蔡英文是否讓您不放心					
		經常	有時	很少	從不	總和	
性別	男性	166 19.8% (-1.5)	284 33.9% (1.4)	193 23.0% (-0.5)	195 23.3% (0.5)	838 100.0%	$\chi^2 = 3.468$ df = 3 $p > 0.05$
	女性	186 22.9% (1.5)	250 30.8% (-1.4)	196 24.1% (0.5)	181 22.3% (-0.5)	813 100.0%	
	總和	352 21.3%	534 32.3%	389 23.6%	376 22.8%	1,651 100.0%	

表8.4　性別與候選人因素交叉分析（續）

		馬英九是否讓您不放心					
		經常	有時	很少	從不	總和	
性別	男性	138 16.2% (1.3)	316 37.0% (-0.3)	262 30.7% (-1.0)	137 16.1% (0.5)	853 100.0%	$\chi^2 = 2.334$ df = 3 $p > 0.05$
	女性	118 13.9% (-1.3)	320 37.8% (0.3)	279 33.0% (1.0)	129 15.2% (-0.5)	846 100.0%	
	總和	256 15.1%	636 37.4%	541 31.8%	266 15.7%	1,699 100.0%	

		蔡英文是否讓您覺得臺灣有希望					
		經常	有時	很少	從不	總和	
性別	男性	108 13.2% (-3.0)	249 30.4% (0.9)	295 36.0% (2.4)	168 20.5% (-1.1)	820 100.0%	$\chi^2 = 12.507$ df = 3 $p > 0.05$
	女性	148 18.5% (3.0)	227 28.4% (-0.9)	243 30.4% (-2.4)	181 22.7% (1.1)	799 100.0%	
	總和	256 15.8%	476 29.4%	538 33.2%	349 21.6%	1,619 100.0%	

		馬英九是否讓您覺得臺灣有希望					
		經常	有時	很少	從不	總和	
性別	男性	89 10.6% (0.5)	211 25.0% (1.3)	398 47.2% (0.3)	145 17.2% (-2.2)	843 100.0%	$\chi^2 = 5.420$ df = 3 $p > 0.05$
	女性	81 9.7% (-0.5)	186 22.4% (-1.3)	386 46.5% (-0.3)	178 21.4% (2.2)	831 100.0%	
	總和	170 10.2%	397 23.7%	784 46.8%	323 19.3%	1,674 100.0%	

資料來源：朱雲漢（2012）。

說明：細格內數字第一列為個數，第二列為橫列百分比，第三列括弧內數字為調整後殘差。

表 8.5　性別與投票對象二分類交叉表

		投票抉擇			
		蔡英文 （女性總統候選人）	馬英九 （男性總統候選人）	總和	
性別	男性	284 43.2% (2.2)	373 56.8% (-2.2)	657 100.0%	$\chi^2 = 4.647$ df = 1 $p < 0.05$
	女性	269 37.5% (-2.2)	448 62.5% (2.2)	717 100.0%	
	總和	553 40.2%	821 59.8%	1,374 100.0%	

資料來源：朱雲漢（2012）。

說明：細格內數字第一列為個數，第二列為橫列百分比，第三列括弧內數字為調整後殘差。

　　首先，在表 8.6 中，控制政黨認同後，在泛藍和泛綠的選民中，男性和女性選民投兩組候選人的情況沒有差異。然而，值得注意的是，在中立的選民中，男性選民較支持蔡英文，其支持率為 47.4%，其殘差絕對值大於 1.96，代表其支持蔡英文的程度顯著高於平均的 39.8%。反之，女性選民較支持馬英九，其支持率為 66.9%，其殘差絕對值大於 1.96，代表其支持馬英九的程度顯著高於平均的 60.2%。以上分析說明了男女選民投票的差異僅止於中立的選民，泛藍選民不論男女均較支持馬英九，泛綠選民不論男女均較支持蔡英文。

　　因此表 8.7 進一步控制選民性別，檢視是否不分性別，各政黨支持者皆較支持其所屬政黨的候選人。我們看到控制選民性別後，在男性選民中，泛藍選民較支持馬英九，其支持率為 98.0%，其殘差絕對值大於 1.96，代表其支持馬英九的程度顯著高於平均的 56.8%。泛綠選民較支持蔡英文，其支持率為 95.2%，其殘差絕對值大於 1.96，代表其支持蔡英文的程度顯著高於平均的 43.2%。另外，中立選民在政黨認同比例的分佈上與總和無明顯差異（殘差絕對值小於 1.96）。在女性選民中，泛藍選民較

表 8.6　政黨認同、性別與候選人因素交叉分析

政黨認同	性別	投票抉擇二分類			統計量
		蔡英文 （女性總統候選人）	馬英九 （男性總統候選人）	總和	
泛藍	男性	6 2.0% (-0.3)	296 98.0% (0.3)	302 100.0%	$\chi^2 = 0.084$ df = 1 $p > 0.05$
	女性	8 2.3% (0.3)	337 97.7% (-0.3)	345 100.0%	
	總和	14 2.2%	633 97.8%	647 100.0%	
泛綠	男性	219 95.2% (0.3)	11 4.8% (-0.3)	230 100.0%	$\chi^2 = 0.091$ df = 1 $p > 0.05$
	女性	210 94.6% (-0.3)	12 5.4% (0.3)	222 100.0%	
	總和	429 94.9%	23 5.1%	452 100.0%	
中立	男性	55 47.4% (2.3)	61 52.6% (-2.3)	116 100.0%	$\chi^2 = 5.313$ df = 1 $p < 0.05$
	女性	44 33.1% (-2.3)	89 66.9% (2.3)	133 100.0%	
	總和	99 39.8%	150 60.2%	249 100.0%	

資料來源：朱雲漢（2012）。

說明：細格內數字第一列為個數，第二列為橫列百分比，第三列括弧內數字為調整後殘差。

表 8.7　性別、政黨認同與候選人因素交叉分析

性別	政黨認同	投票抉擇二分類			統計量
		蔡英文（女性總統候選人）	馬英九（男性總統候選人）	總和	
男性	泛藍	6 2.0% (-19.8)	296 98.0% (19.8)	302 100.0%	$\chi^2 = 463.489$ df = 2 $p < 0.001$
	泛綠	219 95.2% (19.8)	11 4.8% (-19.8)	230 100.0%	
	中立	55 47.4% (1.0)	61 52.6% (-1.0)	116 100.0%	
	總和	280 43.2%	368 56.8%	648 100.0%	
女性	泛藍	8 2.3% (-18.9)	337 97.7% (18.9)	345 100.0%	$\chi^2 = 492.441$ df = 2 $p < 0.001$
	泛綠	210 94.6% (21.3)	12 5.4% (-21.3)	222 100.0%	
	中立	44 33.1% (-1.2)	89 66.9% (1.2)	133 100.0%	
	總和	262 37.4%	438 62.6%	700 100.0%	

資料來源：朱雲漢（2012）。

說明：細格內數字第一列為個數，第二列為橫列百分比，第三列括弧內數字為調整後殘差。

支持馬英九，其支持率為 97.7%，其殘差絕對值大於 1.96，代表其支持馬英九的程度顯著高於平均的 62.6%。泛綠選民較支持蔡英文，其支持率為 94.6%，其殘差絕對值大於 1.96，代表其支持蔡英文的程度顯著高於平均的 37.4%。另外，中立選民在政黨認同比例的分佈上與總和無明顯差異（殘差絕對值小於 1.96）。

以上從選民性別、選民對候選人評價、選民政黨認同分析選民投票抉擇的結果發現，女性選民對（本次選舉）男性候選人的喜歡程度較高，且投給（本次選舉）男性候選人的比例較平均來得高，進一步解析選民因為自身性別因素或政黨認同因素決定投票對象時，政黨認同因素占上風，控制選民性別時各政黨認同者在投票抉擇上仍有差異。然以上結果是在未控制其他因素時的結果，因此以下本研究依照研究架構圖，控制相關變項，解析選民性別、選民對候選人評價、選民政黨認同三者與投票抉擇間的關聯。表 8.8 的模型中，在依變數的設定上，投給馬英九設為 1，投給蔡英文設為 0，由於依變數為兩類，以下將使用 binary logit model。

在自變數對依變數的影響方面，首先，單一性別變數對選民投票抉擇沒有影響，然「性別與候選人喜歡程度交互作用」與「性別與政黨認同交互作用」卻與選民投票抉擇息息相關。女性選民因為喜歡馬英九較支持馬英九，這也說明了選民性別與對候選人喜歡程度兩者間的交互作用影響了選民的投票抉擇，對女性選民而言，喜歡（本次選舉）男性候選人將會投給馬英九這位男性候選人，然此種情況在男性選民較為少見。再者，「女性對蔡英文喜歡程度」此一自變數不顯著，說明女性即使較喜歡蔡英文也不一定會投給「她」。

再者，候選人評價中顯著影響選民投票抉擇者為「蔡英文維護兩岸和平的評價」、「蔡英文是否讓您生氣」、「蔡英文是否讓您放心」、「馬英九是否讓您放心」、「蔡英文是否讓您覺得臺灣有希望」以及「馬英九是否讓您覺得臺灣有希望」，而候選人的能力、是否瞭解民眾需要兩項皆未顯著影響選民的投票抉擇。在顯著影響選民投票抉擇的候選人評價方面，對「蔡英文維護兩岸和平的評價」愈高者，愈不會投給馬英九 (B=-0.30)，自變數每增加一單位，投給馬英九的機率是原有的 0.740 倍。選民愈認為

「蔡英文讓人生氣」，愈會投給馬英九 (B=0.91)，自變數每增加一單位，投給馬英九的機率是原有的 2.484 倍。愈認為「蔡英文讓人不放心」，愈不會投給馬英九 (B=1.70)，自變數每增加一單位，投給馬英九的機率是原有的 5.474 倍。愈認為「馬英九讓人不放心」，愈會投給馬英九 (B=-1.29)，自變數每增加一單位，投給馬英九的機率是原有的 0.275 倍。愈認為「蔡英文讓您覺得臺灣有希望」，愈不會投給馬英九 (B=-1.06)，自變數每增加一單位，投給馬英九的機率是原有的 0.348 倍。愈認為「馬英九讓您覺得臺灣有希望」，愈會投給馬英九 (B=1.10)，自變數每增加一單位，投給馬英九的機率是原有的 2.994 倍。

　　此外，雖然選民性別並沒有對投票給男性或女性候選人有顯著影響，但性別與政黨認同的交互作用對選民投票抉擇則有顯著影響，女性泛藍選民相較於中立選民，偏向支持馬英九 (B=3.51)，自變數每增加一單位，投給馬英九的機率是原有的 33.346 倍。女性泛綠選民相較於中立選民，偏向支持蔡英文 (B=-2.83)，自變數每增加一單位，投給馬英九的機率是原有的 0.059 倍。而男性泛藍選民相較於中立選民，偏向支持馬英九 (B=2.14)，自變數每增加一單位，投給馬英九的機率是原有的 8.483 倍，小於女性泛藍者支持馬英九的機率。男性泛綠選民相較於中立選民，偏向支持蔡英文 (B=-2.21)，自變數每增加一單位，投給馬英九的機率是原有的 0.109 倍。最後，在主要自變數（性別、候選人評價、政黨認同）的效用下，控制變數施政滿意度和個人背景的影響皆無法顯現，足見主要自變數對選民投票抉擇不可忽視。

　　其他值得一提的變數是施政滿意度，在性別、候選人因素和政黨認同的影響下，施政滿意度的影響並不顯著存在，也說明了以施政滿意度進行投票抉擇的「理性」選民並不多。另外，對馬英九總統生氣的選民不會不投給他，但也不會投給他，這點說明了民眾生氣並沒有反應在投票抉擇上，整體的情感溫度計的影響較為明顯。

表 8.8 選民投票抉擇 binary logit model
（依變數投給馬英九 =1，投給蔡英文 =0）

	B	S.E.	Exp (B)
女性（對照：男性）	-0.89	2.21	0.411
性別與候選人喜歡程度交互作用			
女性對蔡英文喜歡程度	-0.42	0.28	0.660
女性對馬英九喜歡程度	**0.67**[*]	**0.27**	**1.950**
性別與政黨認同交互作用（對照：中立者）			
女性泛藍	**3.51**^{***}	**0.91**	**33.346**
女性泛綠	**-2.83**^{**}	**0.88**	**0.059**
男性泛藍	**2.14**[*]	**0.85**	**8.483**
男性泛綠	**-2.21**^{**}	**0.83**	**0.109**
候選人評價			
對蔡英文能力的評價 (0-10)	-0.33	0.26	0.720
對馬英九能力的評價 (0-10)	-0.09	0.26	0.918
蔡英文瞭解選民需要的評價 (0-10)	0.03	0.20	1.027
馬英九瞭解選民需要的評價 (0-10)	0.21	0.22	1.232
蔡英文維護台灣利益的評價 (0-10)	0.24	0.23	1.274
馬英九維護台灣利益的評價 (0-10)	0.13	0.22	1.140
蔡英文維護兩岸和平的評價 (0-10)	**-0.30**[*]	**0.14**	**0.740**
馬英九維護兩岸和平的評價 (0-10)	0.10	0.18	1.109
蔡英文是否讓您生氣 (1-4)	**0.91**[*]	**0.46**	**2.484**
馬英九是否讓您生氣 (1-4)	-0.17	0.43	0.844
蔡英文是否讓您不放心 (1-4)	**1.70**^{***}	**0.43**	**5.474**

表 8.8　選民投票抉擇 binary logit model
（依變數投給馬英九 =1，投給蔡英文 =0）（續）

	B	S.E.	Exp (B)
馬英九是否讓您不放心 (1-4)	**-1.29****	**0.46**	**0.275**
蔡英文是否讓您覺得臺灣有希望 (1-4)	**-1.06***	**0.44**	**0.348**
馬英九是否讓您覺得臺灣有希望 (1-4)	**1.10***	**0.48**	**2.994**
施政滿意度 (1-4)	-0.08	0.57	0.923
個人背景			
省籍（對照：本省閩南人）			
本省客家人	0.19	0.67	1.205
大陸各省市人	3.73	2.68	41.576
政治世代（對照：第三世代）			
第一世代	2.34	2.07	10.329
第二世代	0.24	0.85	1.271
教育程度（對照：低教育程度）			
高教育程度	0.07	0.91	1.067
中教育程度	-0.59	0.88	0.556
居住區域（對照：南部）			
北部	-0.44	0.61	0.645
中部	0.40	0.73	1.494
東部	-0.06	2.06	0.942
收入（對照：25000 元以下）			
25001 元到 45000 元	-2.13	1.13	0.118
45001 元到 64000 元	-1.00	1.13	0.369
64001 元到 87000 元	-1.27	1.11	0.281

表 8.8　選民投票抉擇 binary logit model
（依變數投給馬英九 =1，投給蔡英文 =0）（續）

	B	S.E.	Exp (B)
87001 元以上	-2.70	1.15	0.067
白領（對照：藍領）	-0.53	0.58	0.589
Constant	4.98	2.89	145.294
Cox & Snell Pseudo R^2	0.698		
自由度	36		
p 值	.000		
-2LLR (χ^2)	147.098		
正確預測率 (%)	97.4		

資料來源：朱雲漢（2012）。

伍、結論與討論

　　本研究關切 2012 年總統選舉中的性別、候選人評價、政黨認同因素對投票抉擇的影響，其中性別因素包括選民性別和候選人性別。在選民性別的因素加入候選人評價後發現，對女性選民而言，喜歡（本次選舉）男性候選人將會投給馬英九這位男性候選人，然此種情況在男性選民較為少見。有趣的是，女性選民即便較喜歡蔡英文，也不一定會投給「她」。Ferree (1974) 認為在美國女性選民比男性更能接受女總統，然臺灣的狀況卻不是如此。女性選民較喜歡（本次選舉）男性候選人，且比較可能投給（本次選舉）男性候選人，是否意謂著具有男性候選人更適當擔任公職與參與政治，即使女性候選人給人的觀感和其特質都優於男性，選民依舊較支持男性參與政治。社會化過程型塑了社會對男女角色期待的差異，男女社會化過程的差異形成了選民對於女性參政的質疑，也許女性認為自身的性別較不適合擔任總統，也間接將此思考延伸至女性總統候選人。選民

認為蔡英文較瞭解選民需要，較不讓人生氣、也讓人覺得臺灣有希望，但最後沒有投給蔡英文，也就是說，即使女性評價較高，選民也不一定投給「她」。

　　然進一步解析，選民因為自身性別因素或政黨認同因素決定投票對象時，政黨認同因素占上風。Rosenwasser 等 (1987)、Fox 與 Smith (1998) 發現，即使研究顯示女性特質於某些方面可能比男性更佳，但選民總認為男性贏得選舉勝利的機會比較大。在本研究中，選民對蔡英文瞭解選民需要的評價略高於馬英九，蔡英文比馬英九更不易引起選民生氣，蔡英文比馬英九更讓人覺得臺灣有希望。但高評價不等於高得票率，也許因為政黨認同亦是選戰中不可忽略的要素。在選民性別的因素加上政黨認同的概念後，雖然男性泛藍選民相較於中立選民，偏向支持馬英九，但其機率小於女性泛藍者支持馬英九的機率。當女性候選人加上民進黨的色彩後，男女投票對象性別差距也許不在候選人性別引起的分歧，而在政黨認同引起的對立，使得以「臺灣第一女總統」的訴求最終沒有得到勝選。

　　最後，中立選民的投票抉擇存在著性別差異，男性較支持蔡英文，女性較支持馬英九，中立的男性選民給了女性總統候選人更多機會，然中立的女性選民仍偏好男性成為總統。除了政治制度提供女性參政誘因的不足，政治社會化的過程也與女性總統候選人難產或有關聯。美國還沒有女性總統，不論我國未來那一政黨推出女性候選人，臺灣正走在這條道路上。特別需要觀察的是，未來國民黨若推出女性總統候選人，選民面對政黨認同和候選人性別的抉擇又是如何？亦即國民黨認同者如何抉擇？另一方面，選民期待男性總統陽剛、有魄力，也使得男性總統必須回應如此被期待的角色，未來社會大眾或媒體要求總統有魄力的戲碼，相信仍然持續繼續上演著，相信候選人因素在選舉中也仍有持續討論的空間。當然，未來馬英九總統卸任後，總統候選人有了新的男女性對決時，也是進一步觀察性別政治和候選人因素的時機。甚至地方首長等單一選區的選舉若有男女性同時參選，皆為研究性別和候選人因素在選舉中地位的好題材。而另一有趣的研究題材是，總統候選人「夫人」造成的「性別」效應為何，也值得後續觀察。

附錄、變數編碼表

變數名稱	問卷題目	變數重新編碼方式
依變數		
投票對象 候選人性別	H1a：請問您投票給哪一組候選人？	(1) 馬英九 (0) 蔡英文 遺漏值：宋楚瑜、拒答、不知道、忘了 模型分析時以蔡英文為對照組
主要自變數：選民性別		
性別	S21：受訪者的性別： 訪員自行勾選	(1) 女性 (0) 男性 模型分析時以男性為對照組
主要自變數：候選人因素		
喜歡程度	J2：我們想要請您用 0 到 10 來表示您對這次總統選舉幾個候選人的看法，0 表示您「非常不喜歡」這個候選人，10 表示您「非常喜歡」這個候選人。 J2a：請問，0 到 10 您會給蔡英文多少？ J2c：那馬英九呢？	為 0-10 的連續變數 遺漏值：拒答、很難說、無意見、不知道
能力	J3：我們想要請您用 0 到 10 來表示您對這次總統選舉各候選人整體能力的看法，0 表示您覺得他「能力非常差」，10 表示「能力非常好」。 J3a：請問，0 到 10 您會給蔡英文多少？ J3b：那馬英九呢？	為 0-10 的連續變數 遺漏值：拒答、很難說、無意見、不知道

變數名稱	問卷題目	變數重新編碼方式
瞭解選民需求	J4：那如果 0 表示您覺得這個候選人「非常不瞭解」一般選民的需要，10 表示「非常瞭解」一般選民的需要。 J4a：請問，0 到 10 您會給蔡英文多少？ J4b：那馬英九呢？	為 0-10 的連續變數 遺漏值：拒答、很難說、無意見、不知道
維護台灣利益	J5：那如果 0 表示您覺得這個候選人「根本不能」維護台灣利益，10 表示「完全能夠」維護台灣利益。 J5a：請問，0 到 10 您會給蔡英文多少？ J5b：那馬英九呢？	為 0-10 的連續變數 遺漏值：拒答、很難說、無意見、不知道
維護兩岸和平	J6：那如果 0 表示您覺得這個候選人「根本不能」維護兩岸和平，10 表示您覺得這個候選人「完全能夠」維護兩岸和平。 J6a：請問，0 到 10 您會給蔡英文多少？ J6b：那馬英九呢？	為 0-10 的連續變數 遺漏值：拒答、很難說、無意見、不知道
作風是否讓人生氣	J7a1：請問蔡英文的作風或作法是否讓您生氣？ J7a2：那馬英九呢？	將原選項轉向，將「從不」、「很少」、「有時」、「經常」視為 1-4 的連續變數，分數愈高，對候選人愈生氣（評價愈低）。
作風是否讓人不放心	J7b1：請問蔡英文的作風或作法是否讓您不放心？ J7b2：那馬英九呢？	將原選項轉向，從「從不」、「很少」、「有時」、「經常」視為 1-4 的連續變數，分數愈高，對候選人愈不放心（評價愈低）。
作風是否讓人覺得台灣有希望	J7c1：請問蔡英文的作風或作法是否讓您覺得台灣有希望？ J7c2：那馬英九呢？	將原選項轉向，從「從不」、「很少」、「有時」、「經常」視為 1-4 的連續變數，分數愈高，覺得候選人讓人覺得台灣有希望（評價愈高）。

變數名稱	問卷題目	變數重新編碼方式
政黨認同	Q1：目前國內有幾個主要政黨，包括國民黨、民進黨、新黨、親民黨，以及台灣團結聯盟，請問您有沒有（台：咁有）偏向哪一個政黨？ Q1a：那相對來說（台：那安捏比較起來），請問您有沒有稍微（台：咁有稍塊）偏向哪一個政黨？ Q1b：請問是哪一個政黨？ Q1回答「有」者，續問Q1b。Q1回答「沒有」或不知道、拒答者，續問Q1a；Q1a回答「有」者，續問Q1b。 將Q1b的答案編碼為泛藍、泛綠，而Q1、Q1a皆回答「沒有」者，歸為中立。	(0) 泛藍（包含國民黨、新黨與親民黨） (1) 泛綠（包含民進黨與台聯黨） (2) 中立 遺漏值：拒答、不知道、其他政黨
施政滿意度	C1：請問您對馬英九擔任總統期間的整體表現，您覺得是非常滿意、還算滿意、不太滿意、還是非常不滿意？	(1) 非常不滿意 (2) 不太滿意 (3) 還算滿意 (4) 非常滿意 遺漏值：拒答、很難說、無意見、不知道 模型分析時視為連續變數
控制變數：個人背景		
省籍	S2：請問您的父親是本省客家人、本省閩南（台：河洛）人、大陸各省市人，還是原住民？	(1) 本省客家人 (2) 本省閩南人 (3) 大陸各省市人 遺漏值：原住民、本省人、菲律賓人、越南人、華僑、金門人、緬甸人、日本人、臺灣人、拒答、不知道 模型分析時以本省閩南人為對照組

變數名稱	問卷題目	變數重新編碼方式
政治世代	S1：請問您是民國幾年出生的？【如受訪者無法回答出生年，則改問現在幾歲，並換算成出生年填入，即 101- 年齡＝出生年】	(1) 第一世代：1942 以前 (2) 第二世代：1943-1960 (3) 第三世代：1961 之後 以上分類請參考陳陸輝（2000） 遺漏值：拒答 模型分析時以第三世代為對照組
教育程度	S4：請問您的教育程度是什麼（台：您讀到什麼學校）？	(1) 高教育程度：專科、大學、研究所 (2) 中教育程度：高中、高職 (3) 低教育程度：國初中、國小、識字但未入學、不識字 遺漏值：拒答 模型分析時以低教育程度為對照組
職業	S7a：請問您目前的職業是什麼？ S7b：請問您失業、退休前的職業是什麼？ S10a：請問您先生（太太或同居人）目前的職業是什麼？ S10b：請問您先生（太太或同居人）失業、退休前的職業是什麼？ 將上述三題的答案重新編碼為五分類（自身失業者，以失業前職業替代；職業為家管者，以其配偶職業替代；配偶失業或退休，以配偶失業或退休前的職業為主）。	(1) 白領：公私部門主管人員與專業人員、軍警調查人員、佐理人員與業務員 (0) 非白領：農林漁牧、公私部門勞工、學生、失業、拒答 模型分析時以藍領為對照組

變數名稱	問卷題目	變數重新編碼方式
居住地區	訪問地點：_____ 縣市 訪員自行勾選	(1) 北部：台北市、新北市、桃園縣、新竹縣、苗栗縣 (2) 中部：台中市、彰化縣、南投縣 (3) 南部：高雄市、台南市、雲林縣、嘉義縣、嘉義市、屏東縣 (4) 東部地區：宜蘭縣、花蓮縣、台東縣 模型分析時以南部為對照組
收入	S15：請問您家庭（台：厝內）每個月總收入大約是多少：（包括薪資以外的其他收入，如房租、股利等等）	(1)25,000 元以下 (2)25,001 元到 45,000 元 (3)45,001 元到 64,000 元 (4)64,001 元到 87,000 元 (5)87,001 元以上 以上依照行政院主計處分類 遺漏值：拒答、很難說、不知道 模型分析時以最低收入者為對照組

資料來源：朱雲漢（2012）。

●●● **參考文獻** ●●●

I. 中文部分

中央選舉委員會，2012，〈第 13 任總統（副總統）選舉〉，中央選舉委員會網站：
　　http://db.cec.gov.tw/histQuery.jsp?voteCode=20120101P1A1&qryType=ctks，檢索
　　日期：2012 年 10 月 10 日。

朱雲漢，2012，《2009 年至 2012 年『選舉與民主化調查』三年期研究規劃 (III)：
　　2012 年總統與立法委員選舉面訪案》，計畫編號：NSC100-2420-H-002-030，
　　台北：行政院國家科學委員會補助專題研究計畫成果報告。

胡佛、游盈隆，1983，〈選民的投票取向：結構與類型的分析〉，《政治學報》，
　　11: 225-278。

梁世武，1994，〈一九九四年台北市長選舉之預測：『候選人形象指標』預測模式
　　之驗證〉，《選舉研究》，1(2): 97-129。

盛治仁，2000，〈總統選舉預測探討——以情感溫度計預測未表態選民的應用〉，
　　《選舉研究》，7(2): 75-107。

陳世敏，1989，〈候選人形象與選舉投票行為〉，載於《台灣地區選民投票行為
　　——一個理論模式的探討》，雷飛龍等，計畫編號：NSC79-0301-H-004-12，
　　台北：行政院國家科學委員會補助專題研究計畫成果報告。

陳陸輝，2000，〈台灣選民政黨認同的持續與變遷〉，《選舉研究》，7(2): 39-52。

陳義彥，1986，〈我國投票行為研究的回顧與展望〉，《思與言》，23(6): 1-29。

------，1994，〈我國選民投票抉擇的影響因素——從民國 82 年縣市長選舉探析〉，
　　《政治學報》，23: 81-132。

傅明穎，1998，〈北市選民的候選人評價與投票決定〉，《台灣政治學刊》，3:
　　195-243。

游盈隆，2012，《天人交戰—— 2012 台灣總統選民的抉擇》，台北：允晨。

游清鑫，2003，〈探索台灣選民心目中理想的候選人：以二〇〇〇年總統選舉為
　　例〉，《東吳政治學報》，17: 93-120。

黃秀端，1996，〈決定勝負的關鍵：候選人特質與能力在總統選舉中的重要性〉，
　　《選舉研究》，3(1): 103-135。

------，2005，〈候選人形象、候選人情感溫度計、與總統選民投票行為〉，《臺灣
　　民主季刊》，2(4): 1-30。

楊婉瑩、林珮婷，2010，〈她們為什麼投給馬英九？探討 2008 年總統大選的性別差距〉，《選舉研究》，17(1): 91-128。

劉嘉薇、鄭夙芬、陳陸輝，2009，〈形象與能力：2008 年總統選舉中的候選人因素〉，載於《2008 年總統選舉：論二次政黨輪替之關鍵選舉》，陳陸輝、游清鑫、黃紀主編，台北：五南。

鄭夙芬、陳陸輝、劉嘉薇，2005，〈2004 年總統選舉中的候選人因素〉，《台灣民主季刊》，2(2): 31-70。

II. 外文部分

Campbell, Angus, Philip E. Converse, Warren E. Miller, and Donald E. Stokes. 1960. *The American Voter*. New York: Wiley.

Costantini, Edmond. 1990. "Political Women and Political Ambition: Closing the Gender Gap." *American Journal of Political Science* 34(3): 741-770.

Eagly, Alice, and Steven Karau. 2002. "Role Congruity Theory of Prejudice toward Female Leaders." *Psychological Review* 109(3): 573-598.

Ferree, Myra M. 1974. "A Woman for President? Changing Responses: 1958-1972." *Public Opinion Quarterly* 38: 390-399.

Flanigan, William H., and Nancy H. Zingale. 1998. *Political Behavior of the American Electorate* (9ed). Washington, D.C.: C.Q. Press.

Fox, Richard L., and Jennifer Lawless. 2004. "Entering the Arena? Gender and the Decision to Run for Office." *American Journal of Political Science* 48: 264-280.

Fox, Richard L., and Eric R. A. N. Smith. 1998. "The Role of Candidate Sex in Voter Decision-Making." *Political Psychology* 19: 405-419.

Genovese, Michael A., and Seth Thompson. 1993. "Women as National Leaders: What Do We Know?" In *Women as National Leaders*, ed. Michael A. Genovese. Newbury Park, CA: Sage.

Hawang, Shiow-duan. 1997. "The Candidate Factor and Taiwan's 1996 Presidential Election." *Issues & Studies* 33(4): 45-76.

Huddy, Leonie, and Nayda Terkildsen. 1993a. "Gender Stereotypes and the Perception of Male and Female Candidates." *American Journal of Political Science* 37(1): 119-147.

------. 1993b. "The Consequences of Gender Stereotypes for Women Candidates at Different Levels and Types of Office." *Political Research Quarterly* 46(3): 503-525.

Lawless, Jennifer, and Richard L. Fox. 2005. *It Takes a Candidate: Why Women Don't Run for Office*. Cambridge: Cambridge University Press.

Leeper, Mark. 1991. "The Impact of Prejudice on Female Candidates: An Experimental Look at Voter Inference." *American Politics Quarterly* 19(2): 248-261.

McElroy, Gail, and Michael Marsh. 2010. "Candidate Gender and Voter Choice: Analysis from a Multimember Preferential Voting System." *Political Research Quarterly* 63(4): 822-833.

McGraw, Kathleen M. 2003. "Political Impressions: Formation and Management." In *Oxford Handbook of Political Psychology*, eds. David O. Sears, Leonie Huddy, and Robert Jervis. New York: Oxford University Press.

Miller, Warren E., and J. Merrill Shanks. 1996. *The New American Voter*. Cambridge, MA: Harvard University Press.

Nie, Norman H., Sidney Verba, and John R. Petrocik. 1976. *The Changing American Vorter*. Cambridge, MA: Harvard University Press.

Niemi, Richard G., and Herbert F. Weisberg. 1993a. "How Meaningful Is Party Identification?" In *Classics in Voting Behavior*, eds. Richard G. Niemi and Herbert F. Weisberg. Washington, D.C.: Congressional Quarterly Inc.

------. 1993b. *Controversies in Voting Behavior*. Washington D.C.: CQ Press.

Powell, Gary N., and D. Anthony Butterfield. 2011. "Sex, Gender, and the US Presidency: Ready for a Female President?" *Gender in Management: An International Journal* 26(6): 394-407

Rosenberg, Shawn W., Lisa Bohan, Patrick McCafferty, and Kevin Harris. 1986. "The Image and the Vote: The Effect of Candidate Presentation on Voter Preferences." *American Journal of Political Science* 30(1): 108-127.

Rosenwasser, Shirley M., and Norma G. Dean.1989. "Gender Role and Political Office: Effects of Perceived Masculinity/Femininity of Candidate and Political Office." *Psychology of Women Quarterly* 13: 77-85.

Rosenwasser, Shirley M., and Jana Seale. 1988. "Attitude toward Male or Female Presidential Candidates: A Research Note." *Political Psychology* 9(4): 591-598.

Rosenwasser, Shirley M., Robyn R. Rogers, Sheila Fling, Kayla Silvers-Pickens, and John Butemeyer. 1987. "Attitudes toward Women and Men in Politics: Perceived Male and Female Candidate Competencies and Participant Personality Characteristics." *Political Psychology* 8(2): 191-200.

Sanbonmatsu, Kira. 2002. "Gender Stereotypes and Vote Choice." *American Journal of Political Science* 46(1): 20-34.

Sapiro, Virginia. 1981-1982. "If U.S. Senator Baker Were a Woman: An Experimental Study of Candidate Images." *Political Psychology* 3(1/2): 61-83.

Weisberg, Herbert F., and Jerrold G. Rusk. 1970. "Dimensions of Candidate Evaluation." *American Political Science Review* 64(4): 1167-1185.

9

臺灣民眾之兩岸政經關係立場與其投票行為：以2012年總統選舉為例

王宏忠

目次

壹、前言

　　長期以來，兩岸關係便是影響台灣政治發展至為重要之因素，其不僅是台灣社會中最重要的社會分歧，亦是切割民眾政黨認同的主要依據。兩岸關係之進展一向被視為是總統之重要職責所在，雖然中華民國憲法本文並未明確規定總統之職權範圍為何，然卻在增修條文中賦予總統設立國家安全會議以及國家安全局之權力。[1]國家安全會議組織法第二條便明訂「國家安全會議，為總統決定國家安全有關之大政方針之諮詢機關。前項所稱國家安全係指國防、外交、兩岸關係及國家重大變故之相關事項」，基於上述之規定，國防、外交及兩岸關係三項便一直被視為是中華民國總統職權之所在。此三項職權中，又以兩岸關係最受重視，除了我國之國防與外交政策與兩岸關係往往相互影響之外，兩岸關係也跟國內之民生經濟、產業發展息息相關。因此，是否可以有效處理兩岸關係成為民眾檢視政府施政表現良窳的關鍵指標，也影響著對總統的支持程度。

　　自1949年國民政府遷台之後，台灣與大陸在政治上便長期處於隔海分治，互不承認主權，互不否認治權的狀態。究竟台灣應該與大陸統一為單一國家亦或是宣布成立為一新的獨立國家，一直是最受爭議的政治議題。此外，兩岸之間除了有著是統或獨的政治關係之外，另一重要關係存在於經貿交流之上。自李登輝總統主政期間開始，台商陸續前往中國開拓事業的新版圖。雖然，政府對於台商前往大陸投資的規範隨主政者的政策方向而有所不同，時而傾向開放時而偏向管制，但大陸迄今已成為台商最主要的投資區域，大陸市場對台灣經濟發展的影響力不言可喻。

　　既然台灣與大陸之政治及經貿關係對台灣社會的影響至關重大，且兩岸關係被視為中華民國總統最重要的職權之一。有鑑於此，本文之主要研究問題有二：

---

[1]　中華民國憲法增修條文第二條第四項：「總統為決定國家安全有關大政方針，得設國家安全會議及所屬國家安全局，其組織以法律定之。」

一、台灣民眾在兩岸關係中，對於國家統獨的政治關係以及貿易交流
　　的經濟關係之立場分別為何。究竟在台灣民眾的認知中，台灣與
　　大陸在政治關係上最終是否應結合為一個國家，亦或是應該保持
　　距離，成為彼此互不相屬的政治實體？而在經貿關係上，是否台
　　灣與大陸應該更為開放，對相關規定、限制鬆綁，讓兩岸成為更
　　緊密的經濟體，亦或是為避免磁吸效應產生，應該對兩岸之經貿
　　交流採行更為管制的政策？而影響台灣民眾兩岸政治、經貿立場
　　的因素又是為何？
二、既然兩岸關係對於台灣的前途關係重大，並且是總統的主要職權
　　所在，民眾的兩岸關係立場應當是其選擇國家領導人時的重要指
　　標。若真如此，是否民眾的兩岸政治、經貿關係立場與其 2012
　　年總統選舉的投票意向之間有顯著的關係？

　　本研究之主要目的便在於找尋上述問題之答案，根據此一研究目的，
本文後續之章節安排如下：首先，第二節將檢視過去學界對於兩岸關係研
究之文獻，歸納民眾對於兩岸之間的統獨議題及經貿交流的立場為何；第
三節介紹本研究所引用之調查研究資料、研究架構以及各項變數；民眾的
兩岸政經立場以及對於 2012 年總統大選影響之實證分析呈現於第四節；
第五節則是對於研究發現的總結及進一步的討論。

貳、文獻檢閱

一、兩岸之政治關係：統一、獨立或維持現狀

　　如上所述，兩岸關係對國內政治情勢之影響至深。1949 年國民政府因
戰敗撤退自台灣後，台灣與大陸基於「漢賊不兩立」之因素，長期處於軍
事對峙的狀態。於兩位蔣總統執政期間，國民政府仍是以中國法統自居，
倡言反攻大陸、恢復中華。故此，當時並無所謂是統或獨的爭議，鼓吹

「台灣獨立」並不為執政當局所容許。

　　然而，至 1980 年代末期，台灣整體社會環境開始產生的巨大改變。在兩岸關係上，台灣與大陸終於結束過去的長期對峙，開放交流。一開始雖僅以人道交流為主，但逐步開放至經貿、文化方面的交流，爾後甚至有政治接觸與協商談判（邵宗海 2011）。在國內則是解除戒嚴、開放黨禁、報禁，逐漸朝向民主化的方向邁進，民眾的言論自由開始受到保障。最明顯的例子便是高舉「台灣獨立」大旗的民主進步黨也於 1986 年成為國內合法政黨之一，「台灣獨立」開始成為可以被公開討論的兩岸政治關係選項之一。

　　國家領導人在統獨議題立場上的表態，向來是動見觀瞻，並且必然成為國內外媒體關注的焦點。時任第九任總統的李登輝在 1990 年宣布成立「國家統一委員會」（簡稱「國統會」）並於隔年通過「國家統一綱領」（簡稱「國統綱領」），作為處理兩岸政策的最高指導原則。然而，1999 年 7 月 9 日，李登輝總統在接受德國之聲專訪時提出「兩國論」，為台灣與中國之間的關係進行詮釋。李登輝認為台灣與中國之關係是一「特殊的國與國關係」，而非是中央政府與地方政府之間的內部關係（中國時報，1999 年 7 月 10 日，版 A1），[2]儘管李登輝總統仍強調統一仍是國家目標，但此番言論自是引起對岸政府極大的反彈，譴責李之行徑為「台獨」（邵宗海 2011）。

　　之後代表民進黨贏得 2000 年總統大選的陳水扁，為使國際社會及北京政府安心，於其就任中華民國第十任總統的演說中提出「四不一沒有」的主張，作為扁政府處理兩岸關係的主要原則（中國時報，2000 年 5 月 21 日，版 A1）。[3]四不指涉的是不宣布獨立、不更改國號、不推動兩國論入憲、不推動改變現狀的統獨公投；一沒有則是沒有廢除國統綱領與國統會問題。然而，陳水扁總統在 2002 年 8 月 2 日以視訊方式在世界台灣同

2　張慧英，1999，〈李總統：兩岸是特殊的國與國關係〉，《中國時報》，7月10日，版A1。

3　張瑞昌、林晨柏，2000，〈陳水扁就職：兩岸合作共同處理未來一中〉，《中國時報》，5月21日，版A1。

鄉會年會上公開表示台灣與中國是「一邊一國」（中國時報，2002 年 8 月
4 日，版 A1），[4]之後更進一步於 2006 年宣布「終止適用」國民黨執政時
期通過的「國統綱領」，並致使「國統會」終止運作（聯合報，2006 年 2
月 28 日，版 A1）。[5]想當然爾，陳水扁總統之作為自然引起對岸的高度不
滿，嚴斥其「台獨」行徑，兩岸關係更形惡化。

　　二次政黨輪替後，馬英九總統便將如何改善與中國大陸之間的關係列
為其施政的主軸，企圖為在民進黨執政時期為之凍結的兩岸關係進行融冰
的工作。馬總統雖堅持以「一個中國，各自表示」為內容的「九二共識」
為處理兩岸關係的準則，但也在其就職演說中，提出以「不統、不獨、
不武」作為其處理兩岸政策的準則（中國時報，2008 年 5 月 21 日，版
A7），[6]並且迄今未恢復「國統會」之運作。

　　由此觀之，雖然上述三位總統必然在兩岸統獨議題上有其個人與所屬
黨派的理念與主張，但無論是出身自「台獨」黨的陳水扁或者曾被媒體質
疑立場為「終極統一」的馬英九（自由時報電子報，2011 年 5 月 3 日），[7]
在其擔任國家領導人時，皆表示不會在其任內將國家明確地帶往統一或者
獨立的方向前進。易言之，歷任國家領導人皆是以「維持現狀」作為處理
當前兩岸政治關係之選項。

　　那麼台灣民眾在涉及統一或獨立的兩岸政治議題其自身立場又是為
何？無庸置疑地，統獨議題向來是影響台灣民眾政治行為最重要的因素。
統獨爭議除了是國內最為重要的社會分歧 (social cleavage) 之外，台灣民
眾在此議題上的壁壘分明也是促成國內政黨體系由藍、綠兩大陣營分庭抗
禮的主要原因。蔡佳泓、徐永明與黃琇庭（2007）的研究便指出統獨立場

4　林晨柏、劉黎兒，2002，〈陳總統：台灣與中國一邊一國〉，《中國時報》，8月4
　　日，版A1。

5　劉永祥，2006，〈扁：國統終止 台灣現狀未改〉，《聯合報》，2月28日，版A1。

6　中國時報，2008，〈台灣新生，人民奮起──馬英九總統就職演說全文〉，《中國時
　　報》，5月21日，版A7。

7　自由時報電子報，2011，〈馬英九竟明示台灣要「終極統一」〉，自由時報電子報，5
　　月3日，http://www.libertytimes.com.tw/2011/new/may/3/today-s1.htm，檢索日期：2012年
　　12月17日。

是造成台灣兩極化政治的主要因素，國內各主要政黨不但在統獨議題上有著明確的立場，一般民眾在選舉投票時也會基於其統獨立場進行投票。Sheng (2007)、Wang (2010)、王宏忠（2012）、蕭怡靖與林聰吉（2012）的研究皆指出，相較於其他政治議題，例如經濟發展 vs. 環境保護或者社會福利 vs. 加稅，統獨議題是唯一可以將台灣社會一分為二的議題，唯有在此議題上，各政黨及民眾皆有著鮮明的立場。

　　然而，根據政治大學選舉研究中心（2012）長期追蹤國人重要政治態度之分布發現，台灣民眾在統獨立場上以「維持現狀」（包含「維持現狀再決定」以及「永遠維持現狀」兩項）者佔大多數，且其比例有逐漸攀升的趨勢。[8]事實上，現行問卷題目中的「維持現狀」選項偏於模糊，致使無法準確探知民眾心中對於兩岸究竟應該走向統一或者分離的意見。故此，部分研究嘗試改以「條件式」統獨問卷題目進行測量。吳乃德（1992）指出，民眾在兩岸統獨的議題上，必須在滿足某些條件的情況之下方能作出決定。吳乃德（1993）在其研究中將兩岸政經情勢落差以及台灣戰爭可能性兩個條件納入統獨立場選擇的分析。[9]吳乃德的研究方法提供了政治學者一新的路徑去深究民眾如何決定其統獨立場，往後，此一「條件式」統獨問句為諸多學者所接納並加以擴充、修改，成為更具解釋力的測量工具（Chu 2004; Niou 2005; 2008; Hsieh and Niou 2005; 耿曙、陳陸輝與劉嘉薇 2009；蕭怡靖與游清鑫 2011）。

　　究竟是何因素影響民眾的統獨議題立場？近年來，以「理性」及「感性」因素角度出發，分析民眾在兩岸關係上之立場的研究相當多（Keng, Chen, and Huang 2006; 吳乃德 2005；耿曙、陳陸輝與劉嘉薇 2009；陳陸

8　政治大學選舉研究中心（2012）所公布之「台灣民眾統獨立場趨勢分布」，使用傳統之單一面向六分類測量方式，受訪者自「儘快統一」、「偏向統一」、「維持現狀再決定」、「永遠維持現狀」、「偏向獨立」及「儘快獨立」六個選項為其統獨議題立場。有關於詳細之趨勢分布可見其連結http://esc.nccu.edu.tw/modules/tinyd2/content/pic/trend/Tondu201206.jpg。

9　依照上述兩個條件，吳乃德（1993, 40-46）將不同統獨立場之受訪者分類為不受到現實條件影響而主張統一及獨立的「中國認同者」及「台灣認同者」，視條件再決定其選項的「現實主義者」，以及在此議題立場上沒有立場的「保守主義者」。

輝、耿曙與王德育 2009；陳陸輝等 2009）。耿曙、陳陸輝與劉嘉薇（2009,
11）指出，民眾在統獨議題上之選擇是糾結於「理性／利益」以及「感性
／認同」兩項因素之間，是統或獨除了與感性的個人身分認同息息相關之
外，亦同時涉及對於個人及社群前景利益的判斷，故難以簡單地選取統獨
光譜上的兩端。

　　根據耿曙等人之論述可以得知，雖然單就受訪者的「理念」來看，多
數民眾傾向於支持「台灣獨立」，但在「務實」考量下，將其統獨立場位
置移動至「維持現狀」之上。因此，「維持現狀」之所以是國內多數民眾
在統獨立場上的主要選擇，是因為對受訪者而言，「維持現狀」是一個在
「理念」上說得過去，並且在「現實」上無須負擔選擇成本的選項（耿
曙、陳陸輝與劉嘉薇 2009, 40）。該選項雖暫時隱蔽其真實偏好，但卻是
無論其立場本為統或獨的民眾可權且接納的選項，故成為台灣民眾在此議
題立場上的主流價值。而國內民意在統獨議題立場上的起伏變化，乃是起
因於「理念」與「務實」之間的彼此消長，而非單單是理念有所變化（耿
曙、陳陸輝與劉嘉薇 2009, 159）。

　　簡言之，根據過去之研究發現，民眾之所以偏向於「維持現狀」的選
項，是因為兩岸是否統一或者台灣宣布成為一個新而獨立的國家，所涉及
的不單單是台灣民眾自身的意願而已。中共是否以武力方式解決兩岸問
題、兩岸政治經濟環境差異以及一旦台海發生衝突國際社會是否會介入等
因素，其影響甚鉅，皆使得民眾抱持著戒慎恐懼態度，無法輕易就「統」
或「獨」之間進行選擇，故選擇「維持現狀」靜觀其變（耿曙、陳陸輝與
劉嘉薇 2009；陳義彥與陳陸輝 2003；陳陸輝與周應龍 2004；陳陸輝與耿
曙 2009；蕭怡靖與游清鑫 2011）。

二、兩岸之經貿關係：開放或管制

　　如上所述，除了牽涉國家統一或獨立的政治關係之外，台灣與大陸之
間另一項重要的關係存在於經貿交流之上。兩岸政治上究竟是統或獨，
依當前國內外局勢觀之，實屬於「未來式」，而經貿交流、互動則早已是

「現在進行式」。儘管兩岸在政治上仍處於對立的狀態，但彼此之間卻有著密切的經貿互動，呈現出一種「政經悖離」的情勢（吳玉山1997）。

　　因著文化相近、文字語言相通、低廉的成本及廣大的市場等優勢，大陸自然成為台灣投資人前往海外發展的首選之地。經過這些年來台灣產業不斷地西進，赴大陸投資的台商人數及金額日益增多，兩岸之間進出口貿易總額由1990-1993年的二十億七百三十二萬美元，大幅提升至2011年的一千兩百七十五億五千六百五十萬美元（台灣經濟研究院編纂2012），[10]大陸早已成為台商最大、最重要的投資市場。若以2012年為例，截至10月底為止，台灣企業赴大陸投資占我國企業對外投資總額比重達到62.3%，遠高於對美、日、新加坡及中南美洲等地（台灣經濟研究院編纂2012）。[11]然而，台灣對大陸如此高之貿易依存度，自然不免引發部分人士擔憂是否台灣的經濟命脈將受到大陸的牽制。

　　對於台灣企業前往大陸進行投資，李登輝執政時期採行「戒急用忍」政策因應之，強調在台海兩岸經貿往來上應當採取較為謹慎的態度，對於赴大陸之經貿投資多所限制，特別是針對高科技、五千萬美金以上以及基礎建設等三項赴大陸投資進行嚴格地限制。至陳水扁主政初期，基於產業界對於「戒急用忍」政策鬆綁之要求，便將「戒急用忍」改為「積極開放，有效管理」，對台商赴對岸投資進行了若干的開放與鬆綁。然而，扁政府後期因與北京當局交惡，其兩岸經貿政策遂更改為「積極管理，有效開放」，對赴大陸投資的管控再度緊縮。

　　不同於李、扁時期對兩岸經貿交流實行管制措施，馬政府上任以來，便主張兩岸應追求共同的利益，走向雙贏，並強調經貿往來的正常化。故此，除了落實「大三通」政策、開放航空器直航兩岸各地及大陸遊客來台從事觀光活動外，也恢復停滯已久的兩岸事務性協商，並與大陸簽署了「海協兩岸經濟合作架構協議」(Economic Cooperation Framework Agreement, ECFA) 等各項經貿協議，兩岸經貿互動之熱絡可謂空前。特別

---

[10]　參閱《兩岸經濟統計月報第236期》表1「兩岸貿易統計」。

[11]　參閱《兩岸經濟統計月報第236期》表10「我國對外投資統計──國家（地區）」。

是馬政府的兩岸經貿政策並非僅單方面觸及台商赴大陸投資事宜而已，更是對來自對岸的資金進行鬆綁，允許其來台進行投資，而此乃李、扁兩位前總統任內所不被容許之事。

　　事實上，兩岸在經貿交流上的熱絡早已是難以抵擋，即便是李、扁時期採取偏向管制的措施，赴大陸投資的台商仍是大舉西移，有增無減。特別是近年來國內經濟狀況持續低迷，委靡的經濟表現與居高不下的失業率，致使大陸龐大的消費市場與資金被視為是振興台灣經濟的萬靈丹。於是乎，台灣民眾便夾在管制則可能經濟蕭條；反之，開放則擔憂產業被淘空，從此受對岸的牽制的困境之間。究竟多數民眾對於兩岸經貿關係立場的選擇又是為何？

　　耿曙與陳陸輝（2003）關注兩岸經貿交流的政治後果並指出，在經貿交流過程中，有獲利者亦有受損者。不同的產業因其性質上的差異，在兩岸經貿交流上有的產業可能獲得更多的利益，有的產業則可能蒙受損失。獲利者自當力主更加開放的兩岸關係，使台灣跟大陸成為更緊密的經貿伙伴；反之，利益受損者則可能要求政府對於經貿交流有所管制，降低對產業的傷害。該文以地理區域與經濟結構為主要研究目標，發現以服務業及高科技業為主的北台灣地區民眾，因預期將自兩岸經貿往來獲得利益，故傾向支持力主開放交流的泛藍政黨；反之，以大型重化工業為主的南台灣地區民眾，因產業大量外移致使蒙受損失，則是偏向投票給對兩岸交流抱持著較為保守、緊縮策略的泛綠陣營。

　　陳陸輝等（2009, 104-112）人之研究亦發現，台灣民眾主張兩岸經貿交流應該「開放」的比例要高出主張「管制」者。該研究更進一步指出，民眾在此議題之立場是受到個人的自我利益評估以及競爭優勢（教育程度）因素的影響。受訪者中認為其個人經濟狀況因為兩岸經貿交流而變得更好者以及教育程度較高者，傾向支持較為開放的經貿政策。然而，更為重要的發現是上述這些看似「理性自利」之因素，其實是決定於台灣意識等感性認同因素。易言之，民眾在考量兩岸的經貿交流該放或該收時，並非全然僅僅著眼於個人的經濟利益，對於國族、政黨等認同因素亦扮演著重要的角色。

　　以上為筆者簡要摘述過去研究者分別對於台灣民眾之兩岸政治及經貿關係立場的研究成果，然而，筆者更感興趣的是觀察民眾的兩岸政治及經貿關係立場之交叉模式。究竟在馬政府執政時期的當下，民眾在兩岸政治及經貿關係的立場為何？再者，兩岸經貿交流日漸緊密可能對於政治上的統一造成推波助瀾的效果，是否民眾能區隔自身的兩岸政治、經貿關係立場？又是何因素影響其兩岸政經立場？而此一立場是否會影響其總統大選的投票選擇？以下，筆者將透過實證資料之分析結果，尋找上述問題之解答。

參、資料來源及研究設計

　　根據上述之研究目的，本研究採用由民意調查方式所獲得之選民個體資料進行實證分析。本研究所使用之調查資料係出自於鄭夙芬教授擔任主持人之「總統滿意度及其政治效果之研究 (1/2)」(NSC100-2410-H-004-086-MY2) 的定群追蹤調查資料 (panel survey data)，[12] 該研究運用調查研究法，透過設計嚴謹之問卷，探討台灣民眾對於總統施政表現之認知，其中亦包含民眾對於兩岸關係走向之認知。該調查以台灣地區（不含金門、馬祖）二十歲以上之成年人為調查對象，以 2012 年總統大選前電話訪問之1,202 個成功樣本為母體進行追蹤樣本訪問，[13] 由政治大學選舉研究中心於2012 年 03 月 01 日至 07 日期間執行追蹤訪問，共完成 606 個成功樣本，成功率為 50.4%。該調查為使樣本與母體結構一致，針對樣本之年齡、教育程度與居住地區使用多變數「反覆加權法」(raking) 進行加權，其依據為內政部出版之「中華民國台閩地區人口統計（民國九十九年）」。該調查成功訪問樣本之人口變數分布，可見於附錄一。

12　作者感謝鄭夙芬教授授權使用該筆調查資料，惟文責概由作者自負。

13　該研究之選前調查於2011年12月20日至28日之間進行電話訪問，共完成1,202個有效樣本，以95%信心水準估計，最大可能隨機抽樣誤差為正負2.827%。

在「總統滿意度及其政治效果之研究 (1/2)」調查研究中可利用於測量民眾的兩岸政治及經貿關係立場者，為以下兩道題目：

「政治關係」 有人說：「台灣和中國大陸終究要成為一個國家，對台灣人民才比較有利。」請問您同不同意這種說法？（選項共分為四：非常同意、同意、不同意及非常不同意）

「經貿關係」 請問您認為政府對兩岸經貿交流的政策，應該比現在更加開放還是更加管制？（選項有二：更加開放及更加管制）。

何以選取上述問卷題目作為測量受訪者兩岸政治關係之用？一來，本文之研究目的在於探知台灣民眾對於兩岸的政治關係走向的選擇為何，而不在深究民眾在此議題上的選項是基於「感性理念」或者「理性務實」考量之下的產物。因此，問卷題目應力求簡化、直指核心。再者，不同於傳統的統獨六分類測量方式、0 到 10 分的統獨位置測量或者是條件式問句測量方式，「政治關係」題目直接詢問受訪者是否認為最終台灣與中國應該統一為一個國家，此種問法之優點在於可以避免受訪者選取一模擬兩可的中庸選項。事實上，當受訪者在此問題上回答不同意台灣與中國最終應成為一個國家，可能同時包含了台灣應成為一個獨立的國家，或者維持目前兩岸分治狀態兩種選項。然而，無論是上述何者，皆是主張中國與台灣應保持分裂分治、互不相屬的政治關係，而非是統一為單一國家。因此，本文嘗試以此新的測量方式，探知受訪者對於未來兩岸之間統獨選項的選擇，並將民眾在此議題上的答案區分為兩岸政治關係之「統一」及「分離」兩種立場。

至於在兩岸經貿關係上之立場，則區分為「更加開放」以及「更加管制」兩種選項。「更加開放」選項代表認同台灣與大陸之間的經貿交流應該更為密切、頻繁，成就一更加緊密的經濟關係。選擇「更加管制」者則代表其認為台灣應該與大陸保持距離，避免受其牽制，有關於受訪者如何選擇其兩岸政治及經貿關係之立場可見於表 9.1 及表 9.2。

表 9.1　台灣民眾兩岸政治關係立場分布

	個數	百分比
非常贊成	54	9.8
贊成	104	18.9
不贊成	166	30.2
非常不贊成	226	41.1
樣本數	550	100.0

資料來源：鄭夙芬（2011）。
說明：表中所列之個數與百分比為有效個數與百分比，並未納入「無反應」（包含「拒答」、「看情形」、「無意見」及「不知道」）選項之個數與百分比。

表 9.2　台灣民眾兩岸經貿關係立場分布

	個數	百分比
更加管制	220	42.3
更加開放	300	57.7
樣本數	520	100.0

資料來源：鄭夙芬（2011）。
說明：表中所列之個數與百分比為有效個數與百分比，並未納入「無反應」（包含「拒答」、「看情形」、「無意見」及「不知道」）選項之個數與百分比。

　　根據表 9.1，在受訪者之中，有將近一成 (9.8%) 的民眾非常贊成台灣與大陸最終應該成為一個國家，而抱持贊成態度的民眾也將近兩成 (18.9%)，若將兩者相加，則認同未來兩岸應該成為一個單一國家的受訪者的比例約為三成 (28.7%)；反之，30.2% 的民眾不贊成兩岸最終應走向統一的主張，其比例已超過前兩者相加的比例。更有甚者，在此議題上抱持「非常不贊成」立場的民眾高達 41.1%，若將「不贊成」以及「非常不贊成」兩者相加，則其比例已逾七成 (71.3%)。此結果顯示，在是統或獨的政治立場上，與中國大陸保持距離，彼此成為互不相屬的政治實體是目前台灣社會的主流價值。

　　至於台灣民眾對於兩岸經濟貿易走向的立場則可見於表9.2，表9.2顯示，有四成 (42.3%) 左右的民眾認為政府對兩岸經貿交流的政策，應該比現在更加管制，其比例雖高，但卻不是多數民眾的主張；反之，有57.7%的受訪者支持政府在處理兩岸經濟貿易關係上應該更加開放，顯示多數民眾贊同兩岸之間的經貿往來應該更為緊密、頻繁。

　　綜合表9.1以及表9.2之結果可發現，多數台灣民眾明確地將兩岸關係中的政治關係及經貿關係進行切割。亦即，在政治上主張不跟大陸統一為一個國家，但是在經貿關係上則希望可以進一步打破彼此之間的藩籬，成就更密切的貿易夥伴關係，此一「政治疏離，經濟融合」的主張成為當前台灣民眾在面對兩岸關係時的主要選項。

　　若將民眾在「政治關係」及「經貿關係」兩道題目中之回答做更進一步的交叉分類，則可以得出一個四分類的選項。筆者先將受訪者在「政治關係」問題中選項之「非常同意」及「同意」合併為「贊成統一」，「不同意」及「非常不同意」合併為「不贊成統一」。之後將「政治關係」問題中回答「贊成統一」及第二個題目回答「更加開放」者重新編碼為「政經皆合」；分別回答「贊成統一」及「更加管制」者重新編碼為「政合經離」；回答「不贊成統一」及「更加開放」者重新編碼為「政離經合」；至於回答「不贊成統一」及「更加管制」者則重新編碼為「政經皆離」。簡言之，受訪者在上述兩道題目答案之四項分類可見於表9.3。根據上述之分類模式，筆者將於下一節中探討受訪者在兩岸政經立場四種模式的分布情況，並分析是何因素影響受訪者在此議題上之分布。除此之外，也將檢

表 9.3　台灣民眾兩岸政治、經貿關係立場模式

		政治關係	
		統一	分離
經貿關係	開放	政經皆合	政離經合
	管制	政合經離	政經皆離

資料來源：作者自繪。

視是否受訪者的兩岸政經立場與其 2012 年總統大選投票對象有顯著之關聯性。

肆、研究發現與討論

　　關於受訪者之兩岸政經立場分布可見表 9.4，由表 9.4 可知，在所有受訪者當中，以主張「政經皆離」模式的比例最高，有超過三分之一 (35.4%) 的受訪者認為台灣與中國大陸不僅是在政治上不應結合為一個國家，甚至在經貿關係的開展上亦需有所限制，此類受訪者是所有民眾當中對大陸最為排斥者。四項分類中，比例次高者則為「政離經合」。在此次調查中，受訪者之兩岸政經立場為「政離經合」的比例與「政經皆離」的比例相當接近，亦有超過三分之一 (34.4%) 的民眾偏重實際考量，選擇政治上不與大陸統一，但是經貿交流上則應該更為開放、緊密。主張「政經皆合」，亦即兩岸除了未來應該進行國家統一外，經濟上也應更加開放的比例則並不高，此類對大陸最友善、開放的受訪者約佔五分之一 (21.1%)。至於比例最少者，則是認為雖然最終兩岸應統一，但是當前的經濟關係卻需要更加管制的「政合經離」者，其所佔全體受訪者的比例不到一成 (7.1%)。

表 9.4　台灣民眾兩岸政治及經貿關係立場分布

	政經皆合	政合經離	政離經合	政經皆離	總計
個　數	100	43	163	168	474
百分比	21.1	7.1	34.4	35.4	100.0

資料來源：鄭夙芬（2011）。

說明：表中所列之個數與百分比為有效個數與百分比，並未納入「無反應」（包含「拒答」、「看情形」、「無意見」及「不知道」）選項之個數與百分比。

　　筆者接著更進一步將受訪者的個人人口特質、政治態度與其兩岸政經立場進行交叉分析，這些個人人口特質及政治態度變數包括性別、年齡、教育程度、居住地區、職業、省籍、台灣人／中國人認同以及政黨認同。[14] 表9.5 即為上述變數與受訪者兩岸政經立場之雙變數交叉分析，藉由卡方檢定，在95% 信心水準下，檢視哪些變數與兩岸政經立場有顯著相關。根據表9.5 所示，性別、年齡、居住地區、職業等變數並未達統計上的顯著水準，顯示這些變數在民眾的兩岸政經立場上未有顯著的差異。反之，受訪者的教育程度、省籍、族群認同以及政黨認同等變數則呈現出顯著差異，茲說明如下：

　　首先，在教育程度方面，選民之中，教育程度為小學以下者 (38.7%) 以及受中學（含「國、初中」以及「高中、職」）程度者 (43.1%) 其兩岸政經立場以「政經皆離」為多數，至於教育程度較高的民眾其選擇與教育程度較低及中等的民眾有所不同，教育程度為大專以上（包含「專科」及「大學以上」）者 (41.5%) 則是較傾向於將政治與經貿關係分開來處理的「政離經合」模式。

　　其次，根據表9.5，受訪者其父親之省籍為本省閩南人 (39.6%) 以及本省客家人 (34.4%) 者主張以「政經皆離」方式處理兩岸之政治與經貿關係；反之，省籍為大陸各省市人的受訪者 (43.8%) 則認為政府應該以「政離經合」為處理兩岸關係之原則。

　　再者，實證資料顯示，在台灣人／中國人認同上不相同的受訪者，其兩岸政經立場有著顯著的差異。受訪者當中自認為是「台灣人」(51.7%) 者，以「政經皆離」為其主要選項，其比例甚至超過五成以上；認為自己既是台灣人也是中國人 (35.9%) 者，則偏向政治及經貿關係應該分開處理的「政離經合」模式；至於族群認同以「中國人」(46.7%) 自居者，則大多選擇「政經皆合」，亦即除了經貿上應當更加開放，在政治上兩岸最終也應統一為一個國家。

---

[14] 在本研究所使用之調查資料（鄭夙芬 2011）中，職業一項本為五分類，然因「其他」一類之樣本數過少，故不納入分析。基於相同理由，省籍變數中的「原住民」一類亦不納入分析。

　　此外，政黨認同也是影響民眾兩岸政經立場的重要變數。宣稱自己為泛藍政黨支持者 (44.3%) 在兩岸政經立場上，以選擇「政離經合」為多數；至於泛綠政黨認同者 (71.1%) 以及中間選民 (39.0%) 則是偏向於「政經皆離」模式，尤其是泛綠政黨認同者有七成以上認為台灣無論在政治及經濟上都應與大陸保持距離，儼然是「政經皆離」模式的熱烈擁護者。

表 9.5　台灣民眾個人人口特質、政治態度與其兩岸政經立場交叉分析

	政經皆合	政合經離	政離經合	政經皆離	總計
男性	59(24.7)	20(8.4)	84(35.1)	76(31.8)	239(100.0)
女性	41(17.4)	23(9.8)	79(33.6)	92(39.1)	235(100.0)
N = 474; df = 3; χ^2 = 5.093					
20 至 29 歲	8(14.8)	3(5.6)	24(44.4)	19(35.2)	54(100.0)
30 至 39 歲	15(19.7)	7(9.2)	27(35.5)	27(35.5)	76(100.0)
40 至 49 歲	34(22.1)	12(7.8)	45(29.2)	63(40.9)	154(100.0)
50 至 59 歲	26(21.8)	15(12.6)	43(36.1)	35(29.4)	119(100.0)
60 歲及以上	16(22.9)	6(8.6)	24(34.3)	24(34.3)	70(100.0)
N = 474; df = 12; χ^2 = 9.405					
小學以下	8(25.8)	4(12.9)	7(22.6)	12(38.7)	31(100.0)
中學	36(17.6)	23(11.3)	57(27.9)	88(43.1)	204(100.0)
大專以上	56(23.6)	16(6.8)	98(41.5)	67(28.3)	237(100.0)
N = 472; df = 6; χ^2 = 19.201[**]					
北部	54(27.1)	20(10.1)	69(34.7)	56(28.1)	199(100.0)
中部	21(21.9)	8(8.3)	30(31.3)	37(38.5)	151(100.0)
南部	22(14.6)	13(8.6)	51(33.8)	65(43.0)	96(100.0)
東部	3(11.1)	2(7.4)	13(48.1)	9(33.3)	27(100.0)
N = 473; df = 9; χ^2 = 15.710					

表 9.5　台灣民眾個人人口特質、政治態度與其兩岸政經立場交叉分析（續）

	政經皆合	政合經離	政離經合	政經皆離	總計
高、中級白領	58(25.8)	17(7.6)	74(32.9)	76(33.8)	225(100.0)
中低、低級白領	21(17.9)	15(12.8)	46(39.3)	35(29.9)	117(100.0)
農林漁牧	2(6.7)	3(10.0)	8(26.7)	17(56.7)	30(100.0)
藍領	19(19.4)	8(8.2)	33(33.7)	38(38.8)	98(100.0)
N = 470; df = 9; χ^2 = 15.234					
本省閩南人	62(19.0)	29(8.9)	106(32.5)	129(39.6)	326(100.0)
本省客家人	14(23.0)	7(11.5)	19(31.1)	21(34.4)	61(100.0)
大陸各省市人	24(30.0)	6(7.5)	35(43.8)	15(18.8)	80(100.0)
N = 467; df = 6; χ^2 = 14.777[*]					
台灣人	17(7.4)	19(8.3)	75(32.6)	119(51.7)	230(100.0)
兩者皆是	68(32.5)	21(10.0)	75(35.9)	45(21.5)	209(100.0)
中國人	14(46.7)	1(3.3)	12(32.6)	3(10.0)	30(100.0)
N = 469; df = 6; χ^2 = 78.768[***]					
泛藍認同者	82(28.6)	24(8.4)	127(44.3)	54(18.8)	287(100.0)
中間選民	12(20.3)	6(10.2)	18(30.5)	23(39.0)	59(100.0)
泛綠認同者	6(4.7)	13(10.2)	18(14.1)	91(71.1)	128(100.0)
N = 474; df = 6; χ^2 = 116.608[***]					

資料來源：鄭夙芬（2011）。

說明：1. 表中所列數字為有效樣本數，（ ）中之數字則為橫列百分比。

　　　2. [***]: p<0.001; [**]: p<0.01; [*]: p<0.05，顯著水準採雙尾檢定 (level of significance for two-tailed test)。

　　綜觀上述分析結果，主張「政經皆合」的受訪者以台灣人／中國人認同為「中國人」者最為明顯；偏向於支持「政離經合」選項者主要為教育程度較高者、省籍為大陸各省市人、族群認同為「兩者皆是」者以及泛藍

政黨認同者。至於「政經皆離」模式的支持者則是中、低教育程度者、本省閩南人與本省客家人、族群認同為「台灣人」以及泛綠政黨認同者與中間選民。

本文之另一項研究目的旨在釐清政經立場分布與投票行為之關係，基於上述目的，在初步分析受訪者之兩岸政經立場之分布後，筆者更進一步以 2012 年總統選舉為例，探討此一政經關係立場是否影響民眾在 2012 年總統大選的投票選擇。在分析模型當中，依變數為總統大選的投票對象。投票對象共區分為「馬英九與吳敦義」及「蔡英文與蘇嘉全」兩個選項，投給「宋楚瑜與林瑞雄」的受訪者因其樣本數偏低，故不列入此次分析之中。本研究以投給「蔡英文與蘇嘉全」者為參照類，觀察民眾兩岸政經立場與投票支持執政的「馬英九與吳敦義」組是否有顯著之關聯性。

研究模型中之自變數為受訪者的「兩岸政經立場」，共區分為四類：「政治皆合」、「政合經離」、「政離經合」及「政經皆離」。筆者設定以「政合經離」一類為參照類，觀察相較於此類受訪者，其他立場之受訪者是否明顯支持或不支持馬英九與吳敦義。除了「兩岸政經立場」此一自變數外，筆者在分析模型中加入了若干可能會影響民眾投票行為之人口及心理變數作為控制變數之用，這些變數包含：性別、年齡、教育程度、居住區域、台灣人／中國人認同、政黨認同以及總統施政滿意度。由於本研究之依變數「投票對象」係二分變數，根據其性質，筆者採用二元勝算對數模型 (binary logit model) 為估計模型，分析自變數及各項控制變數對於受訪者 2012 年總統選舉投票選擇之影響，分析之結果可見於表 9.6。

根據表 9.6 的模型估計結果得知，影響受訪者 2012 年總統大選投票選擇的重要變數包括：政黨認同、居住地區、總統施政滿意度以及兩岸政經立場，至於性別、年齡、教育程度以及台灣人／中國人認同變數則在統計上未顯示出對總統大選投票選擇有顯著之影響。

毫不意外地，政黨認同變數展現其對於受訪者投票行為的強大影響力。如表 9.6 所示，受訪者為泛藍政黨認同者明顯傾向於支持代表國民黨的馬英九與吳敦義；反之，泛綠政黨認同者則以民進黨所提名的蔡英文及蘇嘉全為此次選舉的支持對象，兩者之間展現出顯著的差異。

表 9.6　2012 年總統選舉投票因素二元勝算對數模型

	B	S.E.	Exp (B)
常數	-.249	2.098	.780
性別（女性 = 0）			
男性	-.440	.665	.644
年齡	.020	.029	1.020
教育程度（小學以下 = 0）			
中學	-.975	1.454	.377
大專以上	.349	.770	1.417
台灣人／中國人認同（都是 = 0）			
台灣人	-.331	.771	.718
中國人	-1.584	1.635	.205
政黨認同（中間選民 = 0）			
泛藍認同者	2.005	.912	7.428
泛綠認同者	-3.336	.837	.036
居住區域（中部及東部 = 0）			
北部	-1.002	.973	.367
南部	-2.384	.950	.092
總統施政滿意度	1.302	.505	3.678
兩岸政經立場（政合經離 = 0）			
政經皆合	3.334	1.593	28.046
政離經合	-.149	.998	.861
政經皆離	-2.055	.944	.128
模型資訊	N = 351; df = 14; χ^2 = 344.992 Nagelkerke R^2 = .893; $P < 0.001$		

資料來源：鄭夙芬（2011）。

説明：1. 依變數為二分變數，1 為投給馬英九與吳敦義，0 為投給蔡英文與蘇嘉全。

　　　2. ***: $p < 0.001$; **: $p < 0.01$; *: $p < 0.05$。

　　再者，受訪者的居住地區則是另一個顯示出差異的變數。受訪者當中居住於南部地區者，明顯地偏向於支持蔡英文與蘇嘉全，此結果顯示出，相較於其他地區，南台灣確實是民進黨在選舉時的大票倉。此外，總統滿意度也是另一項影響受訪者在 2012 年總統選舉投票決定的重要變數之一。受訪者對於馬英九擔任總統以來的表現越滿意者，越可能將其手中的選票投給「馬吳配」。

　　此外，觀察表 9.6 之結果，民眾的兩岸政經立場在此次選舉中亦扮演影響其投票決定的關鍵角色。具體而言，在控制各項自變數的情況之下，受訪者其兩岸政經立場為「政經皆合」者，傾向於投票支持馬英九與吳敦義；反之，認為台灣與大陸在政治、經貿關係都應分離的「政經皆離」模式支持者，則明顯以民進黨的「蔡蘇配」為投票對象。此結果顯示，如何看待兩岸關係之走向成為民眾投票選擇的重要分水嶺。

伍、結論

　　筆者首先簡要摘述本文之研究發現，本文之實證分析指出，在涉及統獨的政治關係上，多數受訪者並不認為台灣與大陸最終應該成為一個單一國家才是對人民最有利的。然而，在經貿交流上，贊成應該更為開放的民眾則是多過於贊成更為管制者，顯示民眾可以明確地將兩岸在政治與經濟上的往來進行切割。若將民眾的兩岸政治、經貿立場交叉可以得出一四分類的兩岸政經模式。結果顯示，台灣民眾在面對台灣與大陸的政治與經貿關係時，以選擇政治上不贊成兩岸最終應成為一單一國家，經貿上也應加強管控的「政經皆離」模式的比例最高，而反對兩岸統一但認為經貿關係要更為緊密的「政離經合」模式者次之，然與前者比例相當接近，至於偏向「政經皆合」以及「政合經離」模式者則屬於少數。

　　其次，探究影響民眾兩岸政經立場之因素發現，受訪者的教育程度、省籍、台灣人／中國人認同以及政黨認同等變數呈現出顯著的影響力。

「政經皆合」者以台灣人／中國人認同為「中國人」者最多；教育程度較高者、省籍為大陸各省市人、台灣人／中國人認同為「兩者皆是」者以及泛藍政黨認同者偏向於支持「政離經合」模式；至於「政經皆離」模式的支持者則是中、低教育程度者、本省閩南人與本省客家人、台灣人／中國人認同為「台灣人」以及泛綠政黨認同者與中間選民。

再者，研究結果亦顯示，影響台灣民眾在 2012 年總統選舉的諸多因素中，其自身的兩岸政經關係之立場亦扮演著顯著的角色。主張兩岸在政治、經貿立場上應與中國更為緊密結合的受訪者傾向支持國民黨推出的「馬吳配」，而民進黨「蔡蘇配」主要支持者則偏向於選擇兩岸無論政治或經貿上都應該保持距離。

兩岸關係無疑是左右當前台灣政治最重要的議題，許多研究亦已證實其對於台灣民眾之政治行為的顯著影響力。綜合本文之研究發現可知，兩岸當前的政治及經濟關係仍如學者吳玉山（1997）於上世紀末所言，呈現出「政治疏離、經濟融合」的狀態，並未有太多的變動。一方面，基於振興經濟的考量。在經貿關係上希望兩岸應有更緊密的結合，已成為台灣多數民眾的心聲；然而，維持台灣與中國分離分治、互不相屬的政治關係，卻仍是台灣社會的主流價值。

筆者亦必須指出，儘管受訪者在兩岸政治及經貿關係立場上的選擇或有差異，然而，無論是支持哪一種立場的民眾在面對兩岸交流議題時，心中仍是有所疑慮及警戒。根據表 9.7 的結果顯示，即便是在政治上贊成統一或經貿上主張更加開放者，在面對大陸時，擔心政府太過於傾向中國會流失台灣主權的比例皆高於不擔心的比例。不僅於此，無論受訪者在兩岸政治及經貿關係立場為何，擔心台灣經濟太依賴大陸時政治會受到中國控制的比例更是遠高於不擔心者。由此可知，即便贊同兩岸應該有更進一步的交流、互動者，對於交流過程中可能對台灣帶來的負面影響，仍是相當擔憂的。易言之，基於對民意的重視與回應，主政者在處理兩岸關係時，應抱持更為謹慎、嚴肅的態度，並設法化解民眾之疑慮與擔憂。

表 9.7　兩岸政經關係立場 vs. 對兩岸交流之擔憂

如果政府的政策太傾向（台：偏向）中國，請問您擔不擔心我們的主權會流失（台：受到傷害）？				
	非常擔心	擔心	不擔心	非常不擔心	總計
贊成統一	42 (27.8)	38 (25.2)	44 (29.1)	27 (19.7)	151 (100.0)
不贊成統一	190 (49.4)	160 (27.5)	63 (16.4)	26 (6.8)	385 (100.0)
N = 536; df = 3; χ^2 = 34.298***					
更加管制	152 (71.0)	39 (18.2)	18 (8.4)	5 (2.3)	214 (100.0)
更加開放	63 (21.4)	90 (30.6)	92 (31.3)	49 (16.7)	294 (100.0)
N = 508; df = 3; χ^2 = 133.347***					

如果台灣的經濟發展太依賴大陸，請問您擔不擔心在政治上會受到中國的控制？				
	非常擔心	擔心	不擔心	非常不擔心	總計
贊成統一	46 (29.9)	52 (33.8)	28 (18.2)	28 (18.2)	154 (100.0)
不贊成統一	216 (56.1)	109 (28.3)	40 (10.4)	20 (5.2)	385 (100.0)
N = 539; df = 3; χ^2 = 42.797***					
更加管制	157 (72.4)	47 (21.7)	3 (1.4)	10 (4.6)	217 (100.0)
更加開放	85 (28.9)	111 (37.8)	62 (21.1)	36 (12.2)	294 (100.0)
N = 511; df = 3; χ^2 = 106.408***					

資料來源：鄭夙芬（2011）。

說明：1. 表中所列數字為有效樣本數，（ ）中之數字則為橫列百分比。

　　　2. ***: $p < 0.001$; **: $p < 0.01$; *: $p < 0.05$，顯著水準採雙尾檢定。

　　事實上，在經濟上對大陸更加開放所引發的最主要問題在於，擔心北京政府是否將藉由經濟手段遂行其統戰的政治動機，亦即藉此達到「以經促統」的目的。然而，根據本研究之結果，台灣民眾雖然多數希望可以在經貿關係上與大陸可以更為緊密，但卻未因此影響其政治關係的立場，即便主張經貿關係應該更密切的民眾，不但也會擔憂過於傾向大陸未來台灣將受制於人，多數也不認為兩岸統一是對台灣民眾更為有利的選項。易言之，民眾可以明確切割其兩岸政治與經貿關係立場，主張經貿交流應該更開放，純粹是從經濟利益著眼，並未因此影響其個人對統獨選項之判斷。然而，目前的情況雖是如此，往後一旦台灣與大陸在經濟關係上更為密切，甚至如同香港一般，經濟景氣與否已經無法跟大陸切割時，台灣民眾的統獨立場是否會因此而動搖，或者影響其投票時的選擇值得密切觀察。

　　展望未來，隨著近年來兩岸交流日益頻繁，兩岸之間包括政治、經貿、文化交流等各項議題勢必對台灣的政局有著更深遠的影響。換言之，兩岸關係仍會是研究台灣政治發展的主軸，而民眾在此一議題之立場也同樣會繼續在選舉中扮演著舉足輕重的角色，如何在兩岸議題上取得有利的位置，已成為國內各主要政黨及政治人物必須審慎考量的課題。

附錄一、成功樣本分布表

	次數	百分比 (%)
性別		
男性	308	50.8
女性	298	49.2
年齡		
20 至 29 歲	52	8.6
30 至 39 歲	95	15.8
40 至 49 歲	172	28.6
50 至 59 歲	164	27.2
60 歲以上	119	19.8
教育程度		
小學及以下	50	8.3
國中	58	9.6
高中	192	31.8
大專以上	304	50.3
居住地區		
北部	256	42.4
中部	130	21.5
南部	188	31.1
東部	30	5.0

	次數	百分比 (%)
台灣人／中國人認同		
台灣人	279	46.7
兩者皆是	284	47.6
中國人	34	5.7
政黨認同		
泛藍政黨認同者	362	59.7
中間選民	100	16.5
泛綠政黨認同者	144	23.8
總統施政滿意度		
非常滿意	104	18.4
有點滿意	224	39.7
不太滿意	140	24.8
非常不滿意	96	17.0
總統大選投票對象		
馬英九與吳敦義	327	54.0
蔡英文與蘇嘉全	134	22.2
宋楚瑜與林瑞雄	27	4.5
無反應 [a]	117	19.2

資料來源：鄭夙芬（2011）。

說明：1. 訪問成功樣本數為 606 份。

　　　2. [a] 無反應包含沒有去投票、忘了、投廢票及拒答。

附錄二、各變數之測量與重新編碼

1. 性別：以男性為 1，女性為對照組 0。
2. 年齡：以連續變數處理。
3. 教育程度：以國小及以下教育程度為對照組，以中學（包含國初中以及高中職）及大專以上（包含五專以及大學及其以上）教育程度建立兩個虛擬變數。
4. 政黨認同：由以下問題建構而成：
   (1) 在國民黨、民進黨、新黨、親民黨，跟台聯黨這五個政黨中，請問您認為您比較支持哪一個政黨？
   (2)（回答有者）請問是哪一個政黨？
   (3)（回答其他答案者）您比較偏向國民黨，偏向民進黨，偏向新黨，偏向親民黨，還是偏向台聯黨，或是都不偏？
   (4)（回答有者）請問是哪一個政黨？
   筆者將表示有政黨認同者歸類為「泛藍政黨認同者」（包含國民黨、親民黨及新黨）以及「泛綠政黨認同者」（包含民進黨及台聯）。沒有表示具體政黨認同者則歸類為「中間選民」並以之為對照組。
5. 台灣人／中國人認同：測量題目為：
   我們社會上，有人說自己是「台灣人」，也有人說自己是「中國人」，也有人說都是。請問您認為自己是「台灣人」、「中國人」，或者都是？
   筆者將回答「都是」者將設定為對照組，並編碼「台灣人」及「中國人」兩個虛擬變數，其餘答案則不列入分析中。
6. 居住地區：測量題目為：
   請問您居住在哪一個縣市？哪一個鄉鎮市區？
   筆者依據受訪者的答案及研究所需，將受訪者之居住地區在「大台北都會」、「北縣基隆」、「桃竹苗」者重新編碼為「北部」，「雲嘉南」、「高屏澎」者重新編碼為「南部」，「中彰投」及「宜花

東」者則合併為「中部及東部」，並以之為對照組。

7. 總統滿意度：測量題目為：

請問您對馬英九擔任總統以來的整體表現滿不滿意？

筆者將受訪者之回答「非常不滿意」、「不太滿意」、「有點滿意」及「非常不滿意」四個選項重新編碼為 1-4 的尺度，分數越高表示越滿意馬英九總統之施政表現。

8. 兩岸政經立場：本文建立受訪者之兩岸政經立場指標，該指標由以下兩個題目進行測量：

(1) 有人說：「台灣和中國大陸終究要成為一個國家，對台灣人民才比較有利。」請問您同不同意這種說法？

(2) 請問您認為政府對兩岸經貿交流的政策，應該比現在更加開放還是更加管制？

筆者先將受訪者在問題一中之選項「非常同意」及「同意」合併為「贊成統一」，「不同意」及「非常不同意」合併為「不贊成統一」。之後將第一個題目回答「贊成統一」及第二個題目回答「更加開放」者重新編碼為「政經皆合」；分別回答「贊成統一」及「更加管制」者重新編碼為「政合經離」；回答「不贊成統一」及「更加開放」者重新為「政離經合」；至於回答「不贊成統一」及「更加管制」者則重新編碼為「政經皆離」。並以「政合經離」為對照組。

9. 投票對象：

(1) 在選舉的時候，有很多人去投票，也有很多人因為各種原因沒有去投票，請問這次（2012 年）總統選舉您有沒有去投票？

(2) 請問您把票投給了哪一組候選人？

筆者選取在第一個題目中回答「有」投票之受訪者，並將受訪者之選項重新編碼為「馬英九與吳敦義」＝ 1，「蔡英文與蘇嘉全」＝ 0，並以之為對照組，至於回答「宋楚瑜及林瑞雄」者依研究所需則不納入分析。

●●● **參考文獻** ●●●

I. 中文部分

王宏忠，2012，〈政治意識及政治菁英的論述對於台灣民眾議題立場的影響：主流效應及極化效應之檢證〉，《台灣民主季刊》，9(2): 71-123。

台灣經濟研究院編纂，2012，《兩岸經濟統計月報第 236 期》，行政院大陸委員會網站：http://www.mac.gov.tw/public/Attachment/2769102374.pdf，檢索日期：2012 年 12 月 18 日。

吳乃德，1992，〈國家認同與政黨支持——台灣政黨競爭的社會基礎〉，《中央研究院民族學研究所集刊》，74: 33-60。

-----，1993，〈省籍意識、政治支持與國家認同〉，載於《族群關係與國家認同》，張茂桂主編，台北：業強出版社。

-----，2005，〈麵包與愛情——初探台灣民眾民族認同的變動〉，《台灣政治學刊》，9(2): 5-39。

吳玉山，1997，《抗衡或扈從：兩岸關係新詮》，台北：正中書局。

邵宗海，2011，《新形勢下的兩岸政治關係》，台北：五南圖書出版公司。

政治大學選舉研究中心，2012，〈台灣民眾統獨立場趨勢分佈〉，政治大學選舉研究中心重要政治態度分佈趨勢圖：http://esc.nccu.edu.tw/modules/tinyd2/content/tonduID.htm，檢索日期：2012 年 11 月 25 日。

耿曙、陳陸輝，2003，〈兩岸經貿互動與台灣政治版圖：台灣南北區塊差異的推手？〉，《問題與研究》，42(6): 1-27。

耿曙、陳陸輝、劉嘉薇，2009，〈打破維持現狀的迷思：台灣民眾統獨選擇中理念與務實的兩難〉，《台灣政治學刊》，13(2): 3-56。

陳陸輝、周應龍，2004，〈台灣民眾統獨立場的持續與變遷〉，《東亞研究》，35(2): 143-86。

陳陸輝、耿曙，2009，〈台灣民眾統獨立場的持續與變遷〉，載於《重新檢視爭辯中的兩岸關係理論》，包宗和、吳玉山主編，台北：五南圖書出版公司。

陳陸輝、耿曙、王德育，2009，〈兩岸關係與 2008 年台灣總統大選：認同、利益、威脅與選民投票取向〉，載於《2008 年總統選舉：論二次政黨輪替之關鍵選舉》，陳陸輝、游清鑫、黃紀主編，台北：五南圖書出版公司。

陳陸輝、耿曙、涂萍蘭、黃冠博，2009，〈理性自利或感性認同？影響台灣民眾

兩岸經貿立場因素的分析〉,《東吳政治學報》, 27(2): 87-125。

陳義彥、陳陸輝,2003,〈模稜兩可的態度還是不確定的未來：台灣民眾統獨觀的解析〉,《中國大陸研究》, 46(5): 1-20。

鄭夙芬,2011,《總統滿意度及其政治效果之研究 (1/2)》,計畫編號：NSC100-2410-H-004-086-MY2,台北：行政院國家科學委員會補助專題研究計畫成果報告。

蔡佳泓、徐永明、黃琇庭,2007,〈兩極化政治：解釋台灣 2004 總統大選〉,《選舉研究》, 14(1): 1-31。

蕭怡靖、林聰吉,2012,〈台灣政治極化之初探：測量與分析〉,台灣選舉與民主化調查 2012 年國際學術研討會：「成熟中的台灣民主：TEDS2012 調查資料的分析」, 11 月 3-4 日,台北：台灣大學。

蕭怡靖、游清鑫,2011,〈台灣民眾統獨立場的再理解〉,選舉與民主發展：台灣與香港、澳門的經驗研討會,9 月 24 日,台北：台灣大學。

II. 外文部分

Chu, Yu-han. 2004. "Taiwan's National Identity Politics and the Prospect of Cross-Strait Relations." *Asian Survey* 44(4): 484-512.

Hsieh, John Fu-sheng, and Emerson M. S. Niou. 2005. "Measuring Taiwanese Public Opinion on Taiwanese Independence." *The China Quarterly* 181: 158-68.

Keng, Shu, Lu-huei Chen, and Kuan-bo Huang. 2006. "Sense, Sensibility and Sophistication in Shaping the Future of Cross-Strait Relation." *Issues& Studies* 42(2): 23-66.

Niou, Emerson M. S. 2005. "A New Measure of Preferences on the Independence-Unification Issue in Taiwan." *Journal of Asian and African Studies* 40(1/2): 91-104.

-----. 2008. "The China Factor on Taiwan's Domestic Politics." In *Democratization in Taiwan: Challenges in Transformation*, eds. Philip Paolino and James Meernik. Aldershot, UK: Ashgate.

Sheng, Shing-yuan. 2007. "Issue, Political Cleavage and Party Competition in Taiwan: From the Angles of the Elites and the Public," Presented at the Annual Meeting of American Political Science Association, Chicago.

Wang, Hung-chung. 2010. "A Blue-Green Divide? Elite and Mass Partisan Dynamics in Taiwan," Ph. D. diss. University of New Orleans.

10 經濟課責與投票抉擇：2012年總統選舉之分析*

蕭怡靖

目次

---

* 本文使用的資料全部係採自「2009年至2012年『選舉與民主化調查』三年期研究規劃 (III)：2012年總統與立法委員選舉面訪案」(TEDS2012)(NSC100-2420-H-002-030)。「台灣 選舉與民主化調查」(TEDS) 多年期計畫總召集人為國立政治大學黃紀教授，TEDS2012為 針對2012年總統及立法委員選舉執行之年度計畫，計畫主持人為朱雲漢教授；詳細資料請 參閱TEDS網頁：http://www.tedsnet.org。作者感謝上述機構及人員提供資料協助，惟本文 內容概由作者自行負責。

壹、前言

　　台灣2012年總統選舉結果，尋求連任並獲國民黨提名的馬英九，以51.6%的得票率，擊敗民進黨主席蔡英文的45.6%，連任成功。但領先民進黨的幅度從2008年16.9%的得票率差距，縮減至2012年的6%；得票數差距也從221萬餘票，驟減至79萬餘票。若再與馬英九自己在2008年總統選舉結果相比較，其得票率不但減少6.8%，得票數亦減少77萬張左右。[1]縱使親民黨主席宋楚瑜投入2012年總統選戰，影響國、民兩黨競爭的態勢，但選舉結果其得票率僅2.8%，獲得37萬張左右的選票，顯示宋楚瑜的參選並無法完全解釋馬英九得票下滑的原因。

　　又，2012年的總統選舉，除了兩岸長期以來的統獨爭議外，經濟問題始終在競選期間受到雙方陣營高度關注與爭辯。其中，因米酒降價引發「米酒總統」的嘲諷、民生物價居高不下的問題、因農產品滯銷所引發「柿子無採工月曆」文宣爭議，以及青年失業、房價過高、貧富差距嚴重等議題，皆在選舉期間發酵。尤其，馬英九於2008年總統選舉期間所提出的「633政見」，[2]在2012年時皆未達成，不但遭民進黨放大檢視並製作廣告文宣大幅抨擊，同時也受到媒體大幅關注與報導。雖然如此，馬英九在2012年總統選舉的勝選演說中仍表示，其得以連任的原因之一，在於「人民肯定政府開放鬆綁、振興經濟的努力」。[3]

　　這顯示，經濟問題確實在2012年總統選舉中受到社會的高度關注，

---

[1]　依據中央選舉委員會公布資料，2008年總統選舉結果，馬英九得票率為58.45%，得票數為765萬9千餘票；謝長廷得票率則為41.55%，得票數則為544萬5千票左右。

[2]　所謂的「633政見」是指平均每年經濟成長率達6%、失業率降低至3%以下、年均國民所得達3萬元美元以上。

[3]　馬英九在2012年總統選舉的勝選演說中，有關表示其得以連任的完整內容為「這一次我們之所以能夠連任，是因為人民肯定我們拒絕貪腐、堅持清廉的努力，對不對？**也肯定我們開放鬆綁、振興經濟的努力**，對不對？人民也肯定我們擱置爭議、爭取兩岸和平，把危機轉變為商機的機會，對不對？各位。這也是人民肯定我們採取正確、正派、有效的活路外交，贏得了國際的尊重與支持，讓台灣人民能夠遨遊世界，對不對？」

然而這是否會對選民的投票抉擇造成影響？即民眾是否會利用選票期望追求較佳的經濟生活，或懲罰經濟表現不佳的施政者？或者是否如同理論所預期的，當民眾意識到經濟問題的嚴重性時，愈會以政府的經濟表現做為其投票抉擇的考量依據？尤其，馬英九在 2012 年的選票支持度大幅下滑，是否受到民眾不滿意其經濟表現所致？本文嘗試從經濟課責的理論觀點出發，利用「台灣選舉與民主化調查」（Taiwan's Election and Democratization Study, 簡稱 TEDS），在 2012 年總統選舉選後所進行的全國性民意調查資料，進行資料檢證，以回答上述問題。

　　在章節安排上，第二節簡要論述經濟課責的理論與相關研究；第三節說明本文的研究方法；第四節呈現台灣民眾對經濟狀況的認知與評價；第五節則檢視民眾經濟評價對投票抉擇的影響；最後，第六節總結本文的研究發現。

貳、經濟課責的學理背景與相關研究

　　隨著第三波民主化浪潮，諸多國家逐漸從威權或極權國家轉型採取西方民主制度，但部分國家在轉型過程中，雖然具備也落實民主的選舉制度，但政治局勢卻始終衝突嚴重，政權更迭頻繁，以致整體民主運作並未如預期般的順遂，學界也開始對此探究其背後的原因。部分學者從「課責」(accountability) 的角度出發，針對新興民主國家所面臨的發展困境，提出問題癥結所在的見解 (Mainwaring and Welna 2003; Przeworski, Stokes, and Manin, eds 1999; Schedler, Diamond, and Plattner, eds 1999)。其不但強調政府的組成需由人民選舉決定，更強調政府政策的制訂與作為必須回應民眾的需要，並受到實際的監督與制衡。依據 Schedler (1999, 17) 的定義，所謂的課責是指，當 A 有義務解釋說明，讓 B 瞭解其在過去或未來所做的行為與決定，且 A 必須為其不當的行為決策接受處罰，即是指 A 應對 B 負責，或說 B 可對 A 課予責任。在這樣的定義下，前者的「回應性」

(answerability) 及後者的「強制性」(enforcement)，即可視為課責的兩個基本面向 (Schedler 1999)。也因此，若將課責的概念應用在政治運作上，針對政府官員的行為決策課予責任，即是政治課責的基本意涵。

　　而政治課責的落實，除了透過政府部門間制度設計的機構制衡外，另一項重點即是落實人民主權。由人民在定期選舉中，藉由選票針對民選官員的施政表現，決定是否讓其繼續掌握執政權，或改由另一政黨來執政。而這樣的概念可從 O'Donnell (1994; 1999; 2003) 將政治課責區分為「水平課責」(horizontal accountability) 及「垂直課責」(vertical accountability)，[4] 或是 Mainwaring (2003, 6-7) 所區分的「機構課責」(intrastate accountability) 或「選舉課責」(electoral accountability) 來進行理解。O'Donnell 所提出的「垂直課責」，即包括人民藉由選票要求政府對其施政表現負起責任的上下隸屬關係，Mainwaring 進一步將此稱之為「選舉課責」。若再從上述的學理論述為基礎，當民眾對於政府的施政著眼於經濟層面的表現，並形塑出正負面的經濟評價，選舉時再以選票作為對執政黨的獎懲工具，決定將選票投給執政黨或在野黨，即是所謂的經濟課責。

　　故經濟課責就其實際的操作層面上，即是民眾依其對政府經濟表現的評價，在選舉中藉由選票落實課責。這在投票行為研究領域，即是所謂的「經濟投票」(economic voting)。在 Fiorina (1981) 提出「回溯性投票」(retrospective voting) 的觀點後，認為選民在投票時會評估候選人與政黨過去的施政表現，並以選票作為獎勵或懲罰的方式。後續 Kinder 與 Kiewiet (1981)、Kiewiet (1983) 以及 Lewis-Beck (1988)，則進一步將民眾對政府的表現評價聚焦於經濟面向，並將選民的對政府施政的經濟評價，依據時間面向區分為「回溯性」(retrospective) 及「前瞻性」(prospective)，以及評價標的區分為「個人荷包」(pocketbook) 及「社會經濟」(sociotropic)，形

4　O'Donnell (1994; 1999) 認為拉丁美洲的新興民主國家，雖然落實民主的選舉制度，但在實際運作上，這些國家的選舉卻常是一種高度情緒化的賭注，且在制度上缺乏對政府官員的監督制衡機制，執政者甚至在當選後將課責視為一種阻礙，以致對民主政治的運作造成負面影響，其將這些國家稱之為「代理式民主國家」(delegative democracy)，以別於傳統西方的「代表式民主國家」(representative democracy)。其中，O'Donnell所言的「垂直課責」除了選舉之外，也包括媒體對政府的監督與揭露不當作為。

成四種經濟投票類型。其研究結果發現，選民的「回溯」與「前瞻」經濟評價，皆對投票抉擇具有顯著的影響力，至於「個人荷包」評價對投票抉擇的解釋力較有限，「社會經濟」評價的影響力則獲得統計上的證實。之所以如此，多數解釋是因為民眾較傾向將「個人荷包」的好壞，歸因於個人在工作上的表現；反之，社會整體經濟表現的好壞則應該由政府負起責任。

在拉丁美洲國家實行民主轉型後，諸多學者也從經濟課責的角度，利用國家經濟表現數字的總體資料，或民眾對個人或國家經濟狀況評估之民意調查資料，檢視當地民眾對於執政者的滿意度是否受到經濟評價的影響，進而影響其投票抉擇 (Cuzan and Bundrick 1997; Remmer 1991)。Gelineau (2007) 曾以阿根廷、巴西及委內瑞拉為例，驗證民眾的經濟評價不但會影響總統施政滿意度，亦會影響總統選舉中的投票抉擇。Kelly (2003) 的研究則發現，影響秘魯民眾對總統評價高低的因素，主要是前瞻性經濟狀況的預期，而非回溯性的經濟評價。張傳賢與張佑宗（2006）利用國家總體的經濟數據，包括失業率、所得、通貨膨脹率等，檢視執政黨在大選中的得票率高低，驗證拉丁美洲國家確實存在經濟表現的選舉課責。而經濟課責的觀點，亦可用以探討非民主國家的行政職務調整，Guo (2007) 以中國縣市地方層級的經濟表現，分析地方黨政首長職務調動與地方經濟表現的關連性，結果發現兩者之間存在統計上的顯著相關，意味中國地方黨政首長的人事異動，受到其任內經濟表現好壞的影響，出現「回溯性經濟課責」(retrospective economic accountability) 的結果。顯示經濟課責不僅存在於選民的投票抉擇，也是政府內部績效評估的重要依據。

至於同樣在第三波民主化浪潮中實行民主轉型的台灣，選民的投票抉擇是否具備經濟課責的思維？在民主化初期，雖然黃智聰與程小綾（2005）曾以總體資料分析1989至2001年台灣地方縣市長選舉結果，發現地方縣市長選舉是否發生政黨輪替，會受到全國失業率高低的影響。但何思因（1991）及黃秀端（1994）利用民意調查資料分析，卻發現當時台灣民眾的投票抉擇並不會受到對政府經濟評價的影響。之所以如此，應與整體社會環境因素有關，當時台灣政治上的競爭議題集中在民主改革與兩

岸統獨爭議上，再加上當時整體經濟成長穩定，民眾關心的內容與政治人物的操作動員，自然與經濟議題較無關連性，以致不易存在經濟面向的選舉課責。

　　然而自 2000 年以後，台灣經濟發展逐漸停滯甚至下滑，政治上也出現首度政黨輪替，政治競爭與民眾關注的焦點逐漸轉移至經濟面向。除了當國家經濟表現較佳時，民眾滿意總統施政的機率會相對提高外（盛治仁與白瑋華 2008），選民在立法委員選舉上的投票抉擇，也會受到經濟評價的影響（王柏燿 2004）。此外，即使在地方縣市長選舉，民眾的投票抉擇也會受到對整體經濟評價或中央政府經貿政策效益的影響（俞振華 2012；蕭怡靖與黃紀 2011；劉嘉薇 2008）。而在總統選舉層級上，盛杏湲（2009）分析選民在 2008 年總統選舉的投票抉擇，亦發現民眾對即將卸任之執政者的經濟表現回溯評價，以及預期候選人經濟處理能力的前瞻看法，皆對投票抉擇具有顯著的影響效果，且前瞻看法的影響力要大於回溯評價。

　　從上述的研究可以歸納出，隨著台灣民主政治運作的日趨穩定，經濟環境與發展卻難以如同過去的穩定成長，以致民眾逐漸關注政府在經濟議題上的處理能力，形塑經濟評價的態度認知，進而影響投票抉擇。惟台灣經濟事物的決策與作為主要是由中央政府的行政部門主導，民眾的經濟課責理應更以中央行政部門做為課責對象，尤其，台灣在修憲之後，總統儼然已成為中央行政部門的實質掌權者。故以選民在總統選舉的投票抉擇來進行分析，更能直接驗證經濟課責的存在與否，若間接以民意代表或地方首長選舉來分析，則較為類似探討美國期中選舉的「公民複決投票」(referendum voting)。除此之外，2012 年台灣總統選舉是由馬英九以現任總統的姿態爭取連任，更有助於民眾對政府經濟表現的課責對象辨識，並利用選票作為獎懲的工具，在總統選舉時，決定是否將選票給現任的執政者。此外，在資料蒐集的支持下，也將藉此機會同時檢視傳統「回溯、前瞻」及「社會經濟、個人荷包」兩面向所構成的四種經濟課責型態，是否對選民的投票抉擇同時存在顯著的影響力，抑或如同過去的研究，社會經濟評價的影響力要高於個人荷包評價。

　　而經濟課責的檢測，除了針對上述傳統四類型的經濟評價外，馬英九擔任總統後的重要政策之一，即是重啟兩岸經貿文化的協商與交流，其中簽署「兩岸經濟合作架構協議」（Economic Cooperation Framework Agreement, 簡稱 ECFA）是其極力推動的重大政策，且過去的相關研究，也證實了民眾對 ECFA 所帶來的實際效益，確實會影響地方縣市長選舉的投票抉擇（俞振華 2012；蕭怡靖與黃紀 2011）。對此，兩岸在簽署 ECFA 後，民眾如何看待 ECFA 對社會整體及個人家庭經濟狀況的實質影響，尤其，是否會依據經濟課責的理論觀點，對其總統選舉的投票抉擇產生顯著的影響力。

　　除此之外，Krosnick (1988; 1990) 從社會心理學的理論觀點出發，認為重要的議題容易受到民眾的認知與理解，民眾也較容易區辨出候選人間的議題立場差異，進而讓該議題成為對候選人評價的潛在決定因素。其後續利用「美國國家選舉調查」(NES) 的民意調查資料，分析民眾對議題重要性的認知，與候選人偏好及投票抉擇之間的關連性。研究結果顯示，民眾對該議題重要性的認知程度愈高，愈會以候選人在該議題立場上的差異來評價候選人偏好，同時對投票抉擇有更高的影響力。Fournier 等 (2003) 學者在 Krosnick 的理論及研究基礎下，進一步以民意調查資料分析加拿大選民，在議題重要性認知與施政評價投票間的關連性，結果亦證實，民眾對政府的施政評價不但直接影響其投票抉擇，當民眾認為某一議題屬於重要議題時，不但更能清楚表達政府在該議題上的施政評價，且更著重以政府在該議題上的施政表現，作為投票抉擇時的考量依據。

　　從上述議題重要性認知的理論觀點出發，應用在經濟課責上，即可合理推論當民眾認為經濟是國家所面臨最重要的問題時，表示其愈關心或愈能接觸到經濟議題的相關資訊，形塑政府經濟表現的正負面評價，進而在選舉時更傾向依據政府的經濟表現評價來投票。因此，本文假設當民眾認為經濟議題最重要時，經濟課責的表現愈明顯，民眾經濟評價在投票抉擇上的影響力也相對較高。

參、研究方法

　　本文採用民意調查訪問資料，針對上述研究問題進行統計分析與檢證。資料來源為「台灣選舉與民主化調查」於 2012 總統大選結束後，以台灣地區（不含金門、馬祖）成年民眾為母體採取「分層多階段」的獨立抽樣架構，並採取「抽取率與單位大小成比例」（Probability Proportional to Size, 簡稱 PPS）原則抽出中選單位，再自中選單位以系統抽樣抽出中選樣本後，於 2012 年 1 月中旬至 3 月上旬，以面對面訪問的方式，針對抽出的 5,435 份樣本進行訪問接觸，最終訪問成功 1,826 份有效樣本。[5]

　　其中，有關本文主要自變數的經濟評價，其問卷測量語句是採取傳統民意調查所採用的標準語句，即「請問您覺得台灣現在的經濟狀況與一年前相比，是比較好、還是比較不好，或是差不多？」、「請問您覺得台灣在未來的一年經濟狀況會變好、還是變不好，或是差不多？」、「請問您覺得您家裡現在的經濟狀況與一年前相比，是比較好、還是比較不好，或是差不多？」以及「請問您覺得您家裡在未來的一年經濟狀況會變好、還是變不好，或是差不多？」，分別測量民眾的「社會經濟回溯評價」、「社會經濟前瞻評價」、「個人荷包回溯評價」以及「個人荷包前瞻評價」。

　　此外，兩岸簽署 ECFA 不僅在台灣內部受到高度討論與關切，更是馬英九極力推動並積極宣傳的經濟政策，故在評價馬英九的經濟表現時，勢必無法忽略探討對 ECFA 政策成果的看法。因此，本文除了上述傳統四項一般性的經濟評價外，也探詢民眾認為在兩岸簽署 ECFA 後，對於台灣整體及個人的經濟狀況是否有所影響，即「您認為在兩岸簽訂『經濟合作架構協議』，也就是 ECFA 之後，台灣整體的經濟狀況，有沒有因此變好、變壞，還是沒有改變？」以及「您認為您個人的經濟狀況，有沒有因此變好、變壞，還是沒有改變？」，稱之為「ECFA 社會經濟回溯」及「ECFA 個人荷包回溯」兩項。

---

[5]　有關TEDS2012實際執行之抽樣方法及訪問流程的細節，請參閱TEDS2012之執行報告書。

　　再者，本文的另一項重要自變數，即民眾認為經濟議題是否是一項重要的問題，在問卷中是以完全開放式的題目型態來詢問民眾的意見，即「在這次的總統選舉期間，我們國家面臨的各種問題都被提出來討論，您認為最重要的問題是什麼？」。這個題目並未提供受訪者任何選項，而是完全由受訪者自行作答，受訪者的回答內容也確實相當多元，TEDS後續在資料處理時再依據受訪者回答的內容，將性質較為一致的答案重新進行歸類。

　　至於本文的依變數則是受訪者在總統選舉中的投票抉擇。除了詢問2012年總統選舉的投票對象外，即「在這一次舉行的總統大選中，有很多人去投票，也有很多人因各種原因沒有去投票，請問您有沒有去投票？請問您投票給哪一組候選人？」。同時也為了瞭解民眾在2008年與2012年兩次總統選舉中，其投票抉擇的一致或變動情形，問卷也以「回溯性追蹤」(retrospective panel)的方式，請受訪者回溯記憶其在2008年總統選舉時的投票抉擇，即「請問上一次（2008年3月）的總統選舉，您投給哪一組候選人？」。

　　在分析方法上，本文依據研究問題將各項變數進行適當轉換及處理，在採取次數分配、交叉分析及統計模型建構後，檢證其是否具有統計上的顯著關連性。除了檢證民眾經濟評價對其投票抉擇的影響外，本文的另一重點為證實民眾對經濟議題的重要性認知，是否強化其經濟課責在投票抉擇上的影響力。作者將在模型中以設定重要議題認知與經濟評價兩變數之「交互作用項」(interaction term)的方式，在加入相關控制變數後，檢視該交互作用項是否存在顯著的影響效果。為方便說明，在暫不考慮其他變數的影響下，採取下列迴歸方程式的設定：

$$VC = \beta_0 + \beta_1(E) + \beta_2(I) + \beta_3(E*I) + \varepsilon$$
$$\rightarrow VC = \beta_0 + [\beta_1 + \beta_3(I)] * (E) + \beta_2(I) + \varepsilon$$

　　其中，VC為依變數，表示選民的投票抉擇，E則代表經濟評價，I是經濟議題重要與否，E*I即是經濟評價與經濟議題重要與否的交互作用。

該方程式的設定意味，經濟評價 (E) 對投票抉擇 (VC) 的影響，並非單單僅檢視 β_1 是否有統計上的顯著影響，而必須同時將 β_3 納入計算，即 $\beta_1 + \beta_3(I)$，才能正確推估經濟評估對投票抉擇的影響力。當 β_3 在統計檢定上，顯著不等於 0 時，即意味著民眾對經濟議題的重要性，會影響經濟評價對投票抉擇的影響力；反之，若 β_3 不具統計上的顯著性，表示係數大小並無法排除可能是抽樣誤差所導致，即意謂民眾對經濟議題的重要性認知，不會對其經濟評價在投票抉擇上的影響產生中介效果。而本文的研究假設是，當民眾認為經濟問題是重要性議題時，將「強化」經濟評價對投票抉擇的影響，故在模型的統計檢定上，也就預期模型中 β_3 的結果應顯著大於 0。

肆、台灣民眾對經濟狀況的認知與評價

由於近年來台灣整體經濟發展始終起伏不定，以致在 2012 年總統選舉期間經濟議題依舊是馬英九及蔡英文陣營重要的選戰爭辯焦點之一。除了在房價、租稅、農產品產銷等經濟層面問題的爭辯外，蔡英文陣營更不斷以「633 政見跳票」，抨擊馬英九政府過去執政四年來經濟治理無方且失信於民。至於馬英九陣營除了將經濟發展不如預期歸因於受到國際整體經濟局勢不佳的牽連外，也強調其完成兩岸 ECFA 簽署，加速兩岸經貿協商與交流，皆有利台灣與其他國家間的經貿談判，振興台灣的經濟發展。對此，民眾的認知如何？民眾是否將經濟議題視為選舉當時國家所面臨最重要的問題？又民眾對社會整體與個人經濟狀況的評價如何？

表 10.1 結果顯示，在依據受訪者對此一開放題型所回答的內容加以重新歸類後，有高達近四成 (39.7%) 的民眾認為經濟問題是選舉期間國家所面臨最重要的問題。而根據 TEDS 的歸類方式，這其中包括「經濟發展」、「失業問題」、「民生問題」、「農業問題」、「薪資問題」、「全球金融危機」、「無薪假」、「青年競爭力問題」、「歐債風暴」、「產業外移」以及「開放電信政策」。此外，長期以來形塑台灣藍綠政黨競爭的兩岸關係，

亦有 18.8% 的民眾提及，比例第二高。至於其他類型的回答比例皆低於
5%，相當有限。顯見經濟及兩岸是此次選舉中民眾最關心的課題，尤其
回答經濟問題的比例是回答兩岸關係的兩倍。

表 10.1　民眾認為選舉期間國家面臨之最重要的問題

	次數	百分比
族群問題	3	0.2
政治穩定	11	0.6
經濟問題	**725**	**39.7**
政治清廉	32	1.8
國際地位與外交	43	2.3
民主改革	8	0.4
社會治安	16	0.9
兩岸關係	**344**	**18.8**
社會福利	29	1.6
教育改革	20	1.1
公共建設	7	0.4
個人形象與特質	10	0.6
執政能力	23	1.2
財政稅制	10	0.6
社會公平	61	3.4
其他問題	21	1.1
無反應	463	25.4
合計	1,826	100.0

資料來源：朱雲漢（2012）。
說明：無反應包括沒有問題、拒答及不知道。

　　經濟問題既然如此受到重視，而民眾的經濟評價又是如何？表 10.2 結果顯示，民眾對於社會經濟評價的感受皆要比個人荷包來的明確，在社會經濟評價上回答「差不多」的比例皆約在四成左右；反觀，對於個人荷包評價回答「差不多」的比例則在六成左右，尤其 ECFA 對個人經濟影響的回溯評價，甚至有 76.4% 的民眾認為「差不多」。之所以如此，或許是因為政黨及政治人物時常利用經濟議題進行政治操作，並透過新聞媒體的報導擴大宣傳效果，形塑民眾對於整體社會經濟狀況的認知觀感。

　　至於在經濟評價的正負面上，在傳統四種類型的經濟評價中，民眾相較之下普遍傾向採取負面觀感，除了在個人荷包的前瞻評價中，認為「會變好」比例略高於「會變不好」3.8% 外 (18.4%-14.6%)，其餘的社會經濟回溯評價、社會經濟前瞻評價，以及個人荷包回溯評價，皆是負向比例高於正向。尤其，社會經濟回溯評價與個人荷包回溯評價的負向評價要比正向評價高出 25.8% 及 19.7%。足見多數民眾認為過去政府的經濟表現呈現下滑的結果。不過，在馬政府極力推動 ECFA 簽署所帶來的經濟效益評價上，雖然多數民眾認為 ECFA 的簽署對自己的經濟狀況並沒有影響，甚至負向的比例略高於正向 3.6% (9.7%-6.1%)，但卻有高達 36.1% 的民眾認為台灣整體經濟狀況有因此變好，不但要比負向認為變不好的 11.6%，高出

表 10.2　民眾對經濟狀況的回溯與前瞻評價

	社會經濟回溯	社會經濟前瞻	個人荷包回溯	個人荷包前瞻	ECFA社會回溯	ECFA荷包回溯
變好	16.7	17.8	8.0	**18.4**	**36.1**	6.1
差不多	38.3	42.2	62.5	57.0	38.2	76.4
變不好	**42.5**	**24.9**	**27.7**	14.6	11.6	**9.7**
無反應	2.4	15.1	1.7	10.1	14.1	7.9
合計 %	100.0	100.0	100.0	100.0	100.0	100.0

資料來源：朱雲漢（2012）。
說明：1. 細格內為直行百分比；樣本數皆為 1,826。
　　　2. 無反應包括拒答、很難說、無意見、不知道。

24.5%，同時也是所有經濟評價中，唯一正向評價超過三成五的類型。這顯示，整體而言雖然民眾對於馬政府的經濟評價相對趨於負向，但至少在馬政府大力推動的 ECFA 政策上，民眾多持正向的觀點，認為 ECFA 的簽署對台灣整體社會的經濟狀況有所提升。

伍、民眾經濟評價對投票抉擇的影響

　　在瞭解民眾對於經濟議題的重要性認知及各項經濟評價後，本文的核心問題是，民眾在經濟議題上的認知與評價，是否影響其在總統選舉時的投票抉擇？尤其，能否解釋馬英九在 2012 年總統選舉之選票流失的結果？表 10.3 是受訪民眾回答其在 2008 年及 2012 年兩次總統選舉中的投票抉擇，其中，2008 年除了明確回答投給馬英九或謝長廷外，另外，也包括「未投票」（即有投票權但未前往投票）以及「當時沒有投票權」兩類。而回答「當時沒有投票權」者，經與受訪者年齡交叉分析後發現，有九成以上 (93%) 的比例都是當時年齡未滿 20 歲，故此群民眾可說幾乎是 2012 年總統選舉的「首投族」（即第一次有權利投票選總統）。

　　從表 10.3 的結果可以呈現出選民在這兩次總統選舉的選票流動情形。首先，在 2008 年總統選舉有投票權卻未前往投票的選民中，有四成左右在 2012 年的總統選舉也未投票，而有 35.0% 的民眾在 2012 年投給蔡英文，僅 21.3% 投給馬英九。其次，在 2008 年投給馬英九的民眾中，有四分之三左右 (76.4%) 在 2012 年仍繼續投給馬英九，維持不變，但亦有 13.9% 的民眾改投給蔡英文。至於 2008 年投給謝長廷的民眾中，則有高達 85.7% 的民眾選擇在 2012 年繼續投給民進黨提名的蔡英文，轉投給馬英九者則僅佔 4.7%。再者，2012 年總統選舉的首投族（即 2008 年沒有投票權者），有 40.8% 在 2012 年總統選舉投給馬英九，投給蔡英文的比例只有 24.8%。

表 10.3 2008 年及 2012 年總統選舉之選民投票抉擇交叉表

2012 投票抉擇 2008 投票抉擇		未投票	馬英九	蔡英文	宋楚瑜	合計
未投票	n (row%)	72 (39.3)	39 (21.3)	**64** **(35.0)**	8 (4.4)	183 (100.0)
馬英九	n (row%)	64 (7.1)	**689** **(76.4)**	125 (13.9)	24 (2.7)	902 (100.0)
謝長廷	n (row%)	31 (8.5)	17 (4.7)	**312** **(85.7)**	4 (1.1)	364 (100.0)
當時沒有 投票權	n (row%)	39 (31.2)	**51** **(40.8)**	31 (24.8)	4 (3.2)	125 (100.0)
合計	n (row%)	206 (13.1)	796 (50.6)	532 (33.8)	40 (2.5)	1,574 (100.0)

資料來源：朱雲漢（2012）。

　　從上述的分析結果顯示，馬英九的選票流動與 2008 年相比，僅在爭取首投族的表現上比蔡英文好一些，除此之外，不但相對較無法爭取 2008 年有投票權卻未投票之選民，在 2012 年選舉給予選票支持外，甚至連 2008 年投票給自己的選民都無法有效鞏固，以致有 13.9% 轉投給蔡英文。反觀，蔡英文不但相對較能吸引 2008 年有投票權卻未參與投票的選民，亦能較鞏固與接收 2008 年支持謝長廷的選民。這一來一往，即導致馬英九在 2012 年的得票率較 2008 年下滑。之所以如此，作者認為或許是 2008 年選舉時，受到前總統陳水扁貪瀆事件的影響，弱化了泛綠支持者投給民進黨的動力，甚至將選票改投國民黨提名的馬英九，致使馬英九得票大幅領先謝長廷 220 萬票，得票率差距 16.9%。但隨著民進黨 2008 年在立法院及總統全面敗選，再加上馬英九執政四年來的經濟狀況不如預期，民眾多持負面評價，導致馬英九雖然在 2012 年連任成功，但得票率卻大幅下滑；反觀，蔡英文的得票率則比 2008 年的謝長廷增加 4% 左右。

　　民眾對馬英九執政府的經濟評價不佳，是否確實影響2012年的投票抉擇？本文先將受訪者在2008年及2012年兩次總統選舉的投票抉擇重新歸類，除了「兩次都投馬」、「兩次都投民進黨」以及「兩次都未投票」等三種一致性類型外，也將兩次投票抉擇不一致的選民重新歸類為「首不投馬與不再投馬」[6]以及「首投馬、改投馬與不再投民進黨」[7]等兩類，總計重新歸類成為五種類別。由於馬英九於2012年競選連任，可視為民眾對其執政表現的再次檢視，若以經濟投票作為選民經濟課責操作定義的理論觀點，民眾若對經濟狀況抱以負面評價，在選舉時將傾向不將（或不再將）選票投給馬英九；反觀，若民眾滿意馬英九執政下的經濟表現，則理應在2012年的選舉中，將選票投給（或繼續投給）馬英九。

　　根據上述，本文將民眾的經濟評價與兩次投票抉擇的型態進行交叉分析，結果顯示（如表10.4），不論是考量「社會經濟」或「個人荷包」，也不論是採取「前瞻」或「回溯」，更不論是整體觀點還是針對簽署ECFA的影響，民眾對於經濟情勢持負面評價者，除了有顯著偏高的比例在兩次總統選舉中，皆投票給民進黨候選人外，也發現有顯著偏高的比例（25%至30%之間）選擇不投（或不再投）給馬英九，包括首次有總統選舉投票權的民眾不投給馬英九，以及2008年投給馬英九，但2012年不再投給馬英九。至於對經濟評價抱持正向肯定之觀感者，除了在兩次選舉中都穩定投給馬英九外，馬英九並沒有因此獲得更多轉移選票的支持，包括2012年是首投族，以及2008年未投票或支持其他候選人的選民，並未因此在2012年的選舉中將選票投給馬英九。

　　另外一項值得關注的是，民眾認為簽署ECFA對台灣及自己經濟效益的回溯評價，要比整體性社會經濟或個人荷包的經濟評估，在兩次總統選

---

[6]　「首不投馬與不再投馬」這一類包括2008年未投票或無投票權者，於2012年投給蔡英文或宋楚瑜，以及2008年投給馬英九者，於2012年未投票或是改投給蔡英文或宋楚瑜。

[7]　「首投馬、改投馬與不再投民進黨」這一類包括2008年未投票或無投票權者，於2012年投給馬英九，以及2008年投給謝長廷者，於2012未投票或是改投給馬英九或宋楚瑜。

舉的投票抉擇上有更明顯的關連性。對 ECFA 的經濟效益持正向回溯評價者，有更高的比例在兩次總統選舉都投給馬英九；反觀，對 ECFA 經濟效益持負面評價者，則亦有相對更高的比例不投（或不再投）給馬英九。經由以上各項交叉分析結果顯示，馬英九因選民對經濟持負面評價所流失的選票，並未從對經濟持正向評價者中獲得彌補，這似乎是馬英九在 2012 年的連任選舉中，其得票情形不如 2008 年的原因之一。

表 10.4　民眾經濟評價與總統選舉之投票抉擇

	首不投馬、不再投馬	首投馬、改投馬、不再投 DPP	兩次都投馬英九	兩次都投民進黨	兩次都未投票	合計 % (n)	
社會經濟回溯							
變不好	**25.4**	8.5	25.8	**33.6**	6.7	100.0	(639)
差不多	17.6	8.9	**51.5**	13.7	8.3	100.0	(629)
變好	15.1	10.9	**66.3**	2.8	4.9	100.0	(285)
社會經濟前瞻							
變不好	**27.6**	6.8	23.8	**34.7**	7.1	100.0	(395)
差不多	21.7	10.3	43.0	17.2	7.8	100.0	(691)
變好	9.0	11.0	**68.8**	7.0	4.3	100.0	(301)
個人荷包回溯							
變不好	**27.1**	8.6	29.2	**27.8**	7.4	100.0	(421)
差不多	17.6	9.4	**48.3**	17.8	6.8	100.0	(999)
變好	17.7	7.8	**56.7**	10.6	7.1	100.0	(141)

表 10.4　民眾經濟評價與總統選舉之投票抉擇（續）

	首不投馬、不再投馬	首投馬、改投馬、不再投 DPP	兩次都投馬英九	兩次都投民進黨	兩次都未投票	合計 % (n)	
個人荷包前瞻							
變不好	24.5	6.9	26.2	**35.6**	6.9	100.0	(233)
差不多	20.2	10.2	44.3	18.7	6.5	100.0	(902)
變好	17.0	9.6	**52.1**	11.9	9.3	100.0	(311)
ECFA 社會經濟回溯							
變不好	**28.6**	4.0	12.6	**47.4**	7.4	100.0	(175)
沒改變	**27.1**	8.1	28.2	**26.4**	**10.1**	100.0	(602)
變好	12.0	**10.8**	**66.9**	5.9	4.3	100.0	(623)
ECFA 個人荷包回溯							
變不好	**29.2**	2.8	19.4	**41.7**	6.9	100.0	(144)
沒改變	20.2	**9.9**	44.1	18.7	7.1	100.0	(1,236)
變好	9.5	8.6	**73.3**	3.8	4.8	100.0	(105)

資料來源：朱雲漢（2012）。

說明：1. 細格內為橫列百分比。

2. 上述六項經濟評價與兩次總統選舉投票抉擇變動之間，經卡方統計檢定，皆具統計上的顯著關連性。

3. 細格內的粗體字表示該比例在統計上顯著偏高。

　　本文的另一項研究假設是，當民眾認為經濟是台灣當前所面臨最重要的問題時，其更有可能會依據對執政者的經濟評價，作為選舉時投票抉擇的考量。若此項假設成立，則民眾在投票前，必須要能夠先對經濟情況有所感知並做出評價，這意味在接受訪問時，認為經濟屬最重要問題的受訪者，其對於經濟評價回應上的「無反應」比例應該相對較低，反之亦然。表 10.5 的結果顯示，在各項經濟評價上，認為經濟問題最重要者，其「無反應」的比例確實顯著低於認為經濟並非最重要問題的受訪者。尤其，在

「社會經濟前瞻」以及「ECFA 社會經濟回溯」兩個社會經濟評價上，差異最大，其無反應比例的差距約8%左右，其餘面向的差距則在5%以內。

表 10.5　經濟評價「無反應」之比例差異

	「經濟問題」是否為最重要問題		
	否	是	差距（否－是）
社會經濟回溯	3.5	0.8	2.7***
社會經濟前瞻	**18.3**	**10.3**	**8.0*****
個人荷包回溯	2.2	1.0	1.2*
個人荷包前瞻	12.0	7.2	4.8***
ECFA 社會經濟回溯	**17.3**	**9.0**	**8.3*****
ECFA 個人荷包回溯	9.7	5.1	4.6***

資料來源：朱雲漢（2012）。
說明：1. 細格內為受訪者回答該議題之評價或認知「無反應」百分比。
　　　2. * 表示 $p < 0.05$；** 表示 $p < 0.01$；*** 表示 $p < 0.001$。

　　既然台灣有四成左右的民眾認為經濟是國家當前面臨最重要的問題，且認為經濟問題最重要的民眾，也較能明確經濟情況做出評價。在這種情況下，本文接下來探討的主題是，台灣民眾是否存在經濟課責，即民眾在投票時是否會受到對社會整體或個人荷包經濟評價的影響？尤其，認為經濟是最重要問題者，是否更會依據經濟評價作為投票抉擇的考量？此外，在民眾的經濟評價上，從學理上可以區分成對「整體社會」及「個人荷包」的「前瞻」或「回溯」評價，亦或是針對馬英九擔任總統後，所積極推動兩岸簽署 ECFA 的經濟效益評價。而從不同角度的經濟評價，何者對於民眾的投票抉擇具有顯著影響力？

　　為了回答上述問題，本文將以模型建構的方式進行檢證。依變數是民眾在 2012 年的投票對象，包括馬英九、蔡英文及宋楚瑜，但由於宋楚瑜在本次選舉得票率僅 2.77%，且本次民意調查中也僅有 38 個樣本 (2.34%)

表示投給宋楚瑜，考量統計推論上的正確性及穩定性，故不將投給宋楚瑜之樣本納入分析。也因此，依變數為二分類型態，0表示投給蔡英文，1表示投給馬英九，利用「二元勝算對數模型」(Binary logit model) 進行分析檢證。在自變數方面，主要探討六類型的經濟評價對投票抉擇的影響，包括「社會經濟回溯」、「社會經濟前瞻」、「個人荷包回溯」、「個人荷包前瞻」、「ECFA社會經濟回溯」以及「ECFA個人荷包回溯」，並以「-1~1」的尺度型態投入模型中。[8]此外，為瞭解經濟評價對投票抉擇的影響，是否在認為經濟問題最重要的民眾中影響力較大，故模型中也將經濟問題以最重要與否之二分類別納入，並與六類型的經濟評價建構成交互作用項投入模型，以檢視交互作用項是否具有顯著的影響力。

　　為了正確推論經濟評價對投票抉擇的影響力，模型中也納入若干控制變數，除了將長期影響台灣民眾投票抉擇的政黨認同、[9]統獨立場、[10]以及省籍背景[11]納入外，更將受訪者在2008年總統選舉的投票抉擇納入控制。而將2008年投票抉擇納入模型，主要是檢視在2008年選舉時投票抉擇相同的民眾，包括投給謝長廷、投給馬英九、未投票以及沒有投票權的民眾，在經過馬英九執政四年後，其經濟評價是否影響2012年的投票抉擇，此舉更能明確釐清經濟評價對投票抉擇的影響。

8　問卷中有關經濟評價的探詢是以「比較（會變）好」、「沒有改變」及「比較（會變）不好」三種方向類型歸類，在考量模型變數精簡又不失推論的適當性下，將上述六種經濟評價依其回答方向重新歸類為「-1~1」，-1表示「比較（會變）不好」，0表示「沒有改變」，1表示「比較（會變）好」。

9　政黨認同依據政黨在統獨光譜上的位置，將民進黨與台聯歸類為「泛綠」，國民黨、新黨及親民黨則歸類為「泛藍」，至於其他未認同任何政黨的民眾則歸類為「中立」。

10　統獨立場上，問卷中是以0（獨立）~10（統一）的方式測量受訪者本人，對國民黨位置認知，以及對民進黨位置認知。本文則是計算受訪者與兩黨統獨立場上的接近程度，形成「-10~10」的連續尺度，其中-10表示統獨立場最接近民進黨，10最接近國民黨，0則是在統獨立場上與兩黨距離相同。

11　省籍背景的歸類是依據台灣傳統民情及過去經驗研究的傳統，以受訪者父親之省籍背景為分類依據，包括「本省客家人」、「本省閩南人」以及「大陸各省市人」三類，至於「原住民」及「各國華僑」則因樣本數皆不足20人，在統計推論適當性的考量下，故未將其納入分析。

　　表 10.6 的結果顯示，在不考慮經濟重要性與否的因素下（即模型一），六項民眾的經濟評價中，「社會經濟前瞻」與「ECFA 社會經濟回溯」兩項評價，對於民眾 2012 年總統選舉的投票抉擇具有統計上的顯著影響力。即在其他條件不變下，當民眾對於社會經濟的未來發展持正向評價時，其有相對愈高的機率將選票投給尋求連任的馬英九，而非蔡英文；同樣的，當民眾認為簽署 ECFA 對整體社會的經濟發展帶來正向效益者，亦有相對較高的機率將選票投給馬英九，而非蔡英文。這結果不但與過去經濟投票之實證研究的結果相符，即「社會經濟」評價的影響力要大於「個人荷包」，更凸顯在台灣 2012 年總統選舉中，民眾經濟評價對投票抉擇的影響，不但著眼於整體社會經濟未來的發展，亦同時以簽署 ECFA 後是否對台灣經濟帶來正向效益來考量。

　　至於加入民眾對於經濟問題的重要性認知，是否在經濟評價對投票抉擇的影響力上具有中介效果？模型二的結果顯示，六項經濟評價中，經濟問題重要性對於經濟評價在投票抉擇影響的中介效果，主要發生在「社會經濟的前瞻評價」中。也就是說，當民眾認為經濟是國家當前所面臨的最重要問題時，其愈傾向以預期未來整體社會經濟的發展，決定其總統選舉的投票抉擇。這結果可以從圖 10.1 的投票抉擇機率圖清楚呈現，在假定民眾為本省閩南人，不具政黨認同，在統獨立場上未較接近國民黨或民進黨，且 2008 年的總統選舉是投給馬英九的條件下，[12] 若不考量民眾對於經濟重要性認知時（即依據表 10.6 的模型一），民眾對於社會經濟未來發展的評價愈正向，愈可能將選票投給尋求連任的馬英九（即長虛線呈現結果）。其中，民眾投給馬英九的機率，從對未來社會經濟發展持負面評價的 0.31，到對未來社會經濟持中立評價的 0.49，持續上升到對社會經濟未來發展持正向評價的 0.68。這顯示，民眾對整體社會經濟未來發展的評價，在總統選舉的投票抉擇上，具有相當程度的影響力。

12　這些假設僅只是隨機設定，以利實際計算出投票給馬英九的機率，即便調整假設內容，經濟問題重要性認知的中介效果仍舊不變。

表 10.6 2012 年總統選舉投票抉擇之二元勝算對數模型

	模型一		模型二	
	$\hat{\beta}$	(s.e.)	$\hat{\beta}$	(s.e.)
常數	-2.343***	(0.511)	-2.288***	(0.571)
經濟評價 (-1~1)				
社會經濟回溯	-0.341	(0.296)	-0.368	(0.412)
社會經濟前瞻	**0.774***	**(0.310)**	0.032	(0.435)
個人荷包回溯	0.348	(0.352)	0.813$	(0.455)
個人荷包前瞻	0.006	(0.338)	0.138	(0.449)
ECFA 社會經濟回溯	**1.219***	**(0.310)**	1.315**	(0.429)
ECFA 個人荷包回溯	-0.788	(0.518)	-0.328	(0.744)
經濟問題最重要（否 = 0）	-------	-------	-0.502	(0.457)
交互作用				
社會經濟回溯 × 經濟重要	-------	-------	0.023	(0.606)
社會經濟前瞻 × 經濟重要	-------	-------	**1.596***	**(0.652)**
個人荷包回溯 × 經濟重要	-------	-------	-1.162	(0.754)
個人荷包回溯 × 經濟重要	-------	-------	-0.131	(0.678)
ECFA 社會回溯 × 經濟重要	-------	-------	-0.306	(0.656)
ECFA 個人回溯 × 經濟重要	-------	-------	-0.655	(1.064)
政黨認同（中立 = 0）				
泛藍政黨	3.403***	(0.451)	3.733***	(0.506)
泛綠政黨	-2.055***	(0.419)	-2.186***	(0.436)
統獨立場傾向 (-10~10)	0.189**	(0.060)	0.194**	(0.064)

表 10.6　2012 年總統選舉投票抉擇之二元勝算對數模型（續）

	模型一		模型二	
	$\hat{\beta}$	(s.e.)	$\hat{\beta}$	(s.e.)
2008 投票對象（投謝長廷＝0）				
未投票	1.116	(0.701)	1.157	(0.723)
投馬英九	2.316***	(0.491)	2.532***	(0.517)
當時沒有投票權	1.533$	(0.813)	1.675*	(0.820)
省籍（本省閩南人＝0）				
本省客家人	0.141	(0.437)	0.023	(0.472)
大陸各省市人	2.405**	(0.918)	2.415*	(0.962)
模型一資訊： 　n＝939; Pseudo-R^2＝0.798; Log likelihood＝-128.47; LR-X^2＝1015.65; df＝14; p＜0.001 模型二資訊： 　n＝939; Pseudo-R^2＝0.808; Log likelihood＝-121.89; LR-X^2＝1028.80; df＝21; p＜0.001				

資料來源：朱雲漢（2012）。
説明：1. 依變數為二分類，1 表　示投給「馬英九」，0 表示投給「蔡英文」。
　　　2. $表示 p＜0.1；* 表示 p＜0.05；** 表示 p＜0.01；*** 表示 p＜0.001。

　　但若將民眾對經濟問題重要性納入考慮，則可明顯呈現出其中介效果的影響力。在相同條件的設定下，當民眾認為經濟並非最重要的問題時，其對整體社會經濟未來發展的評價，在總統選舉投票抉擇的影響力相當有限（即短虛線呈現結果），雖然評價愈正向，投給馬英九的機率愈高，但增加的機率並不多（從 0.55 至 0.57），甚至不具有統計上的顯著性。反觀，當民眾認為經濟是最重要問題時，其對整體社會經濟未來的評價，在總統選舉的投票抉擇上有相當大的影響力（即實線呈現結果）。當其對未來整體社會的經濟發展持負面評價者，投給馬英九的機率僅 0.13，當對整體社會經濟的未來持中立評價者，投給馬英九的機率上升至 0.44，當對整體社會經濟的未來持正向評價者，投給馬英九的機率則提升至 0.80。投給

馬英九的機率隨整體社會經濟評價而有巨幅移動，顯示出整體社會經濟評價影響力的重要性。而這樣的差異從統計上的檢證，也就是「實線」的斜率要顯著大於「短虛線」。

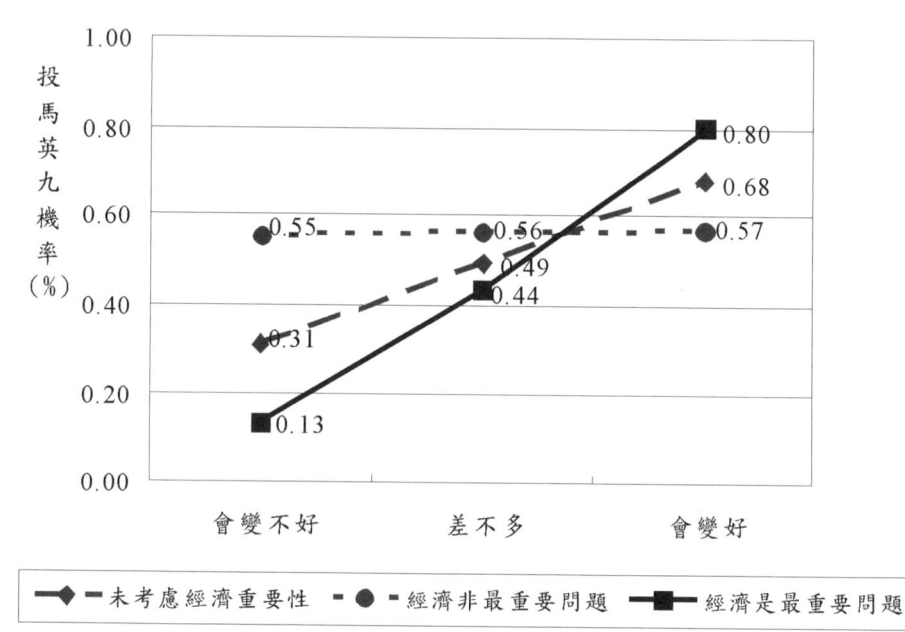

圖 10.1　2012 年總統選舉投票抉擇之條件機率分佈圖

資料來源：朱雲漢（2012）。

陸、結論

　　經濟課責強調民眾對政府在經濟面向的執政表現課予責任，並在選舉中，藉由選票作為對執政黨獎勵或懲罰的工具。雖然過去的文獻顯示，台灣民眾的經濟評價或多或少會影響其投票抉擇，但多僅止於民意代表選舉或地方行政首長選舉的層次，並未完整針對總統選舉的投票抉擇進行經濟評價影響的檢證，亦未曾將民眾對於經濟問題重要性認知的中介效果納入

分析，進行討論。2012 年總統選舉，馬英九參選爭取連任，選舉結果雖然勝選連任，但其得票情形卻遠不及 2008 年，得票率下滑 6.85%，約減少 77 萬張左右的選票。

何以如此？本文嘗試從經濟課責的角度進行分析，且由於 2012 年是執政的馬英九參選爭取連任，民眾的經濟評價有更明確可辨識的課責對象，有利於經濟課責的檢證。再加上在馬英九第一任期內，台灣的經濟發展起伏不定，且 2012 年競選期間，民進黨亦以馬英九在 2008 年競選時所提出的「633 政見」跳票為由，大幅抨擊馬英九在經濟執政上的表現。馬英九則是以其任內完成兩岸 ECFA 簽署，為台灣的經濟發展帶來正面效益進行宣傳。兩黨皆選擇以經濟議題為競選主軸之一，企圖影響民眾的認知與投票抉擇。

在上述總統選舉的系絡氛圍下，本文利用 TEDS 於 2012 年總統選舉結束後所進行的全國性民意調查訪問資料，檢視民眾對經濟問題的重要性認知程度，以及各項經濟評價，包括對「整體社會」及「個人荷包」的「前瞻」或「回溯」評價，以及馬英九擔任總統後，其所積極推動兩岸簽署 ECFA 的經濟效益評價。除此之外，也將檢證民眾在總統選舉的投票抉擇中是否存在經濟課責的考量，即民眾的經濟評價，是否對投票抉擇具有顯著的影響效果。若有，相對而言，又是哪一類型的經濟評價有顯著影響。再者，本文也從社會心理學的角度，分析民眾對於經濟問題的重要性認知，應該會在經濟評價對投票抉擇的影響力上存在中介效果，即認為經濟是台灣當前面臨最重要問題者，應該愈會以經濟評價作為總統選舉投票時的考量因素。

研究結果發現，台灣有四成左右的民眾，認為經濟是台灣當前面臨最重要的問題。而在各類型的經濟評價上，除了對個人荷包的前瞻，與對 ECFA 簽署後對台灣整體經濟的效益評估，是正向評價高於負向外，其餘類型的經濟評價則是負向多於正向。而這種結果，似乎也預告經濟評價是解釋馬英九在 2012 年得票不如 2008 年的原因之一。此外，民眾的經濟評價是否影響兩次總統選舉投票抉擇的變化？結果發現對經濟評價持負向觀感者，除了兩次選舉一致投給民進黨候選人外，有顯著偏高的機率不將

（或不再將）選票投給馬英九；反觀，持正向經濟評價的民眾，除了兩次選舉一致投給馬英九外，並沒有顯著偏高的機率將選票投給（或改投給）馬英九。此一結果顯示，馬英九因選民對經濟持負面評價所流失的選票，並未從對經濟持正向評價者中獲得彌補。這似乎也說明了經濟課責確實是馬英九在 2012 年的連任選舉中，其得票情形不如 2008 年的原因之一。

　　為了檢證何種類型的經濟評價對民眾的投票抉擇有相對較佳的解釋力，以及民眾對經濟問題的重要性認知，是否在經濟評價對投票抉擇的影響上具有加乘效果。為此，本文藉由模型建構的方式，將相關的變數納入控制，並利用經濟問題重要性認知與經濟評價的交互作用項，來回答上述問題。結果顯示，在各項經濟評價中，民眾社會經濟評價對投票抉擇的影響力要高於個人荷包評價，其中，僅「社會經濟前瞻」及「ECFA 社會經濟回溯」兩項評價，對總統選舉的投票抉擇具有顯著的影響力。而在經濟問題重要性的認知上，也在社會經濟前瞻評價對投票抉擇的影響上具有顯著的加乘效果。也就是說，認為經濟是台灣當前面臨最重要問題的民眾，其在總統選舉時，愈會以整體社會經濟未來的發展評價，作為投票抉擇的考量依據。

　　本文的研究發現意味台灣民眾在以統獨議題為主要政治分歧的藍綠對立氛圍下，依舊十分重視整體社會經濟的發展狀況，甚至以其作為投票抉擇的考量依據，而非是從個人荷包經濟狀況的評價來考量。尤其，對強調經濟問題重要性的民眾，更會以社會經濟的未來發展作為投票抉擇的考量。這從民主政治發展的角度而言，對台灣民主政治的運作是一項正向訊息，也就是民眾的投票不只是受到藍綠統獨意識型態的牽引，也會理性的以政治課責的角度，檢視政府施政表現的良窳，作為選舉時投票抉擇的考慮因素。當然也期待台灣民眾這種理性的思維，可以延續下去，讓政治課責成為選舉結果最重要的解釋變數。

●●● **參考文獻** ●●●

I. 中文部分

王柏燿，2004，〈經濟評估與投票抉擇：以 2001 年立委選舉為例〉，《選舉研究》，
　　11(1): 171-195。

朱雲漢，2012，〈2009 年至 2012 年『選舉與民主化調查』三年期研究規劃 (III)：
　　2012 年總統與立法委員選舉面訪案〉，計畫編號：NSC 100-2420-H-002-030，
　　台北：行政院國家科學委員會補助專題研究計畫成果報告。

何思因，1991，〈影響我國選民投票抉擇的因素〉，《東亞季刊》，23(2): 39-50。

俞振華，2012，〈探討總統施政評價如何影響地方選舉——以 2009 年縣市長選舉
　　為例〉，《選舉研究》，19(1): 69-95。

盛杏湲，2009，〈經濟與福利議題對台灣選民投票行為的影響：2008 年總統選舉
　　的探索〉，載於《2008 年總統選舉：論二次政黨輪替之關鍵選舉》，陳陸輝、
　　游清鑫與黃紀主編，台北：五南。

盛治仁、白瑋華，2008，〈陳水扁總統首任施政評價影響因素探討〉，《東吳政治
　　學報》，26(1): 1-50。

黃秀端，1994，〈經濟情況與選民投票抉擇〉，《東吳政治學報》，3: 97-123。

黃智聰、程小綾，2005，〈經濟投票與政黨輪替：以台灣縣市長選舉為例〉，《選
　　舉研究》，12(2): 45-78。

張傳賢、張佑宗，2006，〈選舉課責：拉丁美洲國家政府經濟施政表現與選舉得
　　票相關性之研究〉，《台灣政治學刊》，10(2): 101-147。

蕭怡靖、黃紀，2011，〈施政表現在不同層級地方選舉中的影響：2009 年雲林縣
　　縣長及鄉鎮市長選舉之分析〉，《選舉研究》，18(2): 59-86。

劉嘉薇，2008，〈2005 年縣市長選舉選民投票決定之影響因素：台北縣、台中市、
　　雲林縣以及高雄縣的分析〉，《臺灣民主季刊》，5(1): 1-43。

II. 外文部分

Cuzan, Alfred G., and Charles M. Bundrick. 1997. "Presidential Popularity in Central
　　America: Parallels with the United States." *Political Research Quarterly* 50(4):
　　833-849.

Fiorina, Morris P. 1981. *Retrospective Voting in American National Elections*. New Haven: Yale University Press.

Fournier, Patrick, Andre Blais, Richard Nadeau, Elisabeth Gidengil, and Neil Nevitte. 2003. "Issue Importance and Performance Voting." *Political Behavior* 25(1): 51-67.

Gelineau, Francois. 2007. "Presidents, Political Context, and Economic Accountability: Evidence from Latin America." *Political Research Quarterly* 60(3): 415-428.

Guo, Gang. 2007. "Retrospective Economic Accountability under Authoritarianism: Evidence from China." *Political Research Quarterly* 60(3): 378-390.

Kelly, Jana Morgan. 2003. "Counting on the Past or in the Future? Economic and Political Accountability in Fujimori's Peru." *Journal of Politics* 65(3): 864-880.

Kiewiet, D. Roderick. 1983. *Marco-Economics and Micro-Politics: The Electoral Effects of Economic Issues*. Chicago: The University of Chicago Press.

Kinder, Donald R., and D. Roderick Kiewiet. 1981. "Sociotropic Politics: The American Case." *British Journal of Political Science* 11(2): 129-161.

Krosnick, Jon A. 1988. "The Role of Attitude Importance in Social Evaluation: A Study of Policy Preferences, Presidential Candidate Evaluation, and Voting Behavior." *Journal of Personality and Social Psychology* 55(2): 190-210.

------. 1990. "Government Policy and Citizen Passion: A Study of Issue Publics in Contemporary America." *Political Behavior* 12(1): 59-92.

Lewis-Beck, Michael S. 1988. *Economics and Elections: The Major Western Democracies*. Ann Arbor: The University of Michigan Press.

Mainwaring, Scott. 2003. "Introduction: Democratic Accountability in Latin America." In *Democratic Accountability in Latin America*, eds. Scott Mainwaring and Christoper Welna. New York: Oxford University Press.

Mainwaring, Scott, and Christoper Welna, eds. 2003. *Democratic Accountability in Latin America*. New York: Oxford University Press.

O'Donnell, Guillermo. 1994. "Delegative Democracy." *Journal of Democracy* 5(1): 55-69.

------. 1999. "Horizontal Accountability in New Democracy." In *The Self-Restraining State: Power and Accountability in New Democracies*, eds. Andreas Schedler, Larry

Diamond, and Marc F. Plattner. Boulder: Lynne Rienner Publishers.

------. 2003. "Horizontal Accountability: The Legal Institutionalization of Mistrust." In *Democratic Accountability in Latin America*, eds. Scott Mainwaring and Christoper Welna. New York: Oxford University Press

Przeworski, Adam, Susan C. Stokes, and Bernard Manin, eds. 1999. *Democracy, Accountability, and Representation*. Cambridge: Cambridge University Press.

Remmer, Karen L. 1991. "The Political Impact of Economic Crisis in Latin America in the 1980s." *American Political Science Review* 85(3): 777-800.

Schedler, Andreas. 1999. "Conceptualizing Accountability." In *The Self-Restraining State: Power and Accountability in New Democracies*, eds. Andreas Schedler, Larry Diamond, and Marc F. Plattner. Boulder: Lynne Rienner Publishers.

Schedler, Andreas, Larry Diamond, and Marc F. Plattner, eds. 1999. *The Self-Restraining State: Power and Accountability in New Democracies*. Boulder: Lynne Rienner Publishers.

附錄
2012年第13任總統選舉暨
第8屆立委選舉大事紀

1. 資料來源

1) 中國時報：檢索自「中時新聞資料庫」，網址：http://tol.chinatimes. com/CT_NS/ctsearch.aspx。

2) 自由時報及中央社：檢索自「WiseNews 慧科大中華新聞網」（政大圖書館），網址：http://concert.wisenews.net.tw/ses/main.do。

3) 聯合報、聯合晚報：檢索自「聯合知識庫」（政大圖書館），網址：http://udndata.com/library/。

4) 中選會公告：檢索自中選會網站，網址：http://www.cec.gov.tw/。

2. 檢索起迄日期

2011 年 1 月 1 日至 2012 年 10 月 31 日。

3. 工作成員

1) 資料檢索：胡嘉弘、郭子靖、陳加恩、楊棟賢、劉姝廷、顏佑樺。

2) 大事紀彙整、製表、排版、校對：郭子靖。

4. 說明：

1) 部分新聞段落因行文必要，在文字更動最小的狀況下予以刪減、潤飾、調整主、受、動、形容及副詞位置以符合文法。

2) 表列左邊的日期，係事件發生日期。

3) 各項重要事件為求精簡，遇到重要轉折或程序等關鍵點時，才予錄入事紀中。以證所稅為例，事紀僅錄入：a) 財政部完成修法→ b) 行政院會通過、送入立院→ c) 交付財政委員會→ d) 國民黨團提出整合版→ e) 劉憶如辭去財政部長職務→ f) 召開臨時會→ g) 三讀通過→ h) 完成相關子法修正等新聞。其餘爭議、非報導內容之評論、各方意見，均割愛不錄。

年	月	日	事紀
2011	01	12	民進黨中執會通過總統初選辦法，將全部採用民意調查產生人選。（自由時報，2011/01/13，A5 版）

年	月	日	事紀
2011	01	17	內政部部務會報通過總統副總統選舉罷免法修正草案，賦予不在籍投票法源。（自由時報，2011/01/18，A4版）
2011	01	19	民進黨不分區立委產生方式敲定，未來將由黨主席邀社會賢達組成「提名委員會」遴選適合人選，再交由中執會三分之二多數通過；取消原須入黨滿一年等資格限制，使得非民進黨人士也可能被提名。（自由時報，2011/01/20，A2版）
2011	01	23	民進黨臨全會通過將總統、區域立委及縣市長以上的公職黨內提名，採全民調方式產生。
2011	02	24	前副總統呂秀蓮表示將角逐2012年的總統選舉。（自由時報，2011/02/25，A6版）
2011	03	01	2012年總統大選與下屆立委選舉是否合併舉辦？行政院長吳敦義在立法院表示，中選會將召開五場公聽會，六月底前會做出決定並宣布。（自由時報，2011/03/02，A4版）
2011	03	05	台南市第四選區立委補選：許添財（民進黨）以49,002票擊敗陳淑慧（國民黨）的30,504票而當選。（中選會公告） 高雄市第四選區立委補選：林岱樺（民進黨）以53,833票擊敗徐慶煌（國民黨）的23,409票而當選。（中選會公告）
2011	03	06	對國民黨有意推動「總統、立委合併選舉」，蘇嘉全說，民進黨不反對合併選舉，但是否在這次選舉倉促舉辦，應有討論空間；執政黨應推動合併選舉的修憲工程，「民進黨可以配合修憲」。（聯合報，2011/03/07，A11版）
2011	03	07	中選會在台中市舉辦公聽會，討論下屆立委與總統選舉是否同日投票，與會者意見不一，贊成合併選舉者認為，可以減少選舉對社會、經濟的衝擊；反對者則認為，兩項重大選舉合併舉行，選情更加激烈，分開反而比較單純。（自由時報，2011/03/08，A2版）
2011	03	08	民進黨立委選舉黨內初選登記。黨內參選立委爆炸，主席蔡英文說黨內都有協調機制進行協調，若協調不成，也希望在和諧下初選。（聯合晚報，2011/03/08，A9版）
2011	03	11	民進黨主席蔡英文宣布參選總統。（中央社，2011/03/11）
2011	03	11	對於是否投入總統選舉，行政院前院長蘇貞昌首度鬆口表示「正認真考慮中」，並強調他認真考慮的是整個大局，及大眾的需要。（聯

年	月	日	事紀
			合報，2011/03/12，A16版）
2011	03	11	國民黨立委選舉黨內提名作業展開，03/11至03/13領表，03/16至03/18登記。（自由時報，2011/03/11，A14版）
2011	03	12	民進黨區域立委提名初選登記截止。儘管黨中央的協調小組頻頻宣示「團結」，但仍有北市、宜蘭、嘉義縣、屏東縣等區出現四人參選的情形。（中國時報，2011/03/13，A14版）
2011	03	13	國民黨立委黨內初選，下午截止領表。
2011	03	17	中選會主委張博雅表示，總統立委選舉是否併選，4月底前將決定。她也說，總統副總統選舉罷免法和公職人員選舉罷免法在法律上，二法不一樣的地方包括：居住期間、選舉人可進入投票所次數、選舉競選登記等。（中央社，2011/03/17）
2011	03	18	國民黨第八屆立委選舉登記截止，73席區域立委中，9個選區無人登記，嘉義縣兩席乏人問津，將採徵召方式。（聯合報，2011/03/19，A17版）
2011	03	22	根據旺旺中時民調中心調查顯示，當馬英九與蔡英文對決時，二人的擁護度分別是36%：30%；而馬英九與蘇貞昌對決時，雙方的支持度是38%：32%。（中國時報，2011/03/23，A1版）
2011	03	22	前行政院長蘇貞昌確定投入民進黨總統初選。（中國時報，2011/03/21，A10版）
2011	03	22	前副總統呂秀蓮退出民進黨總統初選，並請辭民進黨中執委一職。（自由時報，2011/03/23，A1版）
2011	03	23	總統立委是否合併選舉，各界關注。內政部長江宜樺表示，根據內政部所作最新民調，有60.4%的受訪者贊成總統、立法委員二合一選舉，可以減少社會成本。（中央社，2011/03/23）
2011	03	23	中選會針對「二〇一二總統選舉是否合併立委選舉」在新北市選委會進行第四場公聽會，邀請北北基桃澎金馬等七縣市機關代表和社會人士參加，會中對是否併選，正反意見都有。（自由時報，2011/03/24，A4版）
2011	03	23	民進黨總統初選，蔡英文和蘇貞昌前往登記。（自由時報，2011/03/22，A1版）

年	月	日	事紀
2011	03	25	民進黨總統初選登記最後一天，前黨主席許信良現身登記，將與前行政院長蘇貞昌、黨主席蔡英文共三人競逐。（自由時報，2011/03/26，A4 版）
2011	03	26	民進黨總統黨內初選決定將在 04/09 至 04/20，舉辦四場政見發表會，並由無線、有線電視台與網路直播。（自由時報，2012/03/27，A2 版）
2011	03	30	國民黨中常會通過下屆總統副總統候選人提名作業時程。國民黨秘書長廖了以 03/31 將張貼登記公告，正式啟動下屆總統提名作業，如僅總統馬英九 1 人登記，最快 5 月 4 日通過提名。（中央社，2011/03/30）
2011	03	30	總統、立委選舉是否合併，中選會上午舉行最後一場公聽會，匯集各界意見，與會代表贊成、反對意見參半。（聯合晚報，2011/03/30，A9 版）
2011	04	06	中國國民黨 04/07、04/08 受理總統選舉領表，尋求連任的總統馬英九將委託幕僚領取。（中央社，2011/04/06）
2011	04	07	新台灣國策智庫公佈民調指出，有高達 51.2% 民眾不贊成「不在籍投票」，僅 40.1% 的民眾贊成，另有 33.4% 的民眾認為對國民黨有利，僅 6% 的民眾認為對民進黨有利。（自由時報，2011/04/07，A2 版）
2011	04	09	民進黨舉辦首場總統初選政見會，三位參選人蘇貞昌、蔡英文、許信良均參加，除各自提出國家願景外，也同時對現任總統馬英九提出挑戰。此辯論會中，蘇貞昌首度提出「台灣共識」，認為中國一再向國際宣布台灣是中國一部分，但總統又講得太少；未來應建立「台灣共識」，包括任何現狀改變，須經過台灣全體人民同意。（自由時報，2011/04/10，A1 版）
2011	04	13	民進黨舉辦第二場總統初選電視政見會，三位參選人蘇貞昌、蔡英文、許信良均參加。（自由時報，2011/04/13，A3 版）
2011	04	13	中央選舉委員會主任委員張博雅表示，總統立委合併選舉不需修法，4 月 19 日中選會委員會議將討論。（中央社，2011/04/13）
2011	04	13	民進黨正式公布第一波立委提名名單，計有前新聞局長姚文智等 28 人。（自由時報，2011/04/14，A6 版）
2011	04	14	國民黨中常會通過中央提名審核委員會，負責下屆總統、立委提名審核。（中國時報，2011/04/14，A4 版）

年	月	日	事紀
2011	04	15	中選會公布第十三任總統、副總統與第八屆立委合併選舉民調結果，贊成合併者為 52.3%，贊成分開者為 28.8%。
2011	04	15	為化解立委初選方式爭議，國民黨決定採取「簡化的民調題型」，同時採取「對比式」與「互比式」民調，比率則分別是 85% 與 15%。國民黨下屆立委提名作業，預計 05/22 完成三波提名。（自由時報，2011/04/16，A4 版）
2011	04	15	前民進黨主席施明德要求角逐民進黨總統初選的蔡英文公開性傾向；蔡英文辦公室發言人阮昭雄質疑施的說法很不應該。（自由時報，2011/04/15，A2 版）
2011	04	16	蔡英文在民進黨舉辦第三場總統初選電視政見會強調，她和蘇貞昌、許信良雖不免有競爭，但對彼此間人格相互信任，她與蘇貞昌、許信良三人「我們都是民主進步黨！」打出團結牌。（自由時報，2011/04/17，A2 版）
2011	04	19	中選會召開委員會，決議總統與立委合併選舉。
2011	04	20	民進黨舉行此次總統初選最後一場政見會，三名參選人蘇貞昌、蔡英文及許信良輪番發表政策主張，並接受提問。（自由時報，2011/04/21，A1 版）
2011	04	23	馬英九總統完成國民黨黨內總統初選登記。（聯合報，2011/04/24，A1 版）
2011	04	27	國民黨中常會正式核備提名馬英九總統競選連任。（自由時報，2011/04/28，A4 版）
2011	04	27	民進黨總統初選結果出爐，最後由民進黨主席蔡英文以 42.5% 的支持度，險勝對手蘇貞昌 1.35%，篤定代表綠軍披掛上陣。（中國時報，2011/04/28，A2 版）
2011	04	27	聯合報最新選情民調發現，蔡英文挾民進黨初選勝選聲勢，目前以三成七支持率和馬英九的三成六支持率不分高下。TVBS 也公布總統大選民調，馬總統和蔡英文同樣不相上下，馬總統獲得 43% 支持，蔡英文獲 42%，另有 15% 未表態。（聯合報，2011/04/28，A1 版）
2011	05	04	馬英九在《朝日新聞》專訪中表示，無論是哪個政黨執政，如果不支持九二共識，兩岸關係將進入不確定狀態。馬英九重申堅持「不統、

年	月	日	事紀
			不獨、不武」和「九二共識、一中各表」的立場，並強調此為全民共識。（中國時報，2011/05/06，A6版）
2011	05	04	民進黨下午中執會正式通過提名黨主席蔡英文角逐明年總統大選。（聯合晚報，2011/05/04，A4版）
2011	05	11	國民黨中常會通過下屆立委第 2 梯次提名名單，包括立委羅淑蕾等 4 人。截至目前，共 44 人完成提名，其餘 29 個區域立委選區及 6 個原住民立委選區，將列 05/25 第 3 波提名。（中央社，2011/05/11）
2011	05	12	遠見雜誌民調中心公布 2012 年總統大選民調，「總統選舉如果現在就投票，您可能會投給誰？」結果顯示，有 38.9% 要投給總統馬英九，有 38.5% 要投給民進黨主席蔡英文。（自由時報，2011/05/13，A4版）
2011	05	13	台灣民意學會召開「總統聲望暨內閣施政滿意度民意調查」記者會，並對國、民兩黨總統人選進行支持度調查。馬英九以 44.2% 支持度領先蔡英文的 38.3%。（自由時報，2011/05/14，A4版）
2011	05	16	提出「住民自決、公投建國」政見的前國策顧問黃越綏宣布參選總統。（自由時報，2011/05/17，A4版）
2011	05	17	中選會召開委員會，決議總統與立委合併選舉投票日為 2012 年 01 月 14 日。
2011	05	18	旺旺中時民調顯示，馬的支持度是 35%，蔡英文則有 27% 的擁護者。（中國時報，2011/05/20，A1版）
2011	05	25	民進黨中執會提名第三波共 15 人投入下屆立委選戰，其中包括 14 個艱困選區的徵召，及新北市第六選區提名前立委周雅淑。總計在 73 個區域立委選區，民進黨已提名 57 人。（自由時報，2011/05/26，A2版）
2011	06	10	立法院院會三讀通過「一百年度中央政府總預算追加預算案」，軍公教七月起調薪 3%，適用對象包括現職約 82 萬人、支（兼）領月退休（伍）金約 43 萬人，合計約 125 萬人。所需經費約 110 億元。（自由時報，2011/06/11，A8版）
2011	06	12	民進黨公布民調，總統參選人蔡英文以 41.3% 的支持度領先國民黨馬英九的 40%。（自由時報，2011/06/13，A6版）

年	月	日	事紀
2011	06	19	馬英九總統舉行記者會，確定由行政院長吳敦義擔任2012年總統選舉的副總統候選人。（聯合報，2011/06/20，A1版）
2011	06	20	遠見雜誌公布最新民調，支持度分別是馬41.2%，蔡36.3%。（中國時報，2011/06/21，A2版）
2011	06	22	綠營高度關切民進黨總統提名人蔡英文的總統選舉競選架構正式敲定，蔡英文今天下午召開記者會宣布蘇貞昌擔任蔡英文競選架構的主委、游錫堃出任總督導、謝長廷為總指揮。（自由時報，2011/06/22，A4版）
2011	06	23	國民黨中常會完成第4波立委提名，共計將完成10個選區提名作業，包括徵召文傳會主委蘇俊賓、及提名立委李鴻鈞等10人投入立委選戰；最後仍有5個選區留待18全會後處理。（中央社，2011/06/22）
2011	06	28	自由時報最新民調，明年總統大選藍綠「雙英對決」，蔡英文支持度31.66%，馬英九支持度27.12%。（自由時報，2011/06/29，A2版）
2011	06	29	民進黨不分區立委名單正式拍板，據指出，民進黨主席蔡英文為讓公媽派人士淡出，以完成世代交替的大方向，在這次提名過程中，不惜選擇與各派系妥協，才使得整份民單順利在中執會通過。三位前行政院長蘇貞昌、謝長廷和游錫堃，僅剩下游錫堃名列安全名單，蘇貞昌和謝長廷雙雙掉出榜外。另一位未被列入安全名單，最受矚目的就是民進黨立委蔡同榮。（聯合晚報，2011/06/30，A14版）
2011	07	02	國民黨在台中港區綜合體育館舉行全代會，通過提名馬英九、吳敦義為第十三任正副總統參選人，並為立委參選人造勢。（聯合報，2011/07/03，A2版）
2011	07	08	為突破立委選舉政黨票5%門檻，攻佔不分區立委席次，台聯黨主席黃昆輝宣布將推出「終止ECFA」、「外勞工資自由化、提高本勞基本工資至二萬五千元」等十項政見，尋求民眾政黨票支持。（自由時報，2011/07/09，A2版）
2011	07	15	親民黨主席宋楚瑜宣布將推出至少20名區域立委候選人，而且他本人也不會缺席，在區域、不分區立委或總統選舉中擇一參選。（中國時報，2011/07/16，A4版）
2011	07	20	遠見雜誌公布最新民調，從民眾觀點調查雙英對兩岸關係的立場中，民眾對馬英九總統執政三年來的兩岸政策43.9%認同，35.1%

年	月	日	事紀
			不認同。但是對於蔡英文未來兩岸關係主張的知悉度，73.8% 不知道其主張，14.0% 知道且瞭解，11.1% 知道但不瞭解。（聯合晚報，2011/07/21，A2 版）
2011	07	20	根據《遠見》雜誌最新民調，馬英九支持度 37.3%，對手蔡英文則是 37.2%。（自由時報，2011/07/21，A2 版）
2011	07	22	內政部修正通過「總統副總統選舉罷免法施行細則」，增訂候選人應出具授權查證外國國籍同意書。總統副總統選舉罷免法第 27 條規定，具外國國籍者不得申請登記為總統、副總統選舉候選人。（中央社，2011/07/23）
2011	07	26	自由時報最新民調，馬英九支持度 36.39%，蔡英文支持度 34.39%。（自由時報，2011/07/27，A2 版）
2011	07	28	國親陣營關係緊繃，被視為關鍵原因之一的前國民黨秘書長金溥聰提告宋楚瑜一事，終於決定撤告。（中國時報，2011/07/29，A4 版）
2011	07	30	新黨主席郁慕明表示，新黨一定會推出自己的不分區名單，在國民黨提名之後公布。（中國時報，2011/07/31，A6 版）
2011	08	10	親民黨主席宋楚瑜公布首波區域立法委員提名名單，將在 10 個選舉區角逐。（中央社，2011/08/10）
2011	08	18	針對親民黨主席宋楚瑜喊出推動「二次寧靜革命」，新黨主席郁慕明「三問宋楚瑜」，要求宋說清楚講明白，一、宋究竟要選總統、立法院長，還是行政院長？二、親民黨在國會將與哪一黨合作？三、宋批評「馬辦不如台辦」，那宋是否要與前總統李登輝組「李辦」？（自由時報，2011/08/19，A4 版）
2011	08	19	人民最大黨公布首波立委提名 13 人。（自由時報，2011/08/20，A8 版）
2011	08	21	親民黨證實，九月中旬將會為黨主席宋楚瑜「領表連署」，先取得參選資格。（聯合報，2011/08/22，A4 版）
2011	08	22	《遠見雜誌》公布 2012 年總統大選最新民調，蔡英文 8 月份的支持度為 38.1%；馬英九 8 月份的支持度為 39.6%；不過，如果宋楚瑜要投入選舉，蔡英文支持度為 33.9%，馬英九支持度為 35.1%，宋楚瑜則為 14.0%。（自由時報，2011/08/22，A2 版）

年	月	日	事紀
2011	08	24	親民黨立委參選人陳振盛接受媒體訪問時指出，親民黨主席宋楚瑜將於09/15對外宣布總統副手人選。（自由時報，2011/08/25，A4版）
2011	08	27	總統馬英九指前總統陳水扁曾提及願意接受「一個中國，各自表述」，有條件接受九二共識，但隨即遭當時的陸委會主委蔡英文否認。（中央社，2011/08/27）
2011	08	28	馬英九總統對民進黨總統參選人蔡英文提出七點質疑：要求釐清何謂「台灣共識」？「不統、不獨、不武」是否能表達蔡的看法？是否支持「不獨」？是否支持「不統、不獨、不武」？是否認為中華民國是流亡政府？背後是否隱藏不能說的正名制憲？是否支持台灣邁向和平繁榮？蔡英文對此沒有回應，她並取消所有選務行程，要求全體黨公職暫停各項選舉活動，並指示黨工因應颱風災情。（聯合報，2011/08/29，A1版）
2011	08	29	馬英九總統要求蔡英文必須對「不獨」提出說明；蔡英文辦公室發言人徐佳青回應，蔡的立場在《台灣前途決議文》清楚顯示為「任何有關現狀的更動，都必須由台灣人民以公投方式決定」。（中國時報，2011/08/30，A4版）
2011	09	01	親民黨主席宋楚瑜明確表態，有意投入明年總統大選。宋楚瑜表示：如果連署人數能突破百萬人，11月就會領表登記參選總統。（中國時報，2011/09/02，A3版）
2011	09	02	陳致中宣布投入高雄市第九選區立委選舉。（中央社，2011/09/02）
2011	09	07	自由時報最新民調，國民黨參選人馬英九支持度36.87%，民進黨參選人蔡英文支持度33.92%。若宋楚瑜投入選戰，馬英九與蔡英文的支持度分別為31.46%與28.23%，宋楚瑜則獲得14.68%的民眾支持。（自由時報，2011/09/08，A2版）
2011	09	09	民進黨主席蔡英文決定由秘書長蘇嘉全出任總統大選的副手。（聯合晚報，2011/09/09，A3版）
2011	09	13	獨立總統擬參選人黃越綏召開記者會，宣布退出2012總統選舉。（中央社，2011/09/13）
2011	09	13	立法院民進黨團提案老農津貼提高至7,000元、五天有薪家庭照顧假、勞工因天災無法出勤應給薪等落實「十年政綱」政見，包括「老年農民福利津貼暫行條例修正草案」、「性別工作平等法」與「勞動基

年	月	日	事紀
			準法」修正草案，在立法院程序委員會遭國民黨團擋下。（自由時報，2011/09/14，A7版）
2011	09	15	1. 中選會發布總統、副總統選舉公告。 2. 開始受理申請總統、副總統選舉返國行使選舉權選舉人登記（至2011/12/05 止）。
2011	09	16	中選會開始受理申請為總統、副總統選舉被連署人。
2011	09	16	總統副總統連署登記開跑，親民黨市議員黃珊珊一早代表親民黨主席宋楚瑜赴中選會領表。（中國時報，2011/09/17，A6版）
2011	09	16	自由時報最新民調，民進黨總統參選人蔡英文支持度36.70%，國民黨總統參選人馬英九支持度36.26%，若宋楚瑜取得大選資格、投入選戰，馬英九與蔡英文的支持度均降為31.61%，宋楚瑜則獲得13.44%的民眾支持。（自由時報，2011/09/17，A2版）
2011	09	16	中選會受理獨立總統參選人領表連署登記，除宋楚瑜（委託黃珊珊代領）外，共有12人前往中選會領表。（聯合報，2011/09/17，A21版）。
2011	09	16	國民黨立委邱毅在立法院總質詢時，質疑民進黨副總統參選人蘇嘉全鑽法律漏洞，在屏東老家興建兩棟豪華莊園別墅，是「假農舍，真豪宅」。（聯合報，2011/09/17，A21版）
2011	09	20	中選會受理第十三任總統、副總統選舉被連署人申請登記截止，共有宋楚瑜與林瑞雄等六組被連署人完成登記。被連署人自明天起正式展開為期45天的連署日程，須在11/05前完成257,695份連署（近一次立委選舉人總數1.5%）；若未能達到此一門檻的半數（128,848份），已繳的一百萬元保證金則無法退回。中選會將於11/15前公告連署書的查核結果。（自由時報，2011/09/21，A1版）
2011	09	20	立法院國民黨團在立院程委會放行民進黨團及立委邱議瑩提出的老農津貼提高為7,000元案。（自由時報，2011/09/21，A4版）
2011	09	21	中選會公告總統、副總統選舉被連署人。
2011	09	21	遠見民調中心甫完成「二〇一二年總統大選暨參選人認同意識的評價」民調，結果顯示，馬吳配的支持度是29.2%、英嘉配是38.3%，加入親民黨宋楚瑜與林瑞雄的組合，則領先群雄的是民進黨蔡英文

年	月	日	事紀
			36.0%，其次是國民黨馬英九 35.8%，第三是親民黨宋楚瑜 10.0%。（自由時報，2011/09/22，A2 版）
2011	09	22	中選會開始受理總統、副總統選舉連署書件。
2011	10	03	屏東縣政府表示，民進黨副總統參選人蘇嘉全長治鄉的農舍經勘查並未超過農地面積十分之一，且剩餘農地種有苗木及果樹「並未違法」；至於社會觀感認為蘇家農舍「太豪華」，縣府認為法令並未規定「豪華」的標準。（聯合報，2011/10/04，A1 版）
2011	10	04	針對民進黨副總統參選人蘇嘉全的豪華農舍，農委會主委陳武雄強調：有無違法重點在於剩下來的百分之九十農地有無作為農業使用，「如果沒有，房子就不能叫農舍」，屏縣府仍未說明清楚。（聯合報，2011/10/05，A2 版） 立委邱毅質疑屏東縣政府曲解法令，違法發放執照，到台北地檢署告發蘇嘉全及屏東縣長曹啟鴻等五人涉嫌瀆職、圖利等罪。（聯合報，2011/10/05，A2 版）
2011	10	07	民進黨副總統參選人蘇嘉全發出聲明：若農委會與屏東縣政府共同會勘後，其農舍如需改善、處罰或完全拆除，他都願意配合。（聯合報，2011/10/08，A8 版）
2011	10	11	台聯公布不分區立委名單，前三名分別是：反 ECFA 著名的成大法律系教授許忠信、前中選會主委黃石城之女黃文玲、台聯主席黃昆輝。黃昆輝表示，台聯不分區立委被提名人已有默契，一旦當選將只做兩年。台聯本屆一共提出 10 席不分區立委名單。（自由時報，2011/10/12，A4 版）
2011	10	14	新黨主席郁慕明抵金門，宣布由前立委吳成典代表新黨參選金門區域立委。吳成典是新黨唯一提名參選區域立委的候選人。（聯合報，2011/10/15，B1 版）
2011	10	15	繼農舍爭議後，蘇嘉全再被爆鐵皮屋違建，且涉嫌逃漏稅、違反《公職人員財產申報法》。（中國時報，2011/10/16，A2 版）
2011	10	16	聯合報最新民調發現，四成三支持馬吳配，三成二力挺蔡蘇配，一成一屬意宋林配。（聯合報，2011/10/17，A1 版）
2011	10	17	馬英九總統邀國民黨立委餐敘，確定老農津貼將加碼每月約三百元，且明年起才符合老農津貼請領資格者，將納入排富條件。（自由

年	月	日	事紀
			時報，2011/10/18，A4版）
2011	10	18	蘇嘉全下午舉行記者會，宣布他將農舍的建物和土地，捐給屏東縣長治鄉公所做公益使用。也將委託律師公布他和太太、兩位女兒的財產。（聯合晚報，2011/10/18，A1版）
2011	10	20	民進黨日前舉辦台一線台南晚會活動時，有三胞胎小朋友捐出撲滿給總統參選人蔡英文，民進黨發言人林俊憲表示，監察院竟然以電話通知民進黨要調查，監察院財產申報處長謝松枝表示，政治獻金法第七條規定，「未具有選舉權人」不得捐贈政治獻金，違者應在一個月內返還。財申處是看到小朋友捐贈撲滿給參選人的相關報導，為避免日後有人檢舉、導致當事人受罰，主動向民進黨「提醒」。林俊憲下午已把撲滿送還小朋友，不過，三胞胎的爺爺當場又捐出三萬元給小英。（自由時報，2011/10/21，A14版）
2011	10	21	總統馬英九10/17日拋出兩岸和平協議的話題後，民進黨在19至20日進行電話民調。結果顯示，高達六成七的民眾不相信簽訂兩岸協議後，中國會放棄對台武力威脅；六成三民眾不接受以「一個中國」為前提簽訂和平協議；另有高達八成二民眾認為，涉及改變台灣現狀或台灣前途的問題，應由台灣人民公投決定。（自由時報，2011/10/22，A2版）
2011	10	24	總統大選藍綠差距拉近至2%，逼近歷史新低。依據旺旺中時民調中心民調，在87%有投票意願的選民當中，當三組人選時馬吳配的支持度是41.6%，英嘉配的選票有36.3%，宋林配為10.6%。（中國時報，2011/10/25，A1版）
2011	10	25	民進黨宣布發起「三隻小豬運動」，將透過各地小英競選總部提供十萬個小豬撲滿，號召支持者與民眾把存入錢的撲滿送回，以小額捐款挺蔡英文。（自由時報，2011/10/24，A4版）
2011	10	26	最新民調，民進黨總統參選人蔡英文支持度36.10%，國民黨總統參選人馬英九支持度35.60%。若宋楚瑜取得大選資格、投入選戰，馬英九的支持度為31.81%，蔡英文為30.28%，宋楚瑜則獲得11.13%的支持度。調查是自由時報民意調查中心於10/24至10/26晚間進行。（自由時報，2011/10/27，A3版）
2011	11	01	民進黨發言人林俊憲、陳其邁昨指出，今年國慶晚會「夢想家」音樂劇花了兩億一千五百萬元，切割成十一個標案，其中竟有六標、一億八千多萬元採限制性招標，「創意設計規劃案」三千九百萬元

年	月	日	事紀
			更未經公開徵求、評選程序，就由賴聲川的「表演工作坊」得標，涉嫌圖利特定廠商，特偵組、廉政署應介入調查。（自由時報，2011/11/02，A1版）
2011	11	04	民進黨發言人梁文傑、莊瑞雄及林俊憲等人認為建國百年「夢想家」音樂劇招標過程有弊端，至台北地檢署按鈴告發文建會主委盛治仁。（自由時報，2011/11/04，A4版）
2011	11	05	總統大選獨立參選人連署作業截止，宋楚瑜共送出463,259份連署書；而不滿連署門檻過高的許榮淑、李幸長等，則送出整箱冥紙以示抗議。中選會表示，會在11/14前完成查核作業，並於11/15公告連署結果。（自由時報，2011/11/06，A2版）
2011	11	06	綠營推動兩岸政治協商強制公投入法的修法提案，日前被藍軍封殺，行政院公審會主委趙永茂指出，對於朝野政黨有關公投修法的主張，他並沒有特別意見，如果立法院完成公投法的修法程序，公審會當然就要尊重修法後的結果，一切依法行事。（自由時報，2011/11/07，A4版）
2011	11	07	旺旺中時民調中心民調，在87%有投票意願的選民當中，當二人對陣時，馬吳配有44.3%，英嘉配是41.0%，表態率為74.2%。（中國時報，2011/10/25，A1版）
2011	11	08	新黨主席郁慕明公開向親民黨主席宋楚瑜喊話，要宋棄選總統，轉戰不分區立委。橘營對此斷然回應：宋不接受！橘營並透露，親民黨不分區名單已形成，只是排序尚未敲定，大約會提十席左右。至於區域部分，除已提名的10席外，預定將再提名「5席以內」，但暫不對外透露。（自由時報，2011/11/09，A2版）
2011	11	11	中選會發布立法委員選舉公告。
2011	11	15	中選會完成查核總統、副總統選舉連署書件。
2011	11	15	中央選舉委員會審查通過第13任總統副總統選舉連署查核結果，親民黨主席宋楚瑜及林瑞雄合乎規定的連署人數445,864人，超過法定連署人數，將依法發給「完成連署證明書」，也將發還連署保證金新台幣100萬元。中選會表示，第13任總統副總統選舉經中選會公告被連署人，共有宋楚瑜及林瑞雄等6組。中選會說，經人工及電腦作業方式進行查核，宋楚瑜及林瑞雄部份，提出連署人數463,259人，實際清點人數為463,278人，刪除連署人數為1萬7,414人，合於規定的連署人數有445,864人。其餘均未達法定人數。（中央社，2011/11/15）

年	月	日	事紀
2011	11	16	壹週刊報導指出，今年 09/10，馬英九在嘉義市長黃敏惠安排下，密會選舉賭盤總組頭之一的陳盈助，感謝提供上億元金援，並尋求動員支持。（自由時報，2011/11/17，A1 版）
2011	11	19	國民黨第 18 屆中央委員會第 3 次全體會議，今天通過第 8 屆全國不分區及僑居國外國民立法委員被提名人名單，排名前二十名除為首的立法院長王金平外，多弱勢團體代表與學者專家。（中央社，2011/11/19）
2011	11	19	文建會主委盛治仁請辭獲准。文建會主委一職由政務委員曾志朗轉任。（自由時報，2011/11/20，A2 版）
2011	11	21	1. 開始受理總統、副總統選舉候選人登記之申請。 2. 開始受理立法委員選舉候選人登記之申請。
2011	11	21	密會賭盤組頭傳聞，身兼國民黨主席的馬英九總統決定採取反擊行動，透過國民黨秘書長廖了以發表聲明，決定以「個人名義」對民進黨與民進黨發言人梁文傑提出侵權民事訴訟，求償兩百萬元；蔡英文因是民進黨法定代理人，因此列為共同被告。（自由時報，2011/11/21，A1 版） 被壹週刊指為地下賭盤大亨的陳盈助，上午委由律師張雯峰到嘉義地方法院自訴壹週刊加重誹謗。（自由時報，2011/11/21，A3 版）
2011	11	22	國立政治大學預測市場研究中心在未來事件交易所對 2012 年總統選舉做預測，民進黨總統參選人蔡英文的得票率預測為 48.6%，馬英九為 44.1%，而宋楚瑜則維持在 8% 左右。（中央社，2011/11/22）
2011	11	24	親民黨正副總統參選人宋楚瑜、林瑞雄今天完成登記，成為第 13 任總統選舉第 3 組角逐者。（中央社，2011/11/24）
2011	11	24	台灣團結聯盟今天由主席黃昆輝率領 10 名不分區立委參選人前往中選會，完成不分區立委登記。（中央社，2011/11/24）
2011	11	24	新黨召開不分區立委提名委員會及全國委員會，通過新黨第 8 屆不分區立委提名名單，六人依序為：郁慕明、王鴻薇、台大森林系教授王亞男、成大水利及海洋工程學系教授高家俊、律師暨前桃園縣農業發展局長陳麗玲、前中和市民代表戴德成。（中央社，2011/11/24）
2011	11	25	1. 截止受理總統、副總統選舉候選人登記之申請。 2. 截止受理立法委員選舉候選人登記之申請。

年	月	日	事紀
			3. 截止受理各政黨撤回或更換不分區、僑選、區域、原住民候選人推薦名單。
2011	11	25	第十三任總統和第八屆立委選舉完成登記，共有馬英九、蔡英文、宋楚瑜等三組參選人角逐總統寶座。在區域及原住民立委方面，國民黨提名 75 人、民進黨 70 人、親民黨 12 人、新黨 1 人、無黨團結聯盟 3 人以及其他政黨與無黨籍人士共計 285 人，角逐 73 個單一選區立委及各 3 席的平地、山地原住民立委。在全國不分區方面，國民黨提名 34 人、民進黨 33 人、親民黨 18 人、台聯 10 人、新黨 6 人及其他共 11 個政黨提名 127 人，角逐 34 席不分區立委。（自由時報，2011/11/26，A1 版）
2011	11	27	郝柏村至高雄輔選時呼籲藍軍支持者集中選票，形容這次選舉是「承認九二共識」與「反對九二共識」的對決。（中國時報，2011/11/28，A2 版）
2011	11	30	根據旺旺中時民調中心民調，在 90% 有投票意願的選民中，馬吳配的選票為 43%，英嘉配為 35%，宋林配為 8%，未決定 13%，表態率是 77%。（中國時報，2011/12/01，A5 版）
2011	12	01	立委邱毅出示經建會函文，指稱總統候選人蔡英文於卸任行政院副院長職務後轉任宇昌生技董事長，該案是經建會前主委何美玥簽奉行政院前院長蘇貞昌核可的「專簽」，最後國發基金損失兩億六千萬，蔡英文卻出脫持股賺翻倍，根本是「鐽震案」翻版。（聯合報，2011/12/02，A6 版） 民進黨陳其邁表示：蔡英文擔任宇昌公司董事長是卸任後 3 個月應科學家何大一等人的邀請，協助募集民間資金以促進國內生技產業發展，並沒有參與宇昌籌設，當年行政院也依據銓敘部函解釋過卸任副院長擔任生技公司董事長沒有違反旋轉門條款。政府投資宇昌 2.64 億元，該產業目前在興櫃市場股價是 35 到 38 元，獲利近 2.5 倍，為政府賺了超過 7 億元。（中央社，2011/12/01）
2011	12	01	民進黨主席蔡英文召開記者會，針對民進黨日前推出「水果月曆」文宣中把「甜柿當水柿」，將高單價甜柿標成 1 斤 2 元的水柿，造成農民損失慘重，表示道歉。蔡英文也指出，產銷失衡是水果價格風波的關鍵，而水柿確實也存在一台斤兩元的情況。（中國時報，2011/12/02，A1 版） 農委會主委陳武雄表示，水果月曆已經讓東勢地區甜柿產地價從 1 公

年	月	日	事紀
			斤 70 元掉到 33 元，水柿更從每公斤 20 元掉到 16 元，痛批蔡英文道歉沒誠意。（中國時報，2011/12/02，A4 版）
2011	12	01	六大工商團體上週邀請國民黨候選人馬英九和吳敦義，次日邀請民進黨候選人蔡英文和前經建會主委何美玥對談。兩黨候選人在對談中都談到 FTA、TPP，相似度高。不過蔡英文否認有九二共識，並指出應以台灣共識取代；工總理事長陳武雄會後更說重話，兩岸關係對整個經濟發展很重要，產業界最擔憂的是不穩定的兩岸關係。（中國時報，2011/12/02，A3 版）
2011	12	02	總統大選首場辯論會前夕，蔡英文舉行記者會表示當選後將邀請國會議長、立法院朝野各黨團，就兩岸交流各項議題進行行政、立法及朝野政黨協商，逐步建立包容多數意見的「台灣共識」。（中國時報，2011/12/03，A1 版、A2 版）
2011	12	02	海基會董監事改選，江丙坤續任董事長、高孔廉續任秘書長。（中國時報，2011/12/03，A16 版）
2011	12	02	立法院三讀通過老農津貼加碼，以及與五項社福津貼相關的國民年金加碼兩案，明年元月起老農津貼加碼 1,000 元成為 7,000 元，社福津貼部分則加碼 500 至 700 元不等；民國 106 年起，各項津貼都將同步隨 CPI（消費者物價指數）調整。（聯合報，2011/12/03，A1 版）
2011	12	03	2012 年總統大選首場電視辯論會登場，三位總統候選人從內政議題到兩岸政策全面交鋒，國民黨的馬英九和民進黨的蔡英文更在「九二共識」和「台灣共識」上針鋒相對。（自由時報，2012/12/04，A1 版）
2011	12	03	總統大選辯論會中，蘋果日報副總編輯郭淑敏問三位候選人如何看待兩岸議題。馬英九說，一中各表符合憲法，政府在這項基礎上和中國大陸恢復協商，簽訂十六項協議，結果證明「九二共識是擱置爭議、共創雙贏的最好辦法」；蔡英文反駁，九二年是有九二會談，但是真的沒有九二共識，連當時參與談判的辜振甫先生都說沒有，她無法接受「當時沒有存在的東西」；宋楚瑜表示，要贏得人民支持，必須尊重絕大多數人的心聲，「就是希望兩岸和平」。（聯合報，2011/12/04，A2 版）
2011	12	04	總統馬英九過去宣傳 ECFA 的效益，指稱簽署 ECFA 後，以往擔心中國壓力的國家會敢與我方洽簽自由貿易協定 (FTA)。但綠營質疑馬政府只會吹牛皮、誇大 ECFA 的效益。兩岸簽署 ECFA 已近一年半，台灣與主要貿易國家尚無簽署 FTA。（自由時報，2011/12/05，A5 版）

年	月	日	事紀
2011	12	06	對《自由時報》頭版標題「織襪業者轉挺小英」的報導，台灣區織襪工業同業公會理事長魏平祺否認。他強調，支持馬總統推動 ECFA 相關政策。（中國時報，2011/12/05，A2 版）
2011	12	08	馬英九強調，「九二共識」有憲法根據，且依前總統李登輝裁示來的，「有充分的法源基礎，而且有實際的效果」。（中國時報，2011/12/09，A4 版）
2011	12	09	總統、副總統選舉候選人抽籤決定號次。民進黨蔡英文、蘇嘉全為 1 號；國民黨馬英九、吳敦義為 2 號；親民黨宋楚瑜、林瑞雄為 3 號。
2011	12	09	前總統李登輝上午在臉書發表文章指出，他已經公開講過多次，沒有「九二共識」。（中央社，2011/12/09）
2011	12	09	宋楚瑜接受大陸記者團訪問，焦點集中兩岸政策，瑜表示九二共識是否有「明契」（文件）不是重點，重點在兩岸的「默契」。（中國時報，2011/12/09，A4 版）
2011	12	10	總統選戰副手辯論登場，三位副總統候選人針對兩岸、經濟、能源、清廉執政議題進行交鋒。（中國時報，2011/12/11，A1 版）
2011	12	10	民進黨下達動員令，拉開全台小豬回娘家的序幕，民進黨總統候選人蔡英文坐鎮台北凱達格蘭大道的主場，在群眾集氣搖動小豬撲滿的熱情下，呼籲支持者團結力量。（中國時報，2011/12/11，A1 版）
2011	12	12	國發基金投資宇昌案今天解密，經建會主委劉憶如將兩份文件送交立法院，並與立委共同舉行記者會。根據解密文件，Genentech 公司希望在台尋找合作對象合組公司進行 anti-CD4 的第三期臨床實驗，文件授權時任中研院院長的翁啟惠談判，如果 Genentech 願把新公司和大量生產的工廠設在台灣，開發基金可以在 2000 萬美元範圍內投資，簽名的包括時任行政院政務委員的何美玥、行政院副院長蔡英文以及行政院院長蘇貞昌。（中央社，2011/12/12） 據官員透露，宇昌案文件內容看不出明顯違法及疏失之處；但也強調公文內容不是重點，關鍵在於整個投資案要跳過正常的審查程序，專案核准，這程序是否合理合法？（中國時報，2011/12/12，A1 版） 民進黨中央和立法院黨團一連舉行三場記者會，砲口一致譴責國民黨選舉操作。（聯合報，2011/12/13，A2 版）

年	月	日	事紀
2011	12	13	民進黨反擊宇昌案，指控經建會主委劉憶如及國民黨拿2007年8月文件「假裝」同年3月資料，企圖抹黑蔡英文。民進黨發言人陳其邁指出，國民黨立委林益世拿出經建會資料，聲稱2007年3月31日「TaiMed Inc」投資說明會文件，提到時任行政院副院長的蔡英文列名負責人之一；事實上，此資料是該年8月中旬，宇昌即將成立時的內部工作文件，當時蔡英文已卸任副院長。陳其邁也拿出另一份2007年3月31日「TaiMed Group」投資說明會資料，但只有科學家何大一和美國Genentech生技公司人員Sean Bohen列名，顯示蔡英文當時並未參與。（聯合報，2011/12/14，A1版）
2011	12	13	邱毅、陳致中晚間於高雄市議會舉辦「世紀大辯論」，雙方用詞尖酸刻薄，相互攻擊對方的醜聞。（中國時報，2011/12/14，A4版）
2011	12	15	2007年宇昌案時任政院副秘書長、現任南市府秘書長陳美伶指出，蔡英文在決定接任宇昌董事長前，就曾向政院諮詢是否有違法疑慮，法規會明確回應，該公司的目的事業主管機關是經濟部，與政院副院長職權無直接相關。（自由時報，2011/12/16，A2版）
2011	12	16	1. 中選會公告總統、副總統選舉候選人名單。 2. 中選會審定通過立法委員選舉候選人資格。
2011	12	16	蔡英文召開記者會，就宇昌案的爭論提出說明，並質疑馬政府放任行政部門與立院黨團以變造的文件打擊她，以及攻擊宇昌案及特偵組偵辦的時機。（自由時報，2011/12/17，A1版）
2011	12	16	新黨主席郁慕明表示，雖然有人認為民進黨總統候選人蔡英文當選後，兩岸關係不會改變，蔡也不會搞台獨；但大陸已對兩岸關係拉出一條紅線，「九二共識」就是底線，蔡既然否認九二共識，一旦當選，兩岸的經貿互動一定會減弱，民生會受到重大衝擊。（中國時報，2011/12/17，A3版）
2011	12	17	開始總統、副總統選舉競選活動。
2011	12	17	公共電視等媒體共同主辦總統候選人第二場電視辯論會。國民黨總統候選人馬英九率先發動攻勢，「宇昌案」、「富邦魚翅宴」、「國民黨黨產」及「扁馬情結」，成了馬英九和民進黨總統候選人蔡英文的攻防焦點。親民黨總統候選人宋楚瑜則繼續主打治理能力，固守中道路線。（自由時報，2011/12/18，A1版）

年	月	日	事紀
2011	12	17	中國全國政協主席賈慶林指九二共識是當初兩岸兩會分別授權，以「口頭方式」表述堅持一個中國原則的共識。（自由時報，2011/12/17，A4版）
2011	12	18	來自全國各地民眾力挺民進黨總統候選人蔡英文所存的小豬撲滿，在板橋小英全國競選總部舉行全國小豬大集合，小英競總以逾一萬八千隻小豬排成壯觀的台灣圖像。（自由時報，2011/12/19，A1版）
2011	12	18	民進黨總統候選人蔡英文在前天的辯論會中質問國民黨總統候選人馬英九，「有沒有收過富邦1,500萬元政治獻金？」富邦金控董事長蔡明忠說，不管是他個人或富邦金控，2008年都沒有捐款給馬英九總統。（中國時報，2011/12/19，A1版）
2011	12	19	朝野在宇昌與富邦獻金案攻防不斷，國民黨總統候選人馬英九中午召開臨時記者會強調，他沒收過富邦的政治獻金。（中國時報，2011/12/20，A6版） 馬英九總統並呼籲民進黨總統候選人蔡英文說明宇昌案並接受媒體提問。（中國時報，2011/12/20，A6版）
2011	12	21	區域、原住民立法委員選舉候選人及不分區政黨抽籤決定號次。
2011	12	22	馬英九強調，九二共識非他自創之詞，早在李登輝時代就已決定九二共識的方向，後據此展開兩岸協商，並藉由兩岸間白紙黑字的文件往來才談出來的。（中國時報，2011/12/23，A2版）
2011	12	23	晚間20：00舉辦第一場總統選舉政見發表會，由華視承辦、轉播。
2011	12	25	一個月前，水柿產銷失衡，農委會先宣稱沒有一斤兩元的柿子，後來政策轉彎，全面收購水柿，收購作業至12/20結束，總共收購超過1,065噸。（自由時報，2011/12/26，A4版）
2011	12	25	台聯舉行十週年黨慶，獲台聯力挺的蔡英文與台聯黨主席黃昆輝同台。黃昆輝疾呼，明年01/14，總統票投小英，區域立委投民進黨，政黨票要拜託大家。蔡英文說，她期盼台聯跨過五％得票率。（自由時報，2011/12/26，A2版）
2011	12	26	經建會主委劉憶如提出四份公文，對民進黨總統候選人蔡英文的宇昌案提出三大疑問。（聯合報，2011/12/27，A4版）
2011	12	27	前民進黨主席施明德批評中選會宣傳不力，導致有八、九成民眾不知影響占國會近三分之一席次的不分區立委政黨票，讓人民的權利睡

年	月	日	事紀
			著。他表示，為了反制中選會及媒體「整天瘋馬蔡宋」的現象，施明德講座基金會將出資四百萬元，並從明年元旦起展開全台環島宣傳團，盼宣傳政黨票。（中國時報，2011/12/27，A2版）
2011	12	28	經建會公布近22頁宇昌案的報告。指出宇昌案只依蔡英文、何美玥、蘇貞昌一紙兩頁極機密公文。並舉出台積電與華航兩件專案核准的案例，說明國發基金專案核准的作業程序，而宇昌案完全跳過這些流程。（中國時報，2011/12/29，A4版）
2011	12	28	中選會主委張博雅表示，第8屆立法委員選舉各政黨號次抽籤後，即開始宣導政黨票，也會提供時段播放各政黨自製宣傳帶（中央社，2011/12/28）
2011	12	30	晚間20：00舉辦第二場總統選舉政見發表會，由公共電視承辦、轉播。
2011	12	30	第二場總統政見會中，三黨候選人仍在兩岸議題攻防。（中國時報，2011/12/30，A4版、A5版）
2012	01	02	台聯黨主席黃昆輝表示，九二共識只有一中、沒各表，最後只會消滅中華民國。（自由時報，2012/01/03，A2版）
2012	01	03	中選會公告立法委員選舉候選人名單。
2012	01	03	表態支持馬英九總統續任的企業家越來越多，長榮張榮發、台塑王文淵相繼表態支持「九二共識」，味全魏應充公開出席挺馬造勢大會，東元黃茂雄、創意工廠李開復，則出現在藍營電視廣告裡，為馬英九的外交與兩岸政策背書。電電公會理事長焦佑鈞、裕隆集團負責人嚴凱泰及潤泰集團負責人尹衍樑也都支持兩岸關係的改善。（中國時報，2012/01/04，A2版）
2012	01	04	中選會及各地方選委會辦理公辦區域、原住民立法委員選舉政見發表會、電視政見發表會。
2012	01	04	中選會辦理第八屆原住民立法委員選舉電視政見發表會，由原住民電視台轉播。（中央社，2012/01/03）
2012	01	05	台聯黨主席黃昆輝召開記者會質疑，最近陸續表態支持「九二共識」的大台商寄人籬下，不得不低頭，由此也看出中國介入台灣選舉之深。（自由時報，2012/01/06，A2版）

年	月	日	事紀
2012	01	06	晚間 20：00 舉辦第三場總統選舉政見發表會，由中視承辦、轉播。
2012	01	06	民進黨總統候選人蔡英文提出六點「清廉」承諾，宣示打造廉能新政府。馬英九表示，蔡英文自己離開政府後，還參與她在政府執政時決定成立的公司，「蔡主席真的不要再迴避了，就站出來大大方方把宇昌案交代清楚，這樣才能證明在政見會所說的清廉是真的。」（中國時報，2012/01/07，A4 版）
2012	01	06	第三場總統選舉政見發表會中，馬英九表示九二共識創造兩岸和平繁榮；蔡英文反駁九二共識不等於兩岸和平，讓台灣被迫接受九二共識，是社會紛擾的開始。（中央社，2012/01/06）
2012	01	07	大陸國台辦新聞發言人楊毅強調，兩岸商談的既有基礎就是「九二共識」，沒有「九二共識」，兩岸商談確實無法繼續下去。（中國時報，2012/01/08，A12 版）
2012	01	09	馬英九指出，蔡英文說要組大聯合政府是對民進黨立委過半沒有信心，吳敦義也說，蔡英文的「大聯合政府」構想是「假議題」，馬英九在 2008 年就任後曾多次想拜訪蔡英文團結國內不同政黨意見，都被蔡以各種理由婉拒，現在拋出「大聯合政府」議題，可能實現嗎？（自由時報，2012/01/10，A2 版）
2012	01	09	美國華爾街日報以「台灣大選中的中國因素」為題，分析馬英九政府對中國開放的經濟政策，讓中低收入勞工為主的關鍵選民備感失望。並引述政治分析家意見，指台灣貧富差距拉大，強烈衝擊馬總統的政治前途，民間憤怒情緒可能會讓馬英九輸掉本週的大選，蔡英文或有機會爆冷門贏得大選。（自由時報，2012/01/10，A5 版）
2012	01	10	中選會公告選舉人數 1. 第十三任總統、副總統選舉人數：18,086,455 人； 2. 第八屆立委部分： 　1) 不分區立委選舉人數：18,090,295 人； 　2) 區域立委選舉人數：17,625,632 人； 　3) 平地原住民立委選舉人數：171,548 人； 　4) 山地原住民立委選舉人數：183,398 人。
2012	01	11	聯電榮譽副董事長宣明智與幾位科技界大老在竹科召開記者會，力挺九二共識。（中國時報，2012/01/12，A2 版）

年	月	日	事紀
2012	01	12	馬英九總統舉行選前國際記者會，重申若是連任，兩岸洽簽和平協議的可能性很低，也絕無所謂「走上統一不歸路」的可能。（中國時報，2012/01/13，A2版）
2012	01	12	蔡英文競選總部召開選前國際記者會。面對外媒關注的兩岸政策，民進黨智庫副執行長蕭美琴強調，九二共識不僅不存在，更是不夠堅實的基礎，所以民進黨才會提出「台灣共識」，希望能形成更穩固、可持續性，並且可預判的共識，作為兩岸互動的基礎。（中國時報，2012/01/13，A2版）
2012	01	13	宏達電董事長、台灣女首富王雪紅以「正港台灣人」和基督徒的身分表示，她支持「兩岸和平發展」、「企業創造就業」及「清廉政府、安定環境」等三大訴求。她不能理解「有人相信沒了九二共識，一切都還會照舊而不會改變。」（聯合報，2012/01/14，A2版）
2012	01	14	投票、開票。
2012	01	14	第13任總統副總統選舉投票結果：馬英九、吳敦義（國民黨）：6,891,139票，得票率51.60%（當選）。蔡英文、蘇嘉全（民進黨）：6,093,578票，得票率45.63%。宋楚瑜、林瑞雄（親民黨）：369,588票，得票率2.77%。（中選會公告）
2012	01	14	第八屆立委選舉投票結果：國民黨：區域立委44席、原住民立委4席、不分區立委16席，合計64席。民進黨：區域立委27席、不分區立委13席，合計40席。親民黨：原住民立委1席、不分區立委2席，合計3席。台聯：不分區立委3席。無黨團結聯盟：區域立委1席、原住民立委1席，合計2席。無黨籍：區域立委1席。（中選會公告）
2012	01	15	民進黨內湧現要求檢討總統大選敗選並調整兩岸政策的聲浪。中常委蔡煌瑯表示，兩岸問題民進黨在選前一路挨打，選後應檢討並調整兩岸政策；前立委郭正亮則主張民進黨不接受九二共識，應思考解套方案是什麼？重點在於兩岸平台如何建立？民進黨應面對「一中各表」的爭議。前立委林濁水表示，九二共識不存在是事實，以立場而言，民進黨也不可能接受一中原則，但有必要提出更務實和緩、讓北京可接受的兩岸政策，有待黨內進一步討論。（自由時報，2012/01/16，A3版）

年	月	日	事紀
2012	01	18	國民黨召開大選後首次中常會，馬英九致詞時指出，兩岸經濟合作架構協議 (ECFA) 是福國利民的政策，選舉後期，企業界出來力挺他，不是只有大企業，包括中小企業、基層都覺得這是一個福國利民的政策。（自由時報，2012/01/19，A3 版）
2012	01	18	美國在台協會理事主席薄瑞光表示，台灣這次選舉沒有出現離奇事件，民進黨蔡英文展現民主風範，顯示台灣民主已趨成熟。不過他批評台灣保護主義色彩濃厚，馬政府如要加入美國主導的泛太平洋戰略經濟夥伴關係協定 (TPP)，台灣需要做好開放準備。（自由時報，2012/01/19，A3 版）
2012	01	19	中選會公告總統、副總統選舉當選人名單及立法委員選舉當選人名單。
2012	01	19	前副總統呂秀蓮表示，民進黨還沒認真檢討敗選原因，兩岸政策僅是一小部分。「台灣共識」沒有內容，應該把實質內容講清楚。（中央社，2012/01/19）
2012	01	20	前總統府資政辜寬敏直指民進黨連反擊九二共識的能力也沒有，原因在於民進黨沒有中國政策；他強調，民進黨不必修改台獨黨綱，但應定調，「台灣與中國是兄弟之邦」，新任黨主席可思考訪問中國大陸。（自由時報，2012/01/20，A4 版）
2012	01	20	中央選舉委員會主任委員張博雅到台灣團結聯盟遞交不分區立法委員當選證書，台聯主席黃昆輝表示，希望未來立法院修法，降低政黨選舉經費補助門檻，讓小黨有生存空間。（中央社，2012/01/20）
2012	01	27	馬英九總統連任後的府院黨人事佈局，行政院副院長將由內政部長江宜樺升任，行政院秘書長林中森轉任國民黨秘書長，國民黨秘書長廖了以「另有任用」；國民黨政策會執行長則由立委林鴻池兼任。另總統府秘書長由競選總幹事曾永權出任，前立委林益世出任行政院秘書長一職。國民黨組發會主委黃昭元升任副秘書長兼考紀會主委，組發會主委一職由前文傳會主委蘇俊賓出任。另外，競選期間擔任馬總部發言人的殷瑋、馬瑋國出任國民黨發言人；競選期間任馬總部新媒體副總監的王中茜，則擔任文傳會將成立的新媒體部主任。（自由時報，2012/01/28，A1 版）
2012	01	29	中選會公告總統、副總統選舉各組候選人及立法委員選舉區域、原住民各候選人在每一投票所得票數表。

年	月	日	事紀
2012	02	04	新台灣國策智庫董事長吳榮義表示民進黨的中國政策立場不需要改變，而是在「台灣共識」程序外，如何提出一套想法讓民眾瞭解；更重要的是要加強組織經營，在縣市黨部以下恢復設置地方黨部，才能與國民黨抗衡。（自由時報，2012/02/05，A6 版）
2012	02	08	總統馬英九說，即使沒有簽署和平協議，還是可以透過別的途徑將兩岸和平發展現狀制度化，現在的 16 個協議，每一個協議都是廣義的和平協議。（中央社，2012/02/08）
2012	02	15	民進黨召開擴大中央常務委員會，提出選後檢討報告初稿，民進黨執政信賴度、兩岸經濟恐嚇牌及行政資源濫用等因素，造成敗選，而藍營「九二共識綁經濟議題」是成功手法。（中央社，2012/02/15）
2012	02	16	民主進步黨立法院黨團、親民黨團、台灣團結聯盟黨團聯合建請立法院長王金平召集朝野協商組修憲委員會事宜，但中國國民黨團表示，是否修憲，開議後再討論。民進黨要提的修憲案內容還待凝聚內部共識，但要討論選舉制度中票票不等值等問題。台聯將提出的修憲案內容包括將立委選區制朝「中選區」改革、政黨票門檻降到 2% 及不分區立委名額增加為 54 席等。（中央社，2012/02/16）
2012	02	24	第八屆立法院第一會期今天開議。
2012	02	25	總統馬英九說，政府對是否開放瘦肉精「沒有預設任何立場、時間表，也沒有對美方做任何承諾」，一定會尊重專家意見、民眾需求，做出最好決定。（聯合報，2012/2/26，A4 版）
2012	03	04	台灣爆發 H5N2 高病原性禽流感，並傳出農委會官員疑似隱匿疫情的重大爭議。馬英九總統下達道歉、懲處與善後三大處理原則；農委會防檢局長許天來請辭獲准。（中國時報，2012/03/05，A1 版）
2012	03	05	行政院宣布將「有條件開放」美牛進口，並提出政院修法版本。消息一出，引發朝野立委跳腳。（中國時報，2012/03/06，A3 版）
2012	03	08	政府打算有條件開放含瘦肉精美牛進口，近萬名養豬戶北上抗爭。經過一整天的抗爭，農委會承諾在立法院修法前，維持萊克多巴胺零檢出。（中國時報，2012/03/09，A3 版）
2012	03	09	總統馬英九被控在台北市長任內，收受富邦集團一千五百萬元政治獻金，加上去年富邦爆發運彩弊案，主管機關僅裁罰十五萬元，被控涉

年	月	日	事紀
			及包庇，不過特偵組查無不法事證，將全案予以簽結。（自由時報，2012/03/10，A8版）
2012	03	10	陳雲林強調，隨著兩岸雙向交流和各項合作的發展，海基會與海協會互設綜合性辦事機構應提上協商日程。（中國時報，2012/03/11，A11版）
2012	03	12	行政院長陳冲率相關部會在國民黨中央向黨籍執政縣市首長、不分區立委說明美牛政策立場。與會者說，從行政部門的說明來看，「開放瘦肉精美牛已經確定，目前只剩等待時機」。（自由時報，2012/03/13，A4版）
2012	03	14	民進黨發言人羅致政啟程前往中國，出席國台辦智庫「海峽兩岸關係研究中心」03/15、03/16在雲南舉辦的學術會議。（中央社，2012/03/14）
2012	03	21	總統馬英九表示，政府處理美牛的方式，將風險降到最小，能在安全無虞的情況下，兼顧國家的經貿利益、國家與美國的關係，同時兼顧國民的健康與對外經貿的利益。（中央社，2012/03/21）
2012	03	23	民進黨前中國事務部主任董立文表示，選前最後三周，當企業、農漁民、就連攤販都出面挺九二共識時，九二共識的政治意涵完全「經濟化」，但民進黨卻完全迴避，「這才是敗選關鍵！」（中國時報，2012/03/24，A6版）
2012	03	24	國民黨榮譽主席吳伯雄向北京提出「一國兩區」，台南市長賴清德強烈批判總統府、行政院竟以兩岸條例等文字模糊回應，強烈譴責國民黨在未取得國家社會共識前，竟以單一個人發言改變台灣主權的定位。（自由時報，2012/03/25，A14版）
2012	03	26	淡江大學大陸研究所教授蘇起表示，兩岸應維持「有商有量，循序漸進」的原則，兩岸若要簽署和平協議，需要一段過程。（中央社，2012/03/26）
2012	03	30	由衛生署提出的食管法修正草案已通過行政院的政務審查，預計下月五日行政院會討論通過後，就可送立法院審議。（聯合報，2012/3/31，A18版）
2012	03	30	「證所稅復徵」重創台股，財政部首度以正式新聞稿說明立場；最新說法是，我國雖沒有「資本利得稅」之名，不過現行稅制早已針對不同型態財產，課徵資本利得稅。（聯合報，2012/3/31，A4版）

年	月	日	事紀
2012	04	01	副總統當選人吳敦義、大陸國務院副總理李克強「吳李會」在博鰲登場；兩人確立持續深化兩岸和平發展的共識，現階段仍以經貿合作、民生議題為重點。（中國時報，2012/04/02，A4版）
2012	04	01	面對各界反漲聲浪，經濟部與台灣中油仍「硬上」，今日零時起調漲油價，包括汽柴油漲幅均超過10%，調漲後的價格逼近2008年7月的歷史高點。（自由時報，2012/04/02，A1版）
2012	04	05	油價大漲後，電價蠢蠢欲動，多位立委憂心恐進一步推升物價上漲，希望電價可以延後調漲，不過經濟部長施顏祥表示，每延1個月，台電恐多虧新台幣100億元，間接增加政府負擔。（中央社，2012/04/05）
2012	04	09	立法院民進黨團、台聯、親民黨三黨黨團決共同提案要求總統馬英九到立法院進行「國情報告」。（自由時報，2012/04/10，A2版）
2012	04	11	蘇貞昌登記參選民主進步黨主席，提出新兩岸論述。（中央社，2012/04/11）
2012	04	13	民進黨主席選舉截止登記，前主席許信良、前立委蔡同榮在最後一天完成登記，連同前台南縣長蘇煥智、行政院前院長蘇貞昌、前副院長吳榮義，「五搶一」戰局正式底定。（聯合報，2012/4/14，A1版）
2012	04	15	財政部長劉憶如火速在16天推出證所稅草案，行政院規劃本會期送交立院審查，但藍綠立委們都對財部版本極有意見，恐將在立院掀起激烈爭辯。（自由時報，2012/4/16，A8版）
2012	04	16	立法院經濟委員會通過朝野立委13個臨時提案，要求再檢討台電經營績效及電費計價公式，由經濟部提出績效檢討及改善成果專案報告，再檢討電價漲否。經濟部重申調漲合法。（中央社，2012/04/16）
2012	04	17	民主進步黨舉行民進黨主席選舉電視辯論協調會，會中達成共識，決定在北、中、南各辦1場辯論會。（中央社，2012/04/17）
2012	04	21	謝長廷呼籲，朝野各政黨應簽署超黨派公約，將「台灣的未來由台灣人共同決定」等國內有高度共識的基本價值納入公約，或交由立法院賦予法律位階，未來再依照既有的基礎，逐步凝聚台灣共識。（中國時報，2012/04/22，A5版）

年	月	日	事紀
2012	04	27	立法院在野黨在院會聯合提案要求將暫停美牛進口增列為討論事項，表決時部分國民黨立委請假或是出席但未投票。（聯合報，2012/4/28，A2版）
2012	04	29	行政院會上周通過證所稅版本，未送立法院審議，此一「緩送」動作引發各界揣測。（中國時報，2012/04/30，A4版）
2012	04	29	民進黨主席選舉舉辦首場電視政見會，五位候選人許信良、蘇煥智、蘇貞昌、蔡同榮與吳榮義輪番發表政見。（自由時報，2012/04/30，A4版）
2012	05	01	電價引起民怨反彈，王金平、蕭萬長也在五人小組發難，馬英九緊急召開高層會議。王金平、丁守中和林鴻池發言表示，開放美牛瘦肉精、復徵證所稅和油電雙漲「三件事串在一起」，帶動物價上漲，民怨不斷升高，主張應採方案三，即分階段調漲，以減少對民眾衝擊。（中國時報，2012/05/02，A2版）
2012	05	05	美國發現第四起狂牛症病例，由農委會、衛生署及專家組成的七人代表團赴美展開美牛實地查核工作。（自由時報，2012/05/05，A19版）
2012	05	06	民進黨舉辦主席選舉第二場政見會，五位候選人就兩岸議題交鋒。（中國時報，2012/05/07，A4版）
2012	05	06	在民意強烈反彈下，電價調整從一次漲足改弦更張為三階段調漲，但新方案尚未實施，周末台電董事長陳貴明即無預警請辭獲准，馬政府並以最快速度公布由經濟部次長黃重球接任。（中國時報，2012/05/07，A15版）
2012	05	07	「美牛瘦肉精」條款的立法院戰役，在野黨以小吃大，堅持肉品瘦肉精零檢出的民進黨版本在立法院初審，以七比六闖關成功，國民黨因立委鄭汝芬缺席迴避，以一票之差敗北。（聯合報，2012/05/08，A4版）
2012	05	09	民進黨、台聯、親民黨等在野立委偕同綠黨及民間社團召開記者會，呼籲將政黨補助門檻從現行的5%降至1%，給予弱勢小黨生存空間。（自由時報，2012/05/10，A5版）
2012	05	11	立法院會將證券交易所得稅相關修法草案全案交付財政委員會審查；國民黨中央政策會執行長林鴻池呼籲行政與立法加強溝通，在野黨認為總統的態度是關鍵。（中央社，2012/05/11）

年	月	日	事紀
2012	05	12	中日韓經貿首長在北京舉行經貿部長會談。會後發表聯合聲明，建議年內正式啟動三邊 FTA（自由貿易協定）談判，且歡迎簽署投資協議。韓國 FTA 愈簽愈多，學者憂心，這對台灣經貿的威脅很大，台灣的腳步實在太慢，要有更開放的決心。（聯合報，2012/05/13，A4 版）
2012	05	12	民進黨主席選舉舉行第三場政見會。（自由時報，2012/05/13，A6 版）
2012	05	17	民進黨五位黨主席候選人參加廣播、網路媒體舉辦的廣播政見會。（自由時報，2012/05/18，A4 版）
2012	05	19	綠營發動五一九「日子歹過、總統踹共」嗆馬大遊行，表達對馬選後四個月來施政表現的高度不滿。（中國時報，2012/05/20，A1 版）
2012	05	20	馬英九總統就任第十三任總統，重申兩岸政策在中華民國憲法架構下維持「不統、不獨、不武」現狀，同時「呼籲對岸」，不能忘記國父天下為公的理念。府方的預發稿中，並沒有出現「一國兩區」字眼。（自由時報，2012/05/20，A2 版）
2012	05	24	力拚美牛過關，立院確定延會。立法院朝野協商決定將延會至06/15，06/01 邀請陳揆施政報告。國民黨大黨鞭林鴻池表示，美牛案相關修法，可望在本會期處理完畢。（聯合報，2012/05/25，A6 版）
2012	05	26	國民黨團將在本周推出新版證所稅修正草案，對於一般股市投資人，僅在股市八千點以上時，才課以最高千分之一的「設算證所稅」，幾乎形同於調高證交稅千分之一。國民黨團內部對於新版已有高度共識。（中國時報，2012/05/27，A2 版）
2012	05	27	前行政院長蘇貞昌以 55,894 票、得票率 50.47%，獲得過半黨員票，當選民進黨第 14 屆黨主席。（自由時報，2012/05/28，A1 版）
2012	05	28	歷時 23 天的美牛查核團返台，由農委會主委陳保基召開記者會表示，查核的結果顯示「輸台的美牛安全」。（自由時報，2012/05/28，A4 版）
2012	05	30	財政部長劉憶如請辭。（中央社，2012/05/30） 總統馬英九下午在國民黨中常會重申推動證券交易所得稅修法立場，行政院長陳冲晚間隨即批准劉憶如請辭財政部長。（中央社，2012/05/30）
2012	05	30	蘇貞昌接任民進黨主席。（聯合報，2012/05/31，A11 版）

年	月	日	事紀
2012	05	30	美國在台協會 (AIT) 發言人萬德福說，牛肉議題是台美貿易日程中主要的絆腳石，是阻礙過去兩年重啟 TIFA 諮商的唯一因素。（中央社，2012/05/30）
2012	05	30	被稱為「賭盤大亨」的陳盈助，其控告壹週刊加重誹謗案 30 日宣判，一審宣判壹週刊社長裴偉等 8 人無罪。（自由時報，2012/05/28，B4 版）
2012	05	31	國民黨證所稅版本再度出現重大轉折！行政院長陳冲邀集黨籍立委溝通後擬定最新版證所稅案，採兩階段實施方式。第一階段維持八千五百點股市指數的「設算課稅」與「核實課稅」雙軌制，第二階段從 106 年取消設算制，回歸單一的「核實課稅」。此外，行政院上午宣布由財政部次長張盛和回鍋擔任財長。（中國時報，2012/06/01，A1 版）
2012	06	04	民進黨主席蘇貞昌延攬駐美前代表吳釗燮擔任政策會執行長。（聯合報，2012/06/05，A11 版）
2012	06	09	油價連十降，外界質疑政府預測油價精準度不夠，馬英九總統參加嘉義大學畢業典禮表示，石油價格走向，跌破許多專家眼鏡「世事確實難料」。（聯合報，2012/06/10，A2 版）
2012	06	10	立法院朝野攻防美牛修法，發出 120 小時動員令的民主進步黨立法院黨團，持續占據立法院議場主席台，直到晚間 11：00 準備就寢，中國國民黨籍立法委員方面暫無動靜。（中央社，2012/06/10）
2012	06	10	行政院以「安全容許、牛豬分離、強制標示、排除內臟」十六字箴言，回應反瘦肉精牛肉團體，強調政府把關的決心。（中國時報，2012/06/11，A4 版）
2012	06	11	大陸國台辦主任王毅表示，歡迎民進黨的基層人士能到大陸走走看看，有助消除疑慮、增進相互了解。（中國時報，2012/06/12，A13 版）
2012	06	14	立法院朝野因美牛修法僵持不下，立法院長王金平召集 2 次朝野協商，仍未達成共識。王金平說，明天是這會期最後 1 天，會再做最後努力。（中央社，2012/06/14）
2012	06	14	台聯黨主席黃昆輝領銜提出的 ECFA 公投案，不滿遭中選會否決，轉而提出行政訴訟，06/14 出現逆轉；最高行政法院認為，台北高等行

年	月	日	事紀
			政法院判黃昆輝敗訴理由不當，合議庭認為根據公民投票法的規定，本案應召開聽證會，當初舉行公聽會，程序不合法，改判本件公投案聲請程序要重新進行。（中國時報，2012/06/15，A4版）
2012	06	15	立法院本會期休會，朝野對含萊克多巴胺美牛進口修法僵持不下，在互相叫囂下散會。馬英九總統召集府院黨高層開會因應，決定「盡速召開臨時會」，繼續朝修法努力。（聯合報，2012/6/16，A1版）
2012	06	20	瘦肉精美牛案爭議難解，國民黨中常委在中常會上，當面向兼任黨主席的馬英九總統建議，以行政命令開放解決；據轉述，馬英九對常委建議態度保留，堅持還是由立院審議修法。（自由時報，2012/06/21，A4版）
2012	06	26	美牛大戰七月再起！立法院長王金平召集各黨團協商，決定07/24至07/27開臨時會，07/24全院談話會將商定臨時會議程。王金平表示，希望處理美牛、證所稅、NCC人事案及其他廿幾項無爭議法案。（聯合報，2012/06/27，A3版）
2012	06	27	媒體報導，林益世遭檢舉，兩年前曾協助中國鋼鐵股份有限公司下游廠商「地勇選礦」公司取得爐渣鐵料採購合約，向負責人收取新台幣6,300萬元款項。今年將約滿前，又向負責人索取8,300萬元，負責人未付款，公司遭中鋼及下游廠商斷料。（中央社，2012/06/27）
2012	06	28	民進黨主席蘇貞昌接受遠見雜誌專訪指出，在沒有預設任何前提下，他願意用黨主席的身分前往中國訪問；中國總理溫家寶卸任後若是想訪台，他也願意陪溫家寶看看台灣。（中央社，2012/06/28）
2012	06	29	身陷索賄風暴的行政院秘書長林益世請辭獲准。（聯合報，2012/06/30，A1版）
2012	06	29	前行政院秘書長林益世索賄的「地勇」選礦公司負責人陳啟祥，深夜在台北市飯店被拘提到案。（中國時報，2012/07/01，A1版）
2012	07	02	最高法院檢察署特別偵查組偵辦前行政院秘書長林益世被控索賄案，凌晨將林益世聲押禁見，由台北地院審理。總統馬英九表示，已得到相關訊息，「感到非常遺憾和抱歉。」（中央社，2012/07/02）
2012	07	04	林益世母親沈若蘭主動帶著一卡皮箱的現金到特偵組報到，她承認曾把兒子交給她的不明來源金錢丟入水塘裡，企圖逃避辦案人員追查。（聯合報，2012/07/05，A3版）

年	月	日	事紀
2012	07	05	第 35 屆國際食品法典委員會 CAC (Codex Alimentarius Commission) 07/02 起在義大利羅馬召開，各國在討論到萊克多巴胺案時意見僵持不下，最後以投票取代原先的共識決，以 69 票對 67 票通過訂定萊克多巴胺殘留容許量為 10ppb。由於這份「國際標準」意謂著替即將召開的美牛臨時會鋪路，農委會副主委王政騰說，食品衛生管理法目前仍在立法院審理，尊重立法院意見，至於國內是否跟進開放則「尊重產業意見」。（中國時報，2012/07/06，A1 版）
2012	07	07	馬祖舉行博弈公投，共有 7,762 位公民具投票權，八個投票所最後共開出 3,164 票，其中廢票 28 張，同意票 1,795 票，不同意票 1,341 票，贊成者勝過反對者 454 票，顯示馬祖多數民眾仍期待博弈帶來交通與經濟改善。（中國時報，2012/07/08，A1 版）
2012	07	10	林益世因貪污案去職，行政院秘書長遺缺確定由代理秘書長陳士魁真除。（中國時報，2012/07/11，A4 版）
2012	07	11	名嘴胡忠信與壹週刊先後影射，副總統吳敦義為介入林益世案的黨政高層「X 先生」。（中國時報，2012/07/12，A2 版）
2012	07	13	前台北縣議員曾文振被控參選本屆新北市第七選區立委期間，夥同擔任新北市議員的兒子曾煥嘉及姪子曾煥棨等人買票。板橋地院依選罷法判曾文振徒刑 3 年 10 月、褫奪公權 2 年，並沒收買票錢 110 萬元。（聯合報，2012/07/14，B1 版）
2012	07	15	民進黨舉行全國黨代表大會，最高權力結構中執委、中常委重新洗牌。儘管黨主席蘇貞昌讓出一席常委，但「新蘇連（新潮流、蘇系、綠色友誼連線）」仍超乎預期，一舉攻下五席中常委，實力居黨內之冠。同時謝長廷、游錫堃也各佔兩席，預料民進黨將進入蘇、謝、游共治局面。（中國時報，2012/07/16，A4 版）
2012	07	23	副總統吳敦義小姨子「阿嬌」被爆曾任吳敦義帳房經手政治獻金，還曾收取幫忙陳啟祥與林益世牽線的吳門忠一百萬元獻金，民進黨立委趙天麟呼籲特偵組介入調查。（中國時報，2012/07/23，A3 版）
2012	07	24	立法院召開談話會，表決通過召開臨時會，處理國民黨團所提的證所稅等 38 項議案，民進黨所提政黨法草案等 15 項法案則未被納入。其中證所稅案、美牛案的表決程序預定 07/25 登場，國民黨團樂觀評估兩案都可望逾半數（57 票），高於民進黨團、親民黨團、台聯黨團聯手的共 46 票。（自由時報，2012/07/25，A4 版）

年	月	日	事紀
2012	07	25	立法院臨時會以63比46票三讀通過《食品衛生管理法》修正案。行政院衛生署食品藥物管理局長康照洲表示，萊克多巴胺殘留安全容許量評估報告最快兩週內會有結果，加上後續公告、宣導程序等，預計最快在九月中旬可開放含萊克多巴胺美牛進口。（聯合報，2012/07/26，A1版）
2012	07	25	立院臨時會三讀修正所得稅法與所得基本稅額條例，明年起證所稅正式上路。新制先採「設算所得」和「核實課徵」的雙軌制，待實行兩年後再回歸到單軌制，全面實施「核實課徵」。（聯合報，2012/07/26，A2版）
2012	07	25	民進黨中執會通過設置「中國事務部」。（自由時報，2012/07/26，A4版）
2012	07	27	親民黨主席宋楚瑜夫人陳萬水女士病逝。（中央社，2012/07/27）
2012	07	29	中國政協主席賈慶林在中共十八大前夕拋出「兩岸一國」論，稱「大陸和台灣同屬一個國家」。（自由時報，2012/07/30，A2版）
2012	08	04	民進黨主席蘇貞昌日前接受「華爾街日報」專訪，指蘇表示「願意成為第一個訪中的民進黨主席」、「民進黨依舊支持台獨立場」。蘇貞昌澄清目前並無訪中計畫；並強調多數台灣人都認為「台灣已是主權獨立國家」。（聯合報，2012/08/05，A4版）
2012	08	05	馬英九總統提出「東海和平倡議」，盼各國以和平方式處理釣魚台主權爭端，以維持區域安全及東海和平。（自由時報，2012/08/06，A6版）
2012	08	09	第八次江陳會簽署「兩岸投資保障和促進協議」及「海峽兩岸海關合作協議」等兩項協議，針對人身安全自由保障則以共識文件呈現。（自由時報，2012/08/10，A1版）
2012	08	11	對於是否會訪問中國？民進黨前主席蔡英文近日接受「兩岸商情」專訪時表示，「在條件成熟下，不排除這種可能性」。（自由時報，2012/08/11，A6版）
2012	08	12	立委蕭美琴啟程訪問中國。她是以台灣民主基金會董事身分，出席在上海登場的「第三屆兩岸關係和平發展的機遇和挑戰研討會」。（自由時報，2012/08/13，A4版）

年	月	日	事紀
2012	08	13	民進黨籍立委吳秉叡說，對陸生納健保將與黨內溝通；國民黨籍立委丁守中表示，將提案讓陸生納入健保。（中央社，2012/08/13）
2012	08	14	特偵組將宇昌案簽結。特偵組認為，前民進黨主席蔡英文任宇昌董事長、蔡的家族投資宇昌、出售股權，以及國發基金挹注，均無刑事不法事證。（中央社，2012/08/14） 副總統吳敦義夫婦等人被控在總統大選期間對宇昌案發言，涉嫌違反總統副總統選罷法。北檢表示均因查無不法，予以簽結。（中央社，2012/08/14）
2012	08	14	針對近日釣魚台爭議有升高趨勢，馬英九總統指示國安會成立應變小組，由國安會秘書長胡為真主持，包括外交部、國防部、海巡署、交通部、農委會漁業署等部會首長均參與。小組決議對香港保釣船提供補給及避難協助，並同意對我國「合法出海」的漁船予以全力保護。（中國時報，2012/08/15，A4版）
2012	08	16	民進黨部分黨公職相繼赴中國訪問，引發基層對民進黨陷入「中國熱」的憂慮。黨中央正思考訂定黨公職赴中國的相關行為準則，包括不可接受餽贈或某些形式的招待。（自由時報，2012/08/17，A2版）
2012	08	20	監察委員葉耀鵬指出，特偵組雖已簽結宇昌案，但監院將持續調查公務員是否有行政違失。（中央社，2012/08/20）
2012	08	25	對於監察院續查宇昌案，蔡英文回應說，司法單位已做了詳細的調查，不解監察院為何還要擴大行政調查。（中國時報，2012/08/26，A7版）
2012	08	28	台北地方法院裁定將涉嫌貪污的前行政院秘書長林益世延長羈押禁見2個月。（中央社，2012/08/28）
2012	08	31	雲林縣長蘇治芬被控涉嫌璟美垃圾掩埋場等收賄弊案，檢方以違反貪污治罪條例起訴，雲林地院一審判決無罪，檢方上訴後，台南高分院宣判維持一審無罪判決。（自由時報，2012/09/01，A14版）
2012	09	01	國民黨第18屆第四任中常委選舉，共有41人參選，角逐32席中常委。立院系統大獲全勝，現任及卸任立委共拿下9席，新任中常委將在09/05就任。（聯合報，2012/09/02，A2版）
2012	09	03	監察院調查認定，農委會前主委蘇嘉全妻子名下的農業用地，興建農舍及農業設施未供農用；又擅自在農牧用地上興建祖墳，部分侵占鄉

年	月	日	事紀
			有耕地，違法事實明確，蘇嘉全卻知法違法，又拒接受約詢，監察院以6比4票通過彈劾，移送公懲會處理。（聯合報，2012/09/04，A11版）
2012	09	04	台北地檢署偵辦「夢想家案」10個月後，以查無不法，將全案被告前文建會主委盛治仁、總統馬英九及當時行政院長吳敦義等三人予以簽結。不過檢方認為，盛治仁僅因信賴表演工作坊所提預算，一舉把夢想家經費從三千多萬元大幅提高編列到兩億五千八百萬元，其中涉及行政疏失，將函請監察院究責。（自由時報，2012/09/05，A1版）
2012	09	07	繼提出「東海和平倡議」之後，馬總統在彭佳嶼發表「推動綱領」，將台灣拉到與大陸和日本對等的國際政治實體。同一天，連戰與胡錦濤會面，主動拋出「堆積木」方式推動兩岸和平協議。（聯合報，2012/09/08，A3版）
2012	09	08	第20屆亞太經合會(APEC)非正式領袖會議在海參崴揭開序幕，21位會員體領袖及代表召開首次圓桌會議。中國國家主席胡錦濤與台灣領袖代表連戰在會場寒暄的時間達數分鐘，形同另類的「連胡會」。（自由時報，2012/09/09，A2版）
2012	09	11	日本政府正式將釣魚台收歸國有，我外交部上午09：45接獲資訊後，即由外長楊進添「約請」日本駐台代表樽井澄夫來部，對於日本執意將釣魚台國有化，侵害中華民國主權，向日方表達強烈抗議、嚴厲譴責，並要求撤回決定。（自由時報，2012/09/12，A3版）
2012	09	14	監察院調查宇昌案，最近約談民進黨前主席蔡英文，但傳出蔡英文拒絕被監院約談，也不擬提供書面理由。主查監委葉耀鵬撂下重話：「法律會請她來談。」（聯合報，2012/09/15，A14版）
2012	09	14	12月第二波電價調漲問題，逐漸形成政治風暴，總統府緊急通知執政黨立委晚間入府召開府院黨平台會議，原本規劃由總統府秘書長曾永權主持，臨時拉高層級改由副總統吳敦義坐鎮。吳敦義在總結時表示，立委意見將交給行政部門回去研究，如果電價能夠不漲就不漲，但他也強調，最終決定不能影響台電營運。（自由時報，2012/09/15，A16版）
2012	09	16	繼五月初電價調整方案大轉彎之後，訂於12/10上路的第二階段電價調整，面臨強大「緩漲」壓力，經濟部長施顏祥深夜鬆口表示，評估外在嚴峻經濟情勢，態度確定「傾向緩漲」。（聯合報，2012/09/17，A2版）

年	月	日	事紀
2012	09	17	擋不住沸騰的民怨，馬政府原訂 12/10 實施的第二波電價調漲方案正式喊卡，由行政院長陳冲宣布第二波電價將「緩漲」至明年 10/01，並訂定浮動電價調整機制來處理後續電價調整事宜。（自由時報，2012/09/18，A3 版）
2012	09	19	馬英九總統著手政府人事改組，黨政高層證實，總統首席幕僚長、國安會秘書長由現任駐美代表袁健生接任，駐美代表一職則由前國民黨秘書長金溥聰出任。外交部長楊進添轉任總統府秘書長，職缺由駐歐盟代表林永樂接任；陸委會主委賴幸媛外派接任世貿組織 (WTO) 大使，國安會諮詢委員王郁琦接掌陸委會；海基會董事長江丙坤請辭獲准，由國民黨秘書長林中森接任，遺缺由身兼國民黨副主席的總統府秘書長曾永權轉任。（中國時報，2012/09/20，A1 版）
2012	09	19	在完成接待中國海協會長陳雲林的行程後，海基會董事長江丙坤從金門返回台北，隨即召開記者會宣布請辭獲准。江丙坤說，請辭是考量年齡、體力無法負荷與生涯規劃等因素；他同時也請辭國民黨副主席。（自由時報，2012/09/20，A4 版）
2012	09	22	立法院就民進黨及台聯立委所提對行政院長陳冲的不信任案，進行記名投票表決，結果贊成 46 票，反對 66 票，倒閣案不通過。（自由時報，2012/09/23，A1 版）
2012	09	25	宜蘭縣漁民自發性前往釣魚台海域宣示保釣，政府跨部會應變因應，「民間保釣、政府護漁」，達成護漁和宣示主權目的。（中央社，2012/09/25） 海巡護漁在釣魚台海域與日本艦艇對峙、互噴水柱。（中央社，2012/09/25）
2012	09	26	行政院長陳冲宣布基本工資時薪採勞委會建議，自明年 01/01 起調整為 109 元；月薪採勞委會建議調至 19,047 元，但「應等連續兩季 GDP 成長超過 3%，或連續兩個月失業率低於 4% 後施行」。勞委會主委王如玄在確定基本月薪暫緩調整後宣布辭職。（自由時報，2012/09/27，A1 版）
2012	09	26	民進黨不滿台北地檢署本月初將夢想家案簽結，又委任律師黃帝穎赴特偵組再告發總統馬英九、前行政院長吳敦義及前文建會主委盛治仁等三人涉及圖利及洩密罪。（自由時報，2012/09/28，A15 版）

年	月	日	事紀
2012	09	27	民進黨立委陳明文被控在嘉義縣長任內，辦理民雄鄉污水下水道工程時，洩漏底標圖利廠商案，嘉義地院宣判，陳明文與包商均無罪。（自由時報，2012/09/27，A19版）
2012	09	28	行政院長陳冲批准勞委會主委王如玄請辭案，勞委會主委內定由副主委潘世偉接任。（自由時報，2012/09/29，A20版）
2012	10	01	謝長廷上午舉行記者會宣布，4日前往中國大陸訪問，並參加國際調酒大賽。（中央社，2012/10/01）
2012	10	06	行政院發言人胡幼偉向行政院長陳冲請辭，陳揆最後勉予同意。（聯合報，2012/10/07，A1版）
2012	10	07	前行政院長謝長廷在北京先後與中國國務委員、中共中央對台工作領導小組秘書長戴秉國，以及海協會長陳雲林會面。戴秉國表明中共不贊成台獨的立場，謝長廷則強調，國際上有些不涉及主權、不同性質的領域，例如NGO、公益、娛樂等，中國應該給台灣更大的活動空間。（自由時報，2012/10/08，A2版）
2012	10	09	前行政院長謝長廷到民進黨中央黨部與黨主席蘇貞昌見面，說明訪中過程。謝長廷說，他訪中是希望讓人民相信民進黨有處理兩岸問題的能力，執政時和平交流不會倒退，能替台商服務，與對岸有溝通平台，可以澄清誤會。（自由時報，2012/10/10，A4版）
2012	10	09	行政院勞工委員會最新財務精算報告結果顯示，因人口老化迅速，勞保基金收支逆差時間從109年提早到106年，107年就吃老本，破產危機恐從日前評估120年提早到116年。（中央社，2012/10/09）
2012	10	10	馬英九總統在國慶演說中表示，將通盤檢討修正兩岸人民關係條例，儘速推動兩岸互設辦事機構，以照顧兩岸廠商、學生，服務兩岸人民，做為未來兩岸工作的重點。（中國時報，2012/10/11，A2版）
2012	10	10	民進黨主席蘇貞昌將成立「中國事務委員會」整合黨內中國政策，規劃由謝長廷擔任主委。（自由時報，2012/10/11，A14版）
2012	10	11	行政院會通過《兩岸條例》第22條修正草案，將陸生來台身分從現行「停留」修正為「居留」，最快明年元旦陸生即可納入健保。政院版修法草案並附帶「撤銷或廢止許可事由」但書，只要陸生學籍一消失（畢業或放棄就讀），就會被撤銷納保資格。（中國時報，2012/10/12，A4版）

年	月	日	事紀
2012	10	17	民進黨立委管碧玲日前在立法院質詢時表示，行政院僅依行政命令，以「年終慰問金」名目，發給 44 萬多名領月退俸退休軍公教人員年終獎金，一年高達新台幣 202 億元。（中國時報，2012/10/18，A3 版）
2012	10	19	面對勞保基金財務，朝野各黨團在立法院會都提案變更議程，要求政院應修勞工保險條例，若基金不足支付時，應由政府負最後支付責任。（中國時報，2012/10/20，A2 版）
2012	10	20	農保目前累計虧損高達 1,368 億元，為了避免農保也面臨破產危機，內政部在今年 7 月份已函請建議，行政院應調高農保費率，從現行的 2.55% 調高至 3%。（中國時報，2012/10/21，A2 版）
2012	10	20	行政院發言人確定由前立委鄭麗文出任。（聯合報，2012/10/21，A4 版）
2012	10	20	高雄檢調偵辦嘉義縣府勞務採購等弊案，首度以被告身分傳喚縣長張花冠。張花冠否認有貪瀆等不法情事，晚間九點多移送雄檢複訊後，以 100 萬元交保候傳。（自由時報，2012/10/21，A6 版）
2012	10	23	陳冲下午在立法院答詢時表示，有 2 類退休軍公教人員將可領取年終慰問金：第 1 類是原月退休俸 2 萬元以下的退休人員或遺眷，第 2 類是因作戰或演訓而受傷死亡殘廢的退休人員或遺屬。此一調整方向，發放人數從約 42 萬人減到 4 萬人，經費由新台幣 192 億元，減到僅約 10 億元。（中央社，2012/10/23）
2012	10	24	國民黨立委蔡正元在立法院財政委員會直指立委出國考察費等九筆費用，也無法源依據，他拒絕當「9A 立委」，將提案一口氣全部刪除。若該案通過，估計一年可替國庫省下近二億元。（中國時報，2012/10/25，A4 版）
2012	10	25	原傳出可能接民進黨中國事務委員會的謝長廷，主張應以「憲法各表」取代「九二共識」。但民進黨主席蘇貞昌表示，民進黨面對中國的態度與方法都有變，但「憲法各表」只是謝個人的主張，不是民進黨的主張。（中國時報，2012/10/26，A6 版）
2012	10	25	前行政院秘書長林益世涉嫌收受地勇選礦負責人賄款，特偵組依違背職務收賄等四罪起訴林益世，最重可處無期徒刑。林母沈若蘭參與且知悉兒子收賄，被列為貪汙共犯起訴，彭愛佳、林的舅舅沈煥璋、沈煥瑤被依洗錢等罪起訴。（中國時報，2012/10/26，A1 版）

年	月	日	事紀
2012	10	26	因收賄案被羈押數月的行政院前秘書長林益世，台北地院凌晨裁定他以 5,000 萬元交保。（聯合報，2012/10/27，A2 版）
2012	10	31	證所稅子法今天全部完成，11 月 16 日起接受投資人選擇課稅方式，即使是強制核實課稅對象，若希望個人名下所有股票投資可盈虧互抵，仍須向券商選核實課稅。證券交易所得稅自明 (102) 年起開徵，個人證所稅在 102 至 103 年採「設算課稅」與「核實課稅」雙軌制。（中央社，2012/10/31）

國家圖書館出版品預行編目資料

2012年總統與立法委員選舉：變遷與延續／
陳陸輝主編. — 初版. — 臺北市：五南,
2013.05
　面；　公分.
ISBN 978-957-11-7092-3（平裝）

1.元首　2.立法委員　3.選舉

573.5521　　　　　　　　　102006972

1PX4

2012年總統與立法委員選舉：變遷與延續

主　　編 ― 陳陸輝

作 者 群 ― 陳陸輝　王宏忠　包正豪　周應龍　林長志　盛杏

　　　　　　陳映男　黃　紀　劉義周　劉嘉薇　蕭怡靖

發 行 人 ― 楊榮川

編 編 輯 ― 王翠華

主　　編 ― 劉靜芬

責任編輯 ― 蔡惠芝　游雅淳

出 版 者 ― 五南圖書出版股份有限公司

地　　址：106台北市大安區和平東路二段339號4樓

電　　話：(02)2705-5066　　傳　　真：(02)2706-6100

網　　址：http://www.wunan.com.tw

電子郵件：wunan@wunan.com.tw

劃撥帳號：01068953

戶　　名：五南圖書出版股份有限公司

台中市駐區辦公室/台中市中區中山路6號

電　　話：(04)2223-0891　　傳　　真：(04)2223-3549

高雄市駐區辦公室/高雄市新興區中山一路290號

電　　話：(07)2358-702　　傳　　真：(07)2350-236

法律顧問　林勝安律師事務所　林勝安律師

出版日期　2013年 5 月初版一刷

定　　價　新臺幣480元

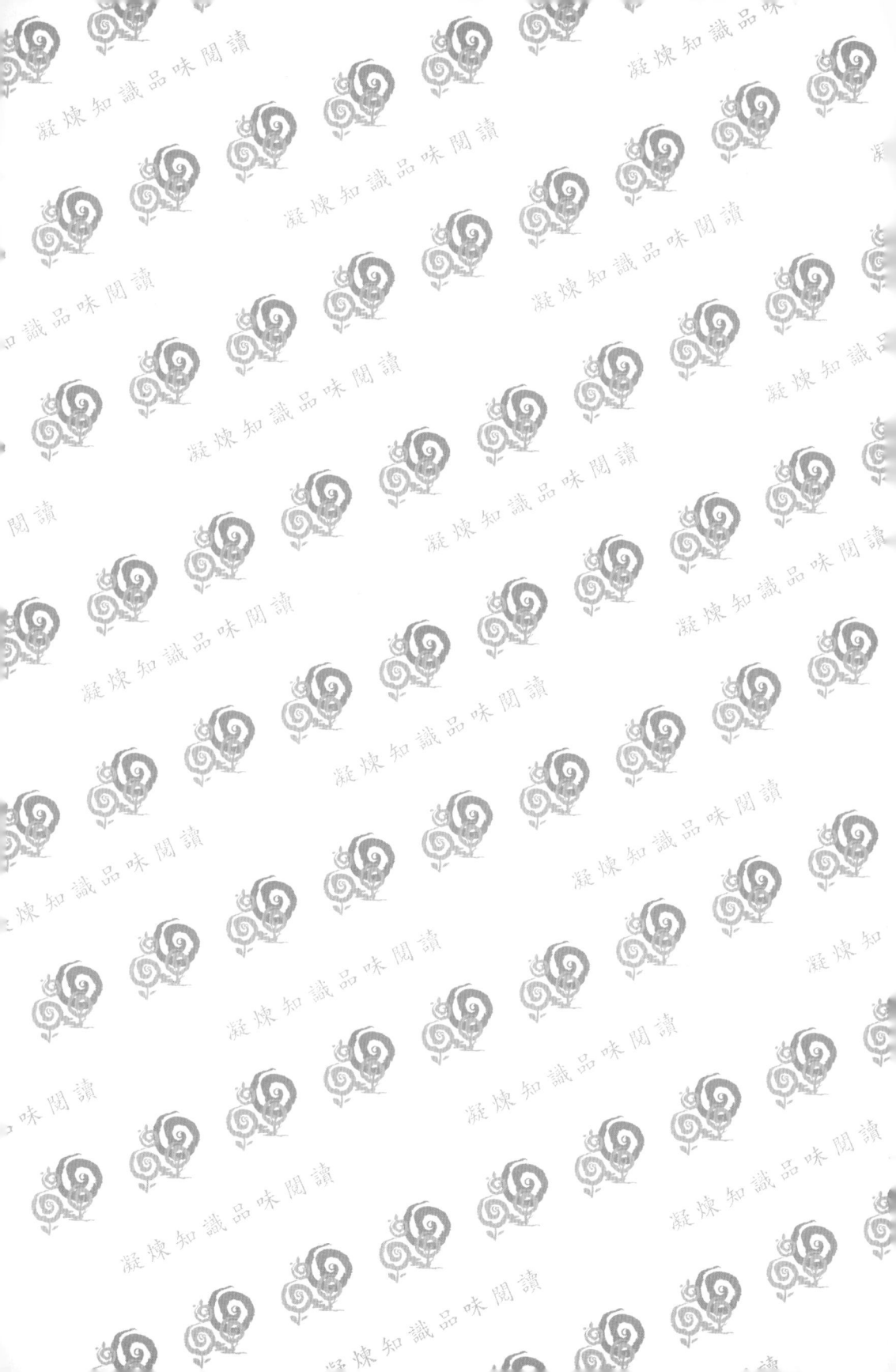